ISSN 0584-603-X

Sozialwissenschaftliche Studien
zu internationalen Problemen

Social Science Studies
on International Problems

Herausgegeben von / Edited by
Prof. Dr. Diether Breitenbach

CIP-Kurztitelaufnahme der Deutschen Bibliothek

Ummenhofer, Stefan M.:
Ecuador: Industrialisierungsbestrebungen eines kleinen Agrarstaates / Stefan M. Ummenhofer. – Saarbrücken; Fort Lauderdale: Breitenbach, 1983.

(Sozialwissenschaftliche Studien zu internationalen
Problemen; Bd. 78) ISBN 3-88156-239-7

NE: GT

Stefan M. Ummenhofer

Ecuador:
Industrialisierungsbestrebungen
eines kleinen Agrarstaates

Band 78

Sozialwissenschaftliche Studien zu internationalen
Problemen / Social Science Studies on International
Problems

Herausgegeben von / Edited by
Prof. Dr. Diether Breitenbach

Verlag **breitenbach** Publishers
Saarbrücken · Fort Lauderdale 1983

ISBN 3-88156-239-7

VORBEMERKUNGEN

Rückblickend auf die vier Jahre seit Beginn der Vorarbeiten zu der vorliegenden Untersuchung wurde mir bewußt, wieviel Hilfe und Rat ich von all denen erfahren habe, die ich darum gebeten hatte. Ich stellte eine Liste aller Namen zusammen, mußte jedoch bald kapitulieren, da die Aufzählung den Rahmen hier weit sprengen würde. Begonnen hatte alles im Sommer 1978, als ich Herrn Prof. Dr. Brücher, dem hier mein besonderer Dank gilt - angeregt durch seine Arbeit: 'Probleme der Industrialisierung in Kolumbien' - schrieb, daß ich für eine industriegeographische Untersuchung in Ecuador gute Voraussetzungen sehe. Von diesem Zeitpunkt an begleitete sein fachlicher Rat den Fortgang der Arbeit. Herrn Prof.Dr. Wilhelmy, der mit seinen anregenden Vorlesungen über Südamerika mein Interesse an jenem Halbkontinent steigerte, bat ich damals um wohlwollende Unterstützung, die er mir immer bereitwillig gewährt hat.

Während des Aufenthaltes in Ecuador von Juni 1978 bis Februar 1980 konnte ich mich auf die Hilfe zahlreicher ecuadorianischer Freunde verlassen. Stellvertretend möchte ich hier die Economistas Miguel Maldonado und Jorge Salazar nennen. Vom CIME-Büro erfuhr ich jede erdenkliche Assistenz der Mitarbeiter, hier möchte ich besonders Cecilia Martinez de la Vega und Economista Carlos Jimenez danken. Sehr wichtig für das Zustandekommen der Arbeit war die Unterstützung von José Rehnelt, dem Geschäftsführer der Deutsch-Ecuadorianischen Industrie- und Handelskammer. Mein Dank gilt ebenso den 239 Industrieunternehmen, die die Fragebogenaktion mittrugen, insbesondere aber jenen zehn Betrieben, in denen die 1305 Industriebeschäftigten befragt wurden. Francisco Illescas trug die Hauptlast bei der letztgenannten Aktion. Großes Entgegenkommen und weitgehende Informationsbereitschaft fand ich bei den staatlichen Institutionen wie JUNAPLA, INEC, CENDES. Im Dank verbunden bin ich den deutschen Freunden vor Ort, die dort wissenschaftlich tätig waren und mit denen ein reger Informationsaustausch erfolgte. Stellvertretend seien Freya Schenk, Jutta Witzenhausen und Dr. Reinhold Sohns genannt.

Einen großen Beitrag zur Verwirklichung dieser Arbeit leistete mein Uraltfreund Dr. Klaus Kornwachs, der mir durch die Erstellung des SPSS-Programmes

(Statistical Package for the Social Sciences) und die Lieferung der ausgewerteten Daten einen unschätzbaren Dienst erwiesen hat. Mein Dank gilt auch Herrn Dr. Hans Gebhardt für manchen guten Ratschlag und meiner Schwester Irmgard für das Schreiben des Konzeptes.

Abbitte muß ich meinen Kindern leisten, die in den letzten Jahren meistens einen Vater erlebten, der keine Zeit für sie hatte.

Die Arbeit möchte ich meiner lieben Frau widmen.

I

INHALTSVERZEICHNIS

VERZEICHNIS DER TABELLEN

Seite

Seite

VERZEICHNIS DER ABBILDUNGEN

Seite

A B K Ü R Z U N G E N

ALALC	Asociación Latinoamericana de Libre Comercio
ANDE	Asociación Nacional de Empresarios
BfA	Bundesstelle für Auslandsinformationen, Köln
CAF	Corporación Andina de Fomento
CEDOC	Confederación Ecuatoriana de Organizaciones Sindicales Cristianas, heute: Central de Organizaciones Clasitas
C.E.M.	Compañía de Economía Mixta
CEDEGE	Comisión de Estudios para el Desarrollo de la Cuenca del Río Guayas
CENAPIA	Centro Nacional de Promocion de la Pequeña Industria y Artesanía
CENDES	Centro de Desarrollo Industrial del Ecuador
CEOSL	Confederación Ecuatoriana de Organizaciones Sindicales Libres
CEPAL	Comición Económica para América Latina
CEPE	Corporación Estatal Petrolera Ecuatoriana
CFP	Concentración de Fuerzas Populares
C.I.F.	Cost, insurance, freight
CIIU	Clasificación Industrial Internacional Uniforme
CIME	Comité Intergubernamental para las Migraciones Europeas
COIFEC	Compañía Financiera Ecuatoriana de Desarrollo S.A.
CONADE	Consejo Nacional de Desarrollo
CREA	Centro de Reconversión Económica del Austro
CRM	Centro de Rehabilitación de Manabí
CTE	Confederación de Trabajadores del Ecuador
CV/CFN	Comisión de Valores / Corporación Financiera Nacional
DINE	Dirección de Industrias del Ejército
FLASCO	Facultad Latinoamericana de Ciencias Sociales
FONADE	Fondo Nacional de Desarrollo
FOPEX	Fondo de Promoción de Exportaciones
IEOS	Instituto Ecuatoriano de Obras Sanitarias
IESS	Instituto Ecuatoriano de Seguridad Social
IERAC	Instituto Ecuatoriano de Reforma Agraria y Colonización
IETEL	Instituto Ecuatoriano de Telecomunicaciones

IGM	Instituto Geográfico Militar
ILDIS	Instituto Latinomaericano de Investigaciones Sociales
ILO	International Labor Organization
INCREA	Instituto Nacional de Colonización de la Regîon Amazónica
INEC	Instituto Nacional de Estadística y Censos
INECEL	Instituto Ecuatoriano de Electrificación
INEN	Instituto Ecuatoriano de Normalización
INERHI	Instituto Ecuatoriano de Recursos Hidráulicos
JUNAPLA	Junta Nacional de Planificación y Coordinación Económica
MAG	Ministerio de Agricultura y Ganadería
MICEI	Ministerio de Industrias, Comercio e Integración
MOP	Ministerio de Obras Públicas y Comunicaciones
OIPE	Oficinas Integrada de Planificación de Esmeraldas
ONUDI	Organización de la Naciones Unidas para el Desarrollo Industrial
OPEC	Organization of Petroleum Exporting Countries
o.V.	ohne Verfasser
PREDESUR	Programa Regional para el Desarrollo del Sur de Ecuador
SECAP	Servicio Ecuatoriano de Capacitación Profesional
SENA	Servicio Nacional de Aprendizaje
SENDIP	Secretaría Nacional de Información Pública
UNIDO	United Nations Industrial Development Organisation

WÄHRUNGSPARITÄTEN

1 Sucre = US$ 0,04 }
1 US$ = 25 Sucres } ab 1970 - 1982

E I N L E I T U N G

Mit der vorliegenden Untersuchung soll die Reihe der industriegeographischen Länderuntersuchungen durch das Beispiel eines kleinen und schwach industrialisierten Staates ergänzt werden. Dies ist insofern problematisch, als die Aussage einer solchen Arbeit stark von den Wechselbeziehungen zwischen Industrie und Raum abhängig ist und diese in Ecuador nur in Ansätzen nachweisbar sind. Allerdings wird anhand von Sachverhalten dargelegt, daß geographisch relevante Faktoren eine Industrialisierung stark begünstigen oder verhindern. Des weiteren möchte der Verfasser dazu beitragen, daß diesen geographischen Aspekten mehr Aufmerksamkeit gewidmet wird. Auch in Ecuador wird das physisch-geographische Potential entgegen den verbalen Forderungen der Planungsträger in der Realität zu wenig berücksichtigt. Die Industrialisierung erfolgte jedoch unabhängig davon im Sinne einer Importsubstituierung nach anderen Prioritäten (zum Beispiel Entlastung der Zahlungsbilanz, Unabhängigkeit etc.). Aus diesen Überlegungen heraus wird im Kapitel 6 als Alternative vorgeschlagen, bei der weiteren wirtschaftlichen Entwicklung verstärkt das vorhandene räumliche Potential zu erschließen und in Wert zu setzen.

Es soll dargestellt werden, wie durch die Industrialisierung mit ihren räumlichen Auswirkungen ein traditioneller Agrarstaat in eine sogenannte moderne Volkswirtschaft umgeformt wird. Am Beispiel der Industriebeschäftigten soll verdeutlicht werden, wie dieser Prozeß sämtliche Lebensbereiche verändert.

Ecuador eignet sich für eine solche Untersuchung, wobei selbstverständlich spezifische Eigenheiten eine Verallgemeinerung der Ergebnisse nicht zulassen. Eine Ausnahme im Vergleich zu anderen Entwicklungsländern stellen unter anderem die Erdölfunde dar. Die Parole "Sembrar el Petroleo", in Anlehnung an Venezuela besonders unter den Militärs als Schlagwort gebraucht, verdeutlicht, daß die damit verbundenen Chancen für die Entwicklung zumindest erkannt, wenn auch nicht unbedingt in aller Konsequenz genutzt wurden, was wohl gleichfalls ein Kennzeichen für diese Länderkategorie ist. Es mehren sich die Indizien, daß die Erdölfunde nur ein weiteres Glied einer Boomkette darstellen, mit anderen Worten: nur eine Episode bleiben werden.

Wie in vielen anderen lateinamerikanischen Ländern weist die Wirtschaftsgeschichte der letzten hundert Jahre eine monostrukturierte Agrarwirtschaft
auf mit einer Dominanz des Großgrundbesitzes, bzw. der Exportbourgeoisie.
Ecuador konnte nach der Befreiung keine politische Stabilität und nur eine
bedingte wirtschaftliche Unabhängigkeit erreichen. Der kleine Markt und die
Hoffnung, durch dirigistische Planungsmaßnahmen die Industrialisierung zu
beschleunigen, sind typisch für viele Entwicklungsländer. Ecuador gehört zu
den Kleinstaaten Lateinamerikas, deren Viabilität als bescheiden zu bezeichnen ist. Das Fehlen metallischer Rohstoffe stellt eine zusätzliche Benachteiligung dar.

Im Rahmen der Untersuchung soll verdeutlicht werden, weshalb Ecuador in
weit stärkerem Maße als die Nachbarländer Kolumbien, Peru und Brasilien den
Anschluß an die industrielle Entwicklung verpaßt hat. In diesem Zusammenhang können Vermutungen darüber angestellt werden, ob dieser Rückstand auch
damit zusammenhängt, daß Ecuador stets Schwierigkeiten hatte, seine eigene
Identität zu finden. Sieht man von der Ausdehnung der Hoheitsgewässer auf
200 Seemeilen gegen den Widerstand der USA ab, gibt es kein historisches
Ereignis, das das Selbstwertgefühl der Nation hätte stärken können. Vielmehr erlitt das Land außenpolitisch und insbesondere bei kriegerischen Auseinandersetzungen nur Niederlagen. So verlor es den überwiegenden Teil seines Staatsgebietes in Amazonien (zuletzt Línea del Protocolo de Rio de
Janeiro 1942). Man muß diesen Sachverhalt insofern ernst nehmen, als der
Nationalismus in Lateinamerika einen hohen Stellenwert einnimmt und die
meisten Staaten damit die Bevölkerung für den Aufbau zu mobilisieren ver-
suchten.

An dieser Stelle soll betont werden, daß die frühere vereinfachende Gleich-
setzung von Industrialisierung und Entwicklung aufgrund der in den letzten
beiden Entwicklungsdekaden gewonnenen Erfahrungen nicht beibehalten werden
kann. Der Begriff "Entwicklung" ist zu vielschichtig und mißverständlich,
ja fragwürdig. In dieser Untersuchung soll darunter lediglich eine dynamische Veränderung vom Traditionellen hin zum Modernen verstanden werden,
ohne damit eine Wertung zu verknüpfen. Dieser Hinweis ist umso notwendiger,
als es sich inzwischen herausgestellt hat, daß mit der Industrialisierung
der Entwicklungsländer nicht unbedingt eine Verbesserung der Lebensbedingungen weiter Bevölkerungskreise einhergeht. Bei der Analyse des Verzeich-
nisses der einschlägigen ecuadorianischen Publikationen fällt auf, daß die

Mehrheit der Titel den Begriff "Desarrollo","Entwicklung", enthalten, ein
Wort, das hier noch vorbehaltlos positiv gebraucht wird.
Grundsätzlich gibt es, selbst für ein Entwicklungsland, relativ wenige Ver-
öffentlichungen zum Thema "Industrialisierung". Oft wurden nur Teilaspekte
von anderen Fachdisziplinen in limitierter Auflage publiziert. Ein etwas
umfangreicheres Werk wurde von MONTAÑO WYGARD (1976) veröffentlicht, in dem
allerdings mehr ausführliche Entwicklungsperspektiven diskutiert, kaum aber
der status quo analysiert wird. Aus diesem Grund nimmt in der vorliegenden
Arbeit die Beschreibung der industriellen Aktivitäten mehr Raum ein, als
dies vielleicht bei einer anderen ausführlicher dokumentierten Region zu
vertreten gewesen wäre. Eine umfangreiche, wenn auch veraltete Beschreibung
stellt die von der ONUDI zusammengestellte: "Estudio diagnóstico del Ecuador: informe final de la misión de evaluación industrial" (Wien 1970) dar.
M. TEMME: "Wirtschaft und Bevölkerung Südecuadors" (Wiesbaden 1972) behan-
delt eine kaum industrialisierte Problemregion des Landes. Aus geographischer Sicht ist die 1963 erschienene "Wirtschaftsgeographie von Ecuador"
von SICK das umfangreichste und informativste Werk. Was SICK über die Landwirtschaft, Bodennutzung und Anbaukulturen schreibt, hat nach wie vor
Aktualität. Der Verfasser verzichtet deshalb unter Hinweis auf diese de-
taillierte Publikation auf die länderkundlichen Basisinformationen. Es sei
noch an THEODOR WOLF erinnert, der mit "Geografía y Geología del Ecuador"
(1892) ein heute noch lesenswertes Werk verfaßte.

VORBEMERKUNGEN ZUR INDUSTRIEBEFRAGUNG

Die Ergebnisse der Industriebefragung wurden durch Fragebogen, die den Unternehmen zugesandt wurden, ermittelt. Die Auswertung erfolgte auf der Basis
von 239 Betrieben. Es wurde versucht, sowohl räumlich als auch branchen-
spezifisch den einzelnen Teilgruppen proportional zu entsprechen. Ich konnte
dabei auf die freundliche Unterstützung der Deutsch-Ecuadorianischen Indu-
strie- und Handelskammer zurückgreifen. Zur Erinnerung wurde den Unternehmen nach sechs Wochen ein zweiter Fragebogen zugesandt, da es nicht möglich
war, alle Betriebe persönlich zu besuchen. Der Rücklauf (insgesamt 40%) war
natürlich nach Branchen, Regionen und Betriebsgröße unterschiedlich. Die
Diskrepanzen sollen hier erörtert werden, um die Umfrageergebnisse richtig
einschätzen zu können.
Als Vergleichsmaßstab soll die aktuellste Information, die offizielle Industriebefragung von 1976 dienen. Der durchschnittliche ecuadorianische Industriebetrieb hatte 1976 56,5, 1973 50,2 und 1963 49,9 Beschäftigte.
Selbst wenn man versucht, diese Durchschnittswerte zu extrapolieren, ergibt
sich eine Differenz zu der durchschnittlichen Beschäftigtenzahl von 106,4
der Betriebe, die den Fragebogen zurücksandten. Die Bereitschaft der größeren Firmen, zu antworten, war also erheblich größer als bei den kleinen,
die vielleicht mißtrauischer waren oder sich auch überfordert fühlten. Eine
Auswertung der Umfrage nach Betriebsgrößen ergibt einen gewissen Unterschied
zwischen Großbetrieben und den Betrieben mit weniger als 50 Beschäftigten,
zumindest bei einigen Fragestellungen. Jedoch dürften diese Abweichungen die
Ergebnisse nur um geringfügige Größenordnungen beeinflussen. Die branchenspezifischen Abweichungen werden in der Aufstellung deutlich. Die größte
Abweichung wurde bei der metallverarbeitenden Industrie ermittelt. Sie dürfte aber tatsächlich nicht mehr so stark ins Gewicht fallen, weil sich in
den letzten Jahren die traditionellen Industrien (Nahrungsmittel, Textil)
langsamer entwickelten als zum Beispiel die Metallverarbeitung oder die
chemische Industrie.

PROZENTUALER ANTEIL DER BRANCHEN (NACH BETRIEBEN)

Branche	Befragung 1979 (durch den Verfasser)	Industriezensus 1976
Nahrungsmittel, Getränke	26,0	27,8
Tabak	15,9	14,2
Textil, Bekleidung	14,2	18,8
Holzverarbeitung, Möbel	6,3	6,7
Chemie	7,1	10,1
Nichtmetallische Mineralien	6,3	4,5
Metallerzeugung	2,1	1,0
Metallverarbeitung, Fahrzeugbau	20,8	13,8
Sonstige Industrien	1,3	3,1
	100 %	100 %

Wesentlich ungünstiger stellt sich die Situation bei der regionalen Zuordnung der Betriebe dar. Quito und auch die Industrien im schwächer industrialisierten Raum sind überrepräsentiert zuungunsten von Guayaquil.

PROZENTUALE VERTEILUNG DER BETRIEBE NACH PROVINZEN

Provinz	Anteil an der Industriebefragung 1979	Anteil beim Industriezensus 1976
Pichincha	43,9	38,1
Guayas	27,9	42,1
Sonstige Provinzen	28,2	19,8
	100	100
Azuay	7,6	4,8
Tungurahua	6,8	4,4
Manabí	4,2	2,5
Chimborazo	2,5	1,5
Costa	34,2	47,0
Sierra	65,8	53,0

Die Unterschiede zwischen den beiden Befragungen sind gravierend. Es wurden deshalb bei der Auswertung die Ergebnisse nach den verschiedenen Regionen aufgeschlüsselt. Größere Abweichungen bei den Standorten sind relativ selten. Auffallend sind meist die Unterschiede zwischen den Ergebnissen der Standorte in den ländlichen Provinzen und den beiden industriellen Zentren. Es empfiehlt sich, die Ergebnisse nach diesen Gesichtspunkten zu betrachten und nicht absolut zu sehen. Die widersprüchlichen Resultate zwischen den Teilgruppen werden diskutiert.

Einige ergänzende Informationen zu den befragten Betrieben:
81% der Firmen gaben an, rein ecuadorianische Unternehmen zu sein, 11% hatten ausländisches Kapital (meist Tochterfirmen von multinationalen Konzernen) und 8% wurden mit gemischten Kapitalanteilen geführt. Da die Bereitschaft der ausländischen Firmen zu antworten, überdurchschnittlich war, dürfte deren Anteil überrepräsentiert sein. (1)
Dominierende Rechtsform war die Aktiengesellschaft mit 55,7%, vor der Geschäftsform der Personengesellschaft mit 35,7% und mit nur 7,4% war die persönlich haftende Eigentumsform vertreten. 1,3% der Betriebe waren Unternehmen mit dominantem staatlichem Einfluß.
10,2% der Betriebe stellen Kapitalgüter, 16,2% dauerhafte Konsumgüter, 48,1% Verbrauchsgüter und 25,5% Zwischengüter her. Nach Angaben von INEC sollen 1977 59,6% der Produktion der Konsumgüterindustrie zuzurechnen gewesen sein, 32,6% der Zwischengüterproduktion und 7,8% der Kapitalgüterproduktion. (2)

---

(1) Da das primäre Interesse der Befragung auch darin lag, einen hohen Rücklauf zu erreichen, wurden Fragen ausgeklammert, die wahrscheinlich nicht beantwortet worden wären, etwa Fragen nach der Kapitalzusammensetzung etc., die für eine geographische Untersuchung durchaus von Interesse sind, aber nicht von der Relevanz, als daß dadurch der Erfolg der Befragung riskiert werden sollte.

(2) Diese Informationen beinhalten nicht die konkrete Zahl der Betriebe, sie können also nur als Richtwerte dienen. Quelle: CENDES, El Desarrollo Industrial Ecuatoriano en el Periodo 1972-1977, Quito 1978, Tabelle 5

1. HISTORISCHER ABRISS DER ENTWICKLUNG DES PRODUZIERENDEN GEWERBES IN ECUADOR

1.1. Präkolumbische Phase

Im heutigen Staatsgebiet Ecuadors findet man Zeugnisse handwerklicher Tätigkeiten, die sich 2000 - 3000 Jahre vor unsere Zeitrechnung zurückdatieren lassen. Hierfür sind die Orte Pujilí, Sasquisilí und Chordeleg in der Sierra bekannt. Die Stämme an der Küste (Manta, Punáes, Tumbecinos und Huancavilcas) erreichten ein beachtliches Niveau im Bootsbau; sie konstruierten Schiffe bis zu einer Länge von 10 m (ESTRADA, E. 1962, S. 80).

Zwischen Costa und Sierra fand ein Warenaustausch der allernotwendigsten Güter statt: Die Stämme der Costa boten Salz, Baumwolle, Knochen für Waffen und Edelsteine an, während vom Altiplano Leder, Waffen, Gold, Silber und Zinn eingetauscht wurden. Mit der Invasion der Inkas wurden auch neue Verarbeitungstechniken für Kupfer, Silber, Gold, Blei und Zinn verbreitet. (1)

Leopoldo BENITEZ stellt fest, daß es den Spaniern nicht gelungen wäre, die Kolonien zu erobern und auszubeuten, wenn sie nicht auf eine einheimische Bevölkerung mit hohem Zivilisationsgrad gerade im Handwerklichen hätten zurückgreifen können, da die große Mehrzahl der Spanier Adelige, Militärs und Geistliche waren und nur eine geringe Zahl der Eroberer handwerkliche Fähigkeiten mitbrachte.

1.2. Die Kolonialzeit

Die Ausbeutung einiger Minen in Azuay (Santa Bárbara und Gualaceo) und in El Oro (Logroño, Zamora und Sevilla) sowie in Cotopaxi (Macuche) waren die einzigen nennenswerten bergbaulichen Aktivitäten in der Real Audiencia de Quito. Verglichen mit den Erträgen, die die Gold- und Silberbergwerke

(1) MEJIA, L. behauptet in seiner Publikation "Economía de la Sociedad 'Primitiva' Ecuatoriana" (in 'Ecuador Pasado y Presente', Quito 1975), daß die Verhüttungstechniken der Inkas in ihrem technologischen Niveau gleich, wenn nicht gar fortschrifttlicher waren als damals in Europa.

anderer Kolonien dem spanischen König erbrachten, waren die Förderungs-
gewinne bescheiden. So bildete sich eine Art Arbeitsteilung der verschiedenen andinen Regionen heraus. Die wichtigste Bergbauregion, das damalige
Altoperu samt den Gebieten der heutigen Provinz Azuay, waren auf die Zu-
lieferung von Nahrungsmitteln und Gebrauchsgegenständen angewiesen. Diese
Funktion übernahm seit dem letzten Viertel des 16. Jahrhunderts die Real
Audiencia de Quito, sieht man von dem Ostabhang der Kordilleren ab. Dort
konnte sich der Bergbau teilweise halten, bis die Erschöpfung der Vorräte,
das Fehlen einer angemessenen Technologie und von Arbeitskräften sowie
kriegerische Aktivitäten der Eingeborenen dem Abbau von metallischen Mineralien ein Ende bereiteten.

Aus der Versorgungsfunktion der Real Audiencia entwickelte sich die Agrarwirtschaft und bald die Textilproduktion. So entstand in den ersten Deka-
den des 16. Jahrhunderts eine "Tuchfabrik" in San Miguel de Chimbo,eine der
ersten Textilfabriken Südamerikas. Auf der Grundlage der reichlich vorhandenen Rohmaterialien, der Wasserkraft, der billigen Arbeitskräfte und der erwähnten Nachfrage konnten sich solche sogenannten ' o b r a j e s ' entwickeln; ob es sich dabei um Manufakturen handelte, ist umstritten.
Andrés GUERRERO nennt den 'obraje' eine Art große Werkstätte, die nicht
das Niveau einer Manufaktur erreicht hätte, zumal die Arbeitsteilung gering
und der Einsatz von technologischen Mitteln minimal gewesen seien. Sie
waren oftmals in Haciendas integriert. Die (nicht genannten) Autoren der
Untersuchung 'Marco Histórico para el Estudio de la Industrialización en
el Ecuador' sind im Gegensatz dazu der Meinung, daß es sich bei den
'obrajes' um Manufakturen handelte, weil arbeitsteilig produziert wurde.
Die Real Audiencia de Quito übernahm bald die Rolle des Zulieferers von
Textilien für die anderen spanischen Kolonien, was ihr den Namen "Taller
(Werkstatt) de América Hispania" einbrachte. Da es unmöglich war, die einfache Bevölkerung mit Textilerzeugnissen von Spanien aus zu beliefern, wurde die Entstehung dieses Produktionszweiges begünstigt. So weideten in den
heutigen Provinzen Pichincha, Chimborazo und Cotopaxi 750 000 Schafe, die
die Wolle für die 'obrajes' lieferten.

Nach einem Bericht des "Presidente de la Audiencia" MUÑIVE von 1681 (zitiert nach GUERRERO, A., 1977, S. 66 ff.) lassen sich drei Typen von
'obrajes' nach Besitzverhältnissen, Rechtsform und Produktionsbedingungen

unterscheiden:

1. 'Los obrajes de comunidad'. Nach MUÑIVE gab es 14 Betriebe dieser Gruppe mit insgesamt 2633 Beschäftigten. Neun waren in Riobamba, drei in Latacunga, einer in Peguche angesiedelt. Der größte Betrieb stand in Otavalo mit 490 Beschäftigten. Drei 'obrajes' unterstanden direkt der Krone, die meisten anderen gehörten zu einer Encomienda. Von den Encomenderos lebten sieben in Spanien, und nur einer hatte seinen dauernden Wohnsitz in der Real Audiencia. Geleitet wurden diese 'obrajes' von einem meist von der spanischen Regierung ernannten Verwalter. Der weitaus größte Teil der Arbeiter war "de entero". Dies beinhaltete eine Arbeitsverpflichtung als Tributersatz.

2. Eine zweite Art der 'obrajes' befand sich in den Händen der dominierenden lokalen Schicht. Diese benötigte hierfür eine Lizenz vom königlichen Hof oder zumindest vom Vizekönig. Auch hier arbeiteten einige dieser 'obrajes' mit 'enteros' oder mit 'mitayos', also Zwangsverpflichteten, jedoch meist mit sogenannten 'voluntarios' (freiwilliges Arbeitsverhältnis). Acht dieser 'obrajes' hatten ihren Standort in Riobamba, 20 in Quito und sieben in Latacunga. Sie waren kleiner als die 'obrajes de comunidad'.

3. Die dritte Gruppe konnte nicht staatlich kontrolliert werden, weil sie ohne die oben erwähnte Lizenz arbeitete. Die nach MUÑIVE 'obrajuelos' oder 'chorillos' genannten kleineren Produktionseinheiten stellten einfachere Textilien für die ärmeren Bevölkerungsschichten her. 1603 gab es 60 solcher illegaler Werkstätten und ein Jahrhundert später allein in und um Quito 150. Tausende von Indios fanden hier Arbeit.

Weil Wasser der entscheidende Energieträger war und bei der Aufbereitung der Wolle benötigt wurde, befanden sich die 'obrajes' bevorzugt an Flußläufen. Damit erklärt sich auch die Verteilung dieser Produktionsstätten auf die Provinzen. Die Bedeutung der 'obrajes' liegt in der Förderung der städtischen Entwicklung von Latacunga, Riobamba und Otavalo. Sie begründeten auch die Tradition der Textilherstellung in der Sierra.

Durch die neue Handelspolitik der Bourbonen erfuhr die Textilherstellung allerdings einen erheblichen Bedeutungsverlust. Da Ende des 18. Jahrhunderts der Schutz der einheimischen Produkte nicht mehr gewährleistet war, traten europäische Stoffe in Konkurrenz. Der Rückgang des Bergbaus in den

spanischen Kolonien beschleunigte den Verfall. Ausdruck fand diese Krise
in der Bevölkerungszahl von Quito. Nach J.J. und A. ULLOA (1918) hatte
diese Stadt im 17. Jahrhundert noch 50 000 Einwohner, danach stagnierte
die Einwohnerzahl lange Zeit bei 30 000.

Seit dem Verfall der 'obrajes' bestimmten in der Sierra bis fast zur Gegenwart die Latifundien die Ökonomie. Sie vereinnahmten die verbliebenen
Reste der 'obrajes'. Nur einzelne konnten eine gewisse Bedeutung beibehalten, wie die von Peguche, die nach Beobachtungen von HAUSSAREK (1863) bis
nach Popayán exportierte. Die aus der Kolonialzeit stammende Pulverfabrik
in Latacunga verlor zu diesem Zeitpunkt ebenfalls ihre Bedeutung.
Ecuadorianische Verfasser (HURTADO 1977, VELASCO 1973, SALGADO 1978 u.a.)
erwecken in ihren Publikationen den Eindruck, als sei damals das Land zu
einem reinen Agrarstaat abgesunken, der alle Gebrauchsgüter importieren
mußte, was in dieser Ausschließlichkeit nicht ganz richtig ist.
An der Costa konnte sich in Guayaquil aufgrund der Lage und der Holzvorräte
der Schiffsbau entwickeln, bis die Holzsegelschiffe von den modernen Schiffs-
typen verdrängt wurden. Für den erfolgreichen Dampfschiffbau fehlten neben
der Technologie auch die Hütten zur Erzeugung von Eisen und Stahl (1).

1.3. Die weitere wirtschaftliche Entwicklung unter der Republik

Nach der Befreiung vom spanischen Kolonialsystem (1822) änderte sich an
der wirtschaftlichen Lage wenig. Der Dualismus zwischen Costa und Sierra
bildete sich noch stärker aus. Die Latifundistas der Sierra konzentrierten
sich auf die Versorgung des Binnenmarktes. Die Agrarbourgeoisie der Costa
exportierte Kakao, Tabak, Holz, Leder, Kaskarillrinde und Hanffaser. Einziges handwerkliches Exportgut war der feingeflochtene, heute noch begehrte
Strohhut ("Panamahut").

HURTADO (1979, S. 154) bestreitet die weitverbreitete Behauptung, daß es
einen Interessenkonflikt zwischen den beiden dominierenden gesellschaft-
lichen Gruppen, den konservativen Sierra-Großgrundbesitzern und der libera-

---

(1) ESTRADA YCAZA (1977) erwähnt, daß es sogar vorübergehend gelungen sei,
    Dampfschiffe zu bauen. Er führt den Untergang der Werften auf die man-
    gelnde Investitionsbereitschaft der Unternehmer zurück.

len Ideen nahestehenden Costa-Bourgeoisie gegeben habe, denn sowohl an
der Costa als auch in der Sierra waren beide Gruppierungen maßgeblich vertreten, und die Interessenlage beider war ähnlich. Nur am Konflikt über
die Rolle der katholischen Kirche lassen sich Unterschiede der Auffassungen
nachweisen. Mit der Behauptung des Interessengegensatzes wird versucht, die
weitere Entwicklung und die schwache Integration zu erklären. Unbestritten
ist, daß beide Gruppen keinerlei Interesse an einer industriellen Entwicklung des Landes hatten. Dominante Wirtschaftsmacht wurde, wie in fast ganz
Lateinamerika, England, das sowohl als Abnehmer von Rohprodukten als auch
als Lieferant von Industriegütern im Rahmen des "cambio libre" auftrat.
Erst um die Jahrhundertwende beteiligten sich englische und nordamerikanische Firmen an der Ausbeutung der Rohstoffe.

Unter der Präsidentschaft des konservativen García Moreno (1860 - 1875)
wurde der Eisenbahnbau zwischen Quito und Guayaquil geplant, der Straßenbau forciert und die Telegraphenleitung zwischen diesen beiden wichtigsten
Städten eingerichtet. Dies waren die ersten Anstrengungen, die beiden unterschiedlichen Landesteile Sierra und Costa zu verbinden. Die Kakaoexporte
ermöglichten es den Liberalen nach ihrem Sieg 1895, diese Bemühungen verstärkt fortzusetzen. In der ecuadorianischen Literatur (1) ist immer wieder
zu lesen, daß in jener Zeit die Integration in die Weltwirtschaft und damit
verbunden eine starke ökonomische Abhängigkeit von den ausländischen Mäch-
ten begonnen habe. Eine Abhängigkeit vom Weltmarkt bestand in der Tat, da
Preisschwankungen aufgrund der Monoexportstruktur nationale ökonomische
Krisen verursachen mußten. Von den 1892 registrierten 80 Exportgütern ent-
stammten fast alle dem primären Sektor. Es muß jedoch betont werden, daß
diese Abhängigkeit nie den hohen Grad anderer lateinamerikanischer Länder
erreicht hat. Hierfür könnten folgende Gründe genannt werden:

1.) Der Bergbau gewann in Ecuador nie eine solche Bedeutung wie in den
anderen Andenländern.

2.) Die geringe Größe des Marktes war für Investoren wenig anziehend.

3.) Auch der Export tropischer Agrarprodukte blieb im wesentlichen unter
der Kontrolle ecuadorianischer Staatsbürger

---

(1) SALGADO, G. in: Ecuador hoy S. 29, MONCADA, J. in: Ecuador Pasado y
Presente S. 117 u.a.

In der zweiten Hälfte des 19. Jahrhunderts verschwanden die 'obrajes' fast völlig. Größere Textilproduktionsanlagen gab es noch im Valle de los Chillos, in Otavalo und Cuenca. In Manabí (Jipijapa, Montecristi) wurden in kleineren Handwerksbetrieben Strohhüte gefertigt. In jener Zeit entstanden in Guayaquil die ersten Fabriken, so 1864 ein Betrieb, der sich der Eisherstellung widmete, in Babahoyo die erste und bald darauf die heute noch produzierende Zuckerfabrik "Ingenio Valdez". Getränkefabriken, kleinere Eisenverhüttungsanlagen, mechanisierte Werkstätten und mit Dampfmaschinen ausgestattete Zuckerfabriken entstanden um die Jahrhundertwende in Guayaquil.

Der deutsche Geograph Theodor WOLF, einer der Wissenschaftler, die García Moreno ins Land gerufen hatte, registrierte in einer Übersicht über die damaligen Provinzen folgende handwerklichen und industriellen Aktivitäten (1):

So hatten eine Reihe von Provinzen wenig (Carchi) oder keine industrielle Produktion aufzuweisen (Bolívar, Loja, Esmeraldas). Auch in El Oro spielte nur der Bergbau in Zamora eine Rolle. Bei den meisten der übrigen Provinzen stand die Textilerzeugung im Vordergrund. Zu nennen sind Imbabura mit der Baumwoll- und Wollverarbeitung (vorwiegend in Cotacachi und Otavalo), Pichincha, Cotopaxi und Chimborazo (dort nur der Kanton Guano) mit Webprodukten, schließlich Azuay und Manabí, wo schon damals Strohhüte hergestellt wurden. Für industriell aufbereitete Agrarprodukte nennt WOLF die Zuckersiedereien in Cotopaxi und Guayas und die Kakaoverarbeitung in Los Ríos. Die mit Rohstoffen damals reichste Provinz Guayas wies als einzige eine größere Diversifizierung ihrer industriellen Produktion auf (je eine Glas-, Eis- und Schokoladenfabrik, eine Eisenhütte, eine Werft, wo Segel- und Dampfschiffe gebaut wurden und verschiedene mechanische Werkstätten). WOLF stellt die Verbindung zwischen dem sekundären Sektor und der Landwirtschaft heraus, wobei eine Abhängigkeit der Industrie und des Handwerks von der Agrarwirtschaft auffällig sei. Weiterhin registriert er die Diskrepanz zwischen den von Dampfmaschinen betriebenen, stark expandierenden Zuckersiedereien der Costa und den hauptsächlich mit Ochsengespann und

---

(1) WOLF, Theodor. Geografía y Geología del Ecuador, erschienen 1892 in Dresden, hier zitiert aus dem durch das "Casa de Cultura Ecuatoriana" neuverlegten Band, Quito, 1975

Wasserkraft arbeitenden Zuckerfabriken der Sierra. Er beklagt, daß die
Schnapsproduktion im Vordergrund stehe. Durch die Modernisierung der alten Getreidemühlen verbessere sich die Brotqualität. In der Sierra würden
nun allmählich größere Dampfmaschinen Einzug halten. Aus den Schilderungen
WOLFs kann entnommen werden, daß nur bei der Zuckerverarbeitung, der Textilherstellung und im Brauereiwesen von einer "industriellen" Produktion die
Rede sein kann, da er nur in diesem Zusammenhang Maschineneinsatz aufführt.

Vergleicht man die Darstellung WOLFs mit der heutigen Industrieverteilung
in Ecuador, so fällt auf, daß die Provinzen, die er als rückständig be-
schreibt, auch heute noch unterdurchschnittlich.oder gar nicht industrialisiert sind, sieht man von Esmeraldas ab.

Die Behinderung der industriellen Entwicklung durch fehlende Infrastruktur
wird an einem mündlich überlieferten Beispiel deutlich. Der Textilfabrikant
Don Jijón y Flores (Nachfahre des ersten Präsidenten Ecuadors) kaufte in
England eine 18 m lange und 20 cm Durchmesser aufweisende Antriebswelle, um
im Valle de los Chillos die Wasserkraft zu nutzen. Die Welle, die neun Tonnen wog, mußte in vier Stücke zersägt und auf jeweils 14 Mulis verladen werden, die dann von Babahoyo einen wochenlangen Marsch über Quito auf einem
Reitweg zurücklegen mußten.

An dieser Stelle muß deutlich vermerkt werden, daß die industriellen Aktivitäten in Ecuador, selbst im Vergleich zu anderen lateinamerikanischen
Ländern, extrem bescheiden waren. Die beiden dominierenden gesellschaft-
lichen Gruppen sahen für eine Industrialisierung keine Notwendigkeit, zumal
sie als Großgrundbesitzer oder Exporteure ihr gesichertes Einkommen hatten.
Andere kapitalkräftige potentielle Investoren gab es nicht. Weitere nennenswerte Gründe für die damals geringen Industrialisierungsansätze waren:

- Langandauernde politische Unsicherheiten durch die Auseinandersetzungen
  zwischen den konservativen und liberalen Kräften.
- Fehlende Infrastruktureinrichtungen, besonders im Kommunikations- und
  Verkehrswesen, wobei die Costa durch Häfen und schiffbare Flüsse im
  relativen Vorteil war.
- Fehlender Geldmarkt: Bis 1860 gab es nur eine Bank und bis ins dritte
  Jahrzehnt dieses Jahrhunderts nur Privatbanken.

- Kaum Einwanderer, die Ideen, Kenntnisse, Engagement und Kapital mit-
  brachten.
- Kein Käuferpotential. Die Oberschicht bezog ihre dauerhaften Konsumgüter
  aus England oder Frankreich, die Unterschicht hatte kein Geld, um industriell erzeugte Güter zu erwerben.
- Fehlen von größeren Städten, die als Markt für industrielle Güter in
  Frage kamen.
- Nur langsame Integration in den Weltmarkt, trotz der erwähnten Agrarexporte.
- Ein schwacher Staat, der weder in der Lage noch willens war, in die
  Wirtschaft einzugreifen, sei es aufgrund der Dominanz der Oberschicht
  in der Regierung oder der unfähigen und teilweise korrupten Administration.

Die hier aufgeführten Hemmnisse haben zum größten Teil ihre bremsende Wirkung mehr oder weniger ausgeprägt bis in die Gegenwart behalten (vgl. Kap.
2.3)

1.4 Die Entwicklung von 1900 bis zur Gegenwart

Mit der liberalen Revolution von 1895 sehen einige Beobachter die Macht von
den Haciendabesitzern der Sierra an die Agrarexporteure der Costa übergehen.
Guayaquil wurde zum wirtschaftlichen Zentrum. Der Eisenbahnbau erreichte
seinen Höhepunkt. Verschiedene Linien wurden geplant, einige sogar gebaut.
1909 wurde die Eisenbahn Quito - Guayaquil eröffnet. Zum ersten Mal wurde
somit eine leistungsfähige Verbindung der beiden wichtigen Regionen geschaffen, die den Austausch von Gütern in größerem Umfange ermöglichte und die
notwendige Integration beider Landesteile einleitete.

Grundlage der Wirtschaftsentwicklung war bis zum Jahre 1910 weiterhin der
Kakaoexport. Allerdings drängten andere Erzeuger auf den Weltmarkt. Die Pla-
gen ("Monilla" und "Escoba de la Bruja") brachten 1920 den Boom zum Abklin-
gen. Verschlimmert wurde die Situation durch den Fall des Kakaopreises, der
1931 nur noch die Hälfte von 1927 betrug. Eine Verarmung der Landbevölkerung
an der Costa war die Folge.

An der Arbeitsteilung der Wirtschaft änderte sich nichts, die Costa blieb

außenhandelsorientiert. In dieser Zeit erfuhr die Industrialisierung keine
Impulse, wenn auch einzelne Textilbetriebe, Nahrungsmittelindustrien und
lederverarbeitende Betriebe entstanden. Der schwache Staat griff in diesen
Prozeß nicht ein. Die großen Banken Guayaquils gaben eigene Zahlungsmittel
aus und bestimmten den Geldumlauf und somit die Wirtschaftspolitik. Man bezeichnet diese Zeit in Ecuador als "Bancocracia". Da die Banken mit den Im-
portkreisen verbunden waren, bestand von dieser Seite kein Interesse an
einer Industrialisierung. Ein Beleg für die damals geringe Investitionsbereitschaft im produzierenden Gewerbe ist, daß schon im Jahre 1911 der Ma-
schinenimportwert am höchsten war und es bis zum Zweiten Weltkrieg blieb.
Nach HURTADO waren im Jahr 1920 weniger als 2% der ökonomisch aktiven Bevölkerung in der Industrie beschäftigt.

Die Isolation von den Weltmärkten verminderte sich mit dem Bau des 1914
eröffneten Panamakanals. Die neuen Textilbetriebe wurden alle in der Sierra
angesiedelt. Nach der Beschäftigtenzahl ist der 1923 in Quito gegründete
Textilbetrieb "La Internaciônal" noch heute der größte Industriebetrieb
Ecuadors. In Tungurahua entstanden zwischen 1920 und 1944 15 Textilbetriebe
von untergeordneter Bedeutung, hingegen gehört der 1927 in Cuenca gegründete
Betrieb "Pasamanería" zu den bedeutendsten Textilherstellern des Landes.
Nach VELASCO (1979) engagierten sich in diesem Industriezweig zum ersten
Mal Teile der landbesitzenden Oligarchie. Gewisse Hilfestellungen sollte
bei den Industriegründungen das Gesetz "Protectora de Industriales Nacionales" von 1925 geben, das unter der Präsidentschaft von Ayora verabschiedet wurde, der auch die Zentralbank Ecuadors gründen ließ. Die Bedeutung
dieses Gesetzes liegt darin, daß sich der Staat zum ersten Mal um die Industrialisierung bemühte, wie auch in diesem Jahr die Diskussion über das Für
und Wider einer Industrialisierung erstmals nachhaltig geführt wurde. Jedoch konnten sich die an einer solchen Politik interessierten Kreise gegenüber der Importlobby nicht durchsetzen. Die Aufzählung der damaligen industriellen Branchen fällt knapp aus: Textil-, Zucker-, Zement-, Bier-, Ziga-
retten-, Seifen-, Öl- und Fettherstellung (SALGADO, G. 1978, S. 45), also
ausschließlich Konsumgüterproduktion.
Die Weltwirtschaftskrise hatte im Gegensatz zu den meisten anderen lateinamerikanischen Ländern auf die Industrialisierung in Ecuador kaum Auswirkungen. Weshalb die Importsubstitution nur in Ländern wie Brasilien, Argen-

tinien, Uruguay, Chile und Kolumbien zum Tragen kam, nicht jedoch in
Ecuador, begründen SUNKEL und PAZ (1) folgendermaßen: Die Außenwirtschaft
Ecuadors hatte nie die Bedeutung der genannten Länder erreicht. Eine ausreichende Kapitalakkumulation, mit der ein Wandel hätte finanziert werden
können, fehlte ebenso wie ein genügend großer Binnenmarkt. Außerdem gab es
weder einen funktionierenden Staatsapparat, der fähig und willens gewesen
wäre, den Wandel durchzusetzen, noch einflußreiche Gruppen, die ihn gefor-
dert hätten. Schließlich waren auch die infrastrukturellen Voraussetzungen
nicht vorhanden. ABAD Franco, A. (1974) stellte die These auf, daß Konser-
vative und Liberale die Industrialisierung verzögerten, um das Entstehen
einer Arbeiterschaft zu verhindern, die ihre politische Vorherrschaft be-
drohen könnte.

Mit der Weltwirtschaft erholte sich auch die ecuadorianische Ökonomie. Erst
nach dem zweiten Weltkrieg wurde in Ecuador ernsthaft versucht, die Industrialisierung durch die Importsubstitution zu ermöglichen. Die externe Abhängigkeit wurde deutlich empfunden, als wegen der Kriegswirtschaft die benötigten Importe aus den industrialisierten Ländern ausblieben, wobei man
selbst, auch wegen des Koreakrieges, beachtliche Exporte zu verzeichnen
hatte. Deren Erträge konnten nicht allein zur Ausweitung des Agrarsektors
angelegt werden, sondern wurden teilweise in den Häusermarkt, aber auch in
einfache Industrievorhaben investiert. Der Prozeß der Industrialisierung
wurde nun auch von der politischen Seite gewollt und durch planerische
Eingriffe verstärkt. 1964 wurde im ersten Zehnjahresplan eine beschleunigte Industrialisierung erstmals als Ziel ausgewiesen.

Durch hohe Zollmauern geschützt, entwickelte sich die industrielle Produktion in den Jahren 1950 - 1961 mit 5,1% jährlichem Wachstum noch relativ langsam. Zwischen 1963 - 1974 erreichte man eine reale Steigerungsrate
von 8,2% und lag damit über den Werten des Bruttosozialproduktes. 1965 gab
es 72 Unternehmen mit mehr als 100 Beschäftigten, mit 135 hatte sich 1973
die Zahl der Betriebe fast verdoppelt und 1976 waren es dann 183 solcher
Großbetriebe.

---

(1) SUNKEL und PAZ 1973, siehe auch ABAD,G. (1975)

Mit dem Entwicklungsmodell "desde adentro" wurde von staatlicher Seite versucht, für die Industrialisierung die notwendigen institutionellen und infrastrukturellen Voraussetzungen zu schaffen. Auch der Staat selbst übernahm unternehmerische Funktionen im sekundären Sektor.

2. DIE INDUSTRIE ECUADORS HEUTE

Der Begriff "industria" hat im Spanischen, wie auch im Englischen und Französischen die Worte "industry" bzw. "industrie" eine vielfältige Bedeutung und darf nicht mit dem deutschen Wort "Industrie" gleichgesetzt werden. Mit "industria" bezeichnet man Handwerk, Kunstgewerbe, ja selbst den Tourismus. Das deutsche Wort "Gewerbe" kommt diesem Begriff am nächsten.

Der deutsche Begriff "Industrie" ist enger gefaßt, bedarf aber einer Abgrenzung gegenüber den anderen Betätigungsfeldern des sekundären Gewerbes. Kennzeichen für die Industrie ist Umwandlung von Materie oder Energie, wobei arbeitsteilig vorgegangen wird, meist in Serien- oder Massenherstellung mit Einsatz von Maschinen und Energie. In Unterscheidung zum Handwerk wird die Produktion in eigens dafür vorgesehenen Gebäuden vorgenommen, sie produziert unter Kapitaleinsatz, in der Regel für anonyme Abnehmer, wobei die Industrie gegenüber dem Bergbau eine relative Standortunabhängigkeit hat (nach BRÜCHER, 1982).

In der vorliegenden Arbeit wird gegenüber Handwerk und Heimgewerbe die Abgrenzung durch die quantitativen Charakteristika, d.h. sieben und mehr Beschäftigte, oder eine Jahresproduktion von mindestens 180 000 Sucres, vorgenommen. Der letzte Wert insbesondere mag niedrig angesetzt sein (nur ca. 7 200 US$), scheint sich aber in Ecuador zumindest bis 1976 bewährt zu haben. Nach diesen Dimensionen nimmt das "Instituto Nacional de Estadísticas y Censos (INEC)" seine Abgrenzungen vor, deshalb wird auch in dieser Untersuchung aus pragmatischen Gründen mit den genannten Grenzwerten gearbeitet (1) . Unter diese Schwelle sollen nach Angaben von ANDES (Asociacion Nacional de Empresarios) viele Tausende von Kleinbetrieben fallen, allein in Quito 5000. Dabei handelt es sich, neben Handwerksbetrieben, in erster Linie um Unternehmungen des Reparaturgewerbes, die unbestritten nicht zur Industrie gehören. In Ecuador wird der sekundäre Sektor von staatlicher Seite in drei Kategorien eingeteilt. Neben Handwerk wird noch nach Fertigung in Fabriken (Estrato fabril) und Kleinindustrie unterschieden. Das Abgrenzungskriterium stellt die Höhe des Anlagevermögens dar, das bei 5 Mio. Sucres (ohne Grundstücke und Gebäude) festgesetzt wurde. Da für die Kleinindustrie insbesondere mit der Kreditgewährung erhebliche Vorteile verbunden sind und der Wechsel von einer zur anderen Kategorie zusätzliche Kosten bedeutet, sind laut KAMPFFMEYER (1981, S. 10) in den Mitgliederlisten der Handwerkskammer noch viele Kleinindustrien und bei den Kleinindustriekammern zahlreiche mittlere, selbst große Betriebe zu finden. Die wichtigste Informationsquelle für quantitative Angaben waren die verschiedenen Industriebefragungen von INEC (2).

2.1 Die ecuadorianische Industrie und ihre Bedeutung im nationalen Wirtschaftsrahmen

Das Sozialprodukt Ecuadors hat in den letzten Jahren exorbitante Zuwachsraten erfahren, besonders seit 1972 durch die Erdölerschließung im Oriente und durch die Preispolitik der OPEC. Das Bruttosozialprodukt pro Kopf wuchs von 1972 bis 1977 von 289 US$ auf 787 US$, was einer durchschnittlichen realen Steigerung von 6% p.a. entsprach (BANCO CENTRAL 1979` und erreichte 1979 951 US$. Das Bruttoinlandsprodukt (BIP) pro Kopf der Bevölkerung wuchs von 1976 - 1979 zwar nur noch jährlich real um 2,1% (BFAI 1980), war aber immer noch eine der höchsten Zuwachsraten Lateinamerikas.

---

(1) Es ist anzunehmen, daß bei einer der nächsten Industriezählungen beim Produktionswert eine Anpassung nach oben vorgenommen wird.

(2) Encuesta Anual de Manufactura y Minería, verschiedene Jahrgänge bis einschließlich 1976 (letzte erschienen Quito Mai 1979)

Die Rolle des Erdöls wird deutlich, wenn man berücksichtigt, daß es 1971 einen Anteil am BIP von nur 0,2 erreichte, der bis 1974 auf 17% hochschnellte, um sich dann ab 1977 auf einen Wert von 11,2% einzupendeln. (Tab. 1)

Das BIP zu Marktpreisen betrug 1970 34.289 Mio. Sucres und steigerte sich bis 1977 auf 153.811 Mio. Sucres. Nach BFAI soll es nach vorläufigen Schätzungen 1979 229.300 Mio. Sucres betragen haben.

Anhand der Tab. 1 läßt sich folgendes ableiten: Der Bergbausektor verzehnfachte seinen prozentualen Anteil durch den Erdölboom. Sämtliche andere Sektoren mußten Einbußen hinnehmen, mit Ausnahme der Industrie, der es im Zeitraum von vier Jahren, ab 1972 gelang, durch Zuwachsraten bei der Wertschöpfung von über 14% p.a. ihren Prozentanteil zurückzugewinnen. Hingegen mußten Land- und Forstwirtschaft mit Fischerei aufgrund ihres Wachstums von nur 5% seit 1970 und das Handwerk (7,2%) Prozentanteile abgeben; auch der Handel erlitt einen leichten Bedeutungsverlust. Neben der Erdölwirtschaft trägt also nur die Industrie zu den hohen Zuwachsraten beim Sozialprodukt bei.

Trotzdem sind die Beschäftigungseffekte bescheiden: 1974 fanden nur 3,4% der Erwerbstätigen ihr Auskommen in der Industrie gegenüber 45,2% in der Landwirtschaft und 33,6% im Dienstleistungssektor. Selbst wenn man die 8,3% Handwerker und die 4,5% der in der Bauwirtschaft Tätigen berücksichtigt, ergibt sich bei der Beschäftigtenstruktur das typische Bild für Entwicklungsländer: Ein kopflastiger Primärer Sektor mit 46,5%, ein aufgeblasener Tertiärer Sektor, die schmale Taille hingegen stellt der Sekundäre Sektor mit nur 16,6% der Beschäftigten dar. Die Industrie konnte im Zeitraum 1972-1976 durchschnittlich 6780 neue Arbeitsplätze p.a. bereitstellen, was nicht einmal einem Zehntel des jährlichen Bedarfs entsprach (CIME 1979 S. 14).

Die hohen Wachstumsraten der ecuadorianischen Industrie dürfen nicht darüber hinwegtäuschen, daß der Industrialisierungsgrad Ecuadors auch im Vergleich mit den Nachbarländern sehr bescheiden ist. Schließlich ist die Ausgangsbasis, nach der die Zuwachsraten errechnet werden, sehr niedrig. Bogotá hatte 1969 allein schon fast das Doppelte an Industriebeschäftigten wie ganz Ecuador (87 142 gegenüber 44 821). Der Industriebesatz betrug in

TABELLE 1: BRUTTOSOZIALPRODUKT NACH SEKTOREN IN PROZENT

Sektor	1970	1971	1972	1973	1974	1975	1976	1977
Agrarsektor	29,2	27,9	26,6	25,4	22,4	23,7	21,8	21,3
Bergbau	1,2	1,1	3,2	10,0	18,0	13,5	14,2	12,2
Industrie	11,2	11,7	11,0	10,3	10,2	11,0	11,4	12,3
Handwerk	6,3	4,8	6,4	6,1	4,1	4,8	4,5	5,2
Strom, Wasser	1,2	1,3	1,3	1,1	0,9	0,9	0,9	0,9
Bausektor	4,4	6,3	4,5	4,7	5,8	6,0	6,6	6,6
Handel	13,7	14,9	14,7	11,5	11,4	12,2	12,6	13,5
Transport, Kommun.	7,2	7,4	7,0	6,1	4,8	4,8	4,7	4,8
Andere Dienstleist.	25,6	24,6	25,2	24,8	22,4	23,1	23,2	23,1

Quelle: BANCO CENTRAL Ecuador

Bolivien 1978 7,7 und lag damit unter dem von Ecuador mit 11,6 1976. Es folgten Peru mit 17,5 (1975), Kolumbien mit 19,4 (1974) und schließlich Venezuela mit 22,3 (1974). (Errechnet aus Angaben des BFA)

Aufgrund des Außenhandelsdefizites belastet die Industrie die Zahlungsbilanz. Einem Exportanteil von nur 10,7% 1976 stehen Importanteile von 61,4% gegenüber (siehe Kapitel 2.3.2). Abb. 1 stellt das Wachstum der Industrie nach Betrieben und Beschäftigten dar. Des weiteren verdeutlicht sie, daß der Wert der industriellen Bruttoproduktion pro Kopf der Bevölkerung sich binnen elf Jahren verdoppelte. Die inflationsbereinigte Wertschöpfung stieg in den 13 Jahren konstant an, was als Ausdruck der höheren Kapitalinvestitionen während der vergangenen Jahre und eventuell einer besseren Kapazitätsauslastung zu werten ist. Die Lohnentwicklung der Industriebeschäftigten hielt nicht Schritt mit der Steigerungsrate der Wertschöpfung, wenn auch eine Verbesserung des Lebensstandards um ein Drittel erreicht wurde. Darin manifestiert sich die zunehmend kapitalintensive Produktionsweise, aber auch das große Angebot an Arbeitskräften.

Die Dynamik der industriellen Entwicklung in Ecuador ab 1963 = 100.

(Abbildung 1)

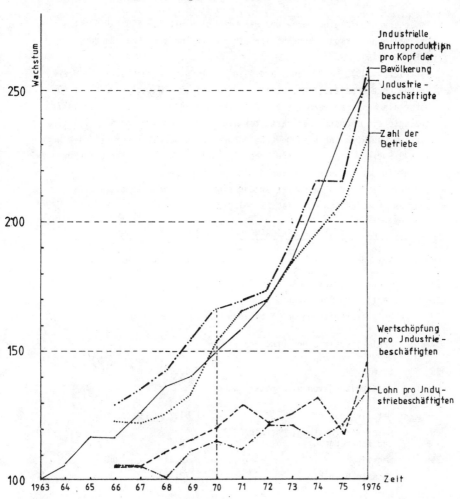

Löhne und Produktionswerte sind inflationsbereinigt.

Quelle: Errechnet nach JNEC,
Montaño Wygard 1975 u.a.

2.1.1 Das Handwerk im Vergleich zur Industrie

Es lassen sich folgende Unterschiede zwischen Handwerk - das Baugewerbe ist nicht berücksichtigt - und Industrie herausarbeiten:

- Im sogenannten Kleingewerbe und Handwerk sind mit 258 600 (1978) etwa dreimal mehr Personen beschäftigt als in der Industrie mit 89 000 (CENDES 1979).
- Im Zeitraum 1972 - 1978 entstanden in der Industrie 36 000, im Handwerk 48 000 neue Arbeitsplätze. Damit ist die relative Wachstumsrate mit 69% höher als beim Handwerk mit nur 23%. (CENDES 1978, Tab. 5 und 6.) 1977 erzeugte ein Industriebeschäftigter eine Wertschöpfung von 99 277 Sucres. Ein zum Handwerk und Kleingewerbe gehörender Erwerbstätiger erzielte nur 12 495 Sucres. Die überlegene Produktionsweise und die bessere Konkurrenzfähigkeit der Industrie werden damit eindeutig belegt.
- Die Beteiligung des Handwerks an den einzelnen Produktionszweigen ist sehr unterschiedlich, wie Tab. 2 belegt.

TABELLE 2:   PROZENTANTEILE DER BRANCHEN AN DER WERTSCHÖPFUNG 1976

ISCO Nr.	Branche	Industrie %	Handwerk %
31	Nahrungsmittel, Getränke, Tabak	82,9	17,1
32	Textil und Bekleidung, Leder	72,2	27,8
33	Holzverarbeitende und Möbelindustrie	58,7	41,3
34	Papierindustrie und Druckereigewerbe	55,9	44,1
35	Chemie	68,3	31,7
36	Verarbeitung von nichtmetallischen Mineralien	88,9	11,1
37	Metallerzeugung	91,2	8,8
38	Metallverarbeitung, Maschinen- und Fahrzeugbau	82,1	17,9
39	Sonstige	19,1	80,9
	Gesamte Branchen	73,7	26,3

Quelle: Errechnet aus Encuesta Anual... 1976, INEC und WELTBANK 1979 Tabelle 9.1, S. 615.

Die Werte verdeutlichen, daß in einigen Branchen das Handwerk noch eine
starke Position einnimmt. Dies gilt für das Bekleidungsgewerbe, für die
Zimmereibetriebe und die Schreinereien, für das Druckereigewerbe und überraschenderweise auch für die Chemiebranche. Der unter der CIIU-Klassifi-
zierung 39 (1) zusammengefaßte Bereich 'Sonstige' ist in Ecuador industriell noch schwach entwickelt, so daß hier ebenfalls das Handwerk dominiert (Goldschmiede, Souvenirhersteller etc.).

- Das Handwerk bezieht weniger Rohstoffe und Halbfabrikate aus dem Ausland. Nach Angaben von CENDES (1978) sollen 45,1% des verarbeiteten
  Materials im Zeitraum 1965 - 1977 importiert worden sein. Bei der Industrie beträgt dieser Prozentsatz 50%. Die erste Angabe erscheint jedoch
  zu hoch angesetzt.

- Das Handwerk wird bei der Kreditgewährung vernachlässigt, was mögli-
  cherweise an den unzureichenden Sicherheiten liegen mag. Die Handwerks-
  organisationen beklagten sich in der Presse darüber, daß die offizielle
  Förderung für Handwerk und Kleinindustrie im Grunde eine verkappte Förderung von Industriebetrieben sei, was KAMPFFMEYER u.a. (1981, S. 19)
  auch nachweist. Nach Angaben von MICEI (1979, S. 178) erhalten das
  Handwerk und die Kleinbetriebe nur 18% jener Kredite, die für das produzierende Gewerbe gewährt werden.

Über die räumliche Verteilung der schätzungsweise 30 000 Kleinstbetriebe
ist nur wenig bekannt. Sie sind vorwiegend in den beiden großen Städten
Quito und Guayaquil angesiedelt, teilweise auch in den Provinzstädten, kaum
jedoch auf den Dörfern. Ausnahmen sind die Strohhut- und Korbweideflech-
tereien, die als Heimgewerbe in Manabí und Azuay konzentriert sind, oder
einige Ortschaften, in denen sich spezielle handwerkliche Traditionen entwickelt haben, wie die Holzschnitzereien in San Antonio de Ibarra, die

---

(1) In Ecuador erfolgt die Industriezählung nach der Clasificación Indu-
    strial Internacional Uniforme (CIIU) (Informes Estadísticos serie
    M.No. 4; Rev. 2 Naciones Unidas 1969), welche der S.I.T. Clasification
    entspricht. In dieser Klassifizierung umfaßt das verarbeitende Ge-
    werbe die Nr. 31-39

Strickereien in Otavalo und Atuntaqui, die Lederwarenherstellung in Cotacachi und die Silberschmuck herstellenden Betriebe in Gualaceo.

2.1.2 Die Branchenstruktur der ecuadorianischen Industrie

Ein überragendes Strukturmerkmal der ecuadorianischen Industrie ist die
Dominanz der Konsum- und Gebrauchsgüterindustrie. Nahrungsmittel, Getränke,
Tabak, Bekleidung, Schuhe, Möbel, Druckereierzeugnisse, chemische Endprodukte und andere für den Genuß und Verbrauch bestimmte Güter hatten 1970
einen Anteil an der gesamten industriellen Produktion von 58,9%. 1977 waren
es schon 61,1%. Die Tendenz ist also steigend. Dagegen nimmt die Produktion der Zwischengüter ab. 1970 waren noch 30,7% des Güterproduktionswertes
Stoffe, nicht verarbeitetes Leder, bearbeitetes Holz, chemische Zwischenprodukte, Metalle und aufbereitete Mineralien. 1977 umfaßte diese Güter-
gruppe noch 28,4%. Fast unverändert blieb der Anteil von Maschinen und Aus-
rüstungsgegenständen mit 10,4% 1970 und 10,5% 1977. In den Jahren des erheblichen industriellen Wachstums gab es also keine wesentlichen Veränderungen in der Zusammensetzung der Güterstruktur. Damit läßt sich der geringe
Grad der horizontalen und vertikalen Verflechtung der ecuadorianischen Industrie und damit verbunden die hohe Importabhängigkeit belegen. Der Entwicklungsstand ist technologisch gesehen immer noch niedrig. Es werden
keine anspruchsvollen Kapitalgüter produziert, sondern einfach herzustel-
lende Maschinen und Anlagen, deren Komponenten noch meist importiert werden müssen.
Diese Güterstruktur (vgl. Tab.3 und Abb. 2) erklärt sich durch die Politik
der Importsubstitution, die das Entstehen einer Konsumgüterindustrie begünstigt, aber auch durch den kleinen Markt, der nur ein entsprechend
bescheidenes Industrialisierungsniveau zuläßt (vgl. Kap. 2.3.2).
Eine größere Maschinenproduktion oder eine Grundstoffindustrie kann sich
wegen fehlender industrieller Abnehmer nicht entwickeln. So konnte nur die
exportorientierte Nahrungsmittelindustrie aufgrund günstiger Produktionsbedingungen eine größere Bedeutung erlangen. Die traditionellen Industrien
wie Nahrungsmittelherstellung, Getränke-, Tabak- und insbesondere die Tex-
til- und Bekleidungsindustrie, die 1963 noch zusammen 65% der Arbeitsplätze

Tabelle: 3
Verteilung der Betriebe und der Industriebeschäftigten auf die Branchen 1976 (Quelle/ INEC 1979)

ISCO		Zahl der Betriebe	Beschäftigte 1976 Zahl	Anteil in %	Ø pro Betrieb	Anteil der Beschäftigten in Betrieben mit hundert und mehr Beschäftigten in %	Anteil der Arbeiter in %
311+312	Nahrungsmittel	330	23813	29,5	72	66,8 (311-313)	81,6
313	Getränke	65	3941	4,9	61		74,9
314	Tabak	3	810	1,0	270	ca.92,0	75,6
321	Textil	161	13961	17,3	87		85,1
322+324	Bekleidung, Schuhe	82	2327	2,9	28	68,8 (321,322,324)	79,0
323	Leder	26	851	1,1	33	ca.30,0	78,7
331	Holzverarbeitung	64	3476	4,3	54	57,3 (331+332)	88,1
332	Holzmöbel	32	1382	1,7	43		77,8
341	Papier	23	2237	2,8	97	54,4 (341+342)	75,0
342	Druck	121	3516	4,4	29		62,0
351/52/56	Chemie	209	7413	9,2	35	30,0	69,5
353+354	Petro- u. Karbochemie	6	500	0,6	83	ca.80,0	68,2
355	Gummi	18	833	1,0	46	61,0	62,8
36	nichtmetall. Minerale	68	4221	5,2	62	70,8	79,8
37	Grundmetall	15	764	0,9	51	56,5	72,9
381+385	Metallartikel	133	5057	6,3	38		77,0
382	Maschinenbau	8	300	0,4	38	48,5 (38)	78,0
383	Elektrotechnik	36	3060	3,8	85		66,2
384	Fahrzeugbau	21	1326	1,6	63		81,7
39	Sonstige	45	1016	1,3	23	11,0	78,7
		1431	80 804	100	56	61,0 %	78,4 %

Quelle: INEC 1976

Die Veränderung der Branchenstruktur in Ecuador nach Jndustriebeschäftigten.

(Abbildung 2)

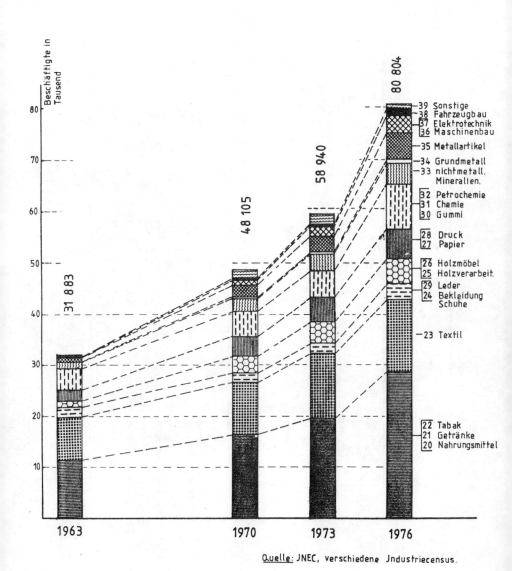

Quelle: JNEC, verschiedene Jndustriecensus.

zur Verfügung stellten, mußten trotz Wachstum in ihrer relativen Bedeutung Einbußen hinnehmen. Industriezweige, die 1963 schwach oder gar nicht ausgebildet waren, wie die verschiedenen metallverarbeitenden Unterbranchen, der Fahrzeugbau oder die Metallerzeugung, expandierten erheblich. Der Vergleich mit den anderen Mitgliedsländern des Andenpaktes verdeutlicht den unterschiedlichen Reifegrad der ecuadorianischen Industrie. In der traditionellen Industrie (Nahrungsmittel, Getränke, Tabak, Textil, Bekleidung, Leder, Schuhe) arbeiteten 1976 57,3% der ecuadorianischen Industriebeschäftigten, in Kolumbien 1975 nur 48,1% und in Venezuela 1974 41,3%. Bei den als dynamisch geltenden Industrien (Wachstumsbranchen) der Metallgewinnung und -verarbeitung, der Elektrotechnik und des Fahrzeugbaus, waren in Ecuador 1976 nur 11,7% beschäftigt, in Kolumbien aber 20,9% und in Venezuela 24,4%, was wohl teilweise auf den Stellenwert der dortigen Hüttenindustrie zurückzuführen ist. Nur die Industrie Boliviens ist noch traditioneller strukturiert. Zwar liegen keine Beschäftigtenzahlen vor, jedoch erreichte der industrielle Bruttoproduktionswert in der traditionellen Industrie 1975 einen Anteil von 67,3%.

Sowohl nach Anzahl der Betriebe und Beschäftigten als auch nach Wertschöpfung gerechnet ist die N a h r u n g s m i t t e l i n d u s t r i e die wichtigste Industrie des Landes. Die Unternehmen sind überdurchschnittlich groß. Die c h e m i s c h e I n d u s t r i e hat die T e x t i l i n d u s t r i e nach der Zahl der Betriebe vom zweiten Platz verdrängt. Da aber die Produktionsstätten der T e x t i l i n d u s t r i e durchschnittlich eine mehr als doppelt so starke Belegschaft aufweisen, ist ihre Beschäftigtenzahl erheblich größer. Es folgen Betriebe der m e t a l l a r t i k e l h e r s t e l l e n d e n Industrie an vierter Stelle. Die T a b a k i n d u s t r i e hat durchschnittlich pro Betrieb die meisten Beschäftigten. Da es nur drei Unternehmen dieser Branche gibt, davon zwei Großbetriebe, erklärt sich dies einfach. Im Gegensatz hierzu stehen die D r u c k e r e i e n , die kleinstrukturiert sind.
In Ecuador ist die B e k l e i d u n g s- und S c h u h i n d u s t r i e noch schwach entwickelt. Die meisten Verbraucher versorgen sich beim Handwerk, falls sie, wie besonders die Indios, diese Produkte nicht selbst herstellen. Fast bedeutungslos sind G r u n d m e t a l l und M a s c h i n e n b a u .

Die unterschiedliche Dynamik der einzelnen Branchen läßt sich aus der
Tabelle 4, Spalte 2 entnehmen. Die inflationsbereinigte Wertschöpfung
wuchs von 1970 bis 1976 um durchschnittlich 77,5%. Knapp unter dieser Marke
blieben die Nahrungsmittel- und Textilindustrie, die ja schon vor 1970
quantitativ stark vertreten waren. Die Zwischengüterindustrien Holzverarbeitung, Papier- und Kartonherstellung, Gummierzeugung und Lederherstellung
blieben unter dem durchschnittlichen Wachstum, wie die nichtmetallische
Mineralien verarbeitende Industrie. Die höchsten Wachstumsraten erreichte
die metallverarbeitende Industrie, leicht erklärbar durch das geringe Aus-
gangsniveau. Ähnlich ist es bei der Metallerzeugung, die 1970 nur eine
Wertschöpfung von etwa 1,2 Mio. US$ aufwies. Bei der Konsumgüterindustrie
sind die Steigerungen der Tabakindustrie, der Bekleidungs- und Schuhindustrie bemerkenswert.

Die mit Abstand höchste Wertschöpfung pro Beschäftigten erzielte die Petrochemie, die zu den kapitalintensivsten Industrien gehört. Zwei der Tabak-
firmen sind vollautomatisiert, auch die Gummiindustrie hat hochmoderne Produktionsanlagen eingesetzt. In den Industrien, bei denen manuelle Tätigkeit
eine bedeutende Rolle spielt - genannt seien die Bekleidungs- und Schuhherstellung, die Holzverarbeitung und die Leder herstellende und verarbeitende
Industrie - ist die Wertschöpfung pro Beschäftigten erwartungsgemäß gering.

Nimmt man die Wertschöpfung pro Industriebeschäftigten als Maßstab für die
Produktivität, so ergibt ein Vergleich zwischen Kolumbien und Ecuador auf
der Datenbasis von 1975 für die verschiedenen Industrien erhebliche Abweichungen (Abb. 3). Nahrungsmittel-, Getränke- und Tabakindustrie sind in
Kolumbien effektiver als in Ecuador. Sieht man jedoch von der Schuhherstellung ab, ist die Wertschöpfung bei der holzverarbeitenden Industrie, der
Möbelproduktion, beim Druckgewerbe, bei der Gummiindustrie, der Kunststoff-
verarbeitung und der nichtmetallische Mineralien verarbeitenden Industrie,
bei der Textil-, Bekleidungs- und Lederindustrie in Ecuador höher als in
Kolumbien. So arbeitet die in den letzten Jahren entstandene elektrotech-
nische Industrie Ecuadors erheblich produktiver als die Kolumbiens. Der
Fahrzeugbau hingegen, der in Ecuador zum großen Teil noch Karosseriebau ist,
erzielt dort wesentlich ungünstigere Resultate.

Tabelle: 4

Bruttoproduktionswert der Industrie, Wachstum der Wertschöpfung, Wertschöpfung pro Industrie-beschäftigten und Neuinvestitionen

ISCO	Branche	Bruttoproduktionswert 1976 in Millionen Sucres	Zunahme der Wertschöpfung seit 1970 1970 = 100	Anteil der Wertschöpfung an der Bruttoproduktion 1976	Wertschöpfung pro Industrie-beschäftigten in 1000 Sucres 1976	Anteil der Neuinvestitionen in Prozent bezogen auf die Wertschöpfung 1976
311+312	Nahrungsmittel	14.079,1	162,3	29,7	175,5	39,8
313	Getränke	2 558,5	169,5	52,9	343,1	17,2
314	Tabak	1 018,0	420,6	30,8	387,3	11,2
321	Textil	3 679,0	163,3	47,8	126,0	22,8
323	Leder	204,7	142,0	39,4	94,8	43,2
322+324	Bekleidung, Schuhe	421,3	376,7	47,7	86,4	11,0
331	Holzverarbeitung	624,7	166,5	53,4	96,0	31,9
332	Holzmöbel	233,1	254,9	69,6	117,4	21,0
341	Papier	1 732,1	140,2	26,1	207,7	18,4
342	Druck	1 118,9	159,8	49,6	157,8	22,1
351,352,356	Chemie	3 140,6	205,0	44,2	187,4	26,0
353+354	Petro- u. Kohlechemie	1 334,5	224,8	57,5	1535,5	2,1
355	Gummi	577,6	144,8	51,0	353,4	35,0
36	nichtmetall. Mineralien	1 451,4	164,8	55,4	190,6	32,6
37	Metallherstellung	719,8	309,0	32,8	309,1	12,2
381+385	Metallartikel	1 540,0	225,6	49,3	159,7	23,0
382	Maschinenbau	59,0	673,7	52,1	102,5	12,5
383	Elektrotechnik	1 555,7	312,0	41,5	211,2	23,3
384	Fahrzeugbau	433,1	711,1	55,8	182,2	42,7
39	Sonstige	220,1	42,8	49,0	106,2	15,3
	Summe oder Mittel	36 825,3	177,5	40,0	182,1	26,9

Quelle: Errechnet aus den Industriecensen INEC

Die Wertschöpfung pro Jndustriebeschäftigten 1975 in den einzelnen
Branchen Kolumbiens und Ecuadors
(in Relation zum jeweiligen nationalen Mittel = 100)

(Abbildung 3)

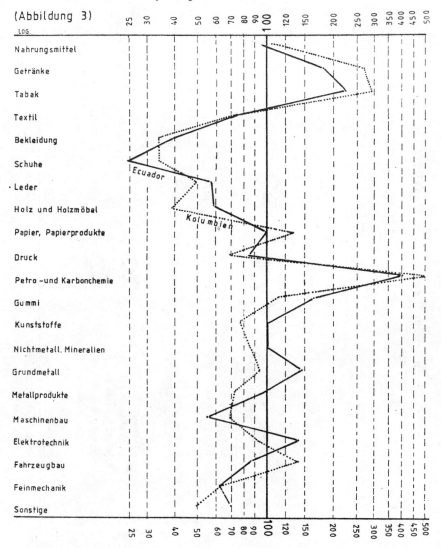

Jndustrielle Wertschöpfung pro Beschäftigten 1975: 5538 US $ = Ecuador
5436 US $ = Kolumbien

Errechnet: Aus JNEC und BFAJ-Kolumbien Dez.1979

2.1.3   Die Betriebsstruktur

Der durchschnittliche ecuadorianische Industriebetrieb beschäftigte 1976
56 Personen (1). Dabei sind nach den Berechnungen von JUNAPLA (1979, S.16)
keine wesentlichen Unterschiede zwischen der Konsumgüterindustrie mit 46 Beschäftigten, der Zwischengüterindustrie mit 68 und der Kapitalgüterindustrie mit 52 Beschäftigten festzustellen. Die Produktionsstätten für Zwi-
schen- und Kapitalgüter erscheinen für eine kostengünstige Produktion relativ klein. Die "Sonstigen Industrien" sind nach Beschäftigten gerechnet
im Durchschnitt die Kleinsten, die Tabakindustrie mit 270 Beschäftigten die
größte, was auf den hohen Konzentrationsgrad bzw. die Monopolstellung der
drei Betriebe hindeutet. Erheblich über dem Durchschnitt liegen die Betriebe der Papier- und Kartonherstellung, der Textilerzeugung und der Nahrungsmittelindustrie.

Von den 1976 beim Industriezensus ermittelten 1431 Betrieben hatten 13,2%
weniger als 7 Beschäftigte, 22,5% weniger als 10, 49,7% weniger als 20 und
75,5% weniger als 50 Beschäftigte. Diese Werte belegen den klein- bis mit-
telständischen Charakter der ecuadorianischen Industrie. Großbetriebe (100
und mehr Beschäftigte) hatten einen Anteil von 12,8%. 5,6% der Betriebe
bieten 200 und mehr Arbeitsplätze. Knapp ein Prozent der Unternehmen beschäftigte 500 und mehr Personen. Würde man vom internationalen Standard
von zehn und mehr Beschäftigten ausgehen, verringerte sich die Zahl der Industriebetriebe auf 1101 (2) und die Zahl der Industriebeschäftigten um
1945 auf 78 859.

Die Abbildung 4 gliedert die Anteile der verschiedenen Betriebsgrößen nach
den Strukturdaten Bruttoproduktion, Bruttowertschöpfung, Materialverbrauch,
Lohnsummen, Sozialleistungen und Neuinvestitionen auf. Trotz der geringen
Zahl der Großbetriebe mit 100 und mehr Beschäftigten, haben diese bei den

---

(1)   Die Vergleichszahlen der Länder im Andenpakt: Bolivien 1978 24,3 Be-
      schäftigte, Venezuela (1975) 40,5, Peru (1974) 72,2, Kolumbien (1975)
      75,2.

(2)   In Kolumbien gab es 1975 fast 1000 Betriebe mit 100 und mehr Beschäf-
      tigten, was einem Anteil von 15,5% aller Betriebe entsprach. In Vene-
      zuela (1974) lauten die Vergleichszahlen 557 Betriebe und 7,6%.

Bezugsgrößen eine Dominanz von ca. 75 bis 85%. Größere Betriebe erreichen
pro Beschäftigten eine günstigere Wertschöpfung (siehe Tab. 5). Mit der
Betriebsgröße wächst auch der Lohn für den einzelnen Industriebeschäftigten. Bei einigen Branchen, wie bei der Nahrungsmittel-, Getränke- und Tabakindustrie sind Ausnahmen möglich. Großbetriebe mit 500 und mehr Beschäftigten erreichen hier eine wesentlich niedrigere Wertschöpfung pro
Beschäftigten als Betriebe mit weniger Personal. Strukturspezifische Gründe
spielen bei diesem Betriebszweig eine Rolle, denn in dieser Größenklasse
dominieren Zuckerfabriken, die mit 116 555 Sucres eine relativ geringe
Wertschöpfung pro Beschäftigten erreichen und somit das Niveau dieser Grös-
senklasse erheblich drücken. Aber auch die Zuckerindustrie gewährt überdurchschnittlich hohe Löhne. Hier wird die übliche Relation "hohe Wertschöpfung pro Beschäftigten ergibt hohe Lohnzahlung" durchbrochen (1).
Die höhere Wertschöpfung ist das Ergebnis rationellerer Produktionsweisen,
modernen Maschineneinsatzes, den sich viele kleinere Betriebe nicht leisten
können, der vermutlich höheren Kapazitätsauslastung und der besseren Vermarktung. Eine sprunghafte Steigerung läßt sich bei den Betrieben der Grös-
senklasse von 20 - 49 Beschäftigten konstatieren. Wie die Durchschnittsan-
gaben der Sozialleistungen und der Utilidades (2) der Tabelle 5 belegen,
haben höhere Lohnzahlungen auch bessere Zusatzversorgungen zur Folge.

Die zum Produktionsprozeß verwendeten Rohstoffe und Halbfabrikate sind
durchschnittlich höherwertig als der eigentliche Veredelungsvorgang (vgl.
Tab. 6). Die Investitionsneigung variiert stark in Abhängigkeit von der Betriebsgröße, wobei erwartungsgemäß die in der Regel kapitalschwachen kleinen Unternehmen geringere Investitionen vornehmen können. Bei den Betrieben mit 200 und mehr Beschäftigten dominieren die traditionellen Industrien
(Nahrungsmittel, Textil). Einige von ihnen haben wohl die Grenze des sinn-
vollen Expandierens erreicht, da der kleine Markt eine Obergrenze festlegt.

---

(1) Hohe Wertschöpfung pro Beschäftigten bedeutet jedoch nicht, daß in Groß-
    betrieben die Gewinne überdurchschnittlich hoch sind. Aufgrund des grös-
    seren Investitionsaufwandes kann die Rendite in Großbetrieben geringer
    ausfallen als in Klein- und Mittelbetrieben (siehe auch WOGART 1978,
    S. 89-90).
(2) Die Unternehmer sind per Arbeitsgesetz verpflichtet, 15% des Gewinnes
    nach einem Schlüssel, der die familiäre Situation des Arbeitnehmers
    berücksichtigt, an die Belegschaft auszuzahlen. Dieser Bonus wird
    "Utilidad" genannt.

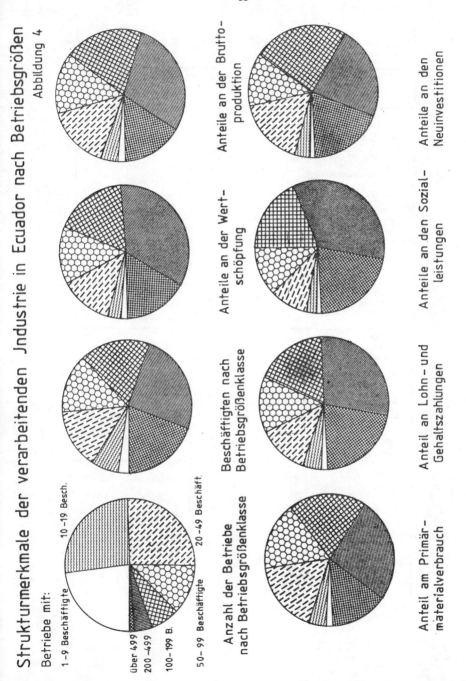

Strukturmerkmale der verarbeitenden Jndustrie in Ecuador nach Betriebsgrößen
Abbildung 4

Betriebe mit:

1-9 Beschäftigte   10-19 Besch.

über 499
200-499
100-199 B.
50-99 Beschäftigte   20-49 Beschäft.

Anzahl der Betriebe
nach Betriebsgrößenklasse

Beschäftigten nach
Betriebsgrößenklasse

Anteile an der Wert-
schöpfung

Anteile an der Brutto-
produktion

Anteil am Primär-
materialverbrauch

Anteil an Lohn- und
Gehaltszahlungen

Anteile an den Sozial-
leistungen

Anteile an den
Neuinvestitionen

Quelle: JNEC, Jndustriecensus 1976.

Tabelle 5: Die Verteilung der Beschäftigten auf die verschiedenen Betriebsgrößen, Durchschnittsjahreslöhne und Wertschöpfung pro Beschäftigten 1976. Quelle: INEC 1979

Betriebsgrößen nach Beschäftigten	Nahrungsmittel, Getränke, Tabak 31	Textil, Bekleidung, Schuhe, Leder 32	Holzverarbeitung Möbelherstellung 33	Papier- und Druckerzeugnisse 34	Chemische Industrie 35	Nichtmetallische Mineralien verarbeitende Industrie 36	Grundmetall 37	Holzverarbeitung Fahrzeugbau 38	Sonstige 39	Summe der Betriebe und Beschäftigten Ø-Werte bei Wertschöpfung, Löhne
Weniger als 7 Beschäftigte										
a) Betriebe	46	39	13	24	25	8	–	23	11	189
b) Beschäftigtenzahl	189	171	57	108	112	42	–	115	41	835
c) Durchschnittslöhn	17 654	18 514	24 087	25 148	25 545	22 881	–	25 791	22 512	21 835
d) Wertschöpfung pro Besch.	62 851	60 053	63 947	97 454	111 205	68 381	–	92 809	172 292	83 092
7-9 Beschäftigte										
a)	35	27	10	20	25	5	1	10	8	141
b)	280	219	77	156	194	37	8	76	63	1 110
c)	26 557	21 009	20 039	31 641	36 732	21 081	34 750	34 684	25 683	27 886
d)	77 553	56 566	46 161	61 487	127 912	45 081	60 250	113 947	82 587	79 349
10-19 Beschäftigte										
a)	95	73	26	48	53	22	6	47	11	381
b)	1 323	1 024	348	628	714	307	92	650	139	5 225
c)	33 376	27 177	30 328	32 463	44 349	28 388	32 500	39 172	28 784	33 638
d)	102 376	79 403	79 120	76 696	144 923	64 791	80 337	91 691	82 201	94 741
20-49 Beschäftigte										
a)	115	51	21	28	59	12	5	69	9	369
b)	3 686	1 680	696	954	1 782	336	174	2 248	284	11 840
c)	42 388	31 532	31 060	45 050	44 387	43 598	50 776	44 366	35 996	41 077
d)	219 705	88 315	72 247	109 710	156 753	116 128	253 077	161 092	100 580	157 634

50-99 Beschäftigte										
a)	52	33	13	9	22	5	1	28	5	168
b)	3 609	2 333	895	678	1 546	312	58	1 930	377	11 740
c)	49 760	33 402	37 010	49 201	54 965	47 609	50 879	37 867	33 886	43 671
d)	259 566	108 593	74 457	128 028	183 418	165 634	696 638	116 462	107 408	169 054
100-199 Beschäftigte										
a)	30	26	8	9	7	6	1	15	1	103
b)	4 031	3 403	1 107	1 313	1 034	805	177	2 001	112	13 983
c)	49 183	39 141	33 659	64 727	68 150	51 632	59 695	56 656	38 250	49 628
d)	215 440	141 540	89 247	194 125	237 064	157 099	161 000	254 619	135 393	187 980
200-499 Beschäftigte										
a)	18	17	5	6	9	6	1	4	–	66
b)	5 076	5 136	1 678	1 916	2 855	1 837	255	1 180	–	20 563
c)	49 941	40 276	55 231	70 440	66 040	67 137	75 353	48 667	–	53 882
d)	314 624	120 238	145 876	257 676	444 329	217 318	451 608	199 494	–	251 403
500 und mehr Beschäftigte										
a)	7	3	–	–	1	1	–	2	–	14
b)	9 740	3 171	–	–	509	545	–	1 543	–	15 508
c)	50 027	58 599	–	–	102 623	75 769	–	51 448	–	54 552
d)	129 983	137 295	–	–	459 550	300 392	–	203 567	–	155 609
Durchschnittlicher Lohn	47 653	40 401	40 788	56 375	59 109	58 315	58 685	46 604	33 291	47 917
Durchschnittliche Gewinnbeteiligung (Utilidades)	6 258	3 285	2 812	5 309	6 235	8 021	20 587	5 660	3 606	5 472
Freiwillige Sozialleist. pro Beschäftigten	4 572	2 191	2 336	6 034	5 601	7 653	9 556	2 585	1 348	4 075
Wertschöpfung pro Beschäftigten	204 641	119 054	102 104	175 272	280 270	190 614	309 067	177 033	106 215	182 106

TABELLE 6: MATERIALEINSATZ IN RELATION ZUR WERTSCHÖPFUNG UND INVESTI-
TIONSWERT PRO BESCHÄFTIGTEN IN ABHÄNGIGKEIT VON DER BE-
TRIEBSGRÖSSE (Jeweils in Sucre)

Betriebsgröße	Materialseinsatz in Sucre bei 1000 Sucre Wertschöpfung (1976)	Investitionswert pro Beschäftigten (1976)
bis 7 Beschäftigte	1429	14.400
7 - 9 Beschäftigte	1417	27.015
10 - 19 Beschäftigte	1630	27.080
20 - 49 Beschäftigte	1877	56.712
50 - 99 Beschäftigte	1667	44.950
100 - 199 Beschäftigte	1508	67.204
200 - 499 Beschäftigte	1003	43.478
500 u.mehr Beschäftigte	1213	48.218
Gesamtdurchschnitt der ecuad. Industrie	1354	49.218

Quelle: Errechnet aus INEC 1979

Eine Befragung der BANCO CENTRAL (zit. nach SOHNS, R. 1980, S. 21 und 22) von 300 Industriebetrieben im Jahr 1978 ergab, daß 1975 und 1977 81% der Investitionen eine Kapazitätserweiterung und 11% eine Rationalisierung zum Ziele hatten. Im Jahr 1978 hingegen spielte die Kapazitätserweiterung mit 73% nicht mehr eine so dominierende Rolle, die Rationalisierungsinvestitionen jedoch gewannen mit 18% erheblich an Bedeutung. Es scheint sich damit ein Trend zur kapitalintensiveren Produktionsweise abzuzeichnen, teilweise wohl ein Ergebnis des Mangels an Fachkräften und der Arbeitsgesetzgebung (vgl. Kapitel 3.8.3).

2.1.4   Die Produktionsverfahren

Die folgenden Ausführungen stützen sich allein auf die von mir durchge-
führte Industriebefragung, da keine anderen Unterlagen zu dieser Fragestel-
lung vorlagen. Da größere Betriebe etwas überrepräsentiert sind, werden moderne Produktionstechniken häufiger genannt, als es der Realität entspricht.
Die gruppenspezifische Auswertung nach Betriebsgrößen bestätigt die Unterschiede.

Die bei der Befragung vorgegebenen Alternativen lassen sich in zwei Ober-
gruppen einteilen: a) die traditionellen Produktionsverfahren, die dem
Handwerk noch nahe stehen, wie Werkbankfertigung, mechanisierte Werkstatt,
Einzelfertigung und b) die modernen Produktionstechniken wie Fließband-
fertigung, halb- und vollautomatische Produktion mit Serienfertigung. Da
sich diese Verfahren nicht immer genau abgrenzen lassen, kam es teilweise
zu Doppelnennungen (vgl. Tab. 7).

Traditionelle Produktionsweisen spielen eine untergeordnete Rolle. Andererseits findet die vollautomatische Produktion, die nach der Befragung in
jedem fünften Betrieb eingesetzt wird, für ein Entwicklungsland beachtlich
häufig Verwendung, ein Beleg dafür, daß in Ecuador die Industrialisierung
mit hohem Kapitalaufwand unter Vernachlässigung des Arbeitsplatzeffektes
betrieben wird.

Die mechanischen Werkstätten dominieren bei der Metallverarbeitung (Kap.
2.4.10). In den schwach industrialisierten Provinzen und in der Sierra
sind die traditionellen Produktionsformen noch stärker vertreten. Erwartungsgemäß spielen bei Betrieben mit unter 50 Beschäftigten die Werkbank,
die mechanisierte Werkstatt und die Einzelanfertigung eine größere Rolle,
der Übergang zum Handwerk wird erkennbar. Die mechanische Produktionstech-
nik ist auch bei den Karosseriefirmen mit hohen Beschäftigungszahlen stark
vertreten.

Die alten Betriebe produzieren mit moderneren Verfahren. Sie haben in der
Vergangenheit prosperiert und konnten die entsprechenden Investitionen
vornehmen. Neue Gründungen sind oft kleinere Betriebe, die, falls sie nicht
auf große Kapitalreserven zurückgreifen können, zunächst mit traditionellen Techniken und niedrigem Automatisierungsgrad produzieren müssen. Unter
den Neugründungen befinden sich viele metallverarbeitende Betriebe, die,

Tabelle 7: Fertigungsverfahren in den Industriebetrieben

Gruppen	TRADITIONELLE FERTIGUNG in % der Betriebe				MODERNE FERTIGUNGSWEISE in % der Betriebe				
	Werkbank	Mechanische Werkstätte	Einzelfertigung	Summe der traditionellen Produktionsweise	Fließband	halbautomatische Produktion	vollautomatische Produktion	Serienfertigung	Summe der modernen Produktionsweise
Gesamtauswertung	6	14	3	23	7	46	19	39	111
Betriebe der Costa	4	13	5	22	10	43	22	38	113
der Sierra	7	15	3	25	5	48	17	39	109
in Quito	5	13	2	20	5	46	18	35	104
in Guayaquil	3	14	3	20	7	41	22	43	113
Provinzen	9	17	5	31	9	48	17	41	115
Betriebe mit weniger als 50 Beschäftigten	9	20	4	33	8	48	15	35	106
mit 50-100	2	12	4	18	4	44	21	46	115
mit 101-200	7	3	3	13	3	59	10	35	107
über 200	-	6	-	6	11	37	34	46	128
Gründungszeitraum der Betriebe: vor 1940	-	15	-	15	-	54	31	39	124
1940-1959	3	7	-	10	17	52	24	45	138
1960-1972	2	9	3	14	6	46	17	49	118
nach 1972	10	4	18	32	5	45	18	32	100

Quelle: Ergebnisse Industriebefragung 1979

wie schon erwähnt, vorwiegend traditionelle Produktionstechniken einsetzen.

2.2. Die räumliche Verteilung der ecuadorianischen Industrie

Die beiden dominierenden Provinzen Ecuadors Guayas und Pichincha mit ihren
Städten Guayaquil und Quito beherbergen auch den weitaus größten Teil der
Industrie (Abb. 5).
So waren laut Industriezensus 1976 79,6% der Industriebetriebe mit 83,2%
der industriellen Wertschöpfung und 78,7% der Industriebeschäftigten dort
angesiedelt. Schlüsselt man dies genauer auf, so zeigt sich, daß auch die
Konsumgüterindustrie mit 79% der Betriebe, 78% der Beschäftigten und 80%
des Bruttoproduktionswertes in Guayas und Pichincha konzentriert ist. Bei
den Zwischengütern sind 75% der Betriebe und der Beschäftigten sowie 80%
der Bruttoproduktion in den beiden Provinzen registriert. Noch extremer wird
der Konzentrationsgrad mit 87,4% der Betriebe, 89,4% des Personals und 92,7%
des Bruttoproduktionswertes bei der Kapitalgüterproduktion (JUNAPLA 1979,
S. 2 ff). Damit ist eine hohe Präsenz der verschiedenen Industriezweige verbunden: Von den im Lande festgestellten 71 verschiedenen Zweigen sind 62 in
Pichincha und 61 in Guayas vertreten. Betrachtet man die Werte Sozialleistungen, Wertschöpfung und Neuinvestitionen, so ist Guayas laut Industriezensus 1976 mit mehr als der Hälfte das dominierende Zentrum des Landes.
Dies bedeutet, daß die Industrie Guayaquils produktiver und vermutlich kapitalintensiver ist als die quiteñer Industrie. Abb. 6 zeigt, daß Quito seit
1962, zumindest was die Beschäftigtenzahl anbelangt, wieder an Bedeutung ge-
wonnen hat. Entscheidend hierfür dürften folgende Faktoren sein: Die Infrastruktur Quitos wurde in den letzten Jahren erheblich verbessert. Die Erdöleinkünfte werden hier verwaltet und zu einem guten Teil direkt oder indirekt
ausgegeben. Fühlungsvorteile gewinnen an Relevanz. Die zunehmende Verbüro-
kratisierung läßt das politisch-administrative Zentrum als Standort attraktiver erscheinen. Schließlich zieht das ausländische Kapital, wenn möglich,
Quito als Standort Guayaquil vor, sofern dies die Standortfaktoren zulassen.
Befragungen unter Europäern haben ergeben, daß sie das Klima in Quito als
weitaus angenehmer empfinden und die gesundheitlichen Beschwerden geringer
sind als in Guayaquil (s. CIME 1979). In guayaquileñer Industriekreisen war

- 40 -

Der Konzentrationsgrad der Industrie auf die Provinzen Guayas und Pichincha, dargelegt durch die Relationen einiger Jndustriedaten (Abbildung 5).

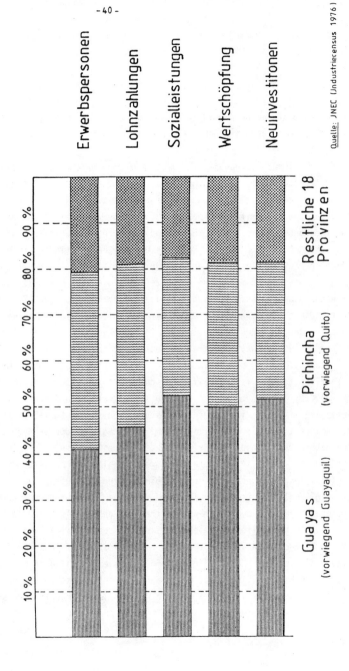

Erwerbspersonen

Lohnzahlungen

Sozialleistungen

Wertschöpfung

Neuinvestitionen

Guayas
(vorwiegend Guayaquil)

Pichincha
(vorwiegend Quito)

Restliche 18
Provinzen

Quelle: JNEC (Jndustriecensus 1976)

gelegentlich zu hören, daß die letzten Militärregierungen Rodriguez Lara und Poveda Quito bei der Ansiedlung von Industrie bevorzugt haben. Wie die Abbildung 13 belegt, gilt dies nicht unbedingt für die Kreditverteilung. Die Tabelle 8 stellt den Versuch dar, die Provinzen in ihrer Bedeutung als Standorte für die Industrie zu hierarchisieren. Als drittes Zentrum, wenn auch mit erheblichem Abstand, ist die Provinz Azuay mit der Stadt Cuenca anzusehen. Eine gewisse Diversifizierung ist noch feststellbar. Betriebsgrößen, Industriebeschäftigte und Wertschöpfung sind in Relation zum nationalen Durchschnitt ausgewogen. In Ecuador führt man diese günstige Position von Azuay auf die gelungene Reaktivierung durch die Regionalplanungsorganisation CREA (Centro de Reconversión Económica del Austro) zurück. Die Provinz durchlitt nach dem Niedergang der Strohhutflechterei eine Krise, die die Verkrustung infolge traditioneller Agrarstruktur deutlich ins Bewußtsein rückte. 1955 gab es in Cuenca nur einen bedeutenden Industriebetrieb. Die beiden Provinzen Cañar und Azuay hatten damals lediglich 2,5% Industriebeschäftigtenanteil und 0,98% Anteil an der Industrieproduktion Ecuadors (SALGADO P., 1978).

In ihrer Bedeutung mit Azuay vergleichbar ist trotz geringerem Industriebesatz die Provinz Manabí mit der Hafenstadt Manta, dem einzigen Industriestandort. Sie hat als einzige Stadt Ecuadors größere Industrieansiedlungen, ohne selbst Provinzhauptstadt zu sein. Die Diversifizierung nach Industriezweigen ist sehr bescheiden. 77% der Industriebeschäftigten in Manta arbeiten in Betrieben mit 100 und mehr Beschäftigten. Zu dieser Gruppe kann trotz geringerer Industriebeschäftigtenzahl und Wertschöpfung noch Tungurahua gerechnet werden. Diese Provinz weist noch eine breite Palette verschiedener Branchen und eine Reihe von entwicklungsfähigen Betrieben im Metallbereich, in den Sparten Lederverarbeitung und Getränkeherstellung auf. Kleinbetriebe herrschen vor, nur drei zählen 100 und mehr Beschäftigte.
Die Provinz Cañar, mit dem drittgrößten Industriebesatz des Landes, stellt einen Sonderfall dar. Es gibt nur drei Industriebetriebe, darunter zwei Großbetriebsunternehmen, die dort vorkommende Rohstoffe, Zuckerrohr und nichtmetallische Mineralien, verarbeiten. Naturräumlich ist der große zuckerherstellende Betrieb der Costa zuzuordnen, obwohl Cañar als zur Sierra gehörig betrachtet wird. Nur wenige Impulse gehen von der Industrie aus. Die Provinz gehört, wie die Infrastrukturdaten (siehe Kap. 4.3) belegen, zu den we-

Tabelle 8: Die ecuadorianischen Provinzen, ihr Anteil an der Industrie und ihre Hierarchisierung in ihrer Bedeutung als Industriestandorte.

Gruppe	Provinz	Industriebeschäftigte	Wertschöpfung	Industriebetriebe	durchschnittliche Beschäftigtenzahl pro Betrieb	Diversifizierungsgrad der Industriezweige 71=100 %	Beschäftigte in Betrieben mit 100 und mehr Mitarbeitern
		Prozentanteil an der gesamten Industrie					
I Industriezentren	Guayas	41,5	50,0	41,5	56,5	85,9	64,3
	Pichincha	37,2	33,2	38,1	55,1	87,3	54,7
II Provinzen mit mittlerem Gewicht	Azuay	4,6	4,6	4,8	54,8	42,3	50,9
	Manabí	4,3	4,7	2,4	98,4	22,5	77,0
	Tungurahua	2,01	0,95	4,5	25,4	33,8	23,7
III Industrieansätze	Chimborazo	1,3	1,0	1,5	50,0	19,7	78,2
	Cotopaxi	1,0	0,7	1,6	33,6	18,3	29,9
	Cañar	3,0	1,7	0,2	815	4,2	99,3
	Imbabura	1,6	0,6	1,3	66,9	15,4	84,1
IV schwach industrialisiert	Carchi	0,2	0,2	0,7	19,7	12,7	0
	El Oro	0,5	0,7	0,8	38,7	12,7	38,0
	Esmeraldas	1,3	0,8	1,3	57,3	7,0	65,0
	Loja	0,5	0,3	0,7	43,4	9,9	56,7
	Los Ríos	0,8	0,6	0,6	81,6	7,0	82,1
V 1 Betrieb	Morona Santiago	0,05	0,02	0,07	39	1,4	0
	Pastaza	0,10	0,07	0,07	82	1,4	0
		100	100	100	56,5	—	60,9

Ohne jede Industrie laut Industriezählung 1976 sind die Provinzen Bolívar, Napo, Zamora Chinchipe und Galápagos

Quelle: Errechnet aus INEC 1979

niger entwickelten Gebieten Ecuadors. So stellen die Unternehmen mehr Inseln als integrierte Bestandteile der Provinz dar. Mit einem Bevölkerungsanteil von 2,2% trägt Cañar nur mit 0,1% zur Einkommensteuer bei. Dies belegt, daß in dieser Provinz die scheinbar bedeutende Industrie nur wenig
Einkommenseffekte für die Bevölkerung hat (JUNAPLA 1978, S. 105).

Provinzen mit einem Industrialisierungsgrad, der unter einem Prozentanteil
der nationalen industriellen Wertschöpfung liegt, die aber mit einer beachtlichen Diversifizierung aufwarten können, sollen zur dritten Gruppe gerechnet werden. Gewisse industrielle Ansätze sind bei diesen, alle zur Sierra
gehörenden Provinzen vorhanden. Die große Mehrheit der Industriebeschäftigten, sieht man von Cotopaxi ab, arbeitet in Großbetrieben.

Die vierte Gruppe umfaßt bis auf Loja Provinzen der Costa-Region. Sie sind
durch kleine Anteile bei den Industriebeschäftigten, der Wertschöpfung und
noch geringerer Diversifizierung der Branchen gekennzeichnet. Oft dominiert
in diesen Provinzen nur eine Branche, wie in Esmeraldas die holzverarbeitende Industrie, in Los Rîos die Papierindustrie, in Loja die Zuckerfabrik.
Auffallend ist ihre periphere Lage im Staatsgebiet, sieht man von Los Rîos
ab. Teilweise verdanken sie ihre Industrialisierungsansätze natürlichen Re-
sourcen wie Holz in Esmeraldas, Wasser in Los Rîos oder dem Bananenanbau in
El Oro, der die Fabrikation von Kartons zur Folge hatte.

Vier Provinzen sind, nach der Industriezählung 1976, ohne Industrieansiedlung geblieben. Im Falle Galâpagos ist dies von staatlicher Seite sogar geplant, um diesen einmaligen Naturraum zu schützen. Für die Provinzen Napo
und Zamora Chinchipe gibt es allerdings Industrialisierungspläne (z.B. Verarbeitung von Ölpalmenfrüchten). An der zentralen Sierraprovinz Bolîvar
führen die großen Verkehrswege vorbei. Als Markt hat sie keinerlei Bedeutung,
denn Guaranda ist mit Abstand die kleinste Provinzhauptstadt, sieht man von
den Orienteprovinzen ab. Sie leidet außerdem unter Abwanderung.
Die Standortgegebenheiten der ecuadorianischen Industrie lassen sich in
erster Linie aus ihrer ursprünglichen Versorgungsfunktion für ihre lokalen
Märkte ableiten, sieht man von Teilen der exportorientierten Agroindustrie
ab. Daraus resultiert u.a. zwangsläufig die Bevorzugung der großen Städte
Quito und Guayaquil. Bei Produkten mit kleinerer Reichweite profitieren
dann auch andere Standorte, meist größere Provinzhauptstädte. Sonst mußten
die anderen Standorte spezifische Vorteile bieten, um die Ansiedlung einer

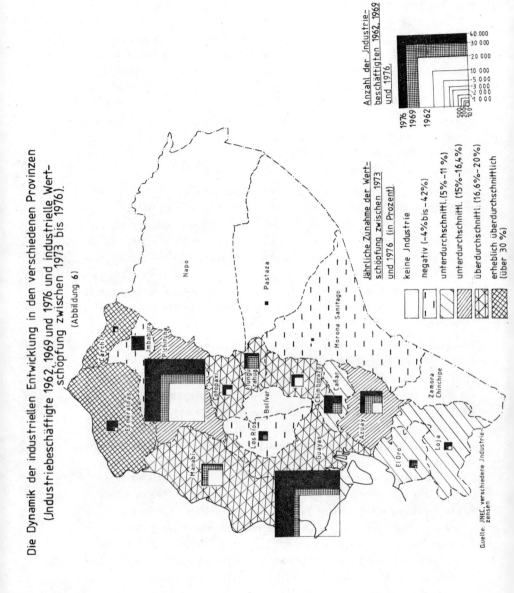

Die Dynamik der industriellen Entwicklung in den verschiedenen Provinzen
(Industriebeschäftigte 1962, 1969 und 1976 und industrielle Wertschöpfung zwischen 1973 bis 1976).

(Abbildung 6)

Jährliche Zunahme der Wertschöpfung zwischen 1973
und 1976 (in Prozent)

keine Industrie

negativ (-4% bis -42%)

unterdurchschnittl. (5%-11%)

unterdurchschnittl. (15%-16,4%)

überdurchschnittl. (16,6%-20%)

erheblich überdurchschnittlich
(über 30%)

Anzahl der Industrie-
beschäftigten 1962, 1969
und 1976

Quelle: JNEC, verschiedene Industrie-
zensen

Industrie zu erlangen.

Die Abbildung 7 zeigt den hohen Konzentrationsgrad der Betriebe mit 100
und mehr Beschäftigten auf die Provinzen Guayas und Pichincha. Die Ansiedlung all der anderen Industriebetriebe außerhalb dieser beiden Schwerpunkte,
sieht man von Azuay ab, beruht meist auf Rohstofforientierung. Ausnahmen
sind bei der Papierfabrik in Los Rîos der Faktor Wasser oder die Kartonherstellung in El Oro, wo für den Bananenexport das Verpackungsmaterial in Ab-
satznähe produziert wird. Die Ansiedlung der Industrien in den Sierraprovinzen ist historisch gewachsen. Sie setzen teilweise handwerkliche Traditionen,
wie in Otavalo, fort. Der hohe Konzentrationsgrad der Industrie auf wenige
Zentren ist symptomatisch für die Länder Lateinamerikas. Im Andenpakt zum
Beispiel dürfte Peru mit Lima Callao (1968 90% der Wertschöpfung und 72%
der Industriebeschäftigten (ESPINOSA, B. 1977, S. 62) die höchste industrielle Konzentration aufweisen. In Kolumbien ballen sich rund drei Viertel
der kolumbianischen Industrie in den vier Städten Bogotá, Medellín, Cali
und Barranquilla (BRÜCHER 1975, S. 16). In Venezuela waren 1974 68% der Industriebetriebe, 75% der Beschäftigten, 74% der Industrieproduktion auf die
"Zona Metropolitana" von Caracas konzentriert (NOLFF 1977, S. 165). In Bolivien befinden sich 48,5% der 1974 registrierten Betriebe in La Paz, 16,5% in
Cochabamba und 16,2% in Santa Cruz. (BFA 1980 [c],S. 50).

2.2.1 Die Standortentscheidung der Betriebe, Ergebnisse der Befragung

Bei der Befragung wurden Mikro- und Makrostandortfaktoren aufgelistet. Die
Alternative der Beantwortung lag in der einfachen Bewertung zwischen "entscheidend", "weniger entscheidend" und "ohne Bedeutung". Um diese Faktoren
in ihrer Bedeutung vergleichen zu können, wurden die möglichen Antworten
gewichtet. Der Antwort "entscheidend" wurde das Gewicht zwei zugeordnet,
"weniger entscheidend" das Gewicht eins und für "ohne Bedeutung" null.
Die Gegenüberstellung der Teilgruppen zum Vergleich wurde durch die unterschiedliche Aussagehäufigkeit kompliziert. Deshalb mußten alle Teilgruppen
dem Mittelwert, der nach der Gesamtauswertung pro Standortfaktor 0,746 betrug, proportional angeglichen werden. Die Einzelwerte der Teilgruppen mußten um den Faktor, der von Teilgruppe zu Teilgruppe selbstverständlich verschieden war, verbessert werden. Bei der Teilgruppe 1 ist i_1 = Summe aller

Verteilung der Jndustriebetriebe mit 100 und mehr Beschäftigten nach Provinzen (Abbildung 7)

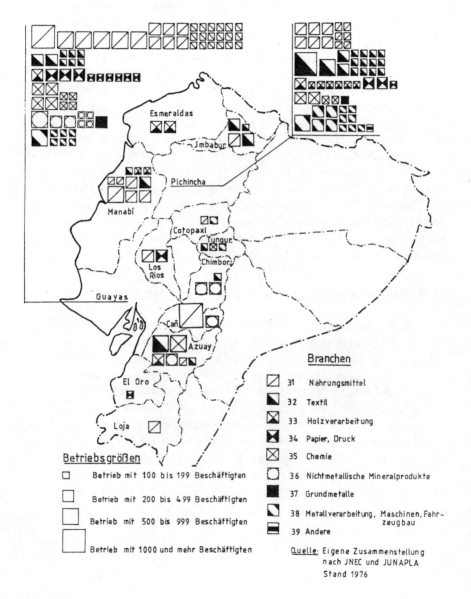

Branchen

	31	Nährungsmittel
	32	Textil
	33	Holzverarbeitung
	34	Papier, Druck
	35	Chemie
	36	Nichtmetallische Mineralprodukte
	37	Grundmetalle
	38	Metallverarbeitung, Maschinen, Fahrzeugbau
	39	Andere

Betriebsgrößen

☐ Betrieb mit 100 bis 199 Beschäftigten

☐ Betrieb mit 200 bis 499 Beschäftigten

☐ Betrieb mit 500 bis 999 Beschäftigten

☐ Betrieb mit 1000 und mehr Beschäftigten

Quelle: Eigene Zusammenstellung nach JNEC und JUNAPLA
Stand 1976

13 Standortfaktoren der Teilgruppe 1, dividiert durch die Zahl 9,70 (Produkt aus Zahl der Standortfaktoren = 13 und Mittelwert 0,746). In der Tabelle 9 sind beide Werte angegeben, jedoch wird nur auf die verbesserten Werte Bezug genommen.

Eine Unterscheidung nach Mikro- und Makrostandortfaktor wird hier unterlassen, weil z.B. die Standortfaktoren "Energie" und "Wasser" sich in Ecuador nicht vereinfachend zuordnen lassen. Energie und sonstige Infrastrukturleistungen sind nicht ubiquitär im Gegensatz zu entwickelten Ländern, wo allerdings bei Energie erhebliche Preisunterschiede bestehen können. Es ergeben sich in diesem Zusammenhang Zweifel, ob jeder Standortentscheidung eine rational betriebswirtschaftlich durchdachte Wahl zugrunde lag (1).

2.2.1.1 Standortfaktor "Geeignetes Gelände"

Die Vermutung, daß auch in Ecuador die Standortentscheidung nicht im Sinne klassischer Standorttheorien, wonach der Unternehmer als "homo oeconomicus" handelt, gefällt wird, wird erhärtet durch das Ergebnis dieser Umfrage. Dem Faktor "Geeignetes Gelände" wurde von den Unternehmern ein hoher Stellenwert zugebilligt. Daraus muß der Schluß gezogen werden, daß weder Marktanalysen noch Transportkosten oder Versorgungsleistungen für die Entscheidung ausschlaggebend sind, vielmehr der oft zufällige Besitz oder die Verfügbarkeit von Gelände. Eine Stadt oder Kantongemeinde stand also von vornherein meist als Produktionsort fest. Bei der Verlagerung von Betrieben wurde als Argument meist die Verfügbarkeit von eigenem Gelände angeführt (siehe Kap. 2.2.3). Zweifelsohne ist das Vorhandensein von geeignetem Gelände für den Mikro- bis Mesostandort (also von Stadtteil- bis auf Provinzebene) ausschlaggebend. Bei allen Teilgruppen bis auf zwei (exportorientierte Industrie und Betriebe in Manta) stand dieses Argument an erster Stelle. Das Vorhandensein von geeignetem Gelände hat in der Sierra eine erheblich größere

---

(1) ALAN GILBERT (1977) stellte fest, daß in Kolumbien in der Regel die Standortentscheidung nicht auf der Grundlage von Studien oder gar Alternativplanungen beruhte, vielmehr rein subjektive Gründe eine Rolle spielten. So zum Beispiel fand er heraus, daß nur 27 von 224 größeren nationalen Industrieunternehmen einen anderen Standort aufwiesen als den Geburtsort des Eigentümers oder des Geschäftsführers (S. 72).

Tabelle 9: Das Gewicht der Standortfaktoren. Ergebnisse der Betriebsbefragung durch den Verfasser

Gruppe	Geeignetes Gelände	Geeignetes Gebäude	Umweltgründe	Nähe zu anderen Firmen	Transport-erleichterung	Billige Arbeitskräfte	Wasser	Energie	staatl. komm. Vergünstigung	Steuer-erleichterung	Beziehungen zu einer Stadt	Marktnähe	Rohstoffnähe	Multiplikations-faktor
Gesamtbefragung	1,48	0,81	0,55	0,46	0,98	0,44	0,96	1,01	0,42	0,26	0,61	1,01	0,71	0,953
Costa	(1,41) 1,34	(0,85) 0,81	(0,61) 0,58	(0,50) 0,48	(1,08) 1,03	(0,47) 0,45	(1,00) 0,96	(1,10) 1,05	(0,47) 0,45	(0,29) 0,28	(0,59) 0,56	(0,92) 0,88	(0,88) 0,84	1,033
Sierra	(1,51) 1,56	(0,75) 0,77	(0,50) 0,52	(0,44) 0,45	(0,93) 0,96	(0,42) 0,43	(0,94) 0,99	(0,94) 0,99	(0,39) 0,40	(0,25) 0,26	(0,62) 0,64	(1,06) 1,09	(0,61) 0,63	1,005
Betriebe außerhalb Guayas und Pichincha	(1,45) 1,46	(0,71) 0,71	(0,59) 0,59	(0,29) 0,29	(0,89) 0,89	(0,60) 0,60	(0,97) 0,97	(0,97) 0,97	(0,51) 0,51	(0,48) 0,48	(0,62) 0,62	(0,71) 0,71	(0,85) 0,85	1,008
Betriebe bis 50 Beschäftigten	(1,42) 1,43	(0,94) 0,95	(0,51) 0,51	(0,45) 0,45	(1,03) 1,04	(0,42) 0,42	(0,92) 0,93	(1,04) 1,05	(0,38) 0,38	(0,23) 0,23	(0,58) 0,58	(1,09) 1,10	(0,61) 0,61	1,048
Betriebe mit 51-100 Beschäftigten	(1,52) 1,59	(0,84) 0,88	(0,66) 0,69	(0,57) 0,60	(0,89) 0,93	(0,48) 0,50	(0,80) 0,84	(1,02) 1,07	(0,39) 0,41	(0,25) 0,26	(0,40) 0,42	(0,80) 0,84	(0,64) 0,67	0,880
Betriebe mit 101-200 Beschäftigten	(1,48) 1,30	(0,70) 0,62	(0,74) 0,65	(0,55) 0,49	(1,10) 0,97	(0,43) 0,38	(1,17) 1,03	(1,16) 1,02	(0,53) 0,47	(0,47) 0,41	(0,80) 0,70	(1,06) 0,93	(0,83) 0,73	1,036
Betriebe mit über 200 Geschäftigten	(1,58) 1,64	(0,45) 0,47	(0,34) 0,35	(0,27) 0,28	(0,85) 0,88	(0,45) 0,47	(1,12) 1,16	(0,76) 0,79	(0,48) 0,50	(0,21) 0,22	(0,82) 0,85	(0,97) 1,00	(1,06) 1,10	1,020
Rohstoffimportierende Betriebe	(1,56) 1,59	(0,79) 0,81	(0,5) 0,51	(0,47) 0,49	(1,03) 1,05	(0,36) 0,37	(0,98) 1,00	(0,99) 1,01	(0,37) 0,38	(0,18) 0,18	(0,60) 0,61	(1,08) 1,10	(0,59) 0,60	0,876
Exportierende Betriebe	(1,2) 1,05	(0,80) 0,70	(0,77) 0,67	(0,54) 0,47	(1,09) 0,95	(0,60) 0,53	(1,17) 1,02	(1,06) 0,93	(0,80) 0,70	(0,46) 0,40	(0,54) 0,47	(0,71) 0,62	(1,34) 1,17	1,184
Betriebe vor 1940 gegründet	(1,46) 1,73	(0,77) 0,91	(0,15) 0,18	(0,23) 0,27	(0,77) 0,91	(0,23) 0,27	(0,92) 1,09	(0,73) 0,86	(0,54) 0,64	(0,15) 0,18	(0,31) 0,37	(0,85) 1,01	(1,08) 1,28	0,930
Betriebe, zwischen 1940-1960 gegründet	(1,59) 1,48	(0,79) 0,73	(0,57) 0,53	(0,34) 0,32	(1,17) 1,09	(0,37) 0,35	(1,13) 1,05	(1,0) 0,93	(0,66) 0,61	(0,31) 0,29	(0,46) 0,43	(1,03) 0,96	(1,00) 0,93	1,080
Betriebe, zwischen 1960-1972 gegründet	(1,52) 1,64	(0,88) 0,95	(0,63) 0,68	(0,43) 0,46	(0,83) 0,90	(0,48) 0,52	(0,97) 1,05	(0,80) 0,86	(0,32) 0,35	(0,15) 0,16	(0,60) 0,65	(0,69) 0,95	(0,68) 0,73	0,930
Betriebe, nach 1972 gegründet	(1,42) 1,35	(0,77) 0,73	(0,56) 0,53	(0,56) 0,53	(1,05) 1,00	(0,48) 0,46	(0,96) 0,98	(1,14) 1,08	(0,41) 0,39	(0,34) 0,32	(0,72) 0,67	(1,20) 1,14	(0,61) 0,58	0,950

	Geeignetes Gelände	Geeignetes Gebäude	Umweltgründe	Nähe zu anderen Firman	Transport- erleichterungen	Billige Arbeitskräfte	Wasser	Energie	Vergünstigungen staatl. komm.	Steuer- erleichterungen	Beziehen zu einer Stadt	Marktnähe	Rohstoffnähe	Multiplikations- faktor
Quito	(1,53) 1,56	(0,83) 0,84	(0,45) 0,46	(0,53) 0,54	(0,97) 0,99	(0,34) 0,35	(0,98) 1,00	(0,97) 0,99	(0,38) 0,39	(0,14) 0,14	(0,63) 0,64	(1,22) 1,24	(0,56) 0,57	1,017
Guayaquil	(1,42) 1,37	(0,95) 0,91	(0,59) 0,57	(0,59) 0,57	(1,12) 1,08	(0,42) 0,40	(0,90) 0,87	(1,07) 1,03	(0,39) 0,38	(0,24) 0,23	(0,58) 0,56	(1,05) 1,01	(0,75) 0,72	0,963
Cuenca	(1,24) 1,74	(0,71) 1,00	(0,24) 0,34	(0,29) 0,41	(0,59) 0,83	(0,41) 0,58	(0,52) 0,73	(0,65) 0,91	(0,18) 0,25	0,34	0,56	(1,01) 0,91	(0,65) 0,47	1,405
Ambato	(2,0) 1,93	(0,85) 0,82	(0,62) 0,60	(0,31) 0,30	(1,08) 1,04	(0,38) 0,37	(0,92) 0,89	(1,08) 1,04	(0,15) 0,14	(0,42) 0,40	(0,77) 0,74	(0,85) 0,82	(0,62) 0,60	0,964
Manta	(1,44) 1,20	(0,67) 0,56	(0,44) 0,37	(0,44) 0,37	(0,89) 0,74	(0,78) 0,65	(1,22) 1,01	(1,22) 1,01	(1,11) 0,92	(0,67) 0,56	(0,67) 0,56	(0,56) 0,47	(1,56) 1,30	0,831
Nahrungsmittel, Getränke, Tabak	(1,26) 1,15	(0,72) 0,65	(0,64) 0,58	(0,37) 0,34	(1,00) 0,91	(0,49) 0,45	(1,25) 1,14	(1,12) 1,02	(0,61) 0,55	(0,42) 0,38	(0,57) 0,52	(1,00) 0,91	(1,22) 1,11	0,909
Textil, Bekleidung, Leder	(1,81) 1,94	(1,10) 1,18	(0,61) 0,65	(0,32) 0,34	(0,81) 0,87	(0,45) 0,48	(0,68) 0,73	(0,71) 0,76	(0,35) 0,38	(0,10) 0,11	(0,84) 0,90	(0,81) 0,87	(0,45) 0,48	1,073
Holzverarbeitung, Möbelherstellung	(1,08) 1,14	(0,77) 0,81	(0,62) 0,65	(0,46) 0,49	(0,92) 0,97	(0,45) 0,57	(0,77) 0,81	(0,92) 0,97	(0,46) 0,49	(0,54) 0,57	(0,70) 0,74	(0,62) 0,66	(0,77) 0,81	1,058
Druck, Papier	(1,33) 1,43	(1,00) 1,08	(0,47) 0,51	(0,73) 0,79	(0,80) 0,86	(0,33) 0,36	(0,53) 0,57	(1,00) 1,08	(0,20) 0,22	(0,20) 0,22	(0,53) 0,57	(1,20) 1,29	(0,67) 0,72	1,078
Chemie	(1,56) 1,72	(0,78) 0,86	(0,53) 0,58	(0,56) 0,62	(1,00) 1,10	(0,19) 0,21	(0,97) 1,07	(0,86) 0,95	(0,31) 0,34	(0,08) 0,09	(0,39) 0,43	(1,03) 1,14	(0,67) 0,56	1,105
Nichtmetall. Mineralien	(1,53) 1,30	(0,40) 0,34	(0,50) 0,42	(0,40) 0,34	(1,20) 1,02	(0,60) 0,51	(1,27) 1,08	(1,20) 1,02	(0,47) 0,40	(0,40) 0,34	(0,80) 0,68	(1,33) 1,13	(1,33) 1,13	0,849
Metallverarbeitung	(1,56) 1,54	(0,79) 0,78	(0,53) 0,52	(0,45) 0,44	(1,03) 1,02	(0,45) 0,44	(1,04) 1,03	(1,17) 1,15	(0,41) 0,40	(0,28) 0,28	(0,63) 0,62	(1,35) 1,33	(0,14) 0,14	1,013
Fahrzeugindustrie	(1,82) 2,0	(0,64) 0,80	(0,36) 0,45	(0,73) 0,90	(1,09) 1,35	(0,36) 0,45	(0,27) 0,34	(0,73) 0,91	(0,27) 0,34	(0,09) 0,11	(0,54) 0,67	(0,18) 0,22	(0,72) 0,89	1,243

Bedeutung als an der Costa. Die Erklärung könnte die Topographie sein, denn planes Gelände ist in der Sierra schwieriger zu finden als an der Costa. Für **kleinere** Betriebe war dieses Standortargument nicht so bedeutend wie für Betriebe mit über 200 Beschäftigten. Bei diesen können Erweiterungsabsichten eine Rolle spielen. Weniger Relevanz hatte der Faktor "Geeignetes Gelände" bei Betrieben, die sich erst vor relativ kurzer Zeit damit auseinanderzusetzen hatten, nämlich bei nach 1972 gegründeten Unternehmen. Regionale Unterschiede beim Stellenwert dieses Faktors erklären sich durch das unterschiedliche Angebot von Industriegelände. Ein Betrieb in Quito, der nach der Entscheidung, dort zu investieren, große Schwierigkeiten beim Auffinden von geeignetem Terrain hat, wird diesem Faktor weit größeres Gewicht beimessen als ein Unternehmer, dem an einem anderen Ort alternative Angebote unterbreitet werden.

Zwischen Bodenpreis und hohem Stellenwert des Faktors "Geeignetes Gelände" besteht kein Zusammenhang. In Quito, wo für den m^2 zwischen 200 und 1400 Sucres bezahlt werden, und der übrigen Sierra, wo die Preise erheblich niedriger sind, bestehen keine Unterschiede in der Beurteilung dieses Standortfaktors (siehe Tab. 10).

Der Bodenpreis fördert in der Regel die Dezentralisierung der Industrie nicht. Bei einem Flächenbedarf von durchschnittlich 5000 m^2 müßte ein Industrieunternehmen für erschlossenes Gelände in der Nähe Quitos ungefähr 160 000 US\$ mehr investieren als im Industriepark von Riobamba. Nur kapitalschwache Unternehmen würden dafür Kostenvorteile, Fühlungsvorteile, Marktnähe etc. aufgeben.

Ungebrochen ist die Neigung der Unternehmen, sich vorwiegend in Quito und Guayaquil niederzulassen (siehe auch Kap. 3.2), wobei in Guayaquil der Bodenpreis erheblich günstiger ist als in Quito. In Portoviejo, wo der m^2 unerschlossenes Gelände weniger als einen Dollar kostet, hat sich noch keine Industrie im größeren Umfang niedergelassen. Solange nichts erschlossen sei, wolle er das Gelände nicht geschenkt haben, äußerte sich der Direktor von CENDES laut Zeitungsartikel in Portoviejo über das angebotene Industriegelände.

Der Bodenpreis ist trotz erheblichen Gefälles kein Mittel für die ländlichen Provinzen, Industrie zur Ansiedlung zu bewegen, erst recht nicht, wenn das angebotene Gelände nicht erschlossen ist. Preisdifferenzen in weniger

Tabelle 10: Preise für Industriegrundstücke und Industriebauten in den wichtigsten Städten Ecuadors

Stadt	Provinz	Preis in Sucres		
		1 m² unerschlossenes Industriegelände	1 m² erschlossenes Industriegelände	1 m³ Kosten für umbauten Industrieraum (mittlere bis gute Bauausführung)
Ambato	Tungurahua	80-180	-	2000-3000
Azogues	Cañar	50- 85	-	1500-2200
Babahoyo	Los Ríos	80	200	2500-5000
Cayambe	Pichincha	150-250	400-500	2000-3000
Cuenca	Azuay	100-150	170 (Industriepark)	2200
Esmeraldas	Esmeraldas	120-200	300-400	keine Angaben
Guaranda	Bolívar	80	-	2500-3000
Guayaquil	Guayas	100-500	-	3000-4800
Ibarra	Imbabura	120	450 (Industriepark)	2500-3000
Latacunga	Cotopaxi	60-150	-	3500
Loja	Loja	60-110	-	keine Angaben
Machala	El Oro	150-200-800 (Hafennähe)	-	3000-6000
Otavalo	Pichincha	40- 50	200-300	2800
Portoviejo	Manabí	20- 30	-	2500-5000
Quito	Pichincha	200-1000	500-1400	2500-3500
Riobamba	Chimborazo	140	150 (Industriepark)	3000
Tulcán	Carchi	-	300-400 (Industriepark)	800-3000

Quelle: Datos Básicos para Inversiones Industriales en el Ecuador. Nicht veröffentlichte Studie, Quito 1979.

industrialisierten Zonen sind durchaus erheblich, wenn das angebotene
Grundstück Vorzüge aufweist, so im Falle Machala, wo die ausgewiesenen Industrieflächen an der Straße zum Hafen Puerto Bolívar 800 Sucres pro m^2
kosten.
Der Standortfaktor Vorhandensein eines geeigneten Gebäudes ähnelt dem zuvor
besprochenen sehr; er hat einen ebenfalls überdurchschnittlich hohen Stellenwert. Kleinere Betriebe etablieren sich gelegentlich in umfunktionierten oder
schon zuvor industriell genutzten Räumen. Die Bedeutung dieses Standortfaktors verringert sich, je größer ein Betrieb ist. Weniger Relevanz wird dem
Vorhandensein eines geeigneten Gebäudes außerhalb von Quito und Guayaquil
zugebilligt.

2.2.1.2 Umweltüberlegungen

Daß einige Betriebe Umweltgesichtspunkte in die Standortwahl einbeziehen,
überrascht in einem Entwicklungsland. So belegt die Tatsache, daß in den
Industrieparks von Cuenca und Riobamba den umweltbelastenden Betrieben ge-
sonderte Areale zugewiesen werden, daß in der Planung die Ökologie eine gewisse Aufmerksamkeit erfährt. Vor 1940 hatten solche Überlegungen bei den Be-
triebsgründungen kaum Bedeutung, da für diese Problematik noch keine Sensibi-
lität vorhanden war. Betriebe außerhalb von Quito und Guayaquil messen den
Umweltargumenten eine höhere Bedeutung zu. Der Gedanke, daß einige Unternehmen wegen ihrer Emissionen ihren Standort außerhalb der großen Städte einnehmen mußten, liegt nahe. Von gewissen Geruchs- und Lärmbelästigungen abgesehen, konnte der Verfasser offenkundige und gravierende Umweltbelastungen,
wie sie in Entwicklungsländern häufig vorkommen, nicht wahrnehmen. Dies
liegt aber auch daran, daß die Grundstoffindustrie in Ecuador sehr schwach
entwickelt ist.
Eine Verschärfung der Umweltschutzauflagen könnte die Dezentralisierung der
Industrie begünstigen.

2.2.1.3 Nähe zu anderen Industriebetrieben

Diesem Standortfaktor wurde nur wenig Bedeutung beigemessen, ein Ausdruck
des geringen Verflechtungsgrades der ecuadorianischen Industrie (1), wo ver-

(1) Zum Komplex der Folgeindustrie siehe Kap. 2.2.3

tikale Beziehungsstrukturen selten sind und sich Zulieferungsfunktionen
einfach gestalten. Es ist allerdings bezeichnend, daß dieser Standortfaktor
in Guayaquil, der größten Industrieballung, am häufigsten genannt wird.
Dagegen spielt die Nähe zu anderen Industrien in den schwach industrialisierten Provinzen eine völlig untergeordnete Rolle. Die größten Betriebe
sehen aufgrund ihres Eigengewichtes wenig Veranlassung, sich in der Nähe anderer niederzulassen. Die Nähe zu anderen Industriebetrieben suchen auch
vermehrt die Betriebe, die in den letzten Jahren ihre Produktion aufnahmen,
so daß sich ein zunehmender Agglomerationstrend bei den jüngeren Betrieben
feststellen läßt.

2.2.1.4 Transporterleichterungen

Diesem Faktor wird überdurchschnittlich große Bedeutung beigemessen. Die
Betriebe der Costa sind teilweise auf die Hafennähe angewiesen (Import-,
Exportbeziehungen, Fischfang etc.), so daß die größere Zustimmung dort nur
natürlich ist. Umgekehrt spielen für Betriebe in den weniger industrialisierten Provinzen Transportüberlegungen eine untergeordnete Rolle, sieht
man von Ambato ab. Die Betriebe in Cuenca, einer verkehrsmäßig noch schlecht
erschlossenen Stadt, messen der Transportfrage ebenfalls eine geringe Bedeutung bei. Bekanntlich führen die gut ausgebauten Verkehrswege über die beiden industriellen Schwerpunkte des Landes. Für Betriebe, die auf einen rei-
bungslosen Transport Wert legen müssen, ist damit ein zusätzlicher Zwang
zur Konzentration gegeben.

2.2.1.5 Verfügbarkeit von b i l l i g e n Arbeitskräften

Von sehr untergeordneter Bedeutung für die Standortentscheidung ist das
Lohn- und Gehaltsgefälle. Etwas mehr Gewicht hat dieses Argument für Betriebe im ländlichen Raum. Abb. 8 belegt erhebliche Unterschiede zwischen
Pichincha und Guayas, aber vor allen Dingen zwischen den beiden industriellen Schwerpunkten und den übrigen Provinzen. Nur 13 von 65 Unternehmen, die
auf dem Lande ihren Standort einnehmen, nannten das Lohnargument entscheidend. Eine dezentralisierende Wirkung größeren Umfangs darf also hiervon
nicht erwartet werden. Billige Arbeitskräfte sind in Ecuador ubiquitär.

Das Lohnniveau und die Sozialleistungen in den verschiedenen Jndustriebranchen im Landesdurchschnitt, in Pichincha, Guayas und den übrigen Provinzen.

(Abbildung 8)

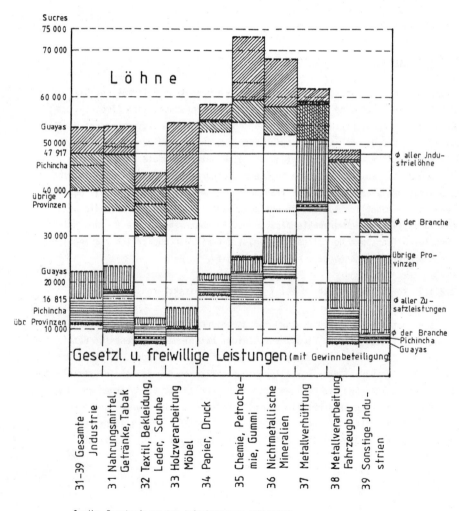

Quelle: Errechnet aus dem Jndustriecensus 1976 (JNEC).

Das Beispiel der nichtmetallische Mineralien verarbeitenden Industrie in
Pichincha lehrt, daß es auch dort möglich ist, Arbeitskräfte anzuheuern, die
Löhne unter dem Durchschnitt der ländlichen Provinz akzeptieren. Branchenspezifische Unterschiede sind noch bedeutsamer als regionale.
Für die kleineren Betriebe hat das Lohnargument keinen höheren Stellenwert.
Die mittleren und die größten Unternehmen messen mit Ausnahme der Betriebe
mit 101 - 200 Beschäftigten dieser Frage mehr Bedeutung zu. Gründungen nach
1960 beachten die Lohnkosten stärker als ältere Unternehmen. Vor 1960 mag
dieses Standortargument noch unbedeutender gewesen sein als heute.

2.2.1.6 Wasserversorgung

Diesem physischen Standortfaktor, der für vielerlei industrielle Prozesse
als Rohstoff, Hilfsstoff, Kühl- und Transportmittel dient und früher auch
als Energielieferant gebraucht wurde, kommt erwartungsgemäß bei der Standortwahl große Bedeutung zu. So lassen sich zwischen den Großräumen Costa
und Sierra und auch bei den ländlichen Provinzen keine Unterschiede gegenüber dem nationalen Mittel feststellen. Nur in den ausgewerteten Städten
kommt es zu Differenzen. Das wasserarme Manta mißt diesem Faktor die gleiche Bedeutung wie Quito zu. Für die drei grundverschiedenen Städte Ambato,
Guayaquil und Cuenca hat die Wasserversorgung ein unterdurchschnittliches
Gewicht, offenbar weil diese dort kein Problem darstellt.
Größere Betriebe messen der Wasserfrage eine größere Bedeutung bei als die
kleineren Unternehmen. Bei den Kleinbetrieben ist der Anteil von Beklei-
dungsunternehmen, Holzverarbeitung, Druckereien und Metallverarbeitung hoch.
Dies sind Branchen, bei denen der Wasserverbrauch niedrig ist (siehe Kap.
4.3.2). Zu den größeren und älteren Betrieben gehören die großen Wasserver-
braucher Nahrungsmittel- und Getränkeindustrie sowie Textilherstellung und
Papierindustrie.

2.2.1.7 Energieversorgung

Der Energieversorgung wird dagegen hohe Relevanz zugebilligt. In Ecuador
ist, trotz bester Voraussetzungen für Hydro- und Wärmekraft, dieser Faktor
nicht ubiquitär (1).

---

(1) Über den Verbrauch siehe Kap. 4.3.2

Die Betriebe der Costa, die der Energie mehr Bedeutung beimessen, haben
auch durchschnittlich einen größeren Verbrauch. Für die Betriebe mit 100
und weniger Beschäftigten stellt sich die Energiefrage nachdrücklicher,
weil sie bei einem Industriebeschäftigtenanteil von 39% nur 23,2% Anteil
an dem von der Industrie selbst erzeugten Strom erreichen. Betriebe mit
mehr als 100 Beschäftigten erlangen einen Selbstversorgungsanteil von 30,3%.
Die eigene Stromerzeugung auf thermischer Basis stellt für viele Betriebe
eine Existenznotwendigkeit dar, da die öffentliche Energieversorgung wegen
größerer Ausfallzeiten in einigen Städten unzuverlässig ist. Die Gründungen
nach 1972 scheinen der Energieversorgung einen größeren Stellenwert beizu-
messen als die älteren Betriebe. Viele der neuen Unternehmen gehören zur
Metallverarbeitung, die eine Energieversorgung als Standortvoraussetzung
hoch bewerten.

2.2.1.8 Staatliche und kommunale Vergünstigungen, Steuererleichterungen

Von den befragten Industrien w i r d d i e s e m S t a n d o r t f a k -
t o r k a u m B e d e u t u n g z u g e m e s s e n. Wohl werden die
Vergünstigungen bei Unternehmensgründung gerne angenommen, ohne jedoch für
die Standortfindung ausschlaggebend zu sein. Dies mag denjenigen überraschen, der gerade diesem planerischen Instrument hinsichtlich einer Dezentralisierung große Bedeutung zugemessen hat.
Die "Ley sobre promoción industrial regional" ist allerdings erst seit 1973
in Kraft. Aber auch für die Industriegründungen nach 1972 läßt sich keine
Zunahme der Bedeutung der staatlichen Vergünstigungen für die Standortfestlegung erkennen. Nur die Betriebe außerhalb der beiden industriellen Schwerpunkte billigen diesem Standortfaktor etwas mehr Relevanz zu. Je kleiner die
Betriebe, desto bedeutungsloser sind diese staatlichen und kommunalen Vergünstigungen. Die exportorientierten Betriebe weichen von diesem Standpunkt
ab. KAMPFFMEYER u.a. (1981, S. 19) weisen nach, daß größere Unternehmen häufiger in den Genuß der Vergünstigungen gelangen. Sie führen dies in erster
Linie darauf zurück, daß den kleineren Betrieben diese Förderungen nicht bekannt sind, sehen aber auch in dem langwierigen Bearbeitungsverfahren ein
abschreckendes Hindernis.
Betrachtet man die Resultate der Befragung, so muß entweder geschlossen wer-

den, daß diese Gesetze keine standortbeeinflussende Wirkung haben oder daß zumindest in Ecuador andere Faktoren, wie der Agglomerationsvorteil, als stärkere entgegengesetzte Kräfte wirken, so daß eine Dezentralisierung über öffentliche Vergünstigungen überhaupt nicht erreicht werden kann.

Noch bedeutungsloser ist der Standorteffekt von S t e u e r e r l e i c h - t e r u n g e n (zu den staatlichen Vergünstigungen, siehe Kap. 3). Zwar messen die Betriebe außerhalb von Quito und Guayaquil diesem Punkt eine dreimal bzw. doppelt so hohe Bedeutung zu, aber nur elf von 64 Betrieben, die in den schwach industrialisierten Provinzen ansässig sind, waren der Ansicht, daß die Steuerpolitik einen entscheidenden Einfluß auf die Standortwahl hatte.

Damit werden die in den entwickelten Ländern (1) mit der Industrieförderung durch Steuererleichterungen und öffentliche Vergünstigungen gemachten Erfahrungen auch für ein Entwicklungsland wiederholt. Sieht man von den Industrieparks ab (vgl. Kap. 3.6), so reichen die Standortverbesserungen und Infrastrukturleistungen nicht aus, um die gravierenden Nachteile des ländlichen Raums zu kompensieren. Wie aus Industrieländern bereits bekannt, ist auch in Ecuador zu befürchten, daß sich krisenanfällige Firmen, sogenannte verlängerte Werkbänke und Unternehmen, die nur auf Prämien aus sind, durch die Förderungspolitik verleiten lassen, sich aus den Ballungsräumen heraus in den industrieschwachen Regionen anzusiedeln. Da diese Unternehmen bei einer Rezession die Produktion bald einstellen müssen, ist das Resultat meist eine Schwächung statt eine Aktivierung dieser Provinzen.

Tatsächlich fördert der Staat mit seiner Bürokratie eher eine Konzentration als eine Dezentralisierung. Persönliche Kontakte zur staatlichen Bürokratie sind für viele Unternehmen zu wichtig, als daß angebotene Erleichterungen dies kompensieren könnten. Manche Betriebe in Ecuador haben Verwaltung und Produktionsbereich getrennt, wobei sich erstere in der Nähe zum bürokratischen Staatsapparat niederläßt (vgl. Kap. 2.2.1.12).

---

(1) Vgl. BRÜCHER 1982. Für Frankreich analysierte die staatliche Förderungspolitik CLOUT (1970), BRÜCHER (1971 u. 1974) und BASTIE. Für die Bundesrepublik siehe HAAS 1970, FREUND u. ZABEL 1978, WITTENBERG 1978, HÖSCH 1979, GERLACH u. LIEPMANN (1972/72). MIKUS (1979, S. 75) konnte zumindest für Oberitalien nachweisen, daß die Förderungspolitik positive Resultate erbringen kann, alle übrigen Autoren stehen dem System der staatlichen Förderung kritisch gegenüber.

2.2.1.9 Marktnähe - Rohstoffnähe

Die Marktnähe ist laut Befragung der zweitwichtigste Standortfaktor und von den Makrofaktoren mit Abstand der bedeutendste. Sie hat in der Sierra eine größere Relevanz als an der Costa, wo die exportorientierte Nahrungsmittel- industrie ansässig ist. (Dies gilt insbesondere für Manta, wo die Marktnähe relativ unbedeutend ist.) In den Industriestandorten außerhalb von Guayas und Pichincha erreicht der Standortfaktor 'Marktnähe' einen niedrigeren Wert als der Faktor 'Rohstoffnähe'. Natürlich spielt die Marktnähe auch für einige Betriebe in der Provinz eine Rolle, besonders bei Industrien mit kurzer Versorgungsreichweite (Nahbedarfsindustrien wie Brotfabriken, Druckereien etc.). Für kleinere Betriebe, für die Neugründungen nach 1972 und für die materialimportierenden Betriebe ist dieser Faktor gleichfalls wichtig. Großbetriebe, sofern sie für den nationalen Markt produzieren, decken mit ihren Erzeugnissen oft den Bedarf des ganzen Landes. Annähernd umgekehrt pro- portional verhalten sich die Relationen der Teilgruppen. Hoher Wert bei "Marktorientierung" bedeutet umgekehrt niedrigen Wert bei der "Rohstoff- orientierung". So ist es selbstverständlich, daß Betriebe in Quito der Roh- stoffnähe eine geringe Relevanz zubilligen. In Guayaquil spielen drei Kom- ponenten für die Standortentscheidung eine wesentliche Rolle:

- M a r k t n ä h e, weil diese Stadt den größten Ballungsraum darstellt und die meiste Industrie beherbergt;
- die E x p o r t o r i e n t i e r u n g vieler der dort ansässigen In- dustriebetriebe;
- die R o h s t o f f n ä h e für die wichtige Nahrungsmittelindustrie (Täler des Rîo Babahoyo und Rîo Daule).

Üblicherweise gilt, daß in den ländlichen Regionen die rohstofforientierten Betriebe besonders zahlreich vertreten sind. In Manta wird wegen der Fisch- industrie und der Verarbeitung von agrarischen Exportprodukten der höchste Wert erreicht. Die Rohstoffnähe war für 26% der ecuadorianischen Industrie entscheidend für den Standort, die Marktnähe für 40%, ein Ausdruck des Ein- flusses der importsubstituierenden Industrieentwicklung, die sich üblicher- weise mehr marktorientiert verhält.

Zwei Drittel aller Betriebe neigen zu einer hohen Bewertung dieser beiden

Standortfaktoren. Dies läßt den Schluß zu, daß etwa ein Drittel in der
Standortentscheidung relativ ungebunden ist (sofern nicht Energie und Wasser
u.ä. den üblichen Rahmen übersteigend verbraucht werden), also der "Footloose-
Industry" zugerechnet werden könnte. Auch diese Industrie muß Minimalforde-
rungen an infrastrukturelle Ausstattungen stellen, die in den ländlichen
oder schwach industrialisierten Provinzen bei weitem noch nicht gewährleistet sind. Eine staatliche Dezentralisierungsstrategie, die trotz des geringen Zuspruchs (nur 6% bei der Steuererleichterung und 13% bei sonstigen kommunalen und staatlichen Vergünstigungen) nicht aufgegeben, sondern vielleicht
anders konzipiert werden müßte, könnte bei dieser Industrie ansetzen.
In Kapitel 2.6 wird auf die geringen Zulieferungsverflechtungen eingegangen.
Der interindustrielle Markt ist also schwach ausgebildet und hat deshalb
wenig Standortrelevanz.

2.2.1.10 Verbundenheit zu einer Stadt

33% der Unternehmer haben bei ihrer Standortwahl mehr oder minder stark die
Verbundenheit zu einer Stadt bedacht. Ein emotionales Moment war bei dieser
Standortentscheidung sicherlich beteiligt. Bei den Neugründungen der letzten
Jahre spielte diese Verbundenheit, die unter Umständen auch politisch moti-
viert sein kann (Beziehungen, Einfluß etc.), eine stärkere Rolle als in der
Vergangenheit. In diesem Zusammenhang muß erwähnt werden, daß einige Betriebe sich aus handwerklichen Anfängen entwickelt haben, so daß sich die
Standortfrage für den Unternehmer in dem hier dargelegten Sinne gar nicht
stellte. Nach der von ANDE und dem DIE durchgeführten Befragung von Klein-
industriellen (KAMPFFMEYER 1981, S. 64) waren von diesen nur 9,4% im Handwerk tätig. Die kleinen Unternehmen und die größeren Betriebe mit mehr als
100 Beschäftigten wurden von den Beziehungen zu einer bestimmten Stadt bei
der Standortentscheidung weit stärker beeinflußt als mittlere Unternehmen
mit 50 - 100 Beschäftigten. Diese Bindungen scheinen in Cuenca und Ambato
besonders stark ausgeprägt zu sein. An der Costa, wo traditionelle Bindungen weniger eine Rolle spielen, ist dieser Standortfaktor von geringerer Bedeutung.

2.2.1.11 Das Klima als physischer Standortfaktor

In einem innertropischen Land wie Ecuador, wo aufgrund der Höhenstufung alle
denkbaren Variationen des Tageszeitenklimas vorkommen, stellt sich die Frage,
inwieweit das Klima für die industrielle Produktion eine Rolle spielt.
Von den 238 Firmen, die sich zu dieser Frage äußerten, sind 56,1% der Meinung, daß das Klima keinerlei Bedeutung für die Standortentscheidung habe.
Auffallend der Unterschied zwischen der feuchtheißen Costa, wo 64% dem Klima
keinen Einfluß beimessen und der Sierra mit 52%. Die kühle Sierra hat demnach im Klima einen Standortvorteil. Auf dem Lande wurde dem Klima mit 61%
eine grundsätzliche Rolle zugebilligt. Daraus soll nicht der Schluß gezogen
werden, daß das Klima für eine Standortentscheidung in den Provinzen positiven Ausschlag geben kann. Selbstverständlich liegt es nahe, daß wegen
spezifischer Anforderungen an den Temperaturverlauf und an die Niederschläge
einige Branchen, wie die Nahrungsmittelindustrie (Zustimmung 57%) und die
holzverarbeitende Industrie wegen der Trockungsvorgänge (Zustimmungsgrad
47%) ihren Standort zumindest unter Berücksichtigung klimatischer Verhältnisse auswählen. Die metallverarbeitende Industrie stimmte mit 46% zu, wobei
das Argument, daß durch Regen Produktionsbehinderungen bei Arbeiten im Frei-
en entstünden, oft genannt wurde.
Von den 100 Betrieben, die dem Klima einen positiven bzw. negativen Einfluß
zubilligten, waren 87 bereit, diesen zu spezifizieren. Da die Gründe im
Fragebogen nicht vorgegeben waren, läßt sich eine Aufteilung nach positiven
oder negativen Effekten nicht vornehmen. Soweit sich die Gründe zuordnen
ließen, waren 33% der Betriebe der Meinung, daß das Klima Auswirkungen auf
die Qualität der Produkte habe, 25% sahen Auswirkungen auf die Rohstoffe,
20% auf die Lagerung, 18% auf die Arbeitsleistung, nur 4% befürchteten Produktionsbehinderungen. Von den genannten Argumenten können nur die ersten
drei eine gewisse Relevanz bei der Standortentscheidung haben. Nennenswerte
Unterschiede in der Beurteilung zwischen Costa und Sierra lassen sich kaum
nachweisen. Die größte Diskrepanz ergab sich bei den erwarteten Auswirkungen
auf die Arbeitsleistung (Costa 22%, Sierra 17%).

2.2.1.12 Zusammengefaßte Feststellungen zu den Aussagen

In dem einen oder anderen Fall, besonders bei den älteren Unternehmen, mag
die Standortentscheidung nicht mehr nachvollziehbar gewesen sein. Bei einer
Bewertung der Ergebnisse nach Betriebsgrößen entsteht der Eindruck, daß
sich kleinere Betriebe über die Problematik nicht immer im klaren waren,
mittlere Betriebe wohl Überlegungen anstellten, die großen Betriebe hingegen
souveräner ihre Entscheidungen fällen konnten. Partielle Probleme (Energie-
fragen, Umweltfragen etc.) können sie leichter in ihrem Interesse lösen,
weil sie durchaus einen gewissen Einfluß auf die lokalen Autoritäten auszuüben vermögen, eine Erklärung, weshalb bei größeren Betrieben die Beziehungen zu einer bestimmten Stadt einen relativ hohen Stellenwert erreichten.
Die Standortentscheidungen gestalten sich in einem Land wie Ecuador nicht
so komplex wie in größeren Industrieländern. Zum einen sind die Alternativen
geringer, d.h. Räume, die für eine Industrieansiedlung kaum in Frage kommen,
sind sofort leicht auszusondern. Zum anderen werden falsche Standortentscheidungen nicht in allen Fällen durch Verluste "bestraft", da die Monopolstellung es eher zuläßt, daß zusätzliche Kosten auf die Preise abgewälzt
werden.
BALE (1981, S. 78) stellt fest, daß die Unternehmer mehr "satisficers" als
"optimizers" sind, also in der Regel nicht den maximalen Profit oder den
Kostenminimalpunkt suchen, sondern zufrieden sind, wenn sie einen akzeptab-
len Gewinn erzielen. Dies gilt ganz besonders für den ecuadorianischen Unternehmer. Sehr oft sind außerökonomische oder nur teilweise ökonomische
Ziele, die den individuellen Interessen des Unternehmers Rechnung tragen,
wichtiger.
Einige wichtige Standortfaktoren konnten in der Befragung nicht angesprochen werden, um den Gesamterfolg nicht zu gefährden. Der Fragebogen mußte
quantitativ begrenzt, überschaubar und verständlich sein. So konnte die Frage
nach der Rolle der Agglomerationsvorteile nicht gestellt werden, weil diese
kaum verstanden worden wäre.
Über die Bedeutung der Fühlungsvorteile wurde in diesem Zusammenhang mehr-
fach gesprochen. Einige Unternehmen, die gezwungen sind, ihre Produktionsstätten in der Provinz anzusiedeln, haben aus diesem Grunde die Verwaltung
in eine der beiden führenden Städte verlegt, um die Direktkontakte zu Behör-

den, Ministerien oder Zollverwaltung nicht zu verlieren. Diese Verwaltungen
dienen auch als Verbindungsbüros zu Kunden etc. Elf Unternehmen mit Pro-
duktionsstandort außerhalb Quitos haben in dieser Stadt ihren Verwaltungs-
sitz (davon drei aus Guayaquil), in Guayaquil sind es vier entsprechende
Unternehmen. Es liegt hier eine sog. Betriebswirtschaftsspaltung vor (vgl.
MIKUS 1979, S. 1). Dies bedeutet umgekehrt, daß mehr als jeder siebte Betrieb, der außerhalb Guayas und Pichincha ansässig ist, laut dieser Umfrage
seine Verwaltung in Quito oder Guayaquil unterhält. Vielleicht spielt auch
eine Rolle, daß das Management die Annehmlichkeiten der Großstädte nicht
gegen das Landleben in den kleineren Orten ohne Zerstreuungsmöglichkeiten
eintauschen möchte, eine andere Variante des traditionellen Absentismus in
Ecuador.

2.2.2 Standortverlagerungen

Zwei Gruppierungen, die getrennt analysiert werden sollen, sind von Interesse: Zum einen handelt es sich dabei um Unternehmen, die einen Standortwechsel vollzogen haben und zum anderen um Industrien, die beabsichtigen,
eine Standortverlegung vorzunehmen. Da die ecuadorianische Industrie noch
jung ist (das ermittelte Durchschnittsgründungsdatum aus der Industriebefragung liegt bei Juli 1965, fast die Hälfte dieser Betriebe wurde nach 1972
gegründet), wäre davon auszugehen, daß nicht viele Standortverlagerungen
vollzogen wurden. Von den 234 Betrieben, die sich hierzu äußerten, waren es
jedoch immerhin 60 (26%). Am häufigsten (32%) verlagerten Betriebe der
schwächer industrialisierten Provinzen, insbesondere in Cuenca, wo acht
von 18 Betrieben und in Ambato, wo sechs von 14 Betrieben einen neuen Standort gefunden haben. Es handelt sich also jeweils um Städte mit dichter Bebauung im Kern. Besonders häufig wechselten Betriebe mittlerer Größe mit
50 - 100 Beschäftigten (34%) und solche mit 101 - 200 Beschäftigten (28%)
sowie ältere Betriebe: fünf von 15 Unternehmen, die vor 1940, aber nur 20
von 113, die nach 1972 gegründet wurden. Metallverarbeitende Industrien mit
35% und Chemische Industrien mit 38% verlagerten überdurchschnittlich häufig.
Dies sind Betriebe, von denen Lärm- und Geruchsbelästigungen ausgehen können.
Die Zahl der verlagerten Betriebe mag im europäischen Vergleich hoch erscheinen. Sie spiegelt aber die spezifische Situation eines gering industria-

lisierten Entwicklungslandes wider, dessen Industrie in den vergangenen zehn
Jahren stark expandierte. So planten laut Befragung von ANDE/DIE 74% der
Kleinindustrie 1979/80 Erweiterungs- bzw. Modernisierungsinvestitionen
(KAMPFFMEYER u.a. 1981, S. 35). Viele von diesen Unternehmen werden wegen
der Enge am bisherigen Standort eine Verlagerung in Kauf nehmen müssen.
Die Gründe für die Veränderung waren bei 67% Erweiterungsabsichten, bei 30%
Erwerb von eigenem Gelände, bei 1,8% jeweils der Bodenpreis und die Enge
der Innenstadt. "Erweiterung" als Begründung für den Standortwechsel kann
als Beleg dafür gelten, daß eine fehlende Industrieplanung ungeordnet angesiedelte Industrie bei einer Expansion zwingt, Neuinvestitionen an einem
anderen Ort vorzunehmen.
Das Argument des Bodenpreises wurde nur einmal genannt und sichert so die
These, daß es keinen wesentlichen Kostenfaktor darstellt (vgl. Kap. 2.3.1.1
und 3.6.1 Industriepark Riobamba). Dort, wo sich Industrie gewöhnlich ansiedelt, nämlich am Stadtrand, handelt es sich um eine Art Mischgebiet, wo
sie nur mit weniger finanzstarken Mitbewerbern konkurrieren muß, weil die
für lateinamerikanische Verhältnisse schichtenspezifische sozialräumliche
Zuordnung ein solches Gefälle bei den Bodenpreisen zwangsläufig hervorruft.
Die unteren Einkommensschichten, auch Handwerker, kleinere Händler, Arbeiter
und kleinere Angestellte, die in einem solchen Areal als Mitbewerber auftreten, sind einfach zu wenig zahlungskräftig; großräumige Sanierungen zugunsten einer privilegierten Schicht sind in Ecuador noch unbekannt.
Etwas größer ist die Zahl der Betriebe, die eine Verlegung planen. Aufgrund
der Antworten darf vermutet werden, daß viele dieser Pläne noch vage sind.
Da die Planungsphase sich über lange Zeiträume erstreckt, ist dies verständlich. Im Unterschied zur ersten Gruppe sind nun mehr Betriebe aus Quito
und Guayaquil (31% bzw. 30%) verlegungswillig, hingegen planen nur 23% der
Betriebe aus den schwächer industrialisierten Provinzen eine Standortverlagerung. Dies kann teilweise durch den längeren Planungszeitraum in den gros-
sen Städten erklärt werden. Eine Ausnahme stellt Ambato dar, wo 36% der Betriebe verlagerungswillig sind, was auf die besonderen Umstände in dieser
Stadt zurückzuführen ist. Dort wartet die Industrie schon seit über einem
Jahrzehnt auf die Fertigstellung des Industrieparks, und die kleinstrukturierten Unternehmungen der Innenstadt sehen keine Erweiterungsmöglichkeiten.

Verlagerungsabsichten äußerten besonders häufig Betriebe mit weniger als 50 Beschäftigten (29%) und mit 101 - 200 Beschäftigten (34%) sowie solche, die erst in den Jahren 1972 - 1979 gegründet wurden (29%). Somit wollen sich Betriebe verändern, die in der Vergangenheit wenig Neigung zum Standortwechsel gezeigt haben. Standorttreu sind die Nahrungsmittel- und die nichtmetallische Mineralien verarbeitende Industrie wegen ihrer starken Rohstofforientierung. Größere Bereitschaft zur Mobilität zeigten die holzverarbeitenden und möbelherstellenden Betriebe (56%), die Druck- und Papierindustrie (38%) sowie die metallverarbeitenden Betriebe (37%). Die Tabelle 11 nennt die Gründe von 47 der 63 verlagerungswilligen Betriebe. Die beiden erstgenannten Argumente stimmen mit denen, die in der Vergangenheit bei Betriebsverlagerungen entscheidend waren, überein. Der Bodenpreisdruck bekommt jedoch nun wachsendes Gewicht infolge des anhaltenden Agglomerationsprozesses.

TABELLE 11: GRÜNDE FÜR EINE GEPLANTE STANDORTVERLAGERUNG

Grund	% der Nennung	Absolute Zahl der Betriebe
Platzmangel	56	26
Verfügbarkeit von eigenem Gelände	15	7
Verlegung aus einer Innenstadt	11	5
Modernisierungsabsichten	6	3
Bodenpreis	6	3
Ausnützung der Vorteile der Industrieförderung	4	2
Verwaltungsgründe	2	1
	100	47

Quelle: Befragung des Verfassers

Das Bestreben, auf eigenem Gelände den Industriebetrieb auszubauen, läßt den Schluß zu, daß einige Betriebe ihre Produktionsstätten in gemieteten Räumen oder auf gepachtetem Gelände haben. Von den 63 Betrieben nannten nur drei Verlagerungsabsichten in eine andere Provinz. Die große Mehrheit sieht keine Veranlassung, ihren bisherigen Standort aufzugeben. Die einmal getroffene Standortentscheidung hat sich demnach im großen und ganzen als richtig erwiesen oder günstige ökonomische Rahmenbedingungen lassen es zu, daß ein schlecht gewählter Standort den wirtschaftlichen Erfolg nicht schmälert.

2.2.3 Folgeindustrien

Unter Folgeindustrie sei folgendes verstanden: Ein Industriebetrieb zieht weitere industrielle Produktionsstätten in die unmittelbare Nachbarschaft, weil letztere sich aus der Nähe ökonomische Vorteile versprechen (Transportkostenminimierung, Aufträge, Nutzung gemeinsamer Einrichtungen, Zusammenarbeit etc., die Alfred WEBER (1909) "agglomerative Faktoren" genannt hat (1).

Da der Verflechtungsgrad der ecuadorianischen Industrie bescheiden ist, muß davon ausgegangen werden, daß Folgeindustrien relativ selten sind. In Ermangelung anderer Quellen wird auf die Industriebefragung zurückgegriffen. Es wurde einerseits gefragt, ob der eigene Betrieb Folgeindustrien ausgelöst hat, und andererseits, ob das Unternehmen die Nähe zu anderen Industrien gesucht hat. Dabei entstand der Widerspruch, daß die erste Frage wesentlich häufiger bejaht wurde als die zweite. 54% der Betriebe waren der Ansicht, Folgeindustrie ausgelöst zu haben, aber nur 13% der Betriebe bestätigten, daß sie die Nähe zu einem anderen Unternehmen gesucht haben.
Erklärbar wird dies nur durch folgende Überlegungen:
Industrie tritt in Ecuador räumlich gesehen in Gruppen auf. Betriebe, die sich wegen der Verfügbarkeit von Gelände in der Nachbarschaft von älteren Betrieben angesiedelt haben, werden von diesen als Folgeindustrien gewertet, obwohl diese Ansiedlung nicht im direkten Zusammenhang zum älteren Betrieb erfolgte. Zweitens mag es gelegentlich das Selbstverständnis eines Unternehmers mindern, wenn er eingesteht, daß seine unternehmerische Existenz

---

(1) Nicht gemeint sind sogenannte Nachfolgeindustrien, wobei neue Industrien Vorteile nutzen, die aufgelassene Betriebe hinterlassen haben (wie Produktionsstätten, Arbeitskräfte). Sie sind in einem Entwicklungsland wie Ecuador wegen der kurzen Industriegeschichte kaum nachzuweisen (vgl. MIKUS 1978, S. 90, 92).

von einem größeren Partner abhängt. Schließlich wird die Diskrepanz teilweise aus der Zusammensetzung der Befragung erklärbar, weil größere Unternehmen, die üblicherweise Folgeindustrien a u s l ö s e n, zuungunsten
kleinerer Betriebe, die eher die Nähe zu anderen Unternehmen s u c h e n,
überrepräsentiert sind.

TABELLE 12: FOLGEINDUSTRIE. ERGEBNISSE DER BEFRAGUNG

ISCO Nr.	Branche	Folgeindustrie initiiert		Nähe zu anderen Betrieben gesucht	
		in %	absolut	in %	absolut
31	Nahrungsmittel, Getränke, Tabak	57	29	7	4
321	Textilherstellung	56	9	16	3
322	Bekleidung	50	5	0	0
33	Holzverarbeitung, Möbelherstellung	69	9	25	3
34	Druck- und Papierindustrie	45	5	21	3
35	Chemische Industrie	47	15	21	7
36	Nichtmetallische Mineralien verarbeitende Industrie	64	7	8	1
38	Metallverarbeitung	52	16	9	3
384	Fahrzeugbau	64	7	18	2

Sieht man von der Holz- und Möbelindustrie sowie der Textilherstellung ab,
so gewinnt man den Eindruck, daß sich die Ergebnisse zu einem gewissen Grad
entsprechen. Industrien, die besonders häufig angaben, Folgeindustrie ausgelöst zu haben, sind nach eigener Aussage anderen Industrien weniger gefolgt.
Selbstverständlich suchen Betriebe mit Zulieferfunktionen, wie Druckereien
und teilweise Chemische Industrien, die Nähe zu ihren Abnehmern. Die Argumen-

te, weshalb die Nähe gesucht wurde, sind Materialbezug, Ausnutzung gemeinsamer Anlagen, Nähe zu den Abnehmern. Die Betriebe, die glaubten, Folgeindustrie ausgelöst zu haben, charakterisierten diese folgendermaßen: zwölf
Betriebe seien Zulieferer, 21 Abnehmer von Produkten, 41 Konkurrenten und
15 Betriebe nutzten mit ihnen gemeinsame Einrichtungen oder ergänzten sich
bei Produkten und infrastrukturellen Erfordernissen. Von drei Betrieben
wurde erklärt, daß keinerlei Beziehungen bestehen. Rechnet man nur die Betriebe auf, die ihre Folgeindustrien als Zulieferer, Abnehmer oder als Er-
gänzungsindustrien einordneten, so ergibt dies eine Zahl von 48 (bzw. 20%)
aller befragten Unternehmen.

2.3 Hemmnisse bei der industriellen Entwicklung Ecuadors

Ungeachtet der beachtlichen Wachstumsraten seit 1972 hemmen eine Reihe von
Schwierigkeiten die industrielle Entwicklung Ecuadors. Die meisten dieser
Hindernisse sind typisch für diejenigen Entwicklungsländer, die eine Industrialisierung erst spät ansteuerten. Einige Hemmnisse sind jedoch auch auf
die besonderen Gegebenheiten Ecuadors zurückzuführen.

2.3.1   Unternehmensspezifische Hemmnisse

2.3.1.1 Technologieabhängigkeit

Nach MONTAÑO und WYGARD (1975, S. 114) war schon 1973 die Technologiebilanz
Ecuadors mit 141 Millionen US$ negativ. Mindestens 97% der in den Andenlän-
dern registrierten Patente gehören Ausländern, und kaum 3% der Patentinha-
ber sind in den Andenländern ansässig. Hiervon gehören wieder 90% Töchtern
transnationaler Unternehmen, also nicht Erfindern, die den Andenländern entstammen (MICEI 1979, S. 252 ff.). De facto gibt es also keine nationale
Technologie.

Da in den letzten Jahren immer mehr von moderner Technologie abhängige Industrien entstanden und weitere solcher Unternehmen geplant sind, wird dieser Mangel gravierend. Um nicht noch mehr gegenüber den anderen Andenpaktländern ins Hintertreffen zu geraten, wird Ecuador jedoch auf den Einsatz
teurer nordamerikanischer, westeuropäischer und japanischer Technologie an-

gewiesen bleiben. Bisher ist es in Ecuador nicht gelungen, eine Verbindung zwischen der Industrie und dem noch sehr begrenzten wissenschaftlich-technischen Bereich herzustellen. Es fehlt an Ausrüstung, an Interesse bei den Lehrenden wegen schlechter Bezahlung und am Angebot von Postgraduierten-studiengängen. Den Schwierigkeiten wird teilweise durch vermehrte Ausbildung von Einheimischen in USA und Europa begegnet.

Das Technologieproblem wurde von den befragten Betrieben nur in geringem Maße beachtet (siehe Kap. 2.4), vor allem deshalb, weil die eingeführten Industrien, die durch die Zollpolitik geschützt sind, kaum Konkurrenz zu fürchten haben. Für Firmenneugründungen stellt sich dieses Problem jedoch schwieriger dar.

2.3.1.2 Geringe Kapazitätsauslastung

Da das Ziel "Beschäftigung" in einem Entwicklungsland zumindest vordergründig hochrangig ist, kann nicht davon ausgegangen werden, daß die Produktivität dieselbe Priorität genießt wie in einem Industrieland. Davon unterscheidet sich grundsätzlich das Problem der unzureichenden Kapazitäts-auslastung mit einer entsprechenden Verteuerung der Produktion. Die Gründe dafür können zum einen im Management (Planungsfehler, falsche Produktpolitik, Vermarktungsschwierigkeiten), aber auch außerhalb der Firmen liegen. Genannt seien nur mangelnde Belieferung mit Strom und Wasser oder eine umständliche Staatsbürokratie, die den Bezug von Ersatzteilen und Rohstoffen durch langwierige Zollformalitäten hintertreibt, so daß die Produktion still-liegen muß.
Nach JUNAPLA (1979, S. 56) wurden 1978 75,2% der installierten Kapazität genutzt. Nach anderer Quelle (Mitteilungen der Bundesstelle für Außenhandel. "Weltwirtschaft am Jahreswechsel - Ecuador", 1980) 1978 73% und 1979 69%. BOTTOMLEY (1965) nannte laut Umfrage 1961 eine Kapazitätsauslastung von nur 57%. Sollte dies zutreffen, hätte sich die Nutzung der installierten Kapazität seither allerdings erheblich verbessert.

2.3.1.3 Mangel an qualifizierten Arbeitskräften

Das den beiden erstgenannten Hemmnissen artverwandte Problem fehlender Ar-

beitskräfte wird, wie im Kapitel 2.3 dargelegt, von den Unternehmern als
sehr schwerwiegend empfunden.

Der Widerspruch, daß einem Heer von Arbeitssuchenden ein Fachkräftemangel
gegenübersteht, läßt sich mit dem ecuadorianischen Ausbildungssystem erklären. SECAP (Servicio Ecuatoriano de Capacitación Profesional) leistet nicht
annähernd die Ausbildungsarbeit für Facharbeiter wie das entsprechende SENA
in Kolumbien: Die Gehälter der Lehrkräfte sind zu niedrig. Der größte Teil
des technischen Personals zieht die lukrativeren Posten in der Industrie
vor, sobald sie selbst ein entsprechendes Niveau erreicht haben. Die Leitung
von SECAP litt in der Vergangenheit unter einem Verschleiß durch politisch
motivierte Einflußnahme von außen. Nur die wenigsten Ausbildungswerkstätten
sind so gut ausgestattet wie die in Durán bei Guayaquil und im Barrio "El
Inca" im Norden von Quito. Es handelt sich dabei um Projekte der Deutschen
Entwicklungshilfe, in denen das duale deutsche Ausbildungssystem erprobt
wird.

Im Jahre 1979 sollten nach hausinterner Planung 16 000 Arbeiter in den verschiedensten Sparten, darunter auch 6 800 Industriebeschäftigte, ausgebildet werden. Nicht in allen relevanten Berufen werden Ausbildungsgänge angeboten. Dominierend sind die Metallberufe.

Den Bedarf beim mittleren Qualifikationsniveau sollten die Colegios Técnicos
decken. Da zu wenig Ausbildungsplätze zur Verfügung stehen und vorwiegend
kaufmännische Berufe ausgebildet werden, kommen diese der Aufgabe nicht
nach. Schließlich betrachten viele Schüler das Colegio Técnico als Durchgangsstation zur Universität (1), denn der Abschluß sichert den Hochschul-
zugang. So errechnete JUNAPLA einen Bedarf an Technikern von 71 000, denen
aber in dem zugrundegelegten Zeitraum 1974 - 1986 nur 14 625 ausgebildete
Techniker gegenüberstehen werden. 68% der Schüler brachen ihre Ausbildung
vorzeitig ab. Die Industrie zeigte bisher wenig Neigung, die Absolventen einzustellen mit der Begründung, ihnen würde der Praxisbezug fehlen (2).
Nicht ausreichend ist auch die Ausbildung der Führungskräfte. In einer vom

---

(1) Nach Schätzungen 50-70% der Absolventen.

(2) Der Deutsche Entwicklungsdienst hat, um einige dieser erwähnten
    Schwierigkeiten zu umgehen, an einigen dieser Schulen eine sogenannte
    "Técnica corta" eingerichtet, wo Arbeiter sich weiterbilden können.

Instituto Nacional de Desarrollo de la Administración 1970 erstellten Studie
(zit. nach MONTAÑO, WYGARD 1975, S. 97) gaben 90% der Befragten an, sie hätten ihre Kenntnisse einzig und allein durch Praxis erworben. Nur eine kleine
Minderheit nannte Bildungseinrichtungen, meist ausländische, an denen sie
spezifisch verwertbare Grundlagen erworben haben. Der Mangel an theoreti-
schen Kenntnissen verunsichert die ecuadorianischen Führungskräfte, so daß
ein innovatorisches Handeln von ihnen kaum zu erwarten ist.

Die hohe Bedeutung des "training on the job" ergab die Auswertung der Umfra-
ge bei 160 Betrieben, die sich in der Lage sahen, hierzu Auskunft nach
Schätzwerten zu erteilen: 78,5% der Mitarbeiter erfuhren ihre Ausbildung bei
ihrem momentanen Arbeitgeber, 4% bei anderen Betrieben, 8% besuchten eine
Technikerschule oder eine vergleichbare Bildungseinrichtung, 7,2% hatten
Kurse bei SECAP absolviert und etwa 2,3% eine Universität oder Technische
Hochschule besucht.

2.3.1.4 Kapitalknappheit

Der Mangel an Betriebs- und Investitionskapital ist größer als allgemein vermutet. Besonders langfristige Kredite sind bei hohem Zinsniveau ein hohes
Risiko für den Investor, falls man ihm überhaupt einen Kredit einräumt. Bei
Überprüfung aller Risikofaktoren fallen besonders die kleinen Unternehmen
als wenig kreditwürdig aus, wobei die staatlichen und halbstaatlichen Kreditgeber genauso harte Maßstäbe anlegen wie die privaten Banken. Deshalb lei-
den kleinere Betriebe besonders an der Knappheit des Betriebskapitals. Nach
KAMPFFMEYER u.a. (1981, S. 37) unterblieb die Durchführung von aussichtsrei-
chen Projekten auch höchster gesamtwirtschaftlicher Priorität wegen der re-
striktiven Finanzregelung der Kreditinstitute. Wichtigste Kreditgeber sind
für die Industrie die Corporación Financiera Nacional (CFN) und die Corporación Financiera Ecuatoriana de Desarrollo (COFIEC) sowie einige neu entstandene regionale Finanzierungsgesellschaften (siehe Kap. 3.2).

Mit den steigenden Einnahmen durch den Erdölexport nahm allerdings die Verfügbarkeit über Kredite zu. Ausländisches Geld ist bei den internationalen
Entwicklungsbanken leichter zu erhalten. Nach KAMPFFMEYER (1981, S. 7) engt
die administrierte Zinspolitik die Finanzierungsspielräume ein, da die negative Realverzinsung die Stagnation der inländischen Ersparnisbildung noch

verstärkt. Dies insbesondere bei den zur Zeit im Ausland gebotenen hohen
Zinssätzen. Viele Unternehmer sind wegen dieser Finanzierungsengpässe gezwungen, sich bei Freunden und Verwandten, privaten Geldverleihern und auf
dem Wege verspäteter Lohnzahlungen Kapital zu verschaffen. Nach MONTAÑO und
WYGARD werden bei Neuinvestitionen etwa 50% vom Firmengründer oder den
Aktionären erbracht, 25% durch Bankkredite finanziert, während die verbleibenden 25% von Anlageverkäufern durch Kredite oder Zahlungsaufschub abge-
deckt werden.

2.3.1.5 Fehlen von Risikobereitschaft der Unternehmer

In den Firmen herrscht in der Regel ein traditionelles Verwaltungs- und
Organisationsschema vor. Direktes Engagement des Eigentümers ist üblich.
Eine langfristige Unternehmensplanung, auf Expansion und Modernisierung ge-
richtet, fehlt meist. E n t s c h e i d e n d   i s t   d e r   s c h n e l -
l e   ö k o n o m i s c h e   E r f o l g, w o b e i   e i n e   R e n d i t e
z w i s c h e n   20 - 30%   a n g e s t r e b t   w e r d e n   m u ß, w e i l
e s   s o n s t   b e i   d e m   h o h e n   Z i n s n i v e a u   g ü n s t i -
g e r e   K a p i t a l v e r w e r t u n g s m ö g l i c h k e i t e n
g i b t. Moderne Verkaufstechniken, Kapitalbildung im Betrieb, Risikobereitschaft durch Neuinvestition, Anbieten neuer Produkte und neue Produktionstechniken sind relativ selten. Die Risikobereitschaft wird auch nicht
unbedingt herausgefordert, im Gegenteil wird das System der Importsubstituierung nie das Entstehen von wagemutigem Unternehmertum begünstigen. Sehr
oft ist der Anbieter eines Produktes konkurrenzlos auf dem Markt, auf dem
bei den wirkenden "Economy of Scale" für Massengüter nicht zwei Anbieter
existieren können. Die internationale Konkurrenz scheitert an Zollmauern
oder am Importverbot. So können auf diesem geschützten Markt Anbieter überleben, die übersteuerte und schlecht verarbeitete Produkte herstellen. Einen
gewissen Ausgleich schafft lediglich der blühende Schmuggel, der die Monopolstellung im Schutz der Importsubstitution unterläuft.

2.3.2 Hemmnisse mit volkswirtschaftlichem bzw. politischem Ursprung

Die Politik der Importsubstitution, die sicheren Gewinn garantiert, schafft
keinen Modernisierungs- und Rationalisierungsdruck. Die Effizienz kann mise-

rabel sein, schlechtes Management wird nicht mit Gewinneinbußen bestraft.
So stehen viele Firmen indifferent dem Problem der Stückkosten und eventuel-
ler Überproduktion gegenüber. Einziger positiver Effekt ist die Erhaltung
von Arbeitsplätzen, die sonst wegfielen. Aus dem Gesagten wird die bekann-
te Opposition vieler ecuadorianischer Unternehmer gegenüber dem Andenpakt
verständlich.

2.3.2.1 Hohe Importabhängigkeit

Da die Diversifizierung der Industrieprodukte noch bescheiden ist, bestehen
bei Zwischengütern und besonders bei Grundstoffen hohe Abhängigkeiten vom
Ausland. Die Industrieanlagen müssen fast ausschließlich importiert werden.
Der Gesamtimport hat sich von 1970 bis 1977 von 273,8 Mio US$ auf 1508,4 Mio.
US$ verfünffacht, ein Ausdruck der durch die Erdölexporte günstigen Zah-
lungsbilanz. Die verstärkte Industrialisierung hatte eine Änderung der Im-
portgüterzusammensetzung zur Folge. Es müssen nicht mehr so viele Konsumgüter importiert werden, da sie von der nationalen Industrie, wenn auch
nicht immer preisgünstiger, hergestellt werden. So verringerten sich die
Konsumgüterimporte von 13% auf 11%. Die Erweiterung der Raffineriekapazität
ließ die Öl- und Ölderivateeinfuhren von 6,3% 1970 auf 0,6% zurückgehen.
Industrielle Rohstoffe und Zwischengüter reduzierten ihren Anteil von 50,1%
auf 40,0%, hingegen stieg der Kapitalgüterimport von 29,9% auf 48,0%. Der
Anteil der Industrie an den Importen betrug 1977 insgesamt 58,1% (vgl.Abb.9
und Tab. 13). Die Relation Industrieimporte zur Wertschöpfung des produzierenden Gewerbes belegt den weitaus höheren Abhängigkeitsgrad der ecuadorianischen Industrie im Vergleich zur kolumbianischen, wo dieser Quotient nur
halb so hoch ist. Nur das viel geringer industrialisierte Bolivien benötigt
in Relation zur Wertschöpfung größere Importe. Allerdings weist Ecuador bei
den Investitionsgütern den höchsten Anteil auf. In dieser Phase der Industrialisierung, wo die Eigenproduktion von Kapitalgütern noch gering ist,
ließe sich die Abhängigkeit jedoch nur unter Aufgabe der Industrialisie-
rungsbemühungen vermeiden. In diesem Sinne scheint Kolumbien bereits einen
höheren Reifegrad in der Industrialisierung erlangt zu haben.

Die Politik der Importsubstitution scheint zumindest im Bereich der Konsumgüterimporte Wirkung zu zeigen. Nach Angaben von MICEI (1979, S. 117) zeichnet sich ein langsamer relativer Rückgang des Importanteils bei Rohstoffen

Genehmigte Jmporte nach Ecuador
C.I.F., 1970-1977

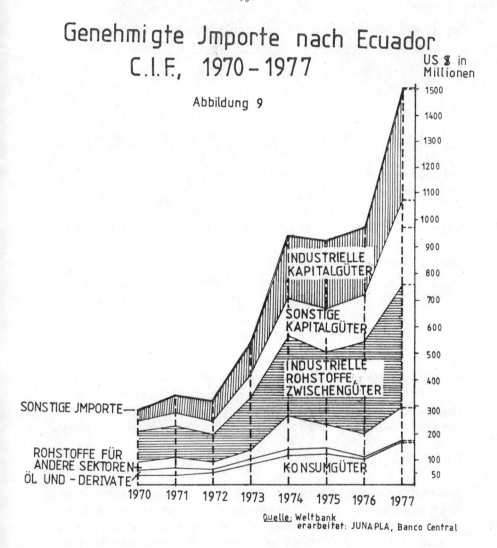

Abbildung 9

US $ in
Millionen

Quelle: Weltbank
erarbeitet: JUNAPLA, Banco Central

TABELLE 13: IMPORTVOLUMEN DER NATIONALEN INDUSTRIEN ECUADORS, BOLIVIENS
UND KOLUMBIENS IN MIO. US$ UND IHRE PROZENTANTEILE AM GESAMT-
IMPORT

	ECUADOR (1979) in %	ECUADOR (1979) absolut	BOLIVIEN (1979) in %	BOLIVIEN (1979) absolut	KOLUMBIEN (1977) in %	KOLUMBIEN (1977) absolut
Rohstoffe und Halbfabrikate	34,8	677	30,2	290,5	36,9	983
Investitionsgüter	28,4	552	17,4	168,3	20,1	536
Gesamt	63,2	1229	47,4	458,8	57,0	1519

Industrieimport / Industrielle Wertschöpfung	0,80	0,88	0,39	.

Quelle: Zusammengestellt aus verschiedenen BFA-Informationen

und Halbfabrikaten ab. Der Verbrauch dieser Materialien wies in den Jahren
1970 - 1977 eine Wachstumsrate von 14,9% auf. Dabei stieg allerdings der nationale Anteil um 19,1%, der importierte Anteil nur um 10,5%. Kapitalgüter
wird Ecuador jedoch auch in Zukunft noch in größerem Umfang einführen müssen.

2.3.2.2 Unzureichende Infrastruktur

Im Kapitel 4.3 wird der Stellenwert und der Stand der Infrastrukturentwick-
lung Ecuadors dargestellt. Die Einkommen der Erdölwirtschaft verringern in
Ecuador die diesbezüglichen Probleme, weil der Staat dadurch wichtige Vorhaben verwirklichen konnte. Damit ist allerdings das Defizit lange nicht behoben, denn die ungleiche infrastrukturelle Ausstattung der Provinzen ist
ein wichtiger Grund für den hohen Konzentrationsgrad der ecuadorianischen

Industrie (siehe Kap. 2.4). Trotz aller Bemühungen ist es dem Staat
nicht gelungen, die wichtigsten Versorgungsleistungen ubiquitär der Industrie und der Bevölkerung anbieten zu können. Die Unternehmensbefragung ergab, daß das Infrastrukturproblem von den etablierten Industrien jedoch als
nicht besonders gravierend empfunden wurde - verständlicherweise, denn
sie haben ihre Standorte ja ausschließlich in infrastrukturell relativ
gut ausgestatteten Städten gewählt.

2.3.2.3 Institutionelle Hindernisse

Die Schwerfälligkeit und Umständlichkeit der Administration, die bis zur
Unberechenbarkeit staatlichen Verhaltens reicht, läßt die unternehmerische
Entscheidung oft zum unkalkulierbaren Risiko werden. Viele Investitionen
unterbleiben, weil umständliche Genehmigungsverfahren sich über lange Zeit
hinziehen. BOTTOMLEY erwähnt, daß für einzelne Investitionsgenehmigungen
von Auslandsfirmen 40 Behörden und halbstaatliche Stellen eingeschaltet werden mußten (1965, S. 89). Dies gilt insbesondere für die Bewilligung von
Einfuhrlizenzen und die Abwicklung von Zollformalitäten. Ein Beispiel:
Die Stromversorgung Quitos konnte wegen Wassermangel nicht mehr über das
Wasserkraftwerk Pisayambo erfolgen, so daß es über Monate zu stundenlangen
Stromausfällen kam. Die beiden Generatoren für eine Ölverbrennungsanlage,
mit deren Hilfe der Engpaß beseitigt werden sollte, konnten trotz des öffentlichen Interesses und täglicher Proteste nicht rechtzeitig eingesetzt
werden, weil die Zollabwicklung sich hinzog und der Vorgang im Finanzmini-
sterium in Quito festlag.

2.3.2.4 Kleinheit des Marktes (1)

Mögen die oben genannten Hemmnisse für die meisten Entwicklungsländer mehr
oder weniger relevant sein, so gehört Ecuador darüber hinaus zu den Ländern,
bei denen sich der kleine Markt besonders negativ auswirkt. Die Komponenten
Kaufkraft und Bevölkerungszahl, die beide in den letzten Jahren beachtlich

---

(1) Diesem Argument wird in der ecuadorianischen Literatur besonderes Ge-
    wicht beigemessen, um die späte Industrialisierung zu erklären, so-
    fern die Autoren nicht der Dependenztheorie anhängen. AVILA 1976,
    MONTAÑO u.a.

zunahmen, bestimmen diesen Faktor. 1979 hatte die 8,1 Mio. umfassende Bevölkerung Ecuadors ein pro-Kopf-Einkommen von 951 US$, bei einer Steige-
rungsrate der realen Kaufkraft von 2,1% in den Jahren 1976 - 1979, die bei
einem Bevölkerungswachstum von jährlich 3,4% erreicht wurde. Die Einkommensverteilung (Tab. 14) ist jedoch unterschiedlich. Der größte Teil der ländlichen und ein großer Teil der städtischen Bevölkerung scheiden deshalb als
Konsumenten industrieller Güter aus, da sie Schwierigkeiten haben, ihre pri-
märem Bedürfnisse mit ihrem Einkommen zu befriedigen. Da die Oberschicht
einen großen Teil ihrer Konsumwünsche im Ausland erfüllt, verringert sich
der Verbraucherkreis noch zusätzlich. Eine Mittelschicht ist bekanntlich
nur in Ansätzen vorhanden.

Hinzu kommt, daß viele im Land hergestellte Konsumgüter nicht den Bedürfnissen der Mehrheit der Bevölkerung entsprechen. Sie sind den Produkten der
entwickelten Länder nachempfunden und werden teilweise nicht gebraucht oder
sind unerschwinglich. Zwar wird von den Entwicklungsplanern immer wieder
verlangt, daß für die einfache Bevölkerung entsprechende Güter hergestellt
werden, jedoch stößt man auch hier auf das Problem der 'Economy of scale'.
Anders ausgedrückt: Massengüter lassen sich bei einem solch limitierten
Markt nicht mit modernen Produktionstechnologien herstellen. Der Ausweg,
über den Export den Markt auszuweiten, bleibt so lange versperrt, bis die
ecuadorianische Industrie konkurrenzfähig ist (1).
HOTTERMANN (1974, S. 54) und BRÜCHER (1975, S. 80) sehen in dem kleinen
Binnenmarkt von Neuseeland bzw. Kolumbien ein entscheidendes Hindernis für
die Industrialisierung. Dies gilt aber im verstärkten Maße für Ecuador, das
eine wesentlich einkommensschwächere Bevölkerung als Neuseeland hat und bei
vergleichbarem Bruttosozialprodukt pro Kopf nur 29% der Bevölkerung des Nach-
barlandes Kolumbien aufweist. Schließlich stellt sich zusätzlich noch das
Verteilungsproblem durch ein unzureichendes Transport- und Verkehrsnetz und
die schwierigen topographischen Verhältnisse, die eine flächendeckende Versorgung nicht zulassen. Viele Güter sind nicht einmal in den Provinzhaupt-
städten zu kaufen, sondern müssen in Quito und Guayaquil beschafft werden.

---

(1) Im Kap. 3.7 wird erörtert, welche Rolle das Abkommen von Cartagena
    bei der Überwindung des Problems des kleinen Marktes spielt.

TABELLE 14: EINKOMMENSVERTEILUNG DER ERWERBSTÄTIGEN IM VERGLEICH

STADT - LAND 1975

Einkommensschicht	Jahreseinkommen pro Erwerbstätigen US$		Jahreseinkommen pro Kopf d.Bevölk. US$ *		Prozentuale Einkommensanteile	
	Stadt	Land	Stadt	Land	Stadt	Land
unterstes Viertel der Einkommensbezieher	312	97	94	29	4,3	3,0
zweitunterstes Viertel der Einkommensbezieher	918	290	278	88	14.6	8,9
zweitoberstes Viertel der Einkommensbezieher	1520	596	461	181	23,6	18,1
oberstes Viertel der Einkommensbezieher	3715	2295	1126	695	57,5	70,0
					100	100

* Berechnet auf der Grundlage: Ein Beschäftigter hat
                              2,3 Personen zu unterhalten

Quelle: Weltbankstudie 1979, S. 16

2.3.3   Raumrelevante Faktoren, die die Industrialisierung behindern

2.3.3.1 Periphere Lage und schwache Integration

Die starke Reliefierung Ecuadors behinderte die Verkehrsentwicklung, so daß
die Entstehung eines gemeinsamen nationalen Marktes für viele Güter erschwert
wurde (siehe auch Kap. 4.3.1). Das Land liegt gegenüber seinen wichtigsten
Welthandelspartnern im Verkehrsschatten, sieht man von der Westküste der USA
und dem wichtiger werdenden Japan ab. Die Hafenstadt Guayaquil ist dadurch
wesentlich benachteiligt.
ESSER (1979, S. 29) sieht für die Kleinstaaten Lateinamerikas, zu denen
auch Ecuador gehört, die Gefahr, daß sie in subregionale Interessensphären
aufgegliedert werden. Damit verbunden wäre ein Verlust an wirtschaftlicher

und politischer Autonomie. Diese Länder könnten nur als externe periphere
Regionen am Wachstums- und Industrialisierungsprozeß der großen Länder wie
Argentinien, Mexiko oder Brasilien partizipieren.

Die wirtschaftliche und soziale Integration des Landes ist noch nicht voll-
zogen. Die unterschiedliche Ausstattung der vier großen Räume Costa, Sierra,
Oriente und Galápagos hat nicht nur verschiedene Wirtschaftsräume entstehen
lassen, sondern auch die Menschen auf unterschiedliche Weise geprägt. Der
Costeño (Montuvio) unterscheidet sich stark vom schwerfällig wirkenden Ser-
rano, obwohl fast die gesamte Bevölkerung der Costa der Sierra entstammt.
Zwar sind die wirtschaftlichen Verflechtungen nun enger geworden, und die
Verkehrsverbindungen wurden ausgebaut, aber an der Rivalität der beiden Regionen des Landes im politischen und sozialen Leben hat sich nichts geändert.
Dies behindert die ausgewogene Entwicklung Ecuadors (1). Die meist feucht-
heiße Costa und die kühle Sierra mit ihrer großen Reliefenergie unterscheiden sich nicht nur in ihrer unterschiedlichen naturräumlichen Ausstattung,
sondern auch in den beiden grundverschiedenen Wirtschaftsräumen, die bis
heute noch nicht zu einer ergänzenden Einheit verschmolzen sind. Dies liegt
an den Westkordilleren, die auch heute noch für den Verkehr ein erhebliches
Hindernis darstellen, nicht zuletzt aber auch an der unterschiedlichen Tradition. An der agrarexportorientierten Costa dominierte liberales Gedanken-
gut. Guayaquil wurde durch den Handel mit Bananen, Kakao und Kaffee sowie
den Import industrieller Güter zum bestimmenden Wirtschaftszentrum des Landes. Die Stadt ist Mittelpunkt einer florierenden Agrarregion, die sich zum
erheblichen Teil auf Mittelbetriebe stützt, hingegen ist die Landwirtschaft
der Sierra gekennzeichnet durch den Dualismus der Subsistenzwirtschaft der
Minifundien und des extensiv genutzten Großgrundbesitzes, dessen Haciénderos
die Verwaltung der Betriebe anderen überließen und absentistisch in den
Städten lebten. Dies ließ eine Reihe von Kolonialstädten entstehen (vgl.
Kap. 4.4.3). Sicherlich spielt für die Sierra eine erhebliche Rolle, daß sie
in neun verschiedenen Hochbeckenlandschaften getrennt, während die Costa
durch eine Vielzahl von Flüssen verbunden ist.
Der Oriente ist wirtschaftlich noch nicht integriert. Große Teile der indi-

---

(1) Mit dem Wahlsieg Roldos zogen viele Parteifreunde aus Guayaquil in die
    quiteñer Amtsstuben, was dort Verärgerung auslöste. Das Wahlverhalten
    ist diametral. So dominierte in Guayaquil die CFP, in Quito die "Iz-
    quierda Democratica".

genen Bevölkerung, die Shuars, die Cofanes und die Aucas, leben wie viele
Kolonisten in Subsistenzwirtschaft (HALLER, TRUPP 1977). Nur Teile des
Reichtums des Oriente werden durch die im Ausbau befindlichen Straßen oder
durch Pipelines dem übrigen Land zugeführt.

2.3.3.2 Fehlen von metallischen Rohstoffen

Wie in Kapitel 4.2 dargelegt, konnte der Bergbau, nimmt man die Erdölförderung aus, keine Impulse für die industrielle Entwicklung des Landes geben.
Das Fehlen von metallischen Mineralien macht sich besonders deutlich bemerk-
bar. In anderen lateinamerikanischen Ländern wurde durch größere Bergbau-
aktivitäten Kapital akkumuliert, das für die Finanzierung des Industriali-
sierungsprozesses verwendet werden konnte.

2.3.3.3 Fehlen von Immigranten

Im Gegensatz zu den südlichen Ländern des Halbkontinents spielte die Ein-
wanderung aus Europa in diesem Jahrhundert nur eine untergeordnete Rolle.
Das wirkte sich auch negativ aus auf den Transfer von Technologien, Ideen
und Kapital. Für die industrielle Entwicklung, vor allem im Textilbereich,
haben Zuwanderer aus dem Nahen Osten (Libanesen - in Ecuador "turcos" genannt) eine besondere Bedeutung erlangt (HURTADO 1969 und NAVARRA 1976).
Deutsche Immigranten gründeten die Brauereien in Quito, Latacunga und Riobamba. Statistische Angaben über die Ausländer in Ecuador liegen nicht vor.
WEILBAUER (1975) schätzt, daß inzwischen 1500 Deutsche eingebürgert wurden.
Dieselbe Anzahl und 500 Schweizer leben als Ausländer in Ecuador. Das
Hauptkontingent stellen jedoch die Kolumbianer (so sollen angeblich zehn-
tausende in der Region von Santo Domingo leben), Chilenen und Argentinier.
Die Gesamtzahl der Ausländer dürfte nicht über einem Prozent der Gesamtbevölkerung liegen. In den Führungspositionen der Industrie ist der Ausländer-
anteil weitaus größer. Nach der Befragung der 239 Industriebetriebe liegt
er bei 17%. Viele der Immigranten betätigen sich als Import- oder Export-
kaufleute (1).

---

(1) Welchen Stellenwert die Immigration für die industrielle Entwicklung
    haben kann, verdeutlicht KOHLHEPP (1968) am Beispiel des nordöstlichen
    Santa Catarina.

2.4   Betriebsinterne Schwierigkeiten aus der Sicht der Unternehmensführungen

Über den Stellenwert verschiedener Problemfelder aus der Sicht der Unternehmensführung gibt Tabelle 15 Auskunft. Die Auswertung wurde nach Regionen,
Beschäftigtenzahl und Alter der Betriebe und nach Branchen aufgegliedert.
(durchschnittlich nannte jeder der 231 Betriebe, die die Frage beantworteten, 2,1 Problembereiche).
Mehr als jeder zweite Betrieb sah im   M a n g e l   a n   q u a l i f i -
z i e r t e n   M i t a r b e i t e r n   ein nenneswertes Hindernis. Dies
weist deutlich darauf hin, daß weder das Ausbildungsangebot von SECAP noch
einer anderen staatlichen Institution ausreicht und die Industrie selbst
nicht in der Lage ist, dies effektiv zu beheben. Die relativ rasche Industrialisierung und das Fehlen einer industriellen Tradition erklären diesen
Mangel. Außer der Chemischen Industrie und dem Fahrzeugbau nannten alle
Teilgruppen dieses Problem an erster Stelle. Die Betriebe in der Provinz
führen das Fehlen von Fachkräften nicht so häufig an wie die Unternehmen in
den industriellen Zentren Quito und Guayaquil. In diesen beiden Städten wird
für die Ausbildung der Industriearbeiter jedoch mehr getan als in den eher
ländlichen Räumen. Es liegt deshalb der Schluß nahe, daß Anforderungen und
das technologische Niveau bei einer Reihe von Betrieben in der Provinz nicht
so hoch sind. Die größten empfinden ebenso wie die älteren Betriebe den
Fachkräftemangel am stärksten. Es mag daran liegen, daß bei neueren Betrieben andere Schwierigkeiten, wie z.B. Absatzprobleme im Vordergrund stehen
und der Fachkräftemangel im Vergleich dazu nur von geringerer Relevanz ist.

Die Metallverarbeitende Industrie leidet unter dem Fachkräftemangel am
meisten. Bei vielen dieser Betriebe werden handwerkliche Fähigkeiten wie
Schweißen, Drehen und Schmieden verlangt, da hier die mechanisierte Werkstätte als Produktionsweise dominiert. Die Chemische Industrie, die in der
Befragung die voll- oder halbautomatische Produktionsweise mit 74% als vor-
herrschende Fertigungsweise nannte, scheint auf Fachkräfte weniger angewiesen zu sein. Mit relativ hohen Lohnzahlungen kann sie auf dem Arbeitsmarkt
auch besser konkurrieren. Überraschend hoch sind die Nennungen bei der Tex-
til- und Bekleidungsindustrie. Beide Branchen weichen in dieser Frage nicht
voneinander ab, wie eine getrennte Analyse ergab.

Tabelle 15: Die Probleme der ecuadorianischen Industrie. Ergebnisse der Betriebsbefragung durch den Verfasser in % (wobei Mehrfachnennungen üblich waren).

Gruppe	Fehlen qualifizierter Arbeitskräfte	Absatzprobleme	Materialbezugs-probleme	Technologie-probleme	Mangel an infrastrukturellen Einrichtungen	Schwierigkeiten mit Produktionsanlage od.Masch.	Probleme mit Arbeiterschaft	Transport-probleme	Andere Schwierigkeiten	Keine Probleme	Keine Antwort (absolut und in Prozent)	Zahl der befragten Betriebe
Gesamtumfrage in 239 Betrieben	56	32	29	23	21	13	11	10	5	9	8=3	239
Betriebe in Quito	60	33	32	22	24	9	8	9	4	10	3=3	99
Betriebe in Guayaquil	59	25	28	20	16	8	13	8	–	7	1=2	62
Betriebe in den übrigen Provinzen	46	40	25	31	22	25	12	9	9	5	4=6	69
Betriebe mit weniger als 50 Beschäft.	51	36	30	22	14	18	10	9	7	8	4=3	122
Betriebe mit 50-100 Beschäftigten	60	34	30	34	26	8	11	11	4	2	2=4	49
Betriebe mit 101-200 Beschäftigten	47	27	27	20	27	7	13	10	7	10	2=6	32
Betriebe mit mehr als 200 Beschäft.	78	19	25	17	33	11	11	8	6	6	0	36
Exportierende Betriebe	47	39	19	14	33	14	11	14	3	8	0	36
Vor 1940 gegründete Betriebe	67	27	27	13	27	7	20	40	7	7	0	15
Zwischen 1940-1960 gegründete Betriebe	67	23	27	27	30	23	13	10	7	14	1=3	31
Zwischen 1960-1972 gegründete Betriebe	52	22	33	20	22	12	9	10	6	9	3=5	67
Nach 1972 gegründete Betriebe	55	40	28	26	18	13	10	8	4	7	4=3	116
Nahrungsmittel- und Getränkeindustrie	46	39	36	20	25	18	2	10	5	10	1=2	62
Textil und Bekleidung	70	29	12	53	12	9	15	12	6	6	0	34
Holzverarbeitende und Möbelindustrie	57	21	57	21	14	7	7	–	1	1	1=7	15
Papierindustrie, Druckereien	59	24	24	12	24	18	4	2	6	12	0	17
Chemische Industrie	22	22	42	11	11	11	3	3	–	6	2=6	38
Metallverarbeitende Industrie	73	30	19	16	30	14	13	11	12	5	2=5	37
Fahrzeugbau	64	45	–	82	18	–	9	–	–	9	0	11

An zweiter Stelle der Problemfelder wurde der A b s a t z der Erzeugnisse
genannt. Auch hier traten gruppenspezifische Unterschiede auf. Hier wirkt
sich die Marktferne aus, denn Unternehmen außerhalb der beiden industriellen
Schwerpunkte sind stärker betroffen. Betriebe mit 100 und weniger Beschäftigten haben mehr Schwierigkeiten beim Verkauf als Betriebe, die über dieser
Schwelle liegen. Letzteren stehen bessere Marketing- und Werbemöglichkei-
ten zur Verfügung. Etwas widersprüchlich erscheint die Tatsache, daß Betriebe mit Exportmärkten von den Absatzproblemen besonders betroffen sind. Hier
drücken sich die begrenzte Konkurrenzfähigkeit und die unzulängliche Ex-
portförderungspolitik, die im wesentlichen auf die Zwischenfinanzierung
durch FOPEX (Fondo de Promoción de Exportaciones) beschränkt ist, deutlich
aus. 56% aller exportierenden Unternehmen entstammen der Nahrungsmittelindustrie, die mit 39% den höchsten Prozentsatz an Nennungen aufwies.
Die jungen Betriebe scheinen ihr Vertriebsnetz noch nicht ausreichend aufgebaut zu haben oder können sich gegen die ältere Konkurrenz noch nicht
genügend durchsetzen. Mit 40% liegen hier die Nennungen weit über dem
Durchschnitt. Die geringsten Absatzsorgen hatten die Holzverarbeitende Industrie und die Chemiebranche. Für die Pharmazeutische Industrie dürfte
sich die Situation durch die Liberalisierung des Medikamentenimportes wesentlich verschlechtern. Zuvor war dieser Industriezweig durch protektionistische Maßnahmen stark geschützt.
An dritter Stelle mit 29% der Nennungen steht der B e z u g v o n M a -
t e r i a l i e n. Regional gesehen werden die Unternehmen in Pichincha am
schlechtesten versorgt, zumal hier lange Transportwege für importierte Rohstoffe und Halbfabrikate in Kauf genommen werden müssen (siehe auch Kap.2.6).
Kleinere Betriebe sind beim Materialbezug stärker benachteiligt. Rohstoff-
importierende Betriebe (in der Tabelle nicht aufgeführt) wichen mit 30% kaum
merklich vom Mittel ab. Der hohe Anteil der Nahrungsmittelindustrie (einschließlich Getränke und Tabak) mit 36% erklärt sich aus der Krise der Landwirtschaft, in der nur bescheidene Wachstumsraten erzielt werden. Kaum nennenswerte Schwierigkeiten haben die Textil- und Bekleidungsindustrie sowie,
trotz fehlender Hüttenindustrie, die Metallverarbeitung. Hingegen geben
die Chemische Industrie und die Holz- und Möbelindustrie Belieferungsproble-
me an. Letztere ist, trotz der Sperrigkeit des Gutes Holz, nicht rohstoff-
orientiert, sondern auch in Quito und Cuenca ansässig.

Unterschiedlich stellt sich das T e c h n o l o g i e d e f i z i t
dar. Während insgesamt nur fast jeder vierte Betrieb dieser Frage Relevanz
zubilligte, waren es bei den Unternehmen in den Provinzen 31%. Nicht die
kleinsten Betriebe, sondern die Größenklasse mit 50 bis 100 Beschäftigten
hatte überdurchschnittliche Schwierigkeiten. Diese Betriebe müssen moderne
Technologien im Produktionsprozeß einsetzen, beherrschen sie aber teilweise
noch nicht genügend. Kleinere Betriebe hingegen können sich konventionelle
Produktionsweisen noch erlauben. Ab einer bestimmten Größenordnung wird
der Modernisierungsdruck stärker. Uneinheitlich ist das Bild bei den Altersgruppen. Die ältesten Betriebe beherrschen zum überwältigenden Teil ihre
Technologie. Hingegen stellt sich das Problem stärker bei den Unternehmen,
die während und nach dem Zweiten Weltkrieg entstanden sind und die sich
wohl gezwungen sehen, neue Produktionsverfahren und Produkte einzuführen.
Die Betriebe mit neuerem Gründungsdatum verfügen zum Teil über die modernsten technischen Verfahren, beherrschen diese jedoch nicht voll. Der Fahrzeugbau hat mit Abstand die meisten Schwierigkeiten. Er muß sich insbesondere bei der Produktionstechnologie teilweise der ausländischen Konkurrenz stellen. Die hohe Rate bei der Textilindustrie erklärt sich dadurch,
daß viele Betriebe unter Modernisierungsdruck standen oder stehen (siehe
Kap. 2.5.2).

Einen weit geringeren Stellenwert als erwartet hat die Frage der I n f r a -
s t r u k t u r. Überraschend ist, daß die infrastrukturelle Ausstattung in
Quito stärker bemängelt wurde als die der schwach industrialisierten Provinzen. Eine separate Auswertung der Provinzhauptorte Cuenca (mit 18%),
Ambato (8%) und Manta (11%) verdeutlicht diese Diskrepanz. Ohne diese drei
Städte verschlechtert sich die Meinung der Unternehmen im ländlichen Raum
erheblich auf 29%. Der Gedanke liegt nahe, daß Betriebe mit Produktionsstätten in schwach industrialisierten Räumen keine allzu hohen Erwartungen
in infrastrukturelle Leistungen setzen. Der hohe Wert für die Unzufrieden-
heit mit der infrastrukturellen Versorgung in Quito wird durch die schlechte
Belieferung mit Strom erklärbar (Näheres dazu in Kap. 4.3.2).

Je mehr Beschäftigte die Betriebe haben und je älter sie sind, desto häufiger wird die infrastrukturelle Ausstattung bemängelt. Bei Neugründungen
konnten solche Überlegungen stärker berücksichtigt werden. Unterschiede

lassen sich auch bei den einzelnen Branchen feststellen. Am anspruchs-
vollsten sind die Nahrungsmittel- und Getränkeindustrie und die Metallverarbeitung. Textil- und Bekleidungsindustrie, die holzverarbeitende
Industrie mit Möbelherstellung und die Chemische Industrie sind mit ihrer
infrastrukturellen Lage wesentlich zufriedener.
Probleme mit der P r o d u k t i o n s a n l a g e hat etwa jeder siebte
Betrieb. Besonders die kleineren Unternehmen mit weniger als 50 Beschäftigten und die Betriebe in den schwächer industrialisierten Provinzen weisen auf Einbußen beim Produktionsprozeß hin, die durch ihre Anlagen und
Maschinen bedingt sind. Die Nahrungsmittelindustrie und die papiererzeugende und -verarbeitende Industrie nannten dieses Problem häufiger.
Die Druck- und Papierindustrie führt mit 41% besonders häufig K o n -
f l i k t e m i t d e r A r b e i t e r s c h a f t an.Zwar sind Druk-
kereiarbeiter in allen Ländern besonders klassenbewußt und konfliktbereit,
aber hier muß berücksichtigt werden, daß zum Zeitpunkt der Umfrage eine Ta-
rifauseinandersetzung geführt wurde. Abgesehen von der Textil- und Bekleidungsindustrie sind Konflikte mit der Arbeiterschaft ein marginales Problem.
Ein rangniedriges Problem stellt auch die T r a n s p o r t f r a g e dar.
Regional lassen sich kaum Unterschiede feststellen. Nur die Betriebsgründun-
gen vor 1940, die zum Teil exportorientiert sind, maßen dieser Frage größere
Bedeutung bei.
Unter den sogenannten a n d e r e n P r o b l e m e n wurde häufig Finanzmangel beim Betriebskapital erwähnt. Ferner wurden noch vereinzelt Probleme wie die Übermacht des Staates angeführt. Jeder elfte Betrieb gab an,
keine Schwierigkeiten zu haben. Zusammenfassend läßt sich feststellen, daß
ein erheblicher Teil der besprochenen Schwierigkeiten aus der raschen industriellen Entwicklung des Landes resultiert.
Die insgesamt doch relativ geringe Zahl an Klagen ist wohl darauf zurückzuführen, daß die Unternehmensführungen in einem kleinen Entwicklungsland
viele Nachteile und Widrigkeiten als ohnehin normal empfinden und es für
überflüssig halten, diese zu erwähnen.

2.5   Die einzelnen Industriebranchen (1)

2.5.1 Die Nahrungsmittel-, Getränke- und Tabakindustrie

Nach Beschäftigten (35,3%) und nach Wertschöpfung (39,7% Anteil an der Gesamtindustrie) ist diese Branche mit Abstand die größte im Land. Es ist die
einzige in Ecuador, deren Exportanteil höher liegt als die Importe. Sie
stellte 1977 mit einem Exportanteil im Werte von 246 Mio. US$ 84,7% des ge-
samten Industrieexportes und einen Anteil am Gesamtexport von 20,6%. Diese
Position konnte die Nahrungsmittelindustrie erst in den letzten Jahren erreichen (1970: 7,3%). An herausragender Stelle ist hier die Ausfuhr von
Kakaoprodukten zu nennen, die ein Volumen von fast 186 Mio. US$ 1977 er-
reichte und somit 75,5% des gesamten Exportwertes der Nahrungsmittelindustrie repräsentiert.
Die implizit heterogene Struktur erfordert eine genauere Betrachtung der
einzelnen Unterbranchen (Tab. 16). Es läßt sich daraus entnehmen, daß sich
die exportorientierten Betriebe an der Costa angesiedelt haben, also sowohl
in Nähe der Rohstoffe als auch der Häfen Guayaquil und Manta. Die Nahrungsmittelindustrie, die für den nationalen Markt produziert, ist entweder ubiquitär oder auf die Sierraprovinzen konzentriert, in erster Linie Pichincha
und Tungurahua.
Guayaquil verdankt den Aufstieg zum wichtigsten Wirtschaftszentrum Ecuadors
und zum bedeutendsten Pazifikhafen Südamerikas nördlich von Callao vor allem
der langen Tradition von Anbau und Export verschiedenster agrarischer Produkte. Ähnlich ist in Manta und Machala der Aufschwung auf den Agrarexport
zurückzuführen.
In Ecuador gibt es nur wenige S c h l a c h t e r e i e n und
f l e i s c h v e r a r b e i t e n d e Betriebe, die mehr als 50 Beschäftigte haben. Beeinflußt haben dieses Gewerbe zugewanderte Europäer, die sich
vor allen Dingen auf die Wurstherstellung konzentrierten. Büchsenfleisch
wird weniger hergestellt. Viele Gemeinden haben einen eigenen kleinen
Schlachthof. Auf dem Lande herrscht Hausschlachtung vor. Lediglich die Su-
permärkte in den großen Städten sind Abnehmer der Firmen, die landesweit

(1) Sofern nicht anders vermerkt, beziehen sich die Angaben über Beschäftig-
    te und Betriebe auf den Industriezensus von 1976

Tabelle 16: Wichtige Merkmale der einzelnen Nahrungsmittelunterbranchen

Produktionszweig (ISCO)	Betriebsstruktur	Absatz	Standortorientierung	Rohstoffherkunft	Regionale Zuordnung	Beschäftigtenzahl 1976
Schlachtereien Fleischverarbeitung (3111)	vorwiegend Kleinbetriebe ∅ 25 Beschäftigte	teils regionale teils nationale Ebene	vorwiegend rohstofforientiert	national	Sierra	722
Milchprodukte (3112)	mittlere und kleine Betriebe ∅ 37 Beschäft.	vorwiegend regional	rohstofforientiert	national Importe	Sierra und Guayas	1011
Konservenindustrie (3113)	mittlere und kleine Betriebe ∅ 33 Beschäft.	national Export	rohstofforientiert	national	Costa und Tunguarha	540
Fischereiindustrie (3114)	größere Betriebe ∅ 87 Beschäft.	Export national	rohstofforientiert	national	Hafenorte der Costa	3717
Pflanzliche Öle und Fette (3115)	größere Betriebe ∅ 117 Beschäft.	national	vorwiegend rohstofforientiert	Importe national	Guayas, Manta, Pichincha	1865
Millereiprodukte (3116)	gemischte Betriebe ∅ 53 Beschäft.	regional	rohstofforientiert Marktnähe	Importe wenig national	dispers Guayas	2563
Backwaren (3117)	vorwiegend kleine Betriebe ∅ 23 Beschäft.	regional	absatzorientiert	national	in allen größeren Städten außer Loja	2001
Zucker (3118)	Großbetriebe ∅ 1010 Beschäft.	national Export	rohstofforientiert	national	Guayas, Cañar Imbabura Loja	8076
Kakaoverarbeitung (3119)	größere Betriebe	Export wenig national	rohstofforientiert verkehrsorientiert (Hafenorte) wenig absatzorientiert	national	Guayas, für nationalen Markt auch Pichincha	2036
verschiedene Nahrungsmittel (einschl. Kaffee) (3121)	gemischt ∅ 29 Beschäft.	national Kaffee-Export	rohstofforientiert absatzorientiert	national Import	Guayas, Pichincha, Oriente	874

Tierfutter (3122)	mittlere und kleine Betriebe Ø 28 Beschäft.	national	vorwiegend rohstofforientiert	national	vorwiegend Costa 304
Destillierung und Abfüllung spirituoser Getränke (3131)	vorwiegend kleine Betriebe Ø 29 Beschäft.	national	rohstofforientiert Marktnähe	national	vorwiegend Sierra 777
Weinkellereien (3132)	kleine Betriebe Ø 14 Beschäft.	national	Marktnähe rohstofforientiert	national Import	Guayas Quito 143
Brauereien (3133)	Großbetriebe Ø 265 Beschäft.	national	Marktnähe	vorwiegend national	Guayas Quito 795
Tabakverarbeitung (3140)	Großbetriebe Ø 270 Beschäft.	national	Arbeitskräfte gem. Klima	national Import	Quito Cotopaxi 810

ihren Absatz suchen. Eine bescheidene Exportbedeutung haben nur die beiden
Schlachtereien von Loja, die von staatlicher Seite mitinitiiert wurden, um
den Schmuggel von Rindfleisch nach Peru zu unterbinden und somit den Handel
in geregelte Bahnen zu lenken. In Zukunft soll von Tulcán Rindfleisch nach
Kolumbien exportiert werden.

Der Anteil der geschlachteten Rinder entspricht etwa den Bevölkerungspro-
portionen dieser vier Regionen. Nur im Oriente wird pro Kopf etwa halb so
viel geschlachtet. Die Rinder an der Costa werden vorwiegend zur Mast gehalten (93% der fleischerzeugenden Tiere sind dort in der Zucht), da Milch
in der Hitze ein leicht verderbliches Gut ist. In der Sierra dagegen steht
die Milchviehhaltung im Vordergrund. In den bevölkerungsreichsten Provinzen
Pichincha und Guayas werden auch die meisten Rinder gehalten. Man reagiert
also auf den größeren Bedarf durch intensivere Haltung in Marktnähe. Santo
Domingo, das Kolonisationsgebiet am Abhang der Westkordilleren, hat sich
zum Zentrum der Viehwirtschaft entwickelt. 1978 gab es in Ecuador 2 978 300
Stück Vieh, was einer Verdoppelung des Bestandes in den letzten 20 Jahren
entspricht (JUNAPLA-MAG - Ministerio de Agricultura y Ganadería, 1979).
Zuchtverbesserungen, die ein größeres Schlachtgewicht zur Folge hatten und
ein besserer Weidenbesatz sind durch fünf Versuchsstationen erreicht worden.

Schweine werden in der Sierra proportional zur Bevölkerung gesehen doppelt
so viel gehalten wie an der Costa. Sie werden traditionell von der Indiobe-
völkerung auf deren Minifundien gezüchtet. Schafe sind, sieht man von Guayas
ab, wo sie lediglich geschoren und geschlachtet werden, nur in der Sierra
verbreitet.

Trotz der oben genannten beachtlichen Zahlen kommt es bei der Milchversorgung
der Bevölkerung immer wieder zu Engpässen. Deshalb wird aus den Vereinigten
Staaten Milchpulver eingeführt (1976: 2547,6 Tonnen). Von den fast drei Millionen Stück Vieh gehört nur die Hälfte milchproduzierenden Rassen an
(JUNAPLA-MAG, 1979), wovon wiederum nur 600 000 Tiere Milch geben. Diese
Kühe sind vorwiegend in den innerandinen Becken der Provinzen Pichincha,
Cotopaxi und Tungurahua angesiedelt. Die Milchleistung pro Kuh liegt in
der Sierra zwischen 3,6 bis 6,4 l täglich, an der Costa und im Oriente sind
es sogar nur 2 l, also im internationalen Vergleich extrem niedrig (Bundesrepublik Deutschland 1979 ca. 12 l).Neben klimatischen Gründen liegt der Unterschied der Milchleistung zwischen Costa und Sierra auch darin begründet,

daß dort das System des freien Beschälens vorherrscht, bei niedriger zoo-
technischer Qualität der Stiere (MAG, in: Informe a la Nación, 1979, Bd.1).
Die Weidefläche nahm 1973 von ca. 2,3 Mio. ha auf 3,5 Mio. ha 1977 zu, was
jedoch nur belegt, wie extensiv die Weidewirtschaft betrieben wird. Nach
Angaben von MAG werden 48% der Milch im Eigenkonsum auf den Hacienden verbraucht oder für die Kälberaufzucht verwendet, was einen extrem hohen Wert
darstellt. Vermutlich liegt dies am gesetzlich festgelegten Milchpreis, der
den Erzeugern nicht lukrativ genug erscheint. 33% wird als Rohmilch konsumiert oder schwarz an Verbraucher weiterverkauft.
Nur 14% der Milch werden pasteurisiert und 5% der Käse-, Butter-, Sahne-
und Milchpulverproduktion zugeführt (JUNAPLA-MAG, 1979). Die m i l c h -
v e r a r b e i t e n d e n Betriebe sind vorwiegend in den Provinzen
Pichincha (38% der Beschäftigten), Guayas (mit ca. 30% der Beschäftigten)
und in Cotopaxi (22,5% der Beschäftigten) angesiedelt. In Guayas wird kein
Käse hergestellt, lediglich Milch pasteurisiert. Käse und Butter werden in
den Provinzen mit hoher Milcherzeugung produziert. Am Gut Käse können die
Produktions- und Verteilungsbeziehungen eines Industrieerzeugnisses auf Provinzebene beispielhaft dargestellt werden (siehe Abb. 10). Demnach wird
das hochwertige Nahrungsmittel lediglich in relativ verstädterte Provinzen
geliefert. Die Orienteprovinzen treten weder als Konsumenten noch als Produzenten in Erscheinung. Große Entfernungen, schlechte Verkehrsverbindungen
und nicht vorhandene Nachfrage erklären diesen Umstand. Guayas konsumiert
52% der gesamten nationalen Käseproduktion, ohne selbst als Produzent in
Erscheinung zu treten. Pichincha mit ebenfalls hohem Eigenkonsum liefert in
zehn andere Provinzen, während Cotopaxi nur drei Provinzen versorgt. Die
Hauptstadtprovinz kann leichter wirtschaftliche Beziehungen herstellen und
verfügt über das günstigere Verkehrsnetz. Neben den 27 in der Industriesta-
tistik 1976 genannten milchverarbeitenden Betrieben gibt es nochmals 38 kleinere Käsereien, die teilweise schwarz für die unteren Bevölkerungsschichten
produzieren oder für schlecht erreichbare Märkte eine Art Selbstversorgung
aufrecht erhalten. Nur die wenigsten dieser Betriebe verfügen über die notwendigen Anlagen (Pasteurisierung, automatische Verpackung). Es fehlt an
Hygiene und Qualität. Extrem niedrig ist die Kapazitätsauslastung dieses Industriezweiges mit 28%.
Geographischer Schwerpunkt der O b s t - K o n s e r v e n i n d u s t r i e

Produktion - Absatzbeziehungen der Provinzen am Beispiel von industriell erzeugtem Käse

(Abbildung 10)

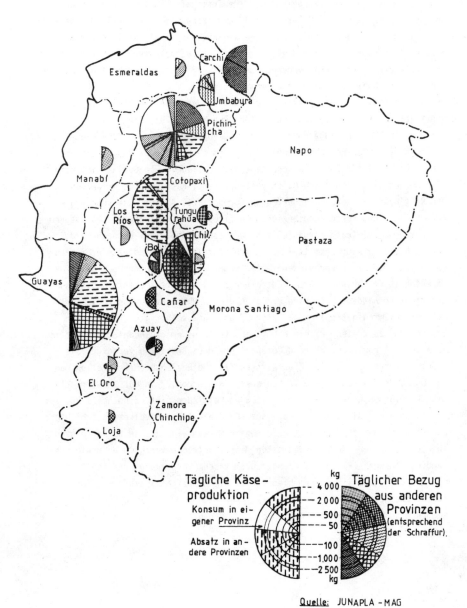

Esmeraldas · Carchi · Imbabura · Pichincha · Napo · Manabí · Cotopaxi · Los Ríos · Tungurahua · Chi. · Bol. · Pastaza · Guayas · Cañar · Morona Santiago · Azuay · El Oro · Zamora Chinchipe · Loja

Tägliche Käse-produktion		Täglicher Bezug aus anderen Provinzen
Konsum in ei-gener Provinz	kg 4 000 · 2 000 · 500 · 50 · 100 · 1.000 · 2 500 kg	(entsprechend der Schraffur).
Absatz in an-dere Provinzen		

Quelle: JUNAPLA - MAG

ist die Provinz Guayas, wo vorwiegend die Einlagerung und Versaftung tropischer Früchte wie Orangen, Grapefruits, aber auch von Pfirsichen und Birnen vorgenommen wird. Eine große Bedeutung kommt der Konservierung von Ananas zu, deren Anbau schwerpunktmäßig in dem Gebiet um Milagro erfolgt. Nennenswert ist die Verarbeitung von Papaya als Fleischweichmacher. Ein Teil dieser Güter wird exportiert. So sind 63% aller Industriebeschäftigten dieses Zweiges in Guayas tätig, in Quito stellen lediglich einige kleinere Betriebe Marmelade und Tomatenmark her. In dem Garten- und Obstbauzentrum Ambato (mit 16% Beschäftigten dieser Branche) könnte diese Industrie leicht expandieren. Günstige klimatische Bedingungen lassen Äpfel, Birnen und Pfirsiche gedeihen. Die Bruttoproduktion hatte 1976 einen Wert von 111,5 Mio. Sucres. 540 Personen waren in diesem Industriezweig beschäftigt.

Die f i s c h v e r a r b e i t e n d e Industrie ist die zweitwichtigste Exportindustrie des Landes. Beachtliche Zuwachsraten kennzeichnen die Entwicklung. Wurden 1970 Produkte im Wert von 1,5 Mio. US$ exportiert, so waren es 1977 37,5 Mio. US$. Die fischverarbeitende Industrie ist natürlich in unmittelbarer Hafennähe angesiedelt (alter Hafen in Guayaquil und Fischereihafen El Estero in Manta). Der größte Fischereibetrieb des Landes, Inpeca, ist auf der Halbinsel Santa Elena angesiedelt. Die Ausdehnung der Hoheitszone über den Küstenstreifen auf 200 Seemeilen gegen den Widerstand der USA hat neben den positiven Auswirkungen für die Fischerei in der öffentlichen Meinung und im Bewußtsein der Bevölkerung das Ansehen der fischverarbeitenden Industrie mit gestärkt. Allerdings haben nur die größeren fischverarbeitenden Industrien eigene Fangboote mit ausreichender technischer Ausstattung, wie elektronische Ortungsgeräte. Eine Überfischung ist zur Zeit nicht zu befürchten. Der Fischreichtum erklärt sich durch das Aufeinandertreffen von tropisch warmen Gewässern mit dem kalten Humboldtstrom, der in der Höhe von Ecuador zu den Galápagosinseln abzweigt. Zur Zeit wird alles getan, um die Fischerei zu intensivieren.
1977 wurden 435 000 Tonnen Fisch gefangen, 1978 waren es schätzungsweise schon 600 000 Tonnen. Der größte Teil wird zu Fischmehl verarbeitet. 25 000 Tonnen wurden 1978 in Gefrierfisch umgewandelt und 24 000 Tonnen in Konserven gelegt. Wichtigste Fischarten sind in Manta, dem größten Fischereihafen Ecuadors, Thunfisch und Weißfisch. Sardinen werden vorwiegend in Guayas ver-

arbeitet. In einigen Dörfern sollen Kühlhäuser gebaut werden, um den kleinen Fischern bessere Vermarktungschancen zu bieten. In größerem Stile (1975) fischen 57 Thunfischfangboote, 54 Weißfischfangboote sowie drei Hummer- und 247 Krabbenfangboote. Laut WELTBANK (1979, S. 595) betrug die Nettotonnage der Fangflotte 9339 t. In der fischverarbeitenden Industrie waren 1976 3717 Personen beschäftigt.

Über 90% der p f l a n z l i c h e Ö l e u n d F e t t e herstellenden Industrien sind an der Costa angesiedelt (Guayas 66%, Manabí 25,2%, Esmeraldas 1,3% und Pichincha 7,5% der Arbeitsplätze von 1976). Gründe sind die Rohstofforientierung und die mit 40,6% starke Importabhängigkeit dieses Industriezweiges. Mit dem verstärkten Anbau der Ölpalme versucht man, von dieser Abhängigkeit wegzukommen. So entstanden im Raume Quevedo größere Plantagen und in der Nähe von Lago Agrio (Shushufindi) ist, neben privaten Plantagen, von staatlicher Seite eine Plantage von 10 000 ha vorgesehen. Schon 1977 waren in Ecuador 21 620 ha mit diesem Baum bepflanzt, dies entspricht einer Verachtzigfachung seit 1960. In der Nähe von Quito entstand nun eine Speiseölfabrik. Sie befindet sich den anderen Konkurrenten gegenüber bei Belieferung aus dem Oriente in relativer Rohstoffnähe und weist zusätzlich den Vorteil der Marktnähe auf. MAG förderte in den Regionen von Babahoyo, Quevedo und Milagro den Anbau von Sojabohnen. Das Fehlen von Saatgut war ursprünglich das Schlüsselproblem. Dennoch konnte der Anbau von 1973 - 1977 mehr als verzehnfacht werden, so daß 1978 19 000 Tonnen Sojabohnen geerntet werden konnten.

Eine der bedeutendsten industriellen Anlagen Ecuadors ist die Firma Ales in Manta mit 570 Beschäftigten. Sie stellt Speiseöl, Fette, Margarine und Seife her. Täglich werden 120 Tonnen Baumwolle, davon etwa 40% importiert, verarbeitet. Weitere 60 Tonnen der Ölpalmenfrucht kommen hinzu, wobei ebenfalls 40% eingeführt werden. Soja muß zu 60% importiert werden. Die nationale Baumwolle stammt in erster Linie aus der Provinz Guayas, teilweise aus Manabí. Die Palmfrüchte werden aus dem Dreieck Santo Domingo - Quevedo - Babahoyo bezogen (1).

---

(1) Alle Firmen der Branche haben sich zu einem Einkaufsmonopol zusammengeschlossen und werden auch die Plantage in Shushufindi gemeinsam betreiben. Einer der Geschäftsführer von Ales legt Wert auf die Feststellung, daß trotz dieser Kooperation der Hersteller von Ölen und Fetten ein harter Konkurrenzkampf über Preis und Qualität ausgetragen würde.

Der Verarbeitungsprozeß der Baumwolle hat direkte industriegeographisch relevante Auswirkungen. Er beginnt mit der Trennung vom Kern durch hydraulische Pressen, wodurch die mittelfaserige Baumwolle zu 300 kg schweren Ballen geformt wird. Der Einkaufspreis pro Zentner Baumwolle liegt bei etwa 600 Sucres, der Verkaufspreis der entkernten Ballen bei 1800 Sucres pro Zentner. Abnehmer sind die Textilfabriken in Quito, Guayaquil und Cuenca (Pasamaneria). Die Kerne werden durch ein Rohrgebläse auf eine 15 m hohe Halde transportiert, wo sie durch ein installiertes Gebläse getrocknet werden, ehe sie per LKW zur weiteren Verarbeitung gefahren werden. Die kurzen, an den Baumwollkernen verbliebenen Fasern werden entfernt. Die so gewonnene Baumwollfaser gilt als relativ wertlos. Die Kerne werden nun geschält, die Hülsen finden in der Provinz als Viehfutter raschen Absatz. So hatte dieser Verarbeitungsprozeß eine Reihe von Hühnerfarmen mit einer halben Million Geflügel zur Folge. Das ölhaltige Fleisch der Baumwollkerne wird nun durch das Zusetzen von leichtem Benzin getrennt, das das Öl an sich bindet. Die dadurch gewonnene Flüssigkeit wird erhitzt, so daß das Leichtbenzin verdampft und nur das Öl zurückbleibt.

Bei Ales wird in drei Schichten produziert.Größtes Problem ist die Wasserversorgung. Die Firma ist mit einer dünnen Wasserleitung an das Versorgungsnetz der Stadt Manta angeschlossen. Diese Versorgung hielt mit dem Wachstum der Firma nicht mehr Schritt. Deshalb schaffen ununterbrochen mehrere Tanklastwagen aus dem 40 km entfernten Portoviejo Wasser heran. Da dies umständlich und teuer ist, spielt die Betriebsleitung mit dem Gedanken, eine Meerwasserentsalzungsanlage zu bauen, die mit Sonnenenergie betrieben werden soll. Sie scheut jedoch noch die hohen Investitionskosten von etwa 2 Millionen Mark . Die Elektrizitätsversorgung ist ebenfalls problematisch. Bis zu vier Stunden dauernde Unterbrechungen kommen des öfteren vor, nur die wichtigsten Anlagen werden dann durch ein dieselgetriebenes Notstromaggregat versorgt. Der Strom aus dem örtlichen Versorgungsnetz gilt als kostengünstig. Normalerweise wird bei Ales eine hohe Kapazitätsauslastung erreicht.

Die traditionelle M ü h l e n i n d u s t r i e war in Ecuador 1976 mit 2563 Erwerbstätigen und elf Betrieben vertreten. Wichtigster Standort ist Guayaquil. Weit entfernt vom wichtigsten Importhafen sind einige Betriebe der Sierra. Die Frachtkosten für den Weizen sollen laut Auskunft eines Mühlenbesitzers in Latacunga von Kansas/USA nach Guayaquil geringer sein als

von dort in die Sierra. Die Eisenbahn übernimmt keine Transportaufgaben
beim Weizen. Der Importweizen ist trotz der Frachtkosten um 20% billiger
als das nationale Getreide aus unmittelbarer Umgebung, weshalb nur 8% davon in der Mühle von Latacunga zu Mehl aufbereitet werden. Der Weizenpreis
ist jedoch ein politischer Preis und so niedrig, weil er mit 90 US$ pro
Tonne von der Regierung subventioniert wird. Damit blieb er seit 1972 stabil. Es ist daher nicht verwunderlich, daß die Auflage, 15% nationalen Weizens beizufügen, nicht erreicht wird. Die Qualität des ecuadorianischen
Weizens ist wesentlich schlechter. Die Hektarerträge liegen bei einem Drittel im Vergleich zur USA. In diesen Fakten drückt sich das Desinteresse der
Regierung und Teilen der Großgrundbesitzer aus. Letztere ziehen die extensive Viehzucht vor.

Die Mühlen des Landes werden über drei Importfirmen beliefert, von denen
zwei einem Eigentümer (1) gehören. Die meisten Mühlen Ecuadors sind voll-
automatisch gesteuert, was nicht außergewöhnlich ist, da das Mühlenwesen
aufgrund seines besonderen Verarbeitungsprozesses am besten geeignet war,
mit der vollautomatischen Steuerung im Produktionsablauf den Anfang zu machen.

Kennzeichnend für die B r o t f a b r i k e n sind die Kleinheit und ihre
relativ große Streuung in den meisten Provinzen Ecuadors, was sich, sieht
man von den Spezialerzeugnissen wie Keksen ab, aus der kurzen Reichweite und
dem täglichen Bedarf des Gutes erklärt. Dennoch sind mehr als die Hälfte
der Beschäftigten in Quito und ein weiteres Viertel in Guayaquil tätig. Dort
stehen Betriebe mit mehr als 100 Beschäftigten, wogegen die Unternehmen in
den übrigen Städten fast noch Dimensionen von Handwerksbetrieben aufweisen.

Von der Zahl der Beschäftigten her gesehen ist die Z u c k e r i n d u -
s t r i e der wichtigste Zweig der Nahrungsmittelbranche Ecuadors. 1976
gehörte ihr fast jeder zehnte Industriebeschäftigte an. Erst seit 1968 wird
raffinierter weißer Zucker produziert. Weitere Beschäftigungseffekte ergeben
sich bei der Ernte ("ZAFRA"). Außerdem beliefern viele Kleinerzeuger die
Fabriken mit Zuckerrohr. So rechnet man, daß das "Ingenio de Azúcar Tababuela" in Imbabura mit nur 263 Beschäftigten weiteren 10 000 Menschen die

---

(1) Die Karriere des Eigentümers gilt in Ecuador als legendär. Der heute
    reichste Mann des Landes mit 28 Unternehmen und einer Bananenflotte soll
    als Losverkäufer begonnen haben.

Existenz sichert, davon sind die meisten Zulieferer mit kleinen Anbauflächen.
Alle acht Zuckerfabriken sind, wie üblich, unmittelbar rohstoffnah angesiedelt, inmitten von großen Zuckerrohrplantagen. Da der Zuckerrohranbau (nach
SICK 1969, S. 261) bis in Höhen von 2500 m möglich ist, kann sich das "Ingenio de Azúcar de Tababuela " auf 1400 m Höhe im Valle de Chota gut entfalten. Mittelpunkt der ecuadorianischen Zuckerproduktion ist Milagro in
der Provinz Guayas mit etwa 77 000 Einwohnern. Diese Stadt ist wohl die einzige in Ecuador, die maßgeblich durch die Industrie in ihrem Wachstum beeinflußt wurde, vergleichbar mit Palmira in Kolumbien, wenn auch das Produktionsvolumen bescheidener ist (vgl. BRÜCHER 1975, S. 45 ff).
In der Sierra kommt dem Eigenverbrauch von Rohrzucker eine große Bedeutung
zu, nicht zuletzt deshalb, weil ein großer Teil der Schnapsproduktion zugeführt wird. Ausnahmen sind nur das oben genannte "Ingenio de Tababuela" und
die Zuckerfabrik "Monterrey Azucarera Lojana C.A." in La Toma. Diesem Unternehmen ist ebenso wie der größten und ältesten Zuckerfabrik des Landes "San
Carlos" bei Milagro, ein Betrieb angeschlossen, der die Abfallprodukte (Bagasse) zu Preßspanplatten und diese zu Büromöbeln bzw. (wie in Milagro) zu
Papier und Karton weiterverarbeitet. Die in der Sierra anzutreffenden, an
der Costa unbekannten kleinen Zuckerpressen ("trapiches") haben ihren Ur-
sprung im Haciendasystem. Die Kleinerzeuger in den Provinzen Azuay, Cañar
und teilweise Imbabura verarbeiten ihr Zuckerrohr gern in die "panela", den
braunen rohen,also nicht raffinierten Zucker, der dann auf den ländlichen
Märkten angeboten wird.
Mit 0,8% Exportanteil spielt die Zuckerindustrie kaum noch eine Rolle im
Außenhandel. Für den Rückgang der Zuckerausfuhr wird der zunehmend steigende Eigenverbrauch verantwortlich gemacht. Da Zucker zu günstigen Preisen auf
den Markt kommt, wird er von allen Bevölkerungsschichten gekauft. So wurden
1976 295 978 t Zucker hergestellt.
Die in Cañar zu 90% aus CFN-Mitteln finanzierte Zuckerfabrik "Aztra" baut
ihr Zuckerrohr auf 13 000 ha an, wovon allerdings 70% nicht Eigentum der
Firma sind. 260 000 Tonnen Zuckerrohr werden etwa pro Ernte geschlagen. Der
Betrieb ist mit französischer Technologie gebaut worden und gilt als die
modernste Anlage ihrer Art in Ecuador. Fünf verschiedene Sorten von Zuckerrohr werden angebaut, teilweise peruanischer oder kubanischer Provenienz

und eine ecuadorianische Züchtung. Das Hauptproblem ist die saisonale Abhängigkeit der Ernte. Nur zwischen Juli und Dezember wird die Anlage in zwei Schichten zu je zwölf Stunden gefahren. Den Rest des Jahres liegt sie still. Man nutzt die Zeit zu Reinigungs- und Reparaturarbeiten, dennoch macht der lange Stillstand die Anlage störanfällig. Zur "Zafra" kommen vor allen Dingen die Wanderarbeiter aus Chimborazo. 2500 Personen sind dann im Einsatz, während nur ein Fünftel davon in der langen Produktionspause beschäftigt wird.

Nachdem das Zuckerrohr geschlagen ist, wird es mit Spezialtransportanhängern und Traktoren zur Anlage gebracht, wo die jeweils 10 Tonnen wiegende Fracht auf ein Förderband gekippt wird. Das Rohr wird gewaschen, zu den tonnenschweren Walzen gebracht und zermalmt. Die verschiedenen Verarbeitungsschritte, vor allem das Eindampfen, Reinigen und Bleichen erfolgen ohne größeren manuellen Einsatz. Die Eindampfungskessel werden nun mit Bagasse, den beim Verarbeitungsprozeß anfallenden Preßrückständen, geheizt. Dieser Grundstoff wird also nicht weiterverarbeitet, wie in einigen anderen ecuadorianischen Ingenios (s.o.) und im Valle del Cauca (Kolumbien), wo eine Fabrik daraus fast ausschließlich Schreib- und Druckpapier herstellt (vgl. BRÜCHER, 1975, S. 49). Die industrieferne Lage erklärt dies zum einen, aber auch der Umstand, daß es sich hier um ein Staatsunternehmen handelt, das anderen ökonomischen Überlegungen zu folgen hat. So wird die entstehende Asche als Dünger auf die Felder gekippt.

Zur Firma gehören zwei Wohnanlagen, wobei eine direkt bei der Fabrik liegt und die ansprechender angelegte für die leitenden Angestellten des "Ingenio" etwas abseits. In dem nahegelegenen Troncal wohnt kaum ein Mitarbeiter des Unternehmens, wie überhaupt zwischen der Zuckerfabrik und dem Ort keine nennenswerten Beziehungen bestehen. Die Arbeiter ziehen es vor, während des ganzen Jahres von Milagro und Guayaquil über eine Distanz von 70 km zu pendeln.

Dem K a k a o verdankt Ecuador eine lange Periode des Exportreichtums, dessen Höhepunkt vor dem Ersten Weltkrieg lag. Erst 1943 konnten nach schwerer Krise die alten Exportzahlen wieder erreicht werden. Nach Angaben des MAG wurden 1977 230 000 ha mit Kakaosträuchern bewirtschaftet, die eine Ernte von 70 000 t erbrachten. Der ha-Ertrag liegt bei 304 kg getrockneten Kakaos.(SENDIP, 1979, S. 26). SICK (1969) nennt für 1956 eine Anbaufläche

von 164 000 ha und einen Ernteertrag von 150 kg pro ha. In der Liste der
wichtigsten Erzeugerländer steht Ecuador 1980 an sechster Stelle (FOCHLER-
HAUKE, Hrsg., 1981).
Der Kakao ist in Ecuador kein Plantagenprodukt, er wurde 1977 auf 56 820
Klein- und Mittelbetrieben ("Fincas") angebaut. Der größte Teil des Kakaos
wird vor dem Export industriell aufbereitet und ergab so 1977 einen Export-
erlös von 185,7 Mio. US$ gegenüber 58,7 US$ für "cacao en grano" (Rohkakao).
Damit ist Kakao wieder das wichtigste agrarische Exportgut und hat den Kaffee
mit 160,2 Mio. US$ auf den zweiten Platz verdrängt.Die Banane hat schon 1976
den ersten Platz in der Exportstatistik der agrarischen Produkte Ecuadors
verloren. Mit einem Exportwert von 138,3 Mio. US$ steht sie nun an dritter
Stelle (s. WELTBANK 1979, S. 490). Nach RUMP (1968, S. 19) hatte die Banane
Anfang der sechziger Jahre einen Anteil an der Ausfuhr von 60%. Die Export-
abhängigkeit Ecuadors von nur einem Gut hat sich also inzwischen zu einer
Diversifizierung gewandelt.
1976 waren in der kakaoverarbeitenden Industrie ca. 2000 Arbeiter beschäftigt. Die 19 Betriebe liegen vorwiegend in den Hafenstädten Guayaquil und
Manta, vereinzelt auch in der Provinz Los Rios. Der größte Betrieb "La Universal S.A." in Guayaquil mit etwa 1000 Beschäftigten stellt auch Süßigkei-
ten für den nationalen Markt her, ebenso wie die Nestlé-Tochter "Indeca",
die den inländischen Markt beliefert, aber auch im Kakaoexport arbeitet.
Beide Firmen rösten auch Kaffee.
Die industrielle Verarbeitung des K a f f e e s ist trotz des wertmäßig
fast gleichen Anbauvolumens lange nicht so bedeutend wie beim Kakao. Im Jahre 1976 wurden in Ecuador 40 782 Tonnen Rohkaffee industriell veredelt, was
einem Materialwert von annähernd 51 Mio. US$ entsprach. 98 300 Pflanzer pro-
duzierten 1978 61 363 t für den Export und 18 181 t für den nationalen Verbrauch. Es ist in Ecuador eine Ausnahme, wenn sich ausländisches Kapital
(Rockefeller) in der Plantagenwirtschaft (hier Kaffee) betätigt. In der Liste der Welterzeuger steht Ecuador beim Kaffee an 15. Stelle (1980), bei den
Exporteuren 1979 schon an 12. Stelle (FOCHLER-HAUKE, Hrsg., 1981).
Verschiedene staatliche Bemühungen, wie die Gründung eines "Banco Cafetero
del Ecuador" in Portoviejo, sollen die ecuadorianischen Pflanzer wettbewerbs-
fähig halten. Unverkennbar ist ein großes Technologiedefizit bei der Kaffee-

röstung (1). So mußte sich der ecuadorianische Kaffee einer starken kolumbianischen Konkurrenz von geschmuggeltem löslichen Kaffee erwehren. Inzwischen hat sich eine kolumbianische Firma (300 Beschäftigte) unter Beteiligung ecuadorianischen Kapitals in der Provinz Manabí niedergelassen, um mit eigener Technologie ecuadorianischen Kaffee aufzubereiten. Die Standorte der kaffeeverarbeitenden Industrien sind mit den drei Ausnahmen in Quito (dort insgesamt 170 Beschäftigte) rohstoffnah orientiert: In Guayaquil arbeiten drei Firmen vorwiegend für den nationalen Verbrauch und zwölf weitere für den Export. In Manta sind drei exportorientierte Firmen angesiedelt, eine davon mit fast 400 Beschäftigten.

Insgesamt gab es 1976 34 Unternehmen mit 974 Beschäftigten, die Tee, aromatische Gewürze, Suppen, Stärke, Salz, Pudding etc. herstellten. Entsprechend dieser Vielfalt sind sie vorwiegend in Marktnähe, aber wie die Teeindustrie auch in Rohstoffnähe angesiedelt. In den Salzgärten von Salinas wird Salz abgebaut.

Nur wenige tropische Produkte lassen sich industriell so wenig verarbeiten wie die Banane. Es wurde zwar immer wieder versucht, sie einer industriellen Verwertung zuzuführen, jedoch blieben die Ergebnisse bescheiden. Aus den reifen Früchten können Trockenbananen, Bananenchips, Bananenpüree, Banananflakes und Bananenpulver, aus den nicht ausgereiften Pasten, Essig, Alkoholika und Essenzen hergestellt werden. Nach RUMP gab es 1965 zwölf Trockenanlagen mit einer Tageskapazität von ein bis zwei Tonnen zur Herstellung von Trockenbananen. Das Produkt scheint sich auf dem Markt nicht durchsetzen zu können, denn 1976 wurden nur 924,5 t hergestellt. Des weiteren wurden 1965 342,3 t Bananenflakes produziert. Auch die Produktion von Bananenmehl erreichte 1976 nur einen Wert von 10 000 US$. Der Weiterverarbeitung des drittwichtigsten Agrarerzeugnisses von Ecuador sind also enge Grenzen gesetzt.

Der größte Teil der 37 Betriebe, die 1976 a l k o h o l i s c h e G e t r ä n k e herstellten, waren Kleinbetriebe (insgesamt 777 Beschäftigte, davon zehn Weinkeltereien mit 131 Arbeitnehmern). Meist wurde beim Weinmost nur Importware abgefüllt, denn die nationale Qualität läßt zu wünschen übrig.

---

(1) Der Präsident einer Handelskammer einer klassischen Anbauprovinz kritisierte in einem Gespräch mit dem Verfasser heftig die schlechte Aufbereitung des ecuadorianischen Kaffees und schob dies auf das mangelnde Interesse der Fabrikanten.

Bei gleichzeitig enormen Importen wurden in Ecuador erhebliche Mengen von
Alkoholika hergestellt. Im Jahr 1976 belief sich die Produktion auf
101 329 hl Aguardiente (anishaltiger Zuckerrohrschnaps) und 21 235 hl Rum
und nationaler Whisky. Der schwarz gebrannte Schnaps ist nicht berücksichtigt.
1976 wurden in Ecuador 1 370 406 hl Bier gebraut. Es gibt zwei größere
B r a u e r e i g e s e l l s c h a f t e n, die miteinander durch die Eigentumsverhältnisse verflochten sind. Die Brauerei in Quito ("Cervecería Andina
S.A.") verlagerte den größten Teil der Produktion wegen des besseren Quell-
wassers und um der Enge der Großstadt zu entgehen nach Cumbayá, 20 km außerhalb Quitos. Eine Niederlage braut noch in Latacunga. Beide Brauereien haben
mit ihren verschiedenen Marken den Markt aufgeteilt. Die eine beliefert die
nördlichen Provinzen (Esmeraldas und die Sierraprovinzen bis südlich von Riobamba und den Oriente), Guayaquil ("Compañia de Cervezas Nacionales") den
Rest des Landes. Diese Aufteilung erklärt sich aus dem Biermonopol und den
Bemühungen, die Transportkosten so niedrig wie möglich zu halten. Im ganzen
Land wird das nach deutschen Lizenzen gebraute "Löwenbräu" vermarktet, das
seit seiner Einführung 1979 trotz erhöhtem Preis vom Verbraucher sehr gut
akzeptiert wurde. Die deutsche Braukunst hat in Ecuador Tradition (1).
Bei Machachî werden jährlich 350 000 hl Mineralwasser von ausgezeichneter
Qualität gefördert. In den beiden industriellen Zentren und in Cuenca entstanden Abfüllanlagen, die Erfrischungsgetränke wie Cola und Limonaden, teilweise nach nordamerikanischen Lizenzen herstellen. Diese Betriebe erreichen
Beschäftigtenzahlen von über 300. Der Getränkeausstoß ist fast doppelt so
hoch wie bei den Brauereien.
In Pichincha gibt es zwei größere t a b a k v e r a r b e i t e n d e Betriebe sowie einen kleineren in Cotopaxi. Neben einigen unbedeutenden nationalen Marken werden in Lizenz amerikanische Zigaretten hergestellt. Als Beispiel für ein modernes Unternehmen sei kurz die Firma "Tanasa" vorgestellt.
Sie wurde 1973 als Joint-Venture unter der Obhut des amerikanischen Tabak-
konzerns "Philip-Morris" gegründet. Das nationale Kapital ist auf 320 ecua-

---

(1) Vor dem Zweiten Weltkrieg existierten einige Brauereien mit deutschen
    Eigentümern, die wegen der Kriegsereignisse enteignet wurden. Nennens-
    wert sind die Gründungen von Dammer 1882 in Quito und von den beiden
    Brüdern Gross, die als Professoren am "Colegio de Artes y Oficios" in
    Quito lehrten, dort die Brauerei "Alemania" gründeten, aus der später die
    "Victoria" hervorging.

dorianische Aktionäre verteilt. Anlaß der Gründung war das Importverbot für
ausländische Zigaretten. Bei einem Wert der Produktionsanlagen von 90 Mio.
US$ wird ein Jahresumsatz von 52 Mio. US$ erzielt. Wegen der Zigarettensteu-
er ist "Tanasa" mit 26 Mio. US$ einer der größten Steuerzahler des Landes.
4 Milliarden Zigaretten beträgt die Jahresproduktion, wobei die Firma angab,
einen Marktanteil von etwa 70% zu behaupten. Die Produktion ist nahezu voll-
automatisch. Dennoch beschäftigte die Firma 1979 650 Personen. Stolz ist die
Firma auf ihre überdurchschnittlichen Lohnzahlungen, ihre Fortbildungsmaßnah-
men und auf sonstige Sozialleistungen, wie den Unterhalt eines Clubs und
der Kantine, wo es für alle Beschäftigten dasselbe Essen gibt. Von den jährlich 14 000 Tonnen Tabak wird die Hälfte importiert. Interessante Effekte
ergaben sich daraus für den Tabakanbau. Wichtigste Anbauzone ist Milagro
(Guayas), es folgen Esmeraldas, Quevedo und mit geringem Anbau Loja. Die Firma selbst unterhält keine eigenen Anbauflächen, sondern arbeitet mit 170 Ver-
tragspflanzern zusammen, die die Qualität des Tabaks von 14 angestellten
Agraringenieuren überprüfen lassen müssen. Der Samen wird diesen Pflanzern
zur Verfügung gestellt. Da für die dunklen Tabaksorten ein Jahreszeitenklima
Voraussetzung ist, das in Ecuador fehlt, muß der erforderliche Tabaktyp eingeführt werden. Das Klima beeinflußt die Produktion durch den langen Trock-
nungs- und Gärungsprozeß, der in Quito zwei Jahre dauert. Somit liegt Tabak
im Wert von 7 Mio. US$ auf Halde. Um den Trocknungsvorgang auf ein Jahr zu
verkürzen, soll in Durán (bei Guayaquil) ein Trockenlager und Aufbereitungs-
werk gebaut werden. Die Firma ist, obwohl darauf bedacht,die meisten Leistungen selbst durchzuführen, noch auf 70 Zulieferer angewiesen. Sie plant
ein eigenes Kraftwerk, um von der unsicheren Stromversorgung unabhängig zu
werden.
Die Standortbedürfnisse der Nahrungsmittel-, Getränke- und Tabakindustrie
(s. Tab. 9) weichen von denen anderer Industrien ab. So spielt die Verfügbarkeit von geeignetem Gelände nicht die übliche Rolle. Dem Faktor Wasser
kommt eine erhebliche Bedeutung zu. Überdurchschnittliche Relevanz hat die
Rohstoffnähe, ganz im Gegensatz zur Marktnähe. Die Erwartungen an den Staat
und an die Gemeinden sind höher als bei den anderen Industrien. Von untergeordneter Bedeutung sind das Vorhandensein geeigneter Gebäude, die Nähe zu
anderen Firmen oder die Transportfrage.
Beim Fertigungsprozeß sind halbautomatische und vollautomatische Produktions-

verfahren dominant. Der Flächenbedarf ist, auf die Arbeitskräfte bezogen, größer als bei der übrigen Industrie (87,3 m^2 pro Beschäftigten gegenüber 58,3 m^2 bei allen Industrien). Die Betriebe der Nahrungsmittelindustrie sind laut Umfrage im Schnitt fünf Jahre älter als der Durchschnitt. Schwierigkeiten liegen vorwiegend bei der Rohstoffversorgung, dem Absatz und bei Problemen mit den Produktionsanlagen.

2.5.2 Die Textilindustrie

Die traditionsreiche Textilindustrie mit 161 Betrieben und fast 14 000 Beschäftigten (1976) ist heute nach Beschäftigten immer noch die zweitwichtigste Industriebranche im Land. Sie wird nur bei der Wertschöpfung von der Chemischen Industrie übertroffen. Im Gegensatz zur Nahrungsmittelindustrie konzentriert sich diese Industrie, sieht man von Guayaquil ab, vorwiegend in den nördlichen Provinzen der Sierra, in Cuenca und Riobamba. Die ältesten heute noch existierenden Betriebe entstanden in den Zwanziger Jahren (1). Der Ausgang waren die Wollspinnereien um 1880. Einige Jahre später kam die Baumwollindustrie auf (Baumwolle aus Peru). Seide wurde trotz guter Bedingungen für den Maulbeerbaum in Ecuador nie verarbeitet. Die Impulse für die Textilindustrie gingen immer nur vom nationalen Kapital aus, sieht man von der Hutindustrie ab, in der Italiener die Pioniere waren. Flachs, der hier nur wegen der Körner angebaut wurde, war ebenfalls nie von Bedeutung für die Textilindustrie Ecuadors.

Nach einer Studie der UNIDO und CENDES vom Jahre 1976 ist die ecuadorianische Textilindustrie relativ gesund, obwohl sie in den letzten Jahren einer notwendigen Modernisierung unterworfen war. Durch diesen Wandel kam es allerdings zu einem Kapazitätsüberhang, der zu Lasten der nicht modernisierten Betriebe geht. Kennzeichnend ist der geringe Konzentrationsgrad der Produktionsstätten mit den damit verbundenen negativen Auswirkungen auf die Produktionskosten und die Kapazitätsauslastung, besonders der kleineren Betriebe. Der Maschinenpark an sich entspricht den Bedürfnissen. In der Baumwollverarbeitung ist er weniger modern als in der Wollaufbereitung.

---

(1) Vor einigen Jahren wurde der vor hundert Jahren gegründete Textilbetrieb Jijón aufgelöst. Dabei wurden Maschinen aus der Gründerzeit versteigert, die bis dato noch arbeiteten.

Die Situation bei den Primärmaterialien stellt sich folgendermaßen dar: In
den Jahren 1971 bis 1973 kam es zu einer Verknappung der Baumwolle, weshalb
von staatlicher Seite Anstrengungen unternommen wurden, um diesem Mißstand
abzuhelfen. 1974 wurde die Aussaat gesteigert und auch die Qualität verbessert, so daß seit langem wieder ein Exportüberschuß erzielt wurde. Die
Hauptanbaugebiete liegen in Guayas und Manabí, wo die baumwollverarbeitende
Industrie nur schwach vertreten ist. Langfasrige Baumwolle für Spinn- und
Nähgarn, bei dem es auf einen hohen Feinheitsgrad ankommt, muß immer noch
importiert werden. Sonst gilt die Faserqualität der nationalen Baumwolle als
akzeptabel, abgesehen von Noppen, die durch Klumpen und Unreinheiten entstehen. Dagegen ist die Wolle von geringer Qualität und nur für Teppiche
und sonstige grobe Gewebe geeignet. In den letzten Jahren nahm die Verbreitung von synthetischen Fasern stark zu. Bis 1976 mußten diese importiert
werden. Inzwischen haben einige Firmen im Land die Produktion aufgenommen.
Die Arbeitsproduktivität in der Textilindustrie ist trotz der beachtlichen
Tüchtigkeit der Arbeiter gering. Dies liegt an der schlechten Organisation
der Betriebe (CENDES - UNIDO 1976). Das Fehlen einer eigenen Technologie und
die mangelnde Ausbildung der Führungsspitzen macht sich schwerwiegend bemerk-
bar (1). Nach Meinung der Experten der UNIDO sind die kleineren Unternehmen
bei Färben und Appretur überfordert, weil diese umfangreiche Arbeit viel
Sorgfalt erfordert und sich nur in größeren Betrieben lohnt.
Die ecuadorianische Textilindustrie ist, je nach Subbranche bzw. Produktme-
thode zu 75% bis 83% auf Pichincha konzentriert. 70% der Beschäftigten arbeiten hier. Die größte Textilfabrik "La Internacional" hatte 1978 etwa 1800 Beschäftigte und war damit der bedeutendste industrielle Arbeitgeber des Landes. 1975 gab es in Ecuador 26 Spinnereien mit einer installierten Kapazität
von 158 073 Spindeln. Nur drei der Betriebe hatten mehr als 10 000 Spindeln.
Allgemein gilt, daß nur Einheiten mit mehr als 13 000 Spindeln wirtschaftlich
arbeiten können. 91,6% der installierten Spindeln arbeiteten 1975 für die
Weiterverarbeitung im eigenen Haus, nur 6,25% für den Markt. Eine Firma (2,15%)
stellte ausschließlich Nähgarn her.

---

(1) Es mag daran liegen, daß bewährte Kräfte gelegentlich bis zur Überfor-
    derung befördert werden. Wie andernorts dargelegt, haben die Führungs-
    kräfte den größten Teil ihres Wissens in der Praxis erworben. Die Folge
    ist ein Theoriedefizit, das sich in besonderen Situationen bemerkbar
    macht.

Nach Auskunft der Studie läßt die bauliche Substanz der Betriebe zu wünschen
übrig. So weisen einige Gebäude, die ursprünglich für andere Zwecke errichtet
worden waren, interne Höhenunterschiede auf, was eine rationelle Produktionsweise verhindert.
Im Vergleich zu den Spinnereien sind die Strickereien nicht ganz so extrem
in Pichincha konzentriert. In Otavalo, Atuntaqui und Cuenca haben sich Genos-
senschaften gebildet. In Otavalo zum Beispiel besitzen 50 Familien je eine
Strickmaschine. Anfang der 70er Jahre modernisierten die Strickereien. Auch
bei den Webstühlen ist der Modernisierungsgrad hoch. 1975 lag die Auslastung
der Betriebe zwischen 53-85%. Für die nicht immer befriedigende Auftragslage
wird auch das unzureichende Design der Produkte verantwortlich gemacht.

Die Betrachtung der spezifischen Standortanforderungen der Textilindustrie
ergab nach Auswertung der 20 befragten Betriebe folgendes Bild: Eine ganz
überragende Bedeutung hatte für alle Betriebe das Vorhandensein von geeignetem Gelände (Wert 2,00). Auch dem Faktor "geeignetes Gebäude" wurde mit 1,31
weit überdurchschnittliche Relevanz zugebilligt. Höheren Stellenwert im Vergleich zur Gesamtindustrie hatte der Faktor "billige Arbeitskräfte". Die
Standortfaktoren "Rohstoffnähe", "Marktnähe", "Energie- und Wasserversorgung"
blieben erheblich unter den Durchschnittswerten.
Der Flächenbedarf mit 41 m^2 pro Beschäftigten ist gegenüber dem Mittel von
58 m^2 unterdurchschnittlich. 63% der Betriebe nannten halbautomatische Produktion und 10% vollautomatische Produktionsweise, 5% Fließbandherstellung.
Die Probleme werden besonders häufig im Fehlen von qualifizierten Arbeitern
sowie in Technologieschwierigkeiten gesehen. Hingegen wurden Materialbezug
mit 10% und Absatzprobleme mit 25% im Vergleich zu den anderen Industrien
als unbedeutend gewertet.

2.5.3 Die Bekleidungs-, Schuh- und Lederindustrie

Die Bekleidungsindustrie ist in Ecuador nur schwach entwickelt. Das Handwerk
hat eine starke Basis in dieser Branche. In 71 Betrieben wurden 1976 nur
1792 Beschäftigte gezählt. Dieser Industriezweig ist also kleinstrukturiert.
Die Arbeitsplätze verteilten sich zu 60% auf Quito, 21% auf Guayaquil und
19% auf Imbabura.
Die lange Zeit wichtige S t r o h h u t h e r s t e l l u n g mußte einen

erheblichen Bedeutungsverlust hinnehmen (Panamá-Hüte deshalb, weil sie dort
an Durchreisende verkauft wurden). Im Jahre 1950 waren z.B. in Azuay und
Cañar in diesem Gewerbe 47 280 Personen, meist in Heimarbeit, tätig. Aufgrund
des Modewechsels und der Konkurrenz anderer Märkte ging diese Zahl 1961 auf
5000 zurück.

Für die L e d e r - und S c h u h i n d u s t r i e liegen nicht genügend
Antworten vor, um eine Analyse der Befragungsergebnisse vornehmen zu können.
Die Lederindustrie (ohne Schuhe) ist in ihrer räumlichen Verteilung eine Ausnahme, da sie zu 69% ihre Standorte in den schwach industrialisierten Provinzen einnimmt. 406 von insgesamt 851 Beschäftigten waren in zehn Betrieben
in Ambato tätig. Es folgt Azuay mit zwei Betrieben und 172 Beschäftigten,
erst an dritter Stelle Pichincha mit 154 Beschäftigten in vier Unternehmen.
Eine Erklärung für die Bevorzugung von ländlichen Räumen durch die Lederindustrie ist nicht einfach, denn Azuay und Tungurahua haben weder hohen
Viehbesatz noch befinden sich dort bedeutende Schlachthöfe. In Azuay wurde
eine größere Gerberei mit über 100 Beschäftigten von einer italienischen In-
dustriellenfamilie gegründet. Daraus entwickelten sich jedoch keine größeren
Aktivitäten in der Weiterverarbeitung von Leder. In Ambato hat sich eine Tradition in diesem Gewerbe entwickelt. Die Stadt liegt zwischen den Provinzen
Cotopaxi und Chimborazo, von wo die Häute in erster Linie geliefert werden.
Den 787 industriellen Arbeitsplätzen in den Gerbereien stehen nur 64 in der
lederverarbeitenden Industrie (außer Schuhe) gegenüber. In Quito spielt die
Taschenherstellung eine bescheidene Rolle. Handwerkliche Produktion (Cotacachi) einerseits und die große kolumbianische Konkurrenz andererseits sind
eine partielle Erklärung für die geringe Bedeutung der Lederindustrie.
Eindeutiges Zentrum der Schuhherstellung ist Quito, wo 1976 96% der Beschäftigten tätig waren. Abgesehen von einem Betrieb mit 220 Arbeitnehmern
sind lediglich noch zwei Mittelbetriebe zu nennen. 1976 wurden nur 300 000
Paar Schuhe industriell gefertigt. Das bedeutet für jeden 25. Ecuadorianer
ein Paar. Erklärbar wird dies durch die wichtige Rolle des Handwerks und der
Schuhimporte aus Kolumbien und Italien und die Verbreitung von Plastikschuhen
in weiten Teilen der Bevölkerung. Der ecuadorianische Verband der Schuhma-
cher und Lederhandwerker (FECU) protestierte gegen die Gründung einer geplanten Schuhfabrik, da diese das Handwerk zerstören und somit eine Existenz-
gefährdung für 10 000 Handwerker darstellen würde.

2.5.4 Die holzverarbeitende und Möbelindustrie

In Anbetracht der riesigen Waldgebiete und ihres Artenreichtums hat die ecuadorianische Industrie ihre Möglichkeiten noch nicht annähernd ausgeschöpft.
96 Betriebe (1976) der holzverarbeitenden und Möbelindustrie beschäftigten
4858 Arbeitnehmer. Rohstoffern und marktnah liegen zwei größere Sägewerke in
Quito mit über 200 Beschäftigten. Das Holz wird aus den Orienteprovinzen und
dem waldreichen Nordwesten umständlich über zum Teil schlechte Straßen auf
LKWs befördert. Oft kaufen diese Firmen ganze Holzbestände von zu rodenden
Kolonisationsprojekten auf und nehmen durch eigene Arbeiter das Abholzen vor.
Eine andere Form der Holzbeschaffung läuft über die sogenannten Intermedia-
rios, die den Ster für 30 Sucres im Oriente aufkaufen und per Lastwagen nach
Quito bringen. Oft sind die Siedler des IERAC (1) gezwungen, die Bäume ohne
ökologische Rücksichtnahmen zu fällen, um so bis zur ersten Ernte finanziell
überleben zu können. Die "oficinas de control", die den Holzschlag überwa-
chen sollten, sind personell zu schwach besetzt, um die riesigen Landflächen
zu kontrollieren. Nach Angaben von MAG wurden pro Jahr 275 000 Festmeter
Holz unter staatlicher Kontrolle geschlagen und in 350 Sägewerken verarbeitet. Neben den tropischen Harthölzern wird in zweiter Linie Eukalyptus aus
der Sierra verarbeitet , der allerdings bei 400 - 600 Sucres pro Festmeter
sehr teuer ist. Eukalyptus, ein wertloses Holz, wurde 1865 von Australien
eingeführt (SICK 1963, S. 141) und ist inzwischen die wichtigste Baumart des
innerandinen Beckens.
Die ecuadorianische Forstpolitik verdient Kritik, da die Ausbeutung der
Tieflandwälder de facto auf Raubbau basiert mit all seinen ökologischen und
ökonomischen Folgen. Zwar sah das staatliche Wiederaufforstungsprogramm für
das Jahr 1980 in Ecuador einen Zuwachs von 46 716 ha mit einem Kostenaufwand von 747 Mio. Sucres vor, jedoch wurden in den Jahren 1972 - 1977 nur
durchschnittlich 4215 ha pro Jahr mit etwa 800 000 Pflanzen bestückt (SEN-
DIP 1979).
Besonders in der Provinz Esmeraldas wird die Rodung linienhaft an Flüssen
und der Eisenbahnlinie vorgenommen. ACOSTA SOLIS (1970) bemängelte folgende
Fehler der Vergangenheit:

---

(1) Instituto Ecuatoriano de Reforma Agraria y Colonización

1.) Die Vielfalt der Hölzer wurde nicht zweckentsprechend genutzt. Inzwischen werden die feineren Hölzer exportiert oder der heimischen Möbelindustrie zugeführt. Die harten Hölzer dienen der Bauwirtschaft oder als Eisenbahnschwellen, die weicheren und schwächeren Hölzer werden oft von einzelnen Familien zu Obstkisten zusammengenagelt, die Abfälle verarbeiten Köhler zu Holzkohle.Der Artenreichtum soll in der Zone bei San Lorenzo und im Tal des Rio Santiago in der Höhe zwischen 0 - 200 m über 320 Bäume und Sträucher pro ha betragen, von denen ein großer Teil nicht klassifizierbar war. Durch das Nichterkennen der spezifischen Eigenschaften werden die Hölzer falsch verarbeitet.

2.) Oft wird nur eine Spezies gesucht und geschlagen, die dann zu verschwinden droht.

3.) Schlimmer sind die Aktivitäten der Colonos, die nur auf Rodung abzielen und nicht nur den Wald, sondern auch Mikroorganismen und Fauna zerstören.

Der größte holzverarbeitende Betrieb liegt rohstoffnah in der Provinz Esmeraldas. Es handelt sich um ein gemischtstaatliches Unternehmen mit etwa 400 Beschäftigten, das Furnierholz exportiert. Angeblich gab es wegen der Rodung durch die Firma Schwierigkeiten mit den zivilisationsfernen Tieflandindianern vom Stamme der Cayapas. Ob der Konflikt beigelegt ist und wenn ja auf welche Weise, ist dem Verfasser nicht bekannt. Ironischerweise trägt das Unternehmen den Namen dieses Stammes als Firmennamen.
Exportorientiert ist auch die in der Stadt Esmeraldas ansässige Firma "Codesa", die Furnierplatten nach Kolumbien und Venezuela verkauft. Das Kapital stammt von Geschäftsleuten aus Quito. Die vermögenden Leute aus Esmeraldas sind nach Auskunft des Gerente General nicht gewillt, größere Industrieinvestitionen vorzunehmen. Das Holz wird teilweise durch Flöße in Fabriknähe gebracht. Die Firma beschäftigt eigene Forstfachleute, die sich um die gesetzlichen Auflagen der Wiederaufforstung kümmern sollen. Nicht alle Firmen kommen diesen Vorschriften nach. Der Ort San Lorenzo, der 1957 durch einen abenteuerlich anmutenden Schienenbus über Ibarra erschlossen wurde und ansonsten nur über See zu erreichen ist, lebt fast ausschließlich von der Holzwirtschaft. Einige größere Betriebe haben sich an diesem rohstoffnahen, aber transportkostenungünstigen Standort angesiedelt. Nur die Flüsse vereinfachen den Transport zu den Sägewerken.

Eine Belebung verspricht sich die Holzindustrie durch die im Abkommen von Cartagena vorgesehene Verwendung von Bauholz für Billigwohnungen, die für einkommensschwache Bevölkerungskreise gebaut werden sollen (COMERCIO vom 1.1.1980). Von Guayaquil aus exportieren einige Firman Balsaholz. Eines dieser Unternehmen, die "Elaboradora Balsera Germano-Ecuatoriana" verarbeitet Balsa zu Leisten und Brettchen für das deutsche Stammhaus, das Modellflugzeuge herstellt. Versorgt wird das Unternehmen von einer Reihe von Zulieferern, meist kleineren Sägewerken. Diese kleinen Firmen "folgen dem Holz", sind mobil und haben also ephemeren Charakter. Vor einigen Jahren war es noch möglich, Balsaholz per Floß über den Río Babahoyo zu verschiffen, heute müssen diese Kleinbetriebe wesentlich mehr im Norden, zwischen Manta und Esmeraldas schlagen. Eine Aufforstung von Balsaholz erfolgt nicht. Trotzdem hat sich der Preis nur unwesentlich erhöht (in den letzten vier Jahren um 25%). Die Firma muß hohe Qualitätsansprüche an Härte und Faserung stellen. Das Holz wird in halbautomatischen Trockenanlagen eine Woche lang getrocknet. Danach wird das Holz in der gewünschten Größe zugeschnitten. In Zukunft sollen in dem Betrieb auch einfache Modellflugzeugsysteme zusammengesetzt werden. Dies wäre ein weiterer Schritt hin zur entwicklungspolitisch gewünschten Weiterverarbeitung ecuadorianischer Rohstoffe. Vor einigen Jahren noch wurde das Balsaholz erst in Europa aufbereitet.

In der M ö b e l i n d u s t r i e waren 1976 1382 Erwerbstätige in 32 Betrieben beschäftigt (17 Betriebe mit 837 Beschäftigten in Pichincha). Einzelmöbel, Büromobilar, Eßzimmer, Wohnzimmer, Matratzen sind die Hauptprodukte, die an die aufsteigende Mittelschicht verkauft werden. In Einzelfällen werden Louis-Quinze-Möbel in die USA exportiert. Die größte Möbelfabrik ist marktfern in Cuenca angesiedelt, denn sie beliefert ganz Ecuador. Eine untergeordnete Bedeutung hat die Möbelindustrie in Guayaquil. In Machala ist ein Kleinbetrieb ansässig. Die Möbelindustrie kann bei steigender Nachfrage und der günstigen Rohstofflage weiter expandieren, wobei dem Design noch mehr Aufmerksamkeit gewidmet werden müßte.

Betrachtet man die Standortwünsche der holzverarbeitenden und Möbelindustrie (hier nur auf der Grundlage von 15 Betrieben), so fällt auf, daß die Faktoren "Verfügbarkeit von Grund und Boden", von "Wasser" und vor allem die "Marktnähe" von unterdurchschnittlichem Gewicht sind. Hingegen mißt man den

Vergünstigungen von Seiten des Staates (die zweifelsohne bei den Betrieben
in Esmeraldas bedeutsam sind) eine weitaus größere Relevanz zu als in anderen Industriezweigen. Auch Umweltgründe (Lärm) und Beziehungen zu einer
Stadt wurden genannt. Rohstoffnähe wurde zwar häufiger angeführt, nicht jedoch in dem Umfang, wie man dies bei Holz erwarten würde.

2.5.5 Die Papierindustrie

Die Importabhängigkeit dieses Industriezweiges ist auffällig hoch. Noch 1963
betrug die Einfuhr von Rohstoff- und Zwischengütern 97,2%, 1976 hat sie sich
auf 80,6% verringert. Der Zwang, langfasriges Holz (für Zeitungspapier) einzuführen, das im tropischen Klima nicht wächst, erklärt dies zum Teil.
Die Papierproduktion wurde 1976 in vier Betrieben mit 930 Beschäftigten vorgenommen. Inzwischen hat dieser Industriezweig weiter stark expandiert. Das
größte Unternehmen dieser Branche ist "La Reforma", das 1905 gegründet wurde
und neben Schreibpapier und Schulheften Hygienepapier und Servietten herstellt. 1968 wurde in der Provinz Los Rîos ein weiteres Werk dieser Firma gebaut, das 1979 etwa 260 Beschäftigte hatte. Entscheidend für den Standort
74 km von Guayaquil ist die Verfügbarkeit von Wasser. In drei Schichten werden Papiertücher (15 Tonnen) und 40 t schweres bzw. 80 t leichtes Papier
hergestellt. Die Fabrik verfügt über eine eigene Stromerzeugung mit 3500 KW.
Drei Quellen spenden insgesamt 15 000 l pro Minute und sichern die Wasserversorgung. Der Bezug des Materials und der Ersatzteile erfolgt zu 10% aus
der Provinz Los Rîos, zu 40% aus Guayaquil und der Rest aus dem Ausland. 55%
des verwendeten Rohstoffes ist Holz und kommt zum größten Teil auch aus der
Provinz Los Rîos, 35% sind Altpapier und 10% Zellstoff, die importiert werden.
Der Bananenexport stimulierte die Kartonagenfabriken in Ecuador. Die Firma
"Manufacturas de Carton S.A." produziert für die Bananenprovinz El Oro, die
"Industria Cartonera Ecuatoriana" und die mit modernsten vollautomatischen
Anlagen arbeitende "Procarsa" fertigen in der Nähe des Puerto Nuevo in Guayaquil. Letztere kommt durch die geplante Verlagerung nach Durân den Bananen-
pflanzern von Los Rîos und Guayas näher. Ihre Zellstoffe bezieht sie wegen
des halben Preises statt aus Ecuador aus den USA und Kanada. Die großen Kli-
maunterschiede stellen hohe Anforderungen an den Karton.

Die "Papelería Nacional" arbeitet mit der in Lateinamerika entwickelten Technologie, Zuckerrohrbagasse als Rohstoff zu verwenden (1). Diese Abfall-produkte werden von der "Ingenio San Carlos", die demselben Eigentümer ge-hört, aus unmittelbarer Nachbarschaft bezogen. Insgesamt wurden 1976 63,8 Mio. Kartons vorwiegend für den Bananenexport hergestellt. In Quito, dem zweitwichtigsten Standort der Papierindustrie, werden andere Verpackungs-materialien hergestellt. Sonstige Papierprodukte sind Tapeten, Schulhefte, Kalender, Scherzartikel usw. In Guayas waren 1976 16 Betriebe mit 1262 Be-schäftigten, in Pichincha fünf Unternehmen mit 506 Erwerbstätigen, in Los Ríos 307 Beschäftigte, in El Oro 162 Beschäftigte in jeweils einem Betrieb registriert. Die Industrien sind sowohl rohstoff- (teilweise in der Nähe der anfallenden Zuckerrohrbagasse) als auch verbraucherorientiert. Letzteres gilt für die Bananenkartonproduktion in Machala und Guayaquil ebenso wie für die Erzeuger anderer Papierprodukte, die sich in Guayaquil und Quito nieder-gelassen haben.

2.5.6 Die Druckereiindustrie

Die Druckereibetriebe sind in der Regel Kleinunternehmen und weisen nur ver-einzelt mehr als 50 Beschäftigte auf. In den insgesamt 121 Druckereien ar-beiteten 1976 3516 Personen. Die größten gehören den Zeitungs- und Zeit-schriftenverlagen. Bücher werden in Ecuador sehr wenig gedruckt, vielmehr aus Mexiko, Kolumbien, Argentinien oder Spanien importiert. Da viele Pro-vinzstädte Wert auf eine eigene Zeitung legen, ist die Branche in zehn Städ-ten vertreten. In Guayaquil arbeiteten in 61 Druckereien 1950 Beschäftigte, in Quito 1170 in 38 Betrieben. Alle Druckereien außerhalb Quitos und Guaya-quils haben eine durchschnittliche Betriebsgröße von 18 Beschäftigten, was fast handwerklichen Dimensionen entspricht (2).

---

(1) Ein Experte äußerte sich negativ zu dem Verfahren. Er zweifelte die Qualität an und sah ein Problem in dem Sand, der sich häufig in den Walzen verfangen würde, so daß diese öfter ausgewechselt werden mußten.

(2) Auf eine Interpretation der Ergebnisse der Papierindustrie und der Druckereien wird verzichtet, da von der ersten Branche acht und von der zweiten nur neun Fragebögen vorlagen. Eine gemeinsame Auswertung wurde vorgenommen und teilweise hier publiziert.

2.5.7 Chemische und Gummiindustrie

Keine der bisher beschriebenen Branchen ist so heterogen wie die Chemische
Industrie, die von der Seifenherstellung und Kerzenproduktion bis hin zur
Kunstfaser und Petrochemie ein breites Spektrum umfaßt. Auch ist kein anderer Industriezweig so stark mit Namen der internationalen Konzerne, vor allem der Pharmaindustrie, durchsetzt.
In den Jahren 1963 - 1976 erzielte die Chemische Industrie eine Vervierfa-
chung der Wertschöpfung, bei einer Verdoppelung der Beschäftigtenzahl. Die
Importabhängigkeit bei Rohstoffen und Zwischenprodukten wuchs im selben Zeitraum von 69,3% auf 77,6%. Diversifizierung und Produktionszuwachs bedeuten
zunächst also nicht immer eine Entlastung der Handelsbilanz.
1976 stellten nur sieben Betriebe mit 240 Beschäftigten C h e m i s c h e
S u b s t a n z e n (außer Dünger) her. Inzwischen hat sich dieser Zweig
stark ausgeweitet, da man von Importen unabhängiger werden möchte. Allein in
Quito gibt es 20 Chemiebetriebe. Im Abkommen von Cartagena wird die Herstellung von Sorbit, Acetylsalicylsäure sowie Salicylsäure und deren Derivate
Ecuador zugeordnet. Ursprünglich war auch die Produktion von Butoxydpiperonyl
vorgesehen, doch die Monopolstellung Brasiliens, das über die Grundstoffe
verfügt und der kleine Andenmarkt ließen es ratsam erscheinen, von diesen
Plänen Abstand zu nehmen. Schwerpunkte der chemische Substanzen herstellenden
Industrie waren 1976 zu gleichen Teilen Quito und Guayaquil.
Auch bei der D ü n g e m i t t e l i n d u s t r i e waren die fünf Betriebe auf Quito und Guayas (zusammen 82% der Beschäftigten) aufgeteilt.
Die staatliche Firma "Abonos Del Estado", die auf der Ariden-Halbinsel Santa
Elena Dünger aus phosphatischem Gestein, Gips, Kalk und Müll herstellt, wähl-
te ihren Standort in Rohstoffnähe und wegen der Umweltbelastung in Siedlungs-
ferne. Auch bei "Fertisa" hat sich der Staat engagiert. In der Nähe des Hafens von Guayaquil stellt diese Firma neben Düngemitteln auch Schwefelsäure
her. Großen Bedarf an Dünger haben vor allen Dingen die Pflanzungen der
Costa. Aufgrund der Erdgasvorkommen im Golf von Guayaquil soll eine große
chemische Anlage zur Düngererzeugung bei Puerto Bolivar entstehen.
Toilettenartikel und Reinigungsmittel werden meist in kleineren Betrieben
hergestellt, die 1976 durchschnittlich nur 36 Beschäftigte zählten. Auch
hier ist Guayaquil der wichtigste Standort mit 71% der Beschäftigten.

Die Produktion von s y n t h e t i s c h e m H a r z und K u n s t -
f a s e r n nahm in den letzten Jahren nach der Gründung der Kunstfaser-
fabrik "Enkador" in Quito (280 Beschäftigte) und "Polîmeros" in Guayaquil
(320 Beschäftigte) erheblich zu. In Quito werden Polyesterharze, in Guayaquil
in drei Betrieben ebenfalls Kunstharze hergestellt.

Die zehn Betriebe mit 317 Beschäftigten, die 1976 F a r b e n , F i r n i s -
s e und L a c k e produzierten, verteilten sich zu zwei Dritteln auf
Guayaquil und zu einem Drittel auf Quito. Nur ein quiteñer Betrieb hat inzwischen mehr als 100 Beschäftigte.

An sogenannten s o n s t i g e n c h e m i s c h e n Produkten werden
Klebstoffe, Desinfektionsmittel, Autowaschmittel, Sprengstoffe hergestellt.
Keine Sparte der Chemischen Industrie hat eine so breite Verteilung (Pichin-
cha 63% der Beschäftigten, Guayas 17%, Tungurahua 12%, Azuay 6%, Loja 1%).
Insgesamt 554 Beschäftigte arbeiteten 1976 in 23 Betrieben.

Von den bei der Industriekammer von Pichincha registrierten 21 p h a r m a -
z e u t i s c h e n Betrieben (1656 Beschäftigte) gehören 15 zu ausländischen Konzernen. Die nationale Repräsentanz ist in Guayaquil wesentlich grös-
ser. Wie erwähnt (Kap. 2.2), ziehen Ausländer Quito als Standort vor. Trotzdem waren 57% der Beschäftigten der Pharmaindustrie in der Provinz Guayas
tätig, gegenüber 40% in Quito. Die Perspektiven der Branche haben sich verschlechtert, denn trotz heftigen Widerstandes der Pharmaindustrie wurde das
Gesetz über das Verbot von Medikamentenimport, das die Militärs zur Industrieförderung erlassen hatten, gelockert. Die ursprüngliche Absicht, die
internationalen Konzerne zur Produktion im Lande zu zwingen, um Devisen zu
sparen und Arbeitsplätze zu schaffen, wurde mit dem Argument aufgegeben, daß
Medikamentenimport billiger sei. Dieser radikale Wandel kann als Beispiel
für die mangelnde Kontinuität der Industrieplanung gelten. Da ein Investor
nie sicher sein kann, ob die Voraussetzungen, unter denen er ein Vorhaben
durchführt, in einigen Jahren noch Gültigkeit haben, wird er es vorziehen,
sein Geld außerhalb der Industrie risikoloser festzulegen.
Für einige deutsche Pharmafirmen war, aufgrund des begrenzten Marktes, die
Einrichtung einer eigenen Produktionsstätte zunächst nicht wirtschaftlich.
Dann gründeten fünf Unternehmen (Schering, Bayer, Knoll, Boehringer-Ingel-
heim, Nattermann) zusammen eine kleine Produktionsstätte in der Nähe von

Quito. Die Schering AG betreibt auch eine Versuchsstation ("Schering-Farm"),
wo versucht wird, aus den Früchten der Pflanze Solanum Marginatum Grundstoffe für die Herstellung von Hormonen zu erhalten (WITZENHAUSEN u.
ROMMEL, 1980). Das Unternehmen ist in seiner Art einmalig in Lateinamerika.

Erheblichen Umfang hat die P l a s t i k i n d u s t r i e. 3200 Beschäftigte verteilten sich zu 72% auf Guayaquil und zu 25% auf Quito. Zwei der
Betriebe in Guayaquil zählen jeweils über 400 Mitarbeiter (Produkte: Pla-
stikröhren für die Wasserversorgung, Plastikschuhe, Verpackungsmaterial,
Plastiktüten etc.). Die Importe der insgesamt 68 Betriebe sind fast halb so
hoch wie der gesamte Produktionswert.

Bei der Sparte K a u t s c h u k p r o d u k t e ist an erster Stelle
die Reifenherstellung zu nennen (acht Betriebe, 604 Beschäftigte). Im neuen
Industriepark von Cuenca, dem Zentrum der Reifenproduktion, wird von ca. 500
Beschäftigten mit modernsten Produktionsverfahren unter nordamerikanischer
Beteiligung der größte Teil der ecuadorianischen Nachfrage gedeckt. Die Fir-
ma hat Filialen in Quito und Guayaquil, wo auch Ventile hergestellt werden.
Ein Betrieb, der in Guayaquil Reifen produziert, trug sich mit Verlagerungs-
plänen nach Riobamba, in der Erwartung, von dem ursprünglich geplanten
Volkswagenwerk profitieren zu können. Naturkautschuk wird zu einem Drittel
verwendet, wovon allerdings nur 15% ecuadorianischer Provenienz sind (vorwiegend in der Provinz Esmeraldas gesammelt).
Die Ecuadorian Rubber Company unterstützt Pflanzer an der Straße zwischen
Santo Domingo und Quinindé beim Anbau der Hevea Brasiliensis. Die staatliche
Versuchsanstalt von INIAP bei Quevedo bemüht sich um das Ansiedeln von Kau-
tschukpflanzen am Fuß der Westkordilleren.
229 Beschäftigte stellen in zehn weiteren Betrieben andere Kautschukartikel
her wie Gummistiefel, Gummischläuche usw. Die Hälfte dieser Industrie ist
in der Provinz Tungurahua ansässig.
Aufgrund der hervorragenden Rohstofflage wäre eine größere industrielle
Produktion von p e t r o c h e m i s c h e n E r z e u g n i s s e n naheliegend. Größere Investitionsvorhaben scheiterten bisher am gigantischen Ka-
pitalbedarf, der die finanziellen Möglichkeiten Ecuadors überschreiten würde.
1976 gab es nur auf der Halbinsel Santa Elena zwei kleinere Raffinerien. Sie
mußten inzwischen modernisiert werden. In Esmeraldas hat eine moderne, 1977

von Japanern errichtete Raffinerie (siehe Kap. 4.2) den Betrieb aufgenommen. Sie wird über eine Pipeline von den Ölfeldern bei Lago Agrio versorgt. Die gesamte Tageskapazität aller Raffinerien einschließlich der kleinen Anlage in Lago Agrio beträgt 101 600 brl pro Tag (Tab. 17) (1).

TABELLE 17: RAFFINERIEKAPAZITÄT UND PRODUKTE
(Barrels pro Tag)

	Gulf Raffinerie Santa Elena	Anglo Raffinerie Santa Elena	Texaco Raffinerie Lago Agrio	CEPE- Raffinerie Esmeraldas
Superbenzin	2 740	13 770	113	18 000
Gewöhnl. Benzin	684	3 442	307	
Kerex	1 408	6 704		
Diesel	1 336	7 168		8 500
Rückstände	1 832	5 916	528	2 600
Flugzeugbenzin			52	1 500
Leichtöl				4 800
Schweröl				16 800
Asphalt				1 200
LPG				2 200
Raf. Kapazität	8 000	37 000	1 000	55 600

Quelle: Banco Central, Boletín Estadístico No. 026.

Maßgebend für die Standortwahl der Raffinerie in Esmeraldas waren laut Auskunft der Leitung von CEPE Transportkostengründe und Argumente der nationalen Sicherheit. Die kleine Anlage in Lago Agrio soll nur den Markt im Oriente versorgen. Die Anlagen auf Santa Elena verdanken ihre Existenz den dortigen

(1) Ecuador hatte 1979 eine Raffineriekapazität von 4,34 Mio. t p.a. Im Vergleich hierzu Venezuela 72 Mio. t p.a. (zwölf Raffinerien) und Bundesrepublik Deutschland 154 Mio. t p.a.

(nun fast erschöpften) Vorkommen, der Hafennähe und der unmittelbaren Nachbarschaft Guayaquils. Die Nähe des Hafens ist insofern von Bedeutung, als ein großer Teil des dort zu verarbeitenden Öls von Balao (Esmeraldas) nach Santa Elena verschifft werden muß. Das bis vor kurzem noch bei der Förderung in Shushufindi abgefackelte Erdgas wird über eine Pipeline nach Quito transportiert.

Die Weiterverarbeitung der Raffinerieprodukte steht noch in den Anfängen. 1976 bestanden nur vier Betriebe mit 77 Beschäftigten, alle in Guayas angesiedelt. Es wurden in erster Linie Schmieröle, Asphalt, Bremsflüssigkeiten und Schmierfett erzeugt. Ursprünglich sollte in Esmeraldas eine großangelegte petrochemische Industrie mit einem Kostenaufwand von 1,5 Mrd. US$ (1973 geschätzt) entstehen. 18 verschiedene Produktionsanlagen hätten 5000 Arbeitsplätze geschaffen und 300 000 t Äthylen, 70 000 t Propylen, 50 000 t Butadien, 140 000 t Benzol und 20 000 t Xylol erzeugt. Diese Stoffe werden für die Polyäthylen- und PVC-Herstellung benötigt und sind Grundstoffe für Kunstfaser und synthetischen Kautschuk. Die Pläne mußten wegen des hohen Kapitalbedarfs und der noch ungeklärten Absatzmöglichkeiten vorläufig zu den Akten gelegt werden.

Aus dem Dargelegten wird deutlich, daß es nur wenige Verbindungen vom Erdölsektor zu den übrigen Industrien gibt. Lediglich die Raffinerie in Esmeraldas konnte bescheidene Folgeindustrien auslösen. Ein Metallbetrieb stellt Röhren her, ein weiterer chemische Wirkstoffe zur Behandlung von Kesseln, Röhren sowie zur Wasseraufbereitung. Eine weitere Interdependenz zwischen Erdöl und Industrie ist durch den Verbrauch von Benzin und Schweröl bei der Stromerzeugung zu erkennen.

Die Auswertung von 38 Fragebögen ergab für die gesamte Chemische Industrie folgendes: Die Verfügbarkeit von geeignetem Gelände kristallisierte sich als bedeutendster Standortfaktor mit 1,72 heraus. Umweltgründe hatten geringere Bedeutung, als man es von einem Emissionen verursachenden Industriezweig vermuten sollte. Die Chemische Industrie sucht mehr die Nähe zu anderen Industrien als andere Zweige. Transportmöglichkeiten finden starke Beachtung. Kein Standortargument sind erwartungsgemäß billige Arbeitskräfte. Die Branche gewährt, wie dargelegt, hohe Löhne. Der Faktor "Wasser" wird weit mehr gewichtet als die Energieversorgung. Marktnähe beeinflußt den Standort mehr als Rohstoffnähe. Staatliche und kommunale Vergünstigungen haben bei diesem Industriezweig noch weniger Gewicht als sonst.

Bei der Produktionsweise stehen halb- (45%) und vollautomatische Fertigung (27%) im Vordergrund. Die Chemische Industrie ist im Schnitt vier Jahre jünger als die übrige ecuadorianische Industrie. Mit 60 m^2 pro Beschäftigten hat sie auch einen größeren Flächenbedarf. Vielleicht erklärt die
hohe Importabhängigkeit, daß 42% der befragten Betriebe die Rohstoffversorgung als Hauptproblem benannten, erst dann folgten mit nur 22% das Fehlen
von qualifizierten Fachkräften (der niedrigste Wert aller Teilgruppen) und
das Absatzproblem mit ebenfalls 22%. Der Anteil der Betriebe, die keine Probleme benannten, war bei der Chemiebranche mit jedem sechsten am größten.

2.5.8 Die Verarbeitung von nichtmetallischen Mineralien (außer Kohle und Erdöl)

Die gesamte Industriebranche bestand 1976 aus 65 Betrieben und 4221 Beschäftigten und erreichte eine Wertschöpfung von etwa 3,2 Mio. US$. Ein relativ
gleich hoher Anteil an nationalen Halbfabrikaten und Rohstoffen (54,8%)
wird sonst nur bei den traditionellen Zweigen der Nahrungsmittel-, Textil-,
Bekleidungs- und holzverarbeitenden Industrie erreicht.

Die Fabrikation von T ö p f e r w a r e n, S t e i n g u t, K e r a m i k
hat in Cuenca Tradition, wo die meisten der 340 Arbeitsplätze 1976 gezählt
wurden.
Die Fabrikation von G l a s und G l a s a r t i k e l n findet mit 87%
der Arbeitsplätze in Guayaquil statt. "Cridesa", die größte Firma der Branche mit über 200 Beschäftigten, stellt dort Flaschen her. Vier kleinere Unternehmen in Quito produzieren Glasfiber, Spiegel, Sanduhren und Windschutzscheiben. letztere auch in Ambato. 66% der Materialien, insbesondere Glas-
scheiben und Soda, müssen importiert werden.

T o n p r o d u k t e für das Baugewerbe werden in der Provinz Chimborazo
erzeugt (2/3 der Beschäftigten), der Rest der 553 Arbeitsplätze verteilt
sich marktnah auf Guayas und Pichincha.

Bei der Z e m e n t -, K a l k - und G i p s b r a n c h e fällt das Engagement des Staates als Investor und Unternehmer auf. Er beteiligt sich
über gemischte Gesellschaften an den Zementwerken in Otavalo, Riobamba und
Guayaquil. Durch die boomartige Ausweitung des Baugewerbes kam es in den

Städten Quito und Guayaquil, aber auch in den anderen rasch wachsenden
Provinzstädten wie Machala (1) immer wieder zu Mangel an Zement und damit
verbunden zu Spekulationen, so daß größere Kontingente aus Kolumbien importiert werden mußten.
Der ganze Industriezweig orientiert sich vorwiegend rohstoffnah. So entstanden sowohl in Cañar als auch in Chimborazo, wo de facto kaum Nachfrage
besteht, Zementwerke. Ein Planungsfehler verhinderte bei der staatlichen Anlage "Selva Alegre" die volle Produktionsaufnahme: Es wurde versäumt, rechtzeitig eine Allwetterstraße zu bauen, so daß der Abtransport des Zements
stark vom Wetter abhängig ist und Verluste eintreten können.
Nur das Zementwerk in Guayaquil mit 400 Beschäftigten an der Straße nach
Salinas liegt marktnah. Es ist mit seiner Größe ein auffallendes Bauwerk und
dominiert wie nur wenige Industriebetriebe physiognomisch im Raum. Im Früh-
jahr 1980 nahm in Imbabura eine größere Zementfabrik mit 2200 t Tagespro-
duktion den Betrieb auf.

S o n s t i g e I n d u s t r i e n dieser Branche sind in erster Linie
Zulieferer für das Baugewerbe und meist auch in der Nähe der Städte mit in-
tensivster Bautätigkeit angesiedelt. Zwei Drittel der 1750 Beschäftigten
waren in Guayas, knapp ein Viertel in Pichincha, weitere 6% in Azuay tätig.
In den letzten Jahren erweiterte die Firma "Eternit" in Quito gewaltig. Sie
gehört mit 500 Industriebeschäftigten zu den größten Unternehmen der Stadt
und ist der wichtigste Betrieb der Zulieferindustrie für das Bauhauptgewer-
be. Das Baumaterial der Firma "Eternit" setzt sich immer mehr gegen die traditionelle Bauweise durch. Darunter leidet die architektonische Gestaltungs-
vielfalt. Die kleineren Betriebe in Manabí, Chimborazo, Imbabura, Tungurahua, El Oro stellen Beton- und Zementteile sowie Ziegel her.

2.5.9 Die metallerzeugende Industrie

Nach Beschäftigten (insgesamt 764) und Zahl der Betriebe (15) war dies 1976
die kleinste Industriebranche Ecuadors. Dies soll sich nach Regierungsplänen
ändern, denn im Golf von Guayaquil soll ein i n t e g r i e r t e s H ü t -
t e n w e r k , das schon seit Jahren in Planung ist, entstehen. Das mit deut-

---

(1) Dort plant eine deutsche Consultingfirma eine Zementfabrik.

scher Technologie geplante Werk soll auf der Basis von E r d g a s jährlich 400 000 t Stahl produzieren, um so Ecuador von Stahlimporten unabhängig
zu machen. Da alle Rohstoffe importiert werden müßten, würde es sich hier um
ein klassisches küstenorientiertes Hüttenwerk handeln, wenn auch bei der
Standortfestlegung das Erdgasvorkommen eine entscheidende Rolle spielt (vgl.
BRÜCHER-KORBY, 1979). Eine kleinere Anlage ist in Latacunga geplant. Bedeutendste Firma ist zur Zeit "Andec" in Guayaquil, ein Walzwerk, das seit 1969
Baustahl herstellt. Der Marktanteil beträgt 65-70% bei Baustahl, was einem
Verkaufsvolumen von 62 000 t entspricht. 1979 waren 330 Arbeitnehmer beschäftigt. Bis 1979 lieferten Firmen aus der USA, Südafrika und Chile die Ingots,
jedoch soll nun die Tochter "Funasa" auf Schrottbasis zumindest ein Drittel
selbst erzeugen. Außerhalb Quitos entstand ein weiteres Walzwerk in Alôag
(auf der Straße nach Santo Domingo), das ebenfalls Baustähle herstellt.
Da die Stahlgewinnung bisher nur auf Schrottbasis stattfindet, ist die Branche durch hohe Importabhängigkeit gekennzeichnet (92,7% der Rohstoffe und Zwischengüter), wobei in erster Linie Ingots importiert werden müssen. Nach Angaben der JUNTA DEL ACUERDO DE CARTAGENA werden in Ecuador täglich 350 t Eisen (1979) hergestellt, ein Zwanzigstel des Quantums Kolumbiens. Der geringe
Qualitätsstandard ist für eine moderne industrielle Fertigung unzureichend.
Qualitätsgußeisen gab es in Ecuador 1976 ebensowenig.
Bolivien und Ecuador sind die einzigen Mitgliedsländer des Andenpaktes ohne
Stahlproduktion, aber allein Ecuador besitzt keine Eisenerzvorkommen. Jedoch
nur damit kann dieser Sachverhalt nicht erklärt werden. Vielmehr ist er ein
Indiz für den Entwicklungsstand der ecuadorianischen Industrie, die bisher
auf vorwiegend traditionelle Branchen beschränkt war. So hatte die Metallverarbeitung in der Vergangenheit wenig Bedeutung. Erst mit der Ausweitung dieses Zweiges kam der Gedanke auf, ein eigenes Stahlwerk zu schaffen. Inwieweit
bei der heutigen Weltstahlmarktlage Prestigeüberlegungen eine Rolle bei diesen Plänen spielen, so daß man trotz des geringen Entwicklungsstandes ein
solch teures und ökonomisch wenig durchdachtes Projekt realisieren möchte,
sei hier zunächst dahingestellt (1).
Vor einigen Jahren zumindest bestand aufgrund des geringen Stahlverbrauches
auch keine Möglichkeit, ein Hüttenwerk mit ausreichender Dimension (mindestens 250 000 t Jahresproduktion) zu errichten. Der kleine Markt hat sich

---

(1) Zur Diskussion der Stahlproduktion vgl. Kap. 6

also auch hier als ein Entwicklungshemmnis für einen Industriezweig erwiesen.
Hüttenindustrien entstanden in den Nachbarländern mit staatlicher Unterstützung ("Siderperu", "Acerìas Paz del Rìo", Kolumbien, "Sidor", Venezuela). Es
dürfte in Ecuador nicht nur an der fehlenden Lobby, sondern bis vor einigen
Jahren auch am Kapitalmangel gelegen haben. Wenn man berücksichtigt, welche
Vorbehalte die Weltbank bei der Finanzierung der Hüttenwerke hatte (BRÜCHER-
KORBY, 1979), so bleibt die Frage, ob sich bei den schlechten Rahmenbedin-
gungen überhaupt ein Kreditgeber je finden wird.

2.5.10 Die metallverarbeitende Industrie

1976 arbeiteten in insgesamt 198 Betrieben 9743 Beschäftigte. Teilweise durch
die erhöhte Nachfrage, aber auch durch die staatliche Förderpolitik (Importsubstitution) kam es in dieser Industrie in den letzten Jahren zu erheblichen
Zuwachsraten. Allerdings gleicht ein großer Teil der Betriebe mehr handwerklichen Schmieden. Neben einer Reihe von größeren Betrieben gibt es relativ
wenig Mittelbetriebe, aber viele Kleinstfirmen (1976: 21 Unternehmen mit 100
und mehr Beschäftigten, 28 mit 50 - 99, 69 mit 20 - 49, 47 mit 10 - 19,
33 mit weniger als 10). Als Problem dieser Branche nannte ONUDI (1969) das
Fehlen einer Industrienormung und Standardisierung der Produkte. Die kleinen
Betriebe seien bei der Herstellung von höherwertigen Erzeugnissen überfordert.
Deshalb geben sie sich bis heute mit der Produktion anspruchsloser, meist
handwerklich hergestellter Metallartikel zufrieden. Die heterogene Zusammensetzung macht es erforderlich, die einzelnen Sparten kurz darzulegen.

Zur K l e i n e i s e n i n d u s t r i e gehörten 1976 acht Betriebe.
Schwerpunkt dieser Industrie ist Latacunga. Ein Betrieb stellt aufgrund der
Zuweisung nach dem Abkommen von Cartagena Drillbohrer her, ein weiterer
Schlösser. In Quito, wo 42% der 426 Beschäftigten tätig waren, werden Macheten, Schlösser und Bestecke erzeugt. Der größte Betrieb dieser Sparte produziert in Guayaquil Nägel und Draht. Die Produktion von M e t a l l m ö -
b e l n wird vorwiegend in Quito und Guayaquil, aber auch in Cuenca und Manta vorgenommen (883 Beschäftigte insgesamt).
Wichtiger ist die Herstellung von M e t a l l s t r u k t u r e n mit
insgesamt 1861 Beschäftigten. In Latacunga werden in einem modernen Betrieb

Tür- und Fensterrahmen aus Aluminium gefertigt. An Relevanz gewann die Fabrikation von T a n k s und Kesseln (1631 Beschäftigte). Zunehmend bedeutender wird die Konstruktion von Metallteilen für Brücken, Dächer und Industriebauten, wobei die 'Siderúrgica Ecuatoriana S.A.' mit 300 Beschäftigten der größte einer weiteren Reihe von vergleichbaren Betrieben ist. Die metallverarbeitende Industrie ist in der Sierra und insbesondere in Quito stärker vertreten als an der Costa.

Beim M a s c h i n e n b a u (außer Elektromaschinen) sind die Ansätze in Ecuador noch sehr bescheiden. Eine Konzentration zugunsten von Quito ist feststellbar, es folgt Cuenca mit 64 und Ambato mit 25 Arbeitsplätzen. In Guayaquil waren es nur fünf. In drei Firmen wurden Landmaschinen (unter anderem Melkmaschinen für den Andenmarkt) hergestellt. Sonst sind die Geräte einfachster Natur wie Sägen, Metallbürsten etc.

W i s s e n s c h a f t l i c h e   I n s t r u m e n t e und A r b e i t s g e r ä t e sowie M e ß i n s t r u m e n t e wurden 1976 in 13 Betrieben mit 298 Beschäftigten gefertigt. Meß- und Kontrollgeräte werden in Quito und Guayaquil gebaut. Ein Betrieb in Cuenca bekam seine Impulse durch das Abkommen von Cartagena, in dem die Herstellung von Kontrollinstrumenten Ecuador zugestanden wurde.

Die O p t i k i n d u s t r i e war 1976 mit elf Beschäftigten so gut wie nicht existent. Kaum größere Bedeutung hat die Uhrenindustrie in Cuenca.

Die Standortentscheidungen waren bei der metallverarbeitenden Industrie besonders stark nach Verfügbarkeit von geeignetem Gelände, Transportgesichtspunkten, Energieversorgung und Marktnähe ausgerichtet. Wie andernorts dargelegt, hat diese Branche eine starke handwerkliche Komponente: Als Produktionsweise nannten 8% Werkbank, 5% Einzelanfertigung und 38% mechanische Werkstatt. Mit 5% Fließband, 26% halbautomatischer und 8% vollautomatischer Fertigung werden die anspruchsvolleren Produktionstechniken weniger als in den anderen Industriezweigen genannt. Die metallverarbeitende Industrie ist durchschnittlich zwei Jahre jünger als die Gesamtindustrie. Bei den Problemen wurde erwartungsgemäß das Fehlen von qualifizierten Arbeitskräften herausgestellt (73%). Der Mangel an Infrastruktur wurde von 30% der Firmen stark betont. Ein geringes Gewicht hatte die Materialversorgung.

2.5.11 Die Elektrotechnik

1976 zählte die Elektrobranche 36 Betriebe und 3060 Beschäftigte. Ausländische Unternehmen produzieren in Kooperation mit nationalem Kapital oder durch Lizenzvergabe elektrische Küchengeräte (Herde, Kühlschränke). Diese 'weiße Industrie' exportiert mit staatlicher Unterstützung in die Nachbarländer. Jeweils ein Unternehmen mit mehr als 1000 Beschäftigten ist in Quito und Guayaquil angesiedelt. Nach Beschäftigten sind sie die größten nichttraditionellen Industrien des Landes. Auffallend war in einem Betrieb in Cuenca mit 300 Beschäftigten der relativ hohe manuelle Einsatz.

Der Produktionszweig 'industriell genutzte Elektrogeräte' war 1976 mit 91 Arbeitsplätzen ohne Bedeutung. 1979 entstand, begünstigt durch das Abkommen von Cartagena, das Ecuador die ausschließliche Fertigung von elektromechanischen Handwerkszeugen zuordnete, eine solche Produktionsstätte mit 300 Beschäftigten. Dafür wurde eine Joint Venture mit einer jugoslawischen Firma eingegangen, die 49% des Kapitals einbrachte.

Rundfunk- und Fernsehgeräte werden in Quito, Guayaquil und Cuenca meist nach japanischer Lizenz hergestellt, häufig aber nur montiert. Ausländische Firmen produzieren in Ecuador Telefonzubehör, Batterien und Glühbirnen.

2.5.12 Der Fahrzeugbau

In Ecuador werden Automobile, Motorräder und Fahrräder hergestellt. Werften betreibt nur die Kriegsmarine, jedoch ist geplant, mit norwegischer Unterstützung in Manta eine Werft für kleinere Schiffseinheiten zu bauen. 1976 gab es im A u t o m o b i l b a u 1330 Arbeitsplätze. Abgesehen von "Aymesa", wo PKW's montiert werden, einer Firma, die Busse herstellt und einem Unternehmen, das italienische und nordamerikanische LKW's zusammenbaut, besteht die ecuadorianische Automobilindustrie lediglich aus Firmen, die Aufbauten für Lastwagen, Busse und Personenwagen herstellen. Zentrum all dieser Aktivitäten ist Quito, wo 1976 75% der Arbeitsplätze registriert waren. Weitere 11% wurden jeweils in Ambato und Guayaquil gezählt. Die Arbeit besteht hauptsächlich darin, die importierten sogenannten "Camionetas" mit Pritschen oder ähnlichen Aufbauten zu versehen. Auch Nutzfahrzeuge, die nur aus dem Chassis bestehen, also ohne Aufbauten importiert werden, werden so ausgerü-

stet. Dies wird auch von einer Reihe kleinerer Handwerksbetriebe bewerkstel-
ligt, so daß manche dieser Busse und Lastwagen ein abenteuerliches Aussehen
bekommen. Die Politik der Höchstbesteuerung von komplett importierten Fahrzeugen schuf so eine Menge zusätzlicher Arbeitsplätze. Von der Lobby, die
eine nationale Automobilproduktion wünscht, wird immer wieder betont, wie ge-
fährlich diese Fahrzeuge sind, da sie als Massentransportmittel schon tra-
gische Unfälle verursacht haben. Nur einzelne Firmen stellen Ersatzteile her,
wie Filter, Bremsteile in Quito oder Kühler in Guayaquil.
Mit 510 Beschäftigten im Jahre 1979 ist "Aymesa" die größte Firma im Fahrzeugbau. Sie wurde 1973 von einer Reihe einflußreicher Aktionäre gegründet
und produziert auf einer überbauten Fläche von 3000 m^2. Die beiden Grund-
modelle werden nur für den nationalen Markt hergestellt. Der "Andino", für
den es in Europa kein vergleichbares Modell gibt, beruht auf einer einfachen
Technologie und wurde von der britischen Firma "Vauxhall" entwickelt. Der
Preis von 170 000 Sucres (6800 US$) für die einfachste Ausführung ist extrem
hoch. Er wird als Camioneta (Kleinlastwagen) oder Furgoneta (Kombiwagen) geliefert. Bis 1979 wurden 2000 Stück produziert.
Das zweite Modell wird dem "Chevette" von General Motors nachgebaut, wofür
der amerikanische Konzern keine Royalties oder Lizenzgebühren verlangt. Der
entscheidende Unterschied liegt in der Karosserie, die aus Glasfiber gebaut
ist. Dazu werden mehrere Schichten Glasfiber in einer Form gepreßt und getrocknet. Die Firma ist überzeugt, mit dieser Produktionsweise eine wegwei-
sende Technologie zu beherrschen. Leichte Karosserieschäden sollen sich
leicht ausbessern lassen. Diese Konstruktionstechnik erspare teure Stahlpres-
sen (1). 35% des verwendeten Materials ist nationalen Ursprungs. Motoren,
Achsen und weitere Teile des Fahrgestells werden von General Motors aus Brasilien geliefert, der Rahmen wird bei "Aymesa" geschweißt. Nach Angaben der
Firma liegt die Monatsproduktion bei 120 Fahrzeugen. Probleme bestehen beim
Materialbezug aus dem Ausland. Der große Aufwand für die Erledigung aller
Zollformalitäten beim Import von Teilen und das Nichtgewähren von Steuerre-
duktionen wurde besonders hervorgehoben. Nur für Achsen, Motoren und Getrie-
begehäuse werden 40% Steuernachlaß gewährt.
Da die Firma schneller als erwartet wuchs, mußte an einem anderen Ort der

---

(1) Plastikautos gelten im Automobilbau als überholt.

Panamericana Sur für den "Andino" eine neue Produktionsstätte eingerichtet werden. Man arbeitet in zwei Schichten. Die Arbeit erfolgt mit 20 verschiedenen Arbeitsgruppen, wobei der Wagen an einer Schiene entlanggeführt wird. Als Bandproduktion kann dies jedoch noch nicht bezeichnet werden. Zweitwichtigster Betrieb Ecuadors im Fahrzeugbau ist die Firma "Omnibus BB Transport S.A.", die im Norden von Quito mit über 300 Beschäftigten auf einer Fläche von 15 364 m^2 Busse herstellt. Die Bauteile kommen aus USA, Deutschland, Japan und Kolumbien. Die für den Nahverkehr produzierten Fahrzeuge machen einen gefälligen Eindruck. Das Unternehmen hat die Absicht, die Produktion von Jeeps aufzunehmen.

Eine weitere quitener Firma mit über 200 Beschäftigten stellt lediglich Karosserien für Busse und LKWs her. In der Nähe von Quito bei Pomasqui montiert die Firma "Maresa" seit 1980 Lastwagen der Firmen "Fiat" und "Mack". Zwei größere Karosseriefirmen in Ambato sind noch erwähnenswert, wobei eine aufgrund fehlender Erweiterungsmöglichkeiten (1) eine Neuansiedlung an der Panamericana Sur in Ambato plant. Die Karosseriefirmen wären gefährdet, wenn die Regierungspläne zur Schaffung einer modernen Automobilindustrie realisiert würden.

Die Festlegung der Produktionsstandorte Riobamba für Volkswagen und Manta für General Motors wurde von der Regierung unter regionalplanerischen Gesichtspunkten vorgenommen. Nach seriösen Informanten soll Volkswagen unter Ausschluß von Quito, Guayaquil und Manta per Computersimulation und unter Eingabe aller relevanten Standortfaktoren tatsächlich Riobamba als den geeignetsten Standort ermittelt haben!

Nach optimistischen Äußerungen des ehemaligen Industrieministers Montaño würden durch die mit ausländischem Kapital und Know-how geplante Automobilindustrie 10 000 direkte und 38 000 indirekte Arbeitsplätze sowie 300 Zulieferbetriebe zusätzlich geschaffen werden. Anderen Provinzstädten wurde per Gesetz die Zulieferindustrie zugeordnet. Allerdings griff die nationale Handelskammer in Presseveröffentlichungen diese Industrialisierungspolitik an.

Die Motorradproduktion beschränkte sich 1976 auf Cuenca, wo japanische Modelle montiert werden, und auf zwei kleinere Betriebe in Quito. Fahrräder werden

---

(1) Die verblüffende Enge der Produktionshallen und das Dominieren von handwerklichen Arbeitsformen bei einem Betrieb von 100 Beschäftigten war auffallend.

in Ambato produziert.

Nach den elf befragten Fahrzeugbauunternehmen gibt es bei den Standorterfor-
dernissen erhebliche Abweichungen zur Gesamtindustrie. Überragender Standortfaktor ist "die Verfügbarkeit von geeignetem Gelände". Die "Nähe zu anderen
Firmen" hat erheblich mehr Relevanz als bei allen anderen Industrien. Auch
den Transportargumenten und der Nähe der Materialien (Zulieferer) kommt große
Bedeutung zu. Die niedrigste Zustimmung aller Teilgruppen erreichen die
Standortfaktoren "Wasserversorgung" und "Marktnähe". Bei den Produktionsverfahren steht die mechanische Werkstatt mit 60% im Vordergrund, Serienfertigung und halbautomatische Produktionsweise wurden jeweils zweimal genannt.
Das durchschnittliche Gründungsjahr wurde mit Herbst 1972 errechnet. Die Fahr-
zeugindustrie gehört also zu den jüngsten Branchen. Der Flächenanspruch pro
Beschäftigtem liegt bei nur 31,3 m^2. Ganz erhebliche Probleme hat die Fahr-
zeugbauindustrie mit der Technologie (neun von elf Unternehmen). Alle diese
Aussagen weisen auf ein noch äußerst niedriges Entwicklungsniveau der Automobilindustrie hin, und das nach fast zehn Jahren Existenz!

2.5.13 Sonstige Industrien

Diese Sammelbranche, der zweitkleinste Industriezweig Ecuadors, ist aufgrund
der Vielschichtigkeit schwer zu beschreiben. 1976 arbeiteten in 45 Betrieben
1046 Beschäftigte. Es dominiert die Schmuckherstellung mit elf Betrieben. Davon ist ein großer Teil in der Provinz Azuay ansässig, der Rest in Quito und
Guayaquil. Musikinstrumente werden in Quito, Sportgeräte in Quito und Ambato
hergestellt.

Zu den nicht weiter spezifizierten Unternehmen, die eine breite Produktpalette von Malpinseln, Kugelschreibern, Hinweistafeln, Puppen, Spielzeug, Schil-
der, Reisesouvenirs usw. herstellen, zählen 31 Betriebe, die nach Beschäftigten zu 60% in Quito und zu 40% in Guayaquil produzieren. Lohnniveau und Wertschöpfung pro Beschäftigtem sind niedrig, der Importanteil an Rohstoffen und
Halbfabrikaten mit 84,5% sehr hoch.

2.6   Die Verflechtungen der Industrie

2.6.1 Räumliche Verflechtungen durch den Materialbezug

Bei der Klärung dieser Frage werden vor allem die Informationen aus der Befragung der 239 Industriebetriebe herangezogen. Danach verarbeiten 42% Naturrohstoffe, an der Costa sind es sogar 50%, worin sich die Dominanz der Nahrungsmittelindustrie ausdrückt. In Quito werden hingegen in 70% der Betriebe
Halbfabrikate verarbeitet (siehe Tab. 18). Niedrig ist der Anteil an Naturrohstoffen bei importierenden Unternehmen mit 29%, bei Exportbetrieben hingegen hoch (57%). Dies ist ein Ausdruck des hohen Anteils an agrarischen Exportgütern. Während noch die vor 1940 gegründeten Betriebe mit 73% angaben, nicht
vorgefertigte Materialien zu verarbeiten, wird dieser Prozentsatz niedriger,
je jünger die Betriebe sind. Dies belegt den Strukturwandel der letzten beiden Jahrzehnte. Die Herstellung von Konsumgütern für den nationalen Markt
nahm durch die Importsubstitutionspolitik zu. Für diese Produkte sind mehr
Halbfabrikate erforderlich, die meist im eigenen Land nicht hergestellt werden können. Fast spiegelbildlich sind Halbfabrikate verarbeitende Betriebe
besonders häufig auf Einfuhren angewiesen. Mit den von den Betrieben erbrachten Informationen ist wenig über das Importvolumen ausgesagt. Mit einigen
Ausnahmen (bei Betrieben mit 100 - 200 Beschäftigten und der Chemischen Industrie) gilt die Regel: Naturrohstoffe werden weitgehend aus ecuadorianischen
Quellen bezogen, Halbfabrikate dagegen haben einen sehr hohen Importanteil.
D a s   F e h l e n   e i n e r   n e n n e n s w e r t e n   Z w i s c h e n -
g ü t e r i n d u s t r i e   u n d   d i e   m a n g e l n d e n   v e r t i -
k a l e n   V e r f l e c h t u n g e n   m a c h e n   s i c h   h i e r
d e u t l i c h   b e m e r k b a r .
In der ecuadorianischen Industrie sind Betriebe, die aus Naturrohstoffen direkt Endprodukte herstellen (typisch für die Nahrungsmittelindustrie) weit
verbreitet. Wie andernorts dargelegt, beträgt der Anteil der befragten Industrie, die nur Zwischengüter herstellt, 23%. Andererseits gibt es in einigen
Branchen, wie bei der Metallverarbeitung, der holzverarbeitenden- und der Bau-
stoffindustrie ein Beziehungsgeflecht zwischen größeren Betrieben und Kleinindustrie, wobei Auftragsfertigung nach Maßgaben des Endverbrauchers im Vordergrund stehen. Gute Chancen haben die kleinen Betriebe, wenn diese Aufträge

Tabelle 18: Materialbezug und Beschaffenheit des Materials in %
(Ergebnisse der Befragung durch den Verfasser)

Gruppe / Betriebe	Material Natur-Rohstoffe in %	Vorgefertigtes Material in %	Zahl der Betriebe	Materialbezug Nur ecuadorianische Herkunft in %	Vorwiegend nur Importe in %	Importe und ecuadorian. Herkunft in %	Zahl der Betriebe
Gesamt	42	58	197	35	30	35	208
Costa	50	50	68	36	33	31	67
Sierra	39	61	127	35	29	37	139
Quito	30	70	82	25	34	42	88
Guayaquil	40	60	50	29	43	29	49
Schwach industrialisierte Provinzen	58	42	57	53	18	29	62
weniger als 50 Beschäftigte	40	60	104	36	27	36	107
51 -100 Beschäftigte	40	60	40	32	30	38	40
101-200 Beschäftigte	48	52	23	28	38	34	29
mehr als 200 Beschäft.	47	53	30	38	34	28	32
Gründungszeitraum vor 1940	73	27	11	50	8	42	12
zwischen 1940-1959	65	35	26	38	28	34	29
zwischen 1960-1971	44	56	57	31	28	41	61
nach 1971	32	68	97	33	36	32	98
Exportorientierte Betriebe	57	43	35	62	12	26	34
Rohstoffimportierende Betriebe	29	71	118	-	46	54	136
Nahrungsmittel-, Getränke- Tabakindustrie	77	23	57	52	9	40	57
Textil, Bekleidung, Leder	14	86	29	41	28	31	29
Holzverarbeitende und Möbelindustrie	57	43	14	53	7	40	15
Druck und Papier	18	82	11	42	42	17	12
Chemische Industrie	36	64	28	9	59	31	32
Nichtmetall. Mineralien	77	23	13	54	15	31	13
Metallverarbeitende Industrie	-	100	37	14	45	40	42

keine größeren technologischen Anforderungen stellen und quantitativ einen
bestimmten Rahmen nicht überschreiten (vgl. KAMPFFMEYER u.a. S. 18, 1981).
Der direkte Kontakt spielt eine Rolle, weshalb diese Zulieferer meist in
Standortnähe angesiedelt sind. Nach Angaben von MICEI (1979, S. 167) verarbeitete die Konsumgüterindustrie 1978 66% nationale Materialien, die Zwischengüterindustrie 31% und die Kapitalgüterindustrie schließlich nur 13%.
Für die Standortfrage ist von Interesse, in welchem Maße die Standortprovinz Materialien liefert bzw. die Zulieferbeziehungen nahorientiert sind.
Dabei sollen zwei Werte genannt werden. Der erste beinhaltet die Auswertung
der gesamten Industrie, die zweite Prozentgröße berücksichtigt nur Unternehmen, die ecuadorianische Materialien verarbeiten. Betriebe, die vorwiegend
importieren, wurden ausgeklammert.
35% a l l e r Betriebe beziehen unter anderem ihr Material aus der Standortprovinz. Unter Ausschluß der Unternehmen, die nur Importmaterialien verarbeiten, beträgt dieser Prozentsatz 50%. Diese Prozentwerte sind nicht hoch,
wenn man berücksichtigt, daß die meisten Betriebe Mehrfachnennungen bei der
Bezugsprovinz vornahmen. In der Costa sind Bezugsprovinz und Standortprovinz
häufiger identisch. Hier sind 37% aller Betriebe und 56% der Betriebe, die
ecuadorianisches Material verwenden, auch in der Bezugsprovinz ansässig. Hingegen sind die Vergleichszahlen in der Sierra mit 32% bzw. 45% wesentlich
niedriger. Erstaunlicherweise weichen die beiden industriellen Zentren von
ihren Regionen ab. In Guayaquil beziehen nur 25% bzw. 43% der Betriebe ihre
Materialien aus Guayas. In Quito sind es dagegen 36% bzw 55%, die Rohstoffe
und Halbfabrikate aus Pichincha verwenden.
Damit ist belegt, daß viele Betriebe relativ fern der Materialquellen bzw.
der Zulieferer ihren Standort einnehmen. Dies ist insofern erstaunlich, als
sich das Verkehrsnetz Ecuadors nicht mit dem entwickelter Länder vergleichen
läßt und die Transportkosten relativ hoch sind. Andererseits können solche
Transporte ökonomisch durchaus gerechtfertigt sein durch relevantere Stand-
ortfaktoren wie Energie, Marktnähe etc. Eine Branche, in der die vertikale
Abfolge von Verarbeitungsschritten räumlich stark getrennt ist, stellt die
Schuhindustrie dar: Die Schlachtereien sind in Carchi, Cotopaxi, Pichincha,
Loja und in geringerem Maße in Azuay ansässig, die Gerbereien in Ambato und
Cuenca,die Schuhindustrie schließlich und sonstige Lederverarbeitung in
Quito und in weit geringerem Maße in Guayaquil. Daß sich die Möbelproduktion

nicht in der Nähe der holzverarbeitenden Betriebe befindet, sieht man teilweise von Pichincha ab, erklärt sich aus der Sperrigkeit des Endproduktes.
Andererseits ist der Standort Cuenca für den größten Möbelhersteller "Arte-
practico" weder markt- noch rohstoffnah. Der Betrieb nannte als einzigen
Standortgrund die Beziehungen zu der Stadt Cuenca. In Cañar und Chimborazo
werden 28% der nationalen Obst- und Gemüseproduktion geerntet. In beiden Provinzen gab es keine Konservenindustrie, sie soll jedoch mit staatlicher Lenkung entstehen.
Die Identität von Standort und Materialbezug ist mit 54% (bzw. 64% der Firmen, die nationale Rohstoffe verwenden) bei der nichtmetallische Mineralien
verarbeitenden Industrie am größten. Dies stimmt mit den Ergebnissen der Befragung der Standorterfordernisse überein, wo der Materialnähe hohe Priorität
zugebilligt wurde. Es folgt die Nahrungsmittel-, Getränke-, Tabakindustrie
mit Werten von 47% bzw. 51%. Die Übereinstimmung von Standort- und Bezugsprovinz bei der Textil- und Bekleidungsindustrie in Pichincha von 43% bzw. 55%
liegt am hohen Konzentrationsgrad dieser Branche. Schon an anderer Stelle
wurde darauf hingewiesen, daß die holzverarbeitende Industrie und die Möbelindustrie abseits ihrer Rohstoffquellen in den großen Städten angesiedelt
sind. Folgende Zahlen verdeutlichen hier diesen Sachverhalt: Nur 20% bzw. 21%
dieser Firmen gaben an, daß ihr Standort mit einer der Bezugsprovinzen identisch sei. Zwar sind alle ecuadorianischen Provinzen Materiallieferanten, doch
ist auch hier eine große Dominanz bei den beiden Provinzen Guayas und Pichincha zu konstatieren. Die Tabelle 19 führt die Prozentanteile der Nennungen bezogen auf die Betriebe auf, wobei sich aufgrund der Doppelnennungen in der
Summe mehr als 100% ergeben.
Die Ergebnisse können nicht den Anspruch erheben, ein Spiegelbild der industriellen Verflechtungen beim Materialbezug darzustellen, aber sie reichen aus,
um einige Beziehungen abzuleiten.
1. Die Provinz Guayas hat sowohl als Bezieher von Materialien für den industriellen Verarbeitungsprozeß als auch als Lieferant eine größere Bedeutung als Pichincha.
2. Quito bezieht mehr aus Guayas als Guayaquil aus Pichincha. Quito bezieht
   seine Materialien neben Guayas vor allen Dingen aus der eigenen Provinz,
   hat Lieferantenbeziehungen zum Oriente und verstärkt zu den Sierraprovinzen, weniger zu den Costaprovinzen. Der Bezug von Guayaquil erstreckt sich
   auf Costa und Sierra, jedoch kaum auf die Orienteprovinzen.

Tabelle 19 : Die Provinzen in ihrer Bedeutung als Lieferant von Rohstoffen oder Zwischengütem.
Ihr prozentualer Anteil an den Nennungen der Betriebe, die Material aus Ecuador verarbeiten.

Gruppen	Sierraprovinzen										Costaprovinzen					Orienteprovinzen					Prozent-summe
	Pichincha	Azuay	Cotopaxi	Tungurahua	Chimborazo	Cañar	Loja	Imbabura	Carchi	Bolívar	Guayas	Esmeraldas	Manabí	El Oro	Los Ríos	Napo	Pastaza	Morona Santiago	Zamora Chinch.	Galápagos	
Gesamt	39	6	5	8	7	2	2	2	2	1	41	5	12	5	5	2	2	2	2	1	151
Betriebe der Costa	19	5	7	7	7	–	–	2	–	–	49	5	28	5	9	–	–	–	–	–	143
Betriebe der Sierra	51	7	5	6	7	3	4	1	2	1	38	5	4	5	2	2	2	2	2	1	150
Betriebe aus Guayaquil	31	8	11	11	11	–	–	4	–	–	46	4	15	4	11	–	–	–	–	–	156
Betriebe aus Quito	64	4	4	10	8	–	–	–	–	–	36	6	2	6	4	4	2	2	2	1	152
Betriebe der schwächer industrialis. Provinzen	24	7	4	7	4	4	7	–	2	2	44	7	10	4	2	–	2	2	4	2	148
Cuenca	8	25	8	–	–	17	8	–	1	–	42	–	–	8	–	–	–	8	8	8	140
Ambato	50	17	17	17	–	–	–	–	–	–	84	–	17	–	–	–	17	–	–	–	219
Manta	–	–	–	–	–	–	–	–	–	–	50	–	75	–	–	–	–	–	–	–	125
Exportorientierte Betriebe	17	7	–	3	–	–	3	3	1	1	45	7	41	10	10	–	–	–	3	–	149
Importierende Betriebe	46	9	7	10	7	1	3	3	2	–	39	1	6	4	3	1	1	–	4	–	143
Nahrungsmittel- Getränke- Tabakindustrie	26	3	–	11	4	–	4	2	–	–	43	–	30	11	9	–	2	2	–	–	161
Textil- Bekleidungsindustrie	75	–	–	10	–	–	5	–	–	–	30	–	–	–	–	–	–	–	–	–	150
Holzverarbeitende und Möbelindustrie	20	–	66	10	–	–	10	–	–	–	10	50	10	10	–	20	10	10	–	–	170
Druck- und Papierindustrie	40	–	–	–	–	–	–	–	10	–	60	–	–	–	20	–	–	–	–	–	120
Chemische Industrie	54	8	–	8	–	–	–	–	–	–	54	–	–	–	–	–	–	–	–	–	132
Nichtmetall. Industrie	30	10	8	–	–	20	–	–	–	–	20	–	–	–	–	–	–	–	–	10	150
Metallverarbeitende Industrie	48	10	5	–	–	–	–	–	–	–	62	–	–	–	–	–	–	–	–	–	125

3. Die übrigen Provinzen haben in Guayas den stärkeren Handelspartner für
den Materialbezug als in Pichincha. Dabei ist es gleichgültig, ob es sich
um Costa- oder Sierraprovinzen handelt, wie sich eindeutig an Ambato und
Cuenca belegen läßt. Diese beiden Städte beziehen nur sehr wenig aus der
eigenen Provinz, im Gegensatz zu Manta, das ja stark agrarisch ausgerichtet ist. An diesen drei Städten läßt sich des weiteren belegen, daß der
Materialbezug aus relativ benachbarten Provinzen erfolgt, also wenige Lieferantenbeziehungen über große Distanzen zu existieren scheinen.

4. Exportorientierte Industrie bezieht das meiste Material aus den Costaprovinzen, importorientierte Betriebe, sofern sie nationales Material mit-
verarbeiten, stärker aus Pichincha als aus Guayas (wobei allerdings zu berücksichtigen ist, daß Betriebe aus Pichincha und den Sierraprovinzen etwas
überrepräsentiert sind).

5. Nur bei der Nahrungsmittel-, Getränke-, Tabakindustrie und bei der holzverarbeitenden und Möbelindustrie erstrecken sich die Lieferantenbeziehungen in weiter Streuung über das ganze Land. Bei allen anderen Branchen dominieren erwartungsgemäß die stärker industrialisierten Provinzen, die bei
den Materialbeziehungen in erster Linie unter sich bleiben. Es sind Industrien, die vorwiegend Halbfabrikate verarbeiten. Nur auf wenige Provinzen
konzentrieren sich die Materialbeziehungen der Chemischen und metallverarbeitenden Industrie, da beide stark importabhängig sind.

Die Tabelle 20 stellt eine Übersicht über die wichtigsten Lieferantenländer
dar, wobei auch hier bis zu vier Bezugsländer genannt wurden. Folgende Schlüsse können daraus gezogen werden: D e r A n d e n m a r k t s p i e l t
b e i m M a t e r i a l b e z u g e i n e u n t e r g e o r d n e t e
R o l l e. Die Costa unterhält engere Handelsbeziehungen zum amerikanischen
Kontinent als die Sierra, die eine stärkere Präferenz für Japan und Europa
hat. Die USA als wichtigster Handelspartner sind besonders stark im Chemie-
bereich und bei der Nahrungsmittelindustrie vertreten. Japan spielt eine füh-
rende Rolle beim Export von Eisen und Stahl und bei Materialien für die Textilindustrie. Die Bundesrepublik Deutschland ist in sämtlichen Branchen vertreten. Der Handel mit anderen Entwicklungsländern stellt nur eine marginale
Größe dar.
Abbildung 11 gibt einen Überblick, wieviel Importe die einzelnen Provinzen
benötigen, um eine Wertschöpfung von 1000 Sucres zu erreichen. Sie stellt

Tabelle 20:

Die Lieferantenländer für Rohstoffe und Zwischenprodukte

(in Prozentanteilen der Nennungen der materialimportierenden Betriebe)

Länder oder Ländergruppe	Gesamt	Costa	Sierra	Nahrungsmittel-, Getränke-, Tabakindustrie	Textil-, Bekleidungsindustrie	Chemische Industrie	Metallverarbeitende Industrie	Exportorientierte Betriebe
Andenmarkt	13	18	11	4	24	-	15	14
Restliches Lateinamerika	13	28	6	16	-	14	12	-
USA, Kanada	60	64	57	72	53	66	39	57
Europa[x]	18	15	18	12	18	24	18	-
Bundesrepublik Deutschland	24	21	25	20	47	31	15	43
Großbritannien	4	3	5	-	-	3	9	-
Frankreich	5	5	5	8	6	7	-	7
Spanien	3	-	5	-	6	-	6	7
Restliche EG	9	13	7	20	6	7	6	7
Europa ohne EG und Spanien	6	5	6	16	-	3	3	14
Japan	23	18	25	-	59	7	45	7
Asien, Afrika ohne Japan	3	5	2	8	6	3	-	-
Prozentsumme	181	195	172	176	225	165	178	156
Zahl der Nennungen	226	78	148	44	38	48	57	22
Zahl der Betriebe	126	39	87	25	17	29	33	14

[x] Einige Unternehmen gaben nur Europa an, ohne das Land exakt zu benennen. Es handelt sich also hierbei um nicht zuordnungsbare europäische Lieferländer.

Die Jmportanteile von Materialien für die industrielle Produktion in den Provinzen in Relation zur Wertschöpfung (Abbildung 11)

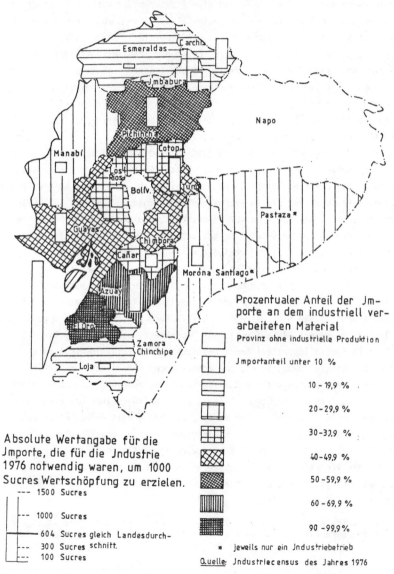

Prozentualer Anteil der Jmporte an dem industriell verarbeiteten Material

Provinz ohne industrielle Produktion

Jmportanteil unter 10 %

10 - 19,9 %

20 - 29,9 %

30 - 3?,9 %

40 - 49,9 %

50 - 59,9 %

60 - 69,9 %

90 - 99,9 %

* jeweils nur ein Jndustriebetrieb

Quelle: Jndustriecensus des Jahres 1976

Absolute Wertangabe für die Jmporte, die für die Jndustrie 1976 notwendig waren, um 1000 Sucres Wertschöpfung zu erzielen.

--- 1500 Sucres

--- 1000 Sucres

604 Sucres gleich Landesdurchschnitt.

--- 300 Sucres

--- 100 Sucres

auch den Prozentanteil der importierten Materialien am Gesamtwert der verarbeiteten Rohstoffe und Halbfabrikate dar. Die ecuadorianische Industrie benötigte 1976 Materialimporte im Wert von 604 Sucres, um 1000 Sucres Wertschöpfung zu erreichen. Es fällt auf, daß alle Provinzen der Costa bis auf El Oro einen geringen Teil am importierten Material aufweisen, was durch die günstigere Rohstofflage dort erklärbar wird. Die importierten Materialien müssen einen weiten Transportweg zurücklegen. Unter dem Transportkostengesichtspunkt sind die Industrien der Sierra, falls sie auf Importe angewiesen sind, ungünstig gelegen. Vielleicht erklärt der hohe Importanteil teilweise, daß die Löhne und die Wertschöpfung pro Beschäftigtem in der Sierra niedriger sind als an der Costa. Bezeichnenderweise halten periphere Sierraprovinzen wie Loja, Imbabura, Carchi ihren Importanteil niedrig.

Entsprechend dem niedrigen Entwicklungsstand sind die Zulieferbeziehungen der ecuadorianischen Industrie schwach entwickelt. Wie immer wieder festzustellen war, traut man der einheimischen Industrie nicht zu, qualitativ befriedigende Halbfabrikate pünktlich und im ausreichenden Umfange zu liefern. Teilweise mögen diese Unzulänglichkeiten nur unterstellt sein und viele größere Firmen, die normalerweise auf backward linkages angewiesen wären, haben sich aus Tradition darauf eingestellt, mit wenigen Zulieferbeziehungen auszukommen (1). Einige Unternehmen bemühen sich geradezu, autark zu werden und stellen vom Verpackungsmaterial bis zu den Generatoren (Ales) in eigenen Werkstätten alles selbst her. Häufig fehlen gerade im ländlichen Raum entsprechende Zulieferindustrien, so daß hier die Autarkie erzwungen ist. Allerdings wird sehr oft lieber importiert als auf nationale Produkte zurückgegriffen. Die Automobilfabrik Aymesa importiert trotz heimischer Produktion in Ambato die Windschutzscheiben. Dabei könnte bei entsprechender Beratung von CENAPIA und CENDES eine leistungsfähige Zulieferindustrie aufgebaut und über Kleinindustrieförderung ein wichtiger Beitrag zur Schaffung einer besseren industriellen Infrastruktur geleistet werden. Zumindest beim Aufbau einer nationalen Automobilindustrie billigte die ecuadorianische Industrieplanung einer diversifizierten Zulieferindustrie eine wichtige Rolle zu. Sie sollte nach und nach die importierten Teile substituieren,um eine eigenständige nationale Produktion zu ermöglichen. Durch den Rückzug von Volkswagen ist diese Strategie in Frage gestellt.

(1) Bei verschiedenen Betriebsbesichtigungen war auffallend, wie stolz die Unternehmen auf diese Autarkie hinwiesen.

2.6.2 Organisatorische Betriebsverflechtungen - Mehrwerksunternehmen

Mehrwerksunternehmen (MIKUS, 1979), die industrielle Aktivitäten an verschiedenen Standorten beinhalten, sind in Ecuador aufgrund des geringen Entwicklungsstandes der Industrie kaum vertreten. E s d o m i n i e r t d a s E i n b e t r i e b s u n t e r n e h m e n. Der Zwang zur Fusion ist nur selten gegeben. Nach NAVARRO J. (1976, S. 19) kam es in den Jahren 1966 - 1973 nur zu neun Unternehmensfusionen. Betriebe mit Zweigwerken sind selten. Auch die Töchter ausländischer Konzerne treten in Ecuador mit einer Ausnahme als Einwerksunternehmen auf. Von 640 Unternehmen hatten laut Industrieführer 1978-1979 nur 15 Filialbetriebe, wobei nicht immer erkennbar war, ob es sich hierbei um Produktionsstätten oder nur um Verkaufsbüros handelte. Meist waren diese Filialbetriebe entweder in Quito oder in Guayaquil ansässig. Die Gründe, die nach MIKUS (1979, S. 69) in Oberitalien, in der Schweiz und in Südwestdeutschland für die Entwicklung von Mehrbetriebsunternehmen entscheidend waren, haben in Ecuador sehr wenig Relevanz. Absatzgründe - bei MIKUS spielte dieses Argument mit 26,4% die größte Rolle - können in einem Land mit nur zwei größeren Märkten und einem geringen potentiellen Käuferkreis kaum Zweigwerksgründungen initiieren. Arbeitskräftemangel (siehe MIKUS, dort 18,9%) hat es für die Industrie in Ecuador nie gegeben, sieht man von qualifizierten Kräften ab. Erweiterung und Sicherung der Rohstoffbasis (12,4%) kann bei den meisten mittleren und kleineren Betrieben, die sich in Rohstoffnähe niederlassen, nur in Einzelfällen eine Rolle spielen, denn das zu verarbeitende Naturrohstoffvolumen ist relativ gering. Raummangel (10,5%) führte in Ecuador, wie in Kapitel 2.4.2 dargelegt, in der Regel zur Verlagerung des ganzen Unternehmens. Produktionsdiversifikation (6,5%) kann auch in Ecuador eine Relevanz für die Schaffung von Mehrbetriebsunternehmen haben. Allerdings geschieht dies meist durch die Gründung eines organisatorisch unabhängigen Unternehmens. Laut KAMPFFMEYER (1981, S. 10) soll die in Ecuador angewandte Zuordnung der Unternehmen zu einem Subsektor nach der Höhe des Anlagevermögens die horizontale Aufsplitterung im Falle einer Expansion in nur formalrechtlich selbständige "Kleinbetriebe" begünstigen. Kleinheit des Marktes, relativ kleine Produktionsstätten, Mangel an Konkurrenz sind wohl neben dem niedrigen Entwicklungsstand die Hauptursachen für das Fehlen von Mehrbetriebsunternehmen.

Nur vereinzelt sind vertikale Produktionsabfolgen einer Unternehmensgruppe
zu erkennen. Sie wurden bei der Branchenbeschreibung dargelegt. (Zuckerfabriken und Weiterverarbeitung der Bagasse zu Spanplatten oder Kartons, oder
"Funasa-Andec", wobei erstere Fabrik als schrottverarbeitender Zulieferer für
das Walzwerk gegründet wurde.)
Konzerne im üblichen Sinne sind in Ecuador kaum zu erkennen. Allerdings kontrollieren, nach außen nicht durchschaubar, Familienclans eine Reihe von Unternehmen. Dabei lassen sich vereinzelt horizontale Integrationen erkennen
(ein Familienclan kontrolliert drei Getränkefabriken, ein anderer mehrere
Textilbetriebe). Es dominiert die diagonale Integration. Hierbei handelt es
sich nicht, wie schon dargelegt, um Konzerne, vielmehr um Besitzverhältnisse,
die keinen Ausdruck in einer organisatorischen Zusammenfassung (z.B. Hol-
dings) fanden. Eine Sonderstellung nehmen die Unternehmen von "Dine" (vgl.
Kap. 3.4) und die Töchter von Multis ein, wie die bekannter Pharmakonzerne,
Elektrounternehmen etc. Sie sind in der Regel offiziell eigenständige Unternehmen (die Zentrale z.B. nimmt auf Personalentscheidungen im mittleren
Management kaum Einfluß). Sie haben sich jedoch den Gesamtinteressen des Konzerns weitgehend unterzuordnen, sind also insoweit von außen gesteuerte
Zweigwerke. Daß Multis wenig vertreten sind, ist auf den kleinen Markt zurückzuführen (vgl. Kap. 3.8.3).
Generell ist der Beitrag von Mehrwerksunternehmen für die industrielle Raumentwicklung niedrig anzusetzen. Wenn diese nur reine Produktionsfunktionen
in enger Ankoppelung an das Hauptwerk einnehmen, können von ihnen nur wenige
Entwicklungsimpulse auf eine ländliche Region ausgehen (vgl. MIKUS). Zur Zeit
besteht aufgrund des kleinen überschaubaren Marktes und kaum vorhandener
Agglomerationsnachteile für ecuadorianische Unternehmen wenig Veranlassung
zur Gründung von Zweigbetrieben.

3.   DIE ROLLE VON STAAT UND GESELLSCHAFT BEIM INDUSTRIALISIERUNGSPROZESS

Für die im letzten Jahrzehnt rascher einsetzende industrielle Entwicklung
kann man neben dem Erdölboom auch die zunehmend aktive Rolle des Staates als
Erklärung anführen. Der Bananenboom hingegen soll die industrielle Entwicklung eher behindert haben, da Kapital zugunsten der Investitionen in der Bananenwirtschaft anderen Sektoren und insbesondere der Industrie vorenthal-
ten wurde (RUMP, 1968, S. 24). Natürlich wurde durch die steigende Nachfrage
nach industriell erzeugten Gütern der I n d u s t r i a l i s i e r u n g s-
p r o z e ß b e g ü n s t i g t, weil sich durch den Agrarexport, mehr noch
durch die E i n k ü n f t e   a u s   d e m   E r d ö l s e k t o r, eine Verbesserung der Einkommenssituation zumindest für Teile der Bevölkerung ergab.
Wichtiger jedoch ist die Stärkung der Stellung des Staates durch die Einkommen aus Royalties und Exporten. Zur Verwaltung und Verteilung dieser Einkünfte wurde eine Behörde, FONADE, gegründet, die etwa 24-33% der Petro-
leumsabgaben zugewiesen bekam. Der Staatsanteil am Bruttoinlandsprodukt betrug 1976 21,6%. Mehr als ein Drittel hiervon stammt aus den Einnahmen aus
dem Erdölsektor. Tatsächlich war der Staatsanteil bei den Ausgaben durch
Schuldenaufnahmen etc. 1976 mit 24% höher (WELTBANK 1979).
Diese relativ günstige Finanzsituation machte den Staatsapparat unabhängiger
von den bisherigen Eliten und Interessengruppen. Er konnte neue und eigene
Prioritäten setzen (siehe von GRÄVENITZ, 1975). Mit Staat sind die ihn re-
präsentierenden und kontrollierenden Gruppen gemeint, das heißt bis 1979 die
Militärs und die sie unterstützenden Technokraten, danach die sie ablösenden,
teilweise populistischen, teilweise reformorientierten Politiker. Beiden
Gruppen ist gemein, daß sie der Mittelschicht entstammen. Beide wollten und
planten die Industrialisierung. In diesem Zusammenhang sei daran erinnert, daß
die Politik der Importsubstituierung zugunsten der Industrieförderung in
Ecuador, wenn auch spät, durch staatliches Handeln initiiert wurde (Kap.1.4).
Importzölle für Konsumgüter liegen in der Regel bei 50-70%, bei einigen
Luxusgütern der Unterhaltungselektronik (Farbfernseher, Stereoanlagen) und
bei PKWs erreichen die Zollsätze bis zu 200%. Die wichtigsten Instrumente
staatlicher Industrialisierungspolitik in Ecuador seien im folgenden Kapitel
aufgeführt.

3.1 Die Gesetzgebung zur Industrieförderung

Die "Ley de Protección Industrial", verabschiedet unter der Präsidentschaft
von Isidro Ayora (1925 - 1931), war der erste Versuch des Staates, sich in
den Industrialisierungsprozeß einzuschalten. Es hatte jedoch wegen der geringen Marktgröße, des Kapitalmangels und der mangelnden Durchsetzungskraft der
an einer Industrialisierung interessierten Gruppe gegenüber der Handelsbour-
geoisie nicht die erwünschte Wirkung.
Das 1957 verabschiedete Industrieförderungsgesetz (Ley de Fomento Industrial)
hat seither verschiedene Veränderungen erfahren (1962, 1965, 1970, 1971).
Mittlerweile steht eine erneute Novellierung an. Weitere relevante Gesetze
sind: Gesetz zur Förderung der regionalen Industrieentwicklung (Ley sobre
promoción industrial regional 1973), Gesetz zur Förderung der Kleinindustrie
und des Handwerks (Ley de Fomento de la Pequeña Industria y Artesanía 1965),
Gesetz zur Schaffung von Industrieparks (Ley de Fomento de Parques Industriales 1975) sowie 1979 das Gesetz zur Förderung der Automobilindustrie.
Das I n d u s t r i e f ö r d e r u n g s g e s e t z klassifiziert die
Betriebe in die Kategorien "Especial", "A" und "B". Die Kategorien sind nach
den Maßgaben und Prioritäten der Entwicklungsplanung festgelegt (Kap. 3.3).
Die Vergünstigungen sind entsprechend gestuft.
Als Förderkriterien gelten: Beschäftigungseffekte, Verbrauch nationaler Roh-
stoffe, Erhöhung der Exportchancen, Dezentralisierung und Herstellung neuer
Produkte. Das Gesetz verlangt ausdrücklich den Gebrauch nationaler Rohstoffe,
falls diese angeboten werden, und läßt nur wenige Ausnahmen beim Export zu.
Es sieht Steuerbefreiungen für die Schaffung von oder Umwandlung in Aktien-
gesellschaften vor, Steuererleichterungen für den Import von Rohstoffen oder
Zwischengütern, vorausgesetzt, daß diese nicht im Lande angeboten werden,
und für die Produktion von Exportgütern.
Besondere, abgestufte Erleichterungen werden bei folgenden Steuern gewährt:

- Staats-, Provinz- und Gemeindesteuer (außer bei Einkommensteuer, die bei
  Reinvestitionen abgezogen werden kann, und Steuern von Handelstransaktionen),
- Importzölle für Materialien, die nicht im Land selbst hergestellt werden,
- Zölle für den Import von neuen Maschinen, Anlagen und Ersatzteilen,
- Steuer bei Übertragung von Grundstücks- und Gebäudeeigentum.

Die JUNAPLA (heute CONADE) stellte bisher die Klassifizierung der Kategorien

zusammen und ordnete jährlich eine Liste von denkbaren Industrieaktivitäten
den Kategorien "A" oder "Especial" zu. Dabei wurden Investitionsvolumen, not-
wendiges Eigenkapital, Mindestproduktionsvolumen, Absatzmarkt, Technologie-
fragen und Anteil des zu importierenden Materials mit aufgelistet. Zusätzlich
war JUNAPLA verpflichtet, folgende weitere Aspekte zu benennen: Bedeutung
der geplanten Investition für die wirtschaftliche und soziale Entwicklung,
Effekte für die Importsubstitutionen, Exportchancen sowie die Auswirkungen
auf andere Industrien oder den Agrarsektor. Die Investitionsvorhaben, die
sich nicht auf dieser Liste befinden, werden in der Regel der Kategorie "B"
zugeordnet.

Eng gekoppelt ist dieser Katalog mit dem regionalplanerischen Ziel der Dezentralisierung der Industrie. Diese Neuerung ist der eigentliche Inhalt der
"Ley de Promoción Industrial Regional" (1973). Demnach darf die Industrie,
die sich außerhalb von Pichincha und Guayas ansiedelt, mit noch höheren Sätzen oder längeren Laufzeiten bei der Steuerbefreiung rechnen. Die restlichen
Provinzen sind in zwei weitere Gruppen unterteilt, wobei (Abb. 12) die schwächer industrialisierten Provinzen der intensiver geförderten Zone 2 zugerechnet werden. Diese wenig zielgerichtete Politik fand ihre Fortsetzung im Fünfjahresplan 1980 - 1984 (1980, S. 21, Karte 1). Dessen Industrialisierungsstrategie sieht vor, daß alle Städte mit mehr als 50 000 Einwohnern außer
Quito und Guayaquil als Orte zweiter Kategorie für Industrieinvestitionen
ausgewiesen sind (vgl. MORRIS 1981, S. 286). Es bleibt dahingestellt, ob es
nicht sinnvoller wäre, konkrete Entwicklungspole wie Manta, Esmeraldas, Riobamba und Cuenca auszuweisen, die eine reelle Chance auf eine rasche Entwicklung erwarten lassen, als Provinzen zu unterstützen, die wegen ihrer vielfältigen Benachteiligung ohnehin wenig Aussichten auf eine baldige Industrialisierung haben.

Ziel dieser Planung ist, der geringen wirtschaftlichen Integration weiter
Teile des Landes und der ungleichen Einkommensentwicklung entgegenzuwirken.
Schließlich will man komparative Kostenvorteile nutzen, die sich aufgrund
von Rohstoffvorkommen, Verkehrslage und Arbeitskräftepotential ergeben müßten. Solange die Zentralitätsvorteile für die einzelne Firma die Nachteile
einer industriellen Ballung überwiegen, wird dies allerdings schwer zu erreichen sein.

Da das ökonomische Interesse des Einzelunternehmens mit den sozio-ökonomi-

Regionale Jndustrieförderung und nach der Ley de Fomento Jndustrial 1977 geförderte Neugründungen.

(Abbildung 12)

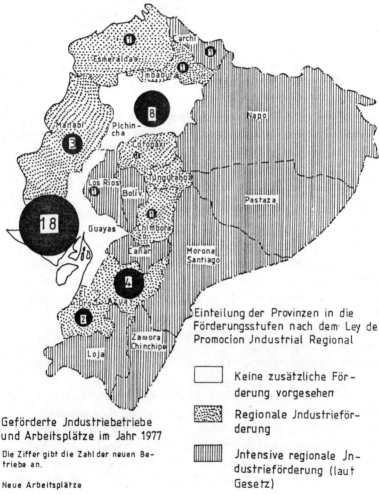

Einteilung der Provinzen in die
Förderungsstufen nach dem Ley de
Promocion Jndustrial Regional

☐ Keine zusätzliche För-
derung vorgesehen

▦ Regionale Jndustrieför-
derung

▥ Jntensive regionale Jn-
dustrieförderung (laut
Gesetz)

**Geförderte Jndustriebetriebe
und Arbeitsplätze im Jahr 1977**

Die Ziffer gibt die Zahl der neuen Betriebe an.

Neue Arbeitsplätze

Quelle: Ley de Promocion Jnd. Reg.
u. JUNAPLA 1979

schen Zielsetzungen des Staates nur in Ausnahmefällen koinzidiert, wird
neben dem erwähnten Gesetz zur Dezentralisierung zu folgenden Maßnahmen
gegriffen:

1. Die Erstellung einer Liste von Investitionsvorhaben, ähnlich denen des
   Andenpaktes, nur auf regionaler Ebene, worin festgelegt wird, welche Produktion in welcher Provinz angesiedelt werden sollte. Diese Liste wurde im
   Jahre 1976 erstellt (Lista de Inversiones Dirigidas = LID). 1979 umfaßte
   sie 130 Projekte für die schwächer industrialisierten Provinzen. 75% betreffen die Verarbeitung landwirtschaftlicher Produkte aus den zugeordne-
   ten Provinzen. Für diese Investitionen sind 100% Einkommensteuerbefreiung
   bis zu zehn Jahren vorgesehen, ohne daß die Gewinne reinvestiert werden
   müssen. Bedeutendstes Projekt ist die Automobilindustrie, bei der nicht
   nur die Montageorte Riobamba und Manta festgelegt, sondern auch die Zulieferindustrien den Provinzen zugeteilt wurden.

2. Dafür werden bei der Festlegung solcher Vorhaben die komparativen Vorteile
   soweit wie möglich berücksichtigt. Man versucht, für diese Investitionen
   die infrastrukturellen Voraussetzungen zu schaffen.

3. Der Staat selbst siedelt seine Grundstoffindustrien in den weniger industrialisierten Provinzen an.

Die Gefahr dieser Planung liegt darin, daß dem Verlangen von privatem Kapital
noch nachgegeben werden muß oder die Projekte von vornherein nicht realisiert
werden. Der Staat übernimmt dem Unternehmer gegenüber eine gewisse Verantwortung und muß damit rechnen, bei finanziellen Mißerfolgen die Konsequenzen mit-
tragen zu müssen.

Das "G e s e t z   z u r   G r ü n d u n g   u n d   F ö r d e r u n g   d e r
K l e i n i n d u s t r i e   u n d   d e s   H a n d w e r k s" (Ley de Fomento de la Pequeña Industrie y Artesanía) gewährt ähnliche Vergünstigungen wie
die "Ley de Fomento Industrial". Es hat insofern eine große Relevanz, als darunter Betriebe fallen, die über ein Festkapital von weniger als 5 Mio. Sucres
verfügen (ohne Grundstücks- und Gebäudewert) (1). Nach KAMPFFMEYER u.a.(1981)

---

(1) Unter diese Größenordnung fallen Betriebe, die im Rahmen der im Kap.2 dar-
    gelegten Definitionen durchaus erfaßt sind. Die Unterscheidung zwischen In-
    dustrie und Kleinindustrie wird in Ecuador oft unterschiedlich vorgenommen.
    Obwohl das Gesetz Kleinindustrie- und Handwerksförderung zum Ziel gesetzt
    hat, dürften die Handwerksverbände mit ihrer Behauptung recht habe, daß es
    ebenfalls ein Förderungsgesetz für die Industrie und nicht für das Handwerk
    ist.

nimmt ein gutes Drittel der Kleinunternehmen die steuerlichen und tarifären Vergünstigungen an, insbesondere die Großen dieser Kategorie, obwohl sie teilweise über der gesetzlichen Kleinindustrieschwelle liegen. So sind nach derselben Quelle nur 48% der "kleinen" im Gegensatz zu 68% der "mittleren" und 78% der "großen" Kleinbetriebe als förderungswürdig klassifiziert. Nur 53% der klassifizierten Kleinbetriebe nehmen die angebotenen Vergünstigungen an. Die Gründe liegen einerseits in der Unkenntnis der Unterstützungsmöglichkeiten, andererseits schreckt das Antragsverfahren mit seiner langen Bearbeitungszeit ab.

Die staatlichen Vergünstigungen der "Ley de Fomento Industrial" wurden zwischen 1957 und 1978 von 939 Betrieben relativ häufig in Anspruch genommen. Allein im Zeitraum 1972 - 1978 wurden 436 Firmen, davon 143 der Kategorie "Especial" oder "A", klassifiziert (MICEI 1979, Tabelle B-17). Weniger erfolgreich waren die Dezentralisierungsbemühungen, die mit Hilfe des Gesetzes "Ley sobre Promoción Industrial Regional" erleichtert werden sollten, denn von 436 Betrieben mit 23 638 neuen Arbeitsplätzen siedelten nur 91 Unternehmen mit 6297 Beschäftigten außerhalb von Pichincha und Guayas (MICEI, 1979, Tabelle B-12). Näheres in der Tabelle 21.

TABELLE 21: PROZENTANTEILE DER INDUSTRIEN, DIE NACH DER "LEY DE FOMENTO IN-
DUSTRIAL" GEFÖRDERT WURDEN UND AUSSERHALB VON PICHINCHA UND
GUAYAS IHREN STANDORT NAHMEN

Jahr	% der Be-triebe	% Anteil des Investi-titionsaufwandes	% Anteil der Be-schäftigten	% Anteil des Pro-duktionswertes
1972	14,0	61,2	13,5	13,6
1973	18,3	19,0	28,6	30,1
1974	25,5	13,4	30,4	20,0
1975	16,2	49,8	23,3	28,2
1976	11,7	18,0	14,2	16,2
1977	36,6	47,1	29,4	42,0
Ø 72-77	19,6	34,1	22,8	25,1

Quelle: SENDIP 1979, 1.Band S.397

Auffallend ist, daß der Beschäftigungseffekt und der Produktionsanteil weit
unter dem Prozentsatz des Investitionsaufwandes blieben. Die Investitionsvorhaben des Staates, wie zum Beispiel die Raffinerie in Esmeraldas, sind teuer
und haben geringe Beschäftigungseffekte. Ein Unternehmen, das sich in der
Provinz ansiedelt, muß, im Vergleich zu Unternehmen in den beiden industriellen Zentren, enorme Zusatzinvestitionen vornehmen, um das Infrastrukturdefi-
zit auszugleichen.
Wenn man berücksichtigt, daß 1976 20,4% der Firmen und 21,3% der Industriebeschäftigten außerhalb von Guayas und Pichincha angesiedelt waren, so muß
der Schluß gezogen werden, d a ß   d i e   e r l ä u t e r t e n   D e z e n -
t r a l i s i e r u n g s b e m ü h u n g e n   d e s   S t a a t e s   k e i -
n e n   n e n n e n s w e r t e n   E r f o l g   g e z e i g t   h a b e n.
Zwar setzt man von staatlicher Seite große Erwartungen in die "Listas de Inversiones Dirig idas", jedoch bleibt der Erfolg abzuwarten. Es bleibt, wie bei
allen gesetzgeberischen Maßnahmen, den Protagonisten die Möglichkeit zur Behauptung, daß ohne diese die Entwicklung wesentlich ungünstiger verlaufen
wäre.

3.2 Kredit- und Kapitalhilfen für die Industrie

Bis 1963 war es für ein Industrieunternehmen unmöglich, von einem öffentlichen
Bankinstitut einen mittel- oder langfristigen Kredit zu erhalten. Nur die
"Banco de Fomento" gewährte gelegentlich kurzfristige Darlehen. Mit der Grün-
dung der "Comisión de Valores - Corporación Financiera Nacional" (CV - CFN)
als staatliche Entwicklungsbank (1964) bekam die Industrialisierung durch das
Finanzwesen wichtige Impulse. 1966 entstand mit ähnlicher Zielsetzung die
"Corporación Financiera Ecuatoriana" (COFIEC). Insgesamt wurden 1977 laut Zen-
tralbank 43 Mrd. Sucres Kredite eingeräumt (BANCO CENTRAL, Memoria 1977, S.63,
Provisorische Angaben). Für die Industrie blieben 9,9 Mrd. Sucres oder 22,9%.
Von den Entwicklungsbanken wie CV-CFN, COFIEC, FINANSA, FINANCIERA GUAYAQUIL
und kleineren Institutionen wurden 2,3 Mrd. Sucres vorwiegend langfristige
Kredite gewährt. COFIEC fungiert auch als Teilhaber an 14 Industrieunternehmen (COFIEC 1978). Laut CENDES wurden im Zeitraum 1972 - 1978 für Kleinindustrie und Handwerk 3,7 Mio. Sucres Kredite bereitgestellt, für die Industrie
rund 17 Mrd. Sucres.

Bei einem Gesamtaufwand von 25,3 Mrd. Sucres für Industrieinvestitionen im
Zeitraum 1972 - 1978, von denen 59% Neuinvestitionen und 41% Erweiterungs-
investitionen waren, wurden demnach 67% mit Krediten von staatlichen und privaten Geldgebern finanziert. Voraussetzung war, daß diese Darlehen nur für
Investitionen gewährt wurden (MICEI 1979, verschiedene Tabellen). Vergleicht
man anhand der Tabelle die Kreditvergabe an Kleinindustrie und Handwerk einerseits und an die Industrie andererseits, fallen die unterschiedlichen
Prioritäten auf, die durch die verschiedenen Strukturen erklärbar sind (vgl.
Tab. 22). Zwar steht die Nahrungsmittel-, Getränke- und Tabakindustrie bei
der Kreditvergabe an erster Stelle, sie wird bei der Förderung jedoch nicht

TABELLE 22: ANTEILE DER VERSCHIEDENEN INDUSTRIEBRANCHEN AN DER KREDITGEWÄH-
RUNG VON DEN BANKEN UND FINANZIERUNGSINSTITUTEN 1972 - 1978 (in%)

Branche	Kleinindustrie Handwerk	Industrie	Anteil der Wertschöpfung der Industriebetriebe	
			1972	1976
	%	%	%	%
Nahrungsmittel,Ge- tränke, Tabak	17,5	22,2	40,9	39,7
Textil, Bekleidung, Schuhe, Leder	28,6	14,2	15,9	13,9
Holz und Möbel	15,5	5,3	3,4	3,4
Papier, Druck	5,8	6,8	7,5	6,8
Chemie, Gummi, Erdöl- derivate	3,3	14,6	17,0	16,7
Nichtmetall.Mineralien, Keramik, Zement	4,9	10,4	5,2	5,5
Metallerzeugung	-	7,8	1,4	1,6
Metallverarbeitung und Fahrzeugbau	14,8	16,5	7,9	11,7
Sonstige	9,6	2,2	0,6	0,7
	100	100	100	100

Quelle: MICEI, Tabelle B-15 und INEC 1979, Encuesta ... 1976

so stark unterstützt, wie dies ihrem bisherigen Gewicht und den Möglichkeiten entsprechen würde. Dem stehen die wiederholten Beteuerungen von offiziellen Stellen gegenüber, wonach dieser Branche höchste Priorität zukomme. Berücksichtigt man das physisch-geographische Potential, die Verfügbarkeit von Arbeitskräften, Exportchancen und die 'geringen Importquoten, könnte man sich eine intensivere Förderung vorstellen. Demgegenüber erfreut sich die Textil- und Bekleidungsindustrie einer erheblichen Förderung, trotz der erwähnten Überkapazitäten im Textilbereich. Weder die holzverarbeitende und Möbelindustrie noch die Druck- und Papierindustrie wurde den Notwendigkeiten entsprechend unterstützt. Rasche Expansion erfuhr die metallverarbeitende Industrie und der Fahrzeugbau. Die Kreditvergabe hat einen Entwicklungsimpuls in diesen Branchen bewirkt, wie man anhand der Wertschöpfung feststellen kann. Die Tabelle spiegelt die reale Industrieförderung wider.

Die industriellen Arbeitsplätze wurden in den letzten Jahren teurer. So kostete ein Arbeitsplatz 1972 nur 214 058 Sucres, 1977 aber schon das Vierfache (CENDES 1978). Diese Steigerung läßt sich nicht allein mit der jährlichen Inflation bei Industriepreisen von 14% erklären. Vielmehr verleitete die Verfügbarkeit von Geld auf dem Kapitalmarkt zu kapitalintensiveren Investitionen. Abbildung 13 soll belegen, daß von der Kreditvergabe der öffentlichen und privaten Finanziers keine raumverändernde Wirkung ausgehen kann, weil nach wie vor die dominierenden Zentren überproportional bevorzugt werden. Zwar sind die staatlichen Kredite etwas ausgewogener verteilt, aber eine regional ausgleichende Wirkung geht von diesen Darlehen kaum aus. Es bestünde zumindest bei der Kreditvergabe von staatlicher Seite die Möglichkeit, auf die Dezentralisierung der Industrie einzuwirken. Der ökonomische Zwang zum Erfolg nimmt jedoch auf solche planerischen Wunschvorstellungen wenig Rücksicht. Kredite werden dort gewährt, wo die besten Verwertungsbedingungen für das investierte Kapital zu erwarten sind.

3.3 Staatliche Institutionen zur Industrieförderung

Die 1954 gegründete "Junta Nacional de Planifiación y Coordinación Económica" (JUNAPLA) hatte die Aufgabe, allgemeine Entwicklungsrichtlinien für die Nationalpläne zu entwickeln. Diese Planungsaufgaben, von der Planerstellung und

Kreditverteilung der staatlichen und privaten Banken nach Provinzen und Wirtschaftssektoren im Jahre 1977.

Abbildung 13

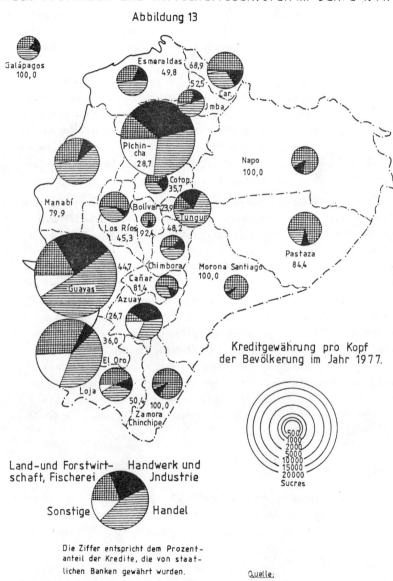

Kreditgewährung pro Kopf der Bevölkerung im Jahr 1977.

Land-und Forstwirt- Handwerk und
schaft, Fischerei   Jndustrie

Sonstige   Handel

500
1000
2000
5000
10000
15000
20000
Sucres

Die Ziffer entspricht dem Prozentanteil der Kredite, die von staatlichen Banken gewährt wurden.

Nationaler Durchschnitt = 43,2 %.

Quelle:

Angaben der Superintendencia
de Bancos

Koordination bis zur Durchführung und Evaluierung, umfassen auch die industrielle Entwicklung. Der "Conseja Nacional de Desarollo" (CONADE) unter der
Leitung des Vizepräsidenten übernahm Ende 1979 diese Funktionen. Im letzten
Fünfjahresplan "Plan Integral de Transformación y Desarollo" 1973 - 1977
wurden 10,1% Wachstum für Industrie und Handwerk prognostiziert. Dies wurde
dann tatsächlich aufgrund der Ölpreisentwicklung mit 11,7% übertroffen, wobei die Industrie mit einem Wachstum von 14% der dynamischere Teil war. Nach
diesem Entwicklungsplan sollte die Industrie als rasch wachsender Sektor die
nationale Souveränität stärken, im Innern die Integration aller sozialen
Gruppen fördern, Unterbeschäftigung mindern und die Einkommen sowohl in
räumlicher als auch in schichtenspezifischer Hinsicht angleichen.
Ob sich diese Ziele per se mit einer Industrialisierungspolitik erreichen
lassen, oder ob dadurch entgegengesetzte Effekte, wie z.B. Verlust von Arbeitsplätzen beim Handwerk, Konzentration des Einkommens auf Mittel- und
Oberschicht sowie auf die industrialisierten Zentren, wahrscheinlicher sind,
sei dahingestellt (1). Denkbar ist ein Entgegenwirken durch gezieltes politisches Handeln, was dann aber in der Regel selten das gewünschte Investi-
tionsklima erzeugt, das notwendig ist, um die ehrgeizig hohen Zahlen zu erreichen (2). Folgende Intentionen waren mit dem Fünfjahresplan noch verbunden:

1. Stärkere Verflechtung der Industrie und Verknüpfung mit anderen Wirt-
   schaftssektoren. Ausbau der Kapital- und Zwischengüterindustrie. Ausnüt-
   zung der durch den Andenmarkt zugewiesenen Produktionsmonopole.
2. Selektive Substitution von Importgütern, sofern dies ökonomisch zu rechtfertigen ist.
3. Ausweitung des Binnenmarktes für Konsumgüter. Bei Kapital- und Zwischengütern sollen die Investitionsbereiche Transportwesen, Kommunikation,
   Energie, Städte- und Wohnungsbau, Wasserversorgung und Entsorgung besonders beachtet werden.

---

(1) Der Plan mußte unter der Militärregierung, die 1972 antrat, rasch er-
    stellt werden, um diese zu legitimieren und die verschiedensten Grup-
    pen zufriedenzustellen (s. Von GRÄVENITZ 1975).

(2) Ein Beispiel: Die Erhöhung der Mindestlöhne für Fabrikarbeiter 1979
    auf 4000 Sucres per Gesetz verschärfte die Konflikte in der Industrie
    nicht zuletzt dadurch, daß Massenentlassungen, Preissteigerungen und
    nachlassende Investitionen die Folge waren.

4. In den zu schaffenden regionalen Entwicklungspolen soll sich die Industrie auf die dort vorhandenen Ressourcen (Bergbau, Agrar- und Forstwirtschaft etc.) stützen. Ausbau der Zulieferindustrien.

5. Erreichung der Konkurrenzfähigkeit zu den übrigen Andenpaktländern durch Modernisierung und Rationalisierung.

6. Verstärkte Integration im Andenmarkt, um so die Marktenge Ecuadors zu überwinden.

7. Umwandlung von Handwerksbetrieben in Kleinindustrien, die Versorgungs- funktionen für den nationalen Markt wahrnehmen.

8. Der Staat greift durch seine Zoll- und Kreditpolitik, aber auch als Unter- nehmensgründer aktiv in den Industrialisierungsprozeß ein.

Dieser Plan rief aus verschiedenen Gründen Kritik hervor. VON GRÄVENITZ (1975, S. 193 u. 194) stellte zu Recht große Diskrepanzen in den Aussagen fest und kritisierte die fehlende Geschlossenheit. Die sozialen Zielsetzungen und die Entwicklungsstrategien, die Projekt- bzw. Programmfixierungen stehen isoliert nebeneinander.

Nach Ablauf der letzten Fünfjahresfrist läßt sich der Erfolg abschätzen. Die quantitativen Ziele wurden erreicht. Die Exportstruktur jedoch blieb ähnlich, denn Primärgüter, vorwiegend Erdöl und nur wenige industriell verarbeitete Produkte stehen einem steigenden Import gegenüber. Die Investitionsvolumina wurden von privaten Investoren erheblich übertroffen, von staatlicher Seite nur knapp verfehlt. Hatte vor 1972 der Staat kaum Industriebeteiligungen, so verfügte er nach Ablauf des Planes in 29 Firmen über die Mehrheit des Aktien- kapitals und in weiteren 18 Unternehmen über eine Minderheitsbeteiligung. A b e r   d a s   Z i e l ,   g r ö ß e r e   B e s c h ä f t i g u n g s e f - f e k t e   z u   e r r e i c h e n , w u r d e   w e g e n   d e r   k a p i - t a l i n t e n s i v e n   I n v e s t i t i o n e n   i n   d e n   n i c h t   t r a d i t i o n e l l e n   B r a n c h e n   v e r f e h l t. E b e n s o   w u r d e   d i e   D e z e n t r a l i s i e r u n g s p o l i t i k   u n d   d i e   S c h a f f u n g   d e r   E n t w i c k l u n g s p o l e   n i c h t   r e a l i s i e r t. Andererseits wurde von JUNAPLA (1979) generell eine Verbesserung der Einkommensverteilung konstatiert. Zwar läßt sich an den bei- den Extremen der Einkommensleiter eine größere Zunahme des Reichtums der Reichsten und der Armut der Ärmsten in den Städten feststellen. Die Mittel- schicht und die organisierten Arbeiter konnten ihren Anteil am Einkommen jedoch erhöhen.

Die Zielsetzungen des von der Regierung J. Roldos und O. Hurtado verkünde-
ten Entwicklungsplanes für den Zeitraum 1980 - 1984, der auch einen Investi-
tionsplan beinhaltet, liegt darin, die wirtschaftliche Expansion mit sozialer Gerechtigkeit zu kombinieren. Allerdings erhielt dieser Plan nicht die
notwendige Unterstützung der verschiedenen Gruppen und Parteien, wobei die
Hauptkritik in folgenden Punkten lag (SOHNS, R. 1980):

- Zu optimistische Annahmen und ein Investitionsprogramm, das wegen der
  Inflationsprobleme unrealistisch und bei den geringen wirtschaftlichen
  Wachstumsaussichten nicht finanzierbar sei (Unternehmerseite).
- Fehlen struktureller Reformen und Zugrundelegung der momentan vorherr-
  schenden ökonomischen und sozialen Bedingungen (Gewerkschaft und einige
  Parteien).
- Generell wurde bemängelt, daß sich schon im Jahr 1980 eine gewaltige Dis-
  krepanz zwischen der Finanzpolitik und den Finanzerfordernissen des Plans
  ergab.

Der neue Entwicklungsplan unterscheidet sich von dem
vorhergehenden dadurch, daß der Landwirtschaft ein höherer Stellenwert beigemessen und der Industrialisierung weniger Be-
achtung geschenkt wird. Ferner werden verstärkt Zielsetzungen im sozialen Bereich (Gesundheitswesen, Wohnungsbau, Bildungswe-
sen) genannt.

Bei einem geplanten Investitionsaufwand des öffentlichen Sektors von
154,4 Mrd. Sucres im Zeitraum 1980 - 1984 sind nur 8,1 Mrd. für das produzierende Gewerbe eingeplant. Die Zielsetzungen für die industrielle Entwicklung ähneln den acht genannten Punkten des Vorgängerplans. Der industrielle
Sektor soll um 10% wachsen, wobei mit fast 21 000 neuen Arbeitsplätzen gerechnet wird. Dem Technologiedefizit soll mehr Beachtung geschenkt werden.
Die Regierung will sich selbst auf sieben Projekte beschränken (Düngemittel-
produktion, Zementherstellung, Stahlproduktion, Industriealkoholerzeugung,
Automobilindustrie, Pharmazie, Zellstoff- und Papierherstellung).
Für die Industrieförderung am einzelnen Projekt, Faktibilitätsstudien, Fi-
nanzierungsplan etc. wurde CENDES (Centro de Desarollo Industrial del Ecuador) 1962 geschaffen. CENAPIA (Centro Nacional de Promoción de la Pequeña
Industria y Artesanía) hat eine ähnliche Funktion für die Kleinindustrie

und die Handwerksförderung. CENDES fertigte bis 1979 etwa 300 Studien an.
CENDES führt die Regie bei der Planung von Industrieparks, bietet den Firmen
Rechtsberatung und ist Ansprechpartner aller investitionswilligen Unternehmen. Bei einigen Industrien hält CENDES Aktienanteile. CENAPIA wurde 1975
in Anlehnung an das Vorbild CENDES gegründet. Es ist personell und materiell
nicht genügend ausgestattet und konnte deshalb nie die Bedeutung von CENDES
erreichen.

Wichtige Institutionen für die Regionalentwicklung sind: CRM (für Manabí),
CEDEGE (für Guayas und Los Ríos), CREA (für Azuay, Cañar, Morona Santiago),
PREDESUR (für Loja, El Oro und Zamora Chinchipe) und OIPE (für Esmeraldas).
Ihre Wirksamkeit ist sehr unterschiedlich. Entstanden sind sie meist aus dem
Versuch, ein spezifisch regionales Strukturproblem zu lösen. CRM z.B. befaßt
sich mit den Auswirkungen der Dürre, CREA wurde gegründet, um dem Niedergang
der Strohhutherstellung entgegenzuwirken, PREDESUR als ecuadorianischer Beitrag zu einem Zweiländerprogramm, das die Grenzregionen Perus und Ecuadors
entwickeln soll. Keine dieser Regionalentwicklungsorganisationen hatte eine
solche Bandbreite der Aktivitäten und damit soviel Einfluß auf die industrielle Entwicklung wie CREA (MORRIS, 1981, S. 279-283).

Raumplanerische Projektionen und Zielvorgaben bleiben JUNAPLA vorbehalten.
Sie geht von folgenden funktionalen Zuordnungen für die verschiedenen Regionen aus (JUNAPLA, Ecuador: Estrategia de Desarollo 1979, S. 57):

1. Das Talsystem des Río Guayas soll im unteren Teil der Industrialisierung
   und einer diversifizierten Landwirtschaft vorbehalten, die oberen Täler
   hingegen sollen vorwiegend für den Export agrarisch genutzt werden.

2. Das innerandine Beckensystem hat aufgrund der hohen Bevölkerungsdichte
   eine große ökonomische Bedeutung. Die Landwirtschaft ist auf den Binnenmarkt ausgerichtet, beim produzierenden Gewerbe soll die Leichtindustrie
   im Vordergrund stehen.

3. Das Flußsystem Esmeraldas, Santiago und Mira soll der land- und forst-
   wirtschaftlichen Nutzung vorbehalten bleiben. Zusätzlich ist die Schaffung entsprechender Industrie auf landwirtschaftlicher Basis geplant.

4. Die Region Manabí ist stark durch die Fischerei und den Hafen bestimmt.
   Eine exportorientierte Landwirtschaft und der Ausbau der Metallindustrie
   sollen die Region wirtschaftlich absichern.

5. Im Süden Ecuadors soll die Küste mit spezialisierter exportorientierter

Landwirtschaft kombiniert mit Schwerindustrie ausgestattet werden. Die südliche Sierraregion kann landwirtschaftliche Produkte für den nationalen Markt erzeugen. Außerdem soll Leichtindustrie angesiedelt werden.

6. Der Oriente ist auf Erdölförderung, Holzverarbeitung, Alkoholerzeugung auf Zuckerrohrbasis, Weidewirtschaft und im bescheidenen Rahmen Kleinindustrie festgelegt.

Diese grobe Zuordnung, bestimmt durch die nationalen Ressourcen und durch die geographische Lage, wird sich sicherlich nicht streng durchhalten lassen. Gerade die industrielle Aufteilung kann durch ein solches Raster nicht verwirklicht werden. Dieser bescheidene planerische Versuch läßt auch andere Optionen offen. So war ja z.B. Esmeraldas schon früher zum Zentrum der Erdölverarbeitung bestimmt worden. Mit diesen Planungsansätzen ist die Absicht verbunden, den Städten mittlerer Größe zu mehr Zentralität zu verhelfen, um die Migration nach Quito und Guayaquil zu reduzieren. Dies leisten schon einige Städte der Costa mit enormen Zuwachsraten, die keine gesunde Stadtentwicklung erhoffen lassen. Sie mußten dabei bisher auf eine ausreichende staatliche Förderung verzichten.

In diesem Zusammenhang sei darauf hingewiesen, daß man in Ecuador die Frage einer Regionalisierung des Staatsgebietes diskutiert, weil erkannt wurde, daß die alten Verwaltungseinheiten (Provinzen, Kantone) den Erfordernissen moderner Planung nicht mehr entsprechen. Regionale Entwicklungspole können nur in begrenzter Anzahl geschaffen werden (wobei hier allerdings auf die Fragwürdigkeit des Entwicklungspolkonzeptes hingewiesen werden muß). In dem von JUNAPLA herausgegebenen Planungsatlas (Planificación Regional, Estructura des Espacio Ecuatoriano, Quito 1977) wurde versucht, funktionale Verflechtungsräume auszuweisen.

3.4 Der Staat als Industrieunternehmer

In der Vergangenheit verfolgte der ecuadorianische Staat die Absicht, durch eigenes finanzielles und unternehmerisches Engagement der wirtschaftlichen Entwicklung wichtige Impulse zu geben. Nach Angaben der JUNAPLA h a t t e d e r S t a a t i n d e n J a h r e n 1974 - 1978 e i n e n A n - t e i l v o n 40,6% a m G e s a m t i n v e s t i t i o n s v o l u - m e n i m p r o d u k t i v e n S e k t o r. Er engagierte sich vorwiegend im Grundstoffbereich. In den ersten Jahren der Militärdiktatur (1972-1979) bestand die Absicht, rein staatliche Unternehmen zu gründen. Inzwischen

sind die meisten dieser Unternehmen gemischte Gesellschaften mit privater
Kapitalbeteiligung (C.E.M.). Ausnahme ist die Raffinerie in Esmeraldas, bei
der die staatliche Petroleumsgesellschaft CEPE alleiniger Eigentümer ist.
Ein großer Teil der Unternehmen wird von DINE (Dirección de Industrias del
Ejército) als Dachgesellschaft verwaltet. Bis auf die Unternehmen, die nur
für die Streitkräfte produzieren, treten sie auf dem Markt wie Privatgesell-
schaften auf. Sie werden oft von einem pensionierten Offizier geführt. Gegründet wurde DINE 1973 mit der Maßgabe, sich der Entwicklung, Organisation
und Verwaltung der Grundstoffindustrie zu widmen, besonders in Bereichen, in
denen militärische Interessen berührt werden oder privates Kapital für die
Firmengründung nicht ausreicht.
Für den militärischen Bedarf produzieren folgende Firmen: "Fame" (täglich
1000 Schuhe, jährlich 150 000 Uniformen) mit 480 Beschäftigten; mit israeli-
scher Unterstützung "Fadem-Cem" (Zeltplanen und ähnliches); die Sprengstoff-
fabrik "Explocem" und die Munitionsfabrik "Santa Barbara" bei Sangolquí, wo
später 200 - 300 Arbeiter beschäftigt werden sollen.
Röhren produzieren die gemischten Unternehmen "Indaco" und "Armco", bei denen
DINE nur ein Teil des Aktienpaketes hält, wie bei "Ecuacobre" (sanitäre Einrichtungen), einem Unternehmen, dessen gelungene Architektur auffällt.
"Imaco-Cem" stellt Baumaterialien her. Der private Anteil des Aktienpaketes
gehört Mitgliedern der Streitkräfte. Die Zementfabrik "Cotopaxi" wird auf
4000 m Höhe die großen Kalkvorkommen in Unacota bei Zumbahua ausbeuten (die
Tageskapazität von 1000 - 1500 t soll fünf Provinzen versorgen). Bei dem
neben dem Automobilprojekt wichtigsten Industrievorhaben, dem geplanten
Stahlhüttenwerk "Compañia Ecuatoriana de Siderúrgica" ("Ecuasider"), soll
sich DINE neben CFN, CEPE und CENDES mitbeteiligen (1). Die gemeinsame Beteiligung von DINE, CFN und CENDES kommt bei gemischten Gesellschaften häufig
vor. Weitere wichtige gemischte Unternehmen sind die Zementanlagen "Selva Alegre" in Otavalo und "La Cemento Nacional" in Guayaquil, die Düngerfabriken
"Abonos del Estado" und "Fertilizantes Orgánicos de Quito" und "Fertilizantes
Ecuatorianas", die milchverarbeitenden Betriebe "Lacteos Huancavilca", "Pro-

---

(1) Siehe Kap. 2.5.9 und Kap. 6. Leider ist mir nicht bekannt, welche Haltung die Zivilregierung gegenüber DINE einnehmen wird. Sicherlich wird
sie es sich nicht leisten können, am Bestand dieser Institution zu rüt-
teln. Denkbar ist, daß DINE bei neuen Projekten nicht mehr im bisher
üblichen Rahmen beteiligt wird.

ductos Lacteos Cuenca", der holzverarbeitende Betrieb "Industrial Forestal
Cayapas C.E.M.".
Schon in den frühen Nachkriegsjahren investierte die Banco de Fomento als
staatliches Kreditinstitut in die Industrie. Sie war zusammen mit der Pre-
visión Social und dem Landwirtschaftsministerium unter Einbeziehung der Stand-
ortgemeinden an der Zuckerfabrik "Tabacunda" in Imbabura und an der Zementfabrik in Cañar beteiligt. Das Landwirtschaftsministerium und die Gemeinden
investierten in Schlachthöfe und milchverarbeitende Betriebe. Der Staat beteiligte sich an der fischverarbeitenden Industrie und bei "Té Zulay" im
Oriente.
Die staatlichen Aktivitäten werden stets von dem Mißtrauen der Privatunter-
nehmer begleitet, besonders dann, wenn sie außerhalb der Grundstoffindustrie
liegen. Der Staat gilt in diesem Kreis als schlechter Unternehmer.

3.5 Infrastrukturleistungen des Staates

Aufgrund des Bananenbooms, mehr noch durch die Einnahmen aus den Erdölexpor-
ten konnten in den letzten Jahren vielerlei infrastrukturelle Aufgaben bewältigt werden, die in den Jahrzehnten zuvor aus Kapitalmangel nicht wahrgenommen werden konnten. So sind seit etwa Mitte der Siebziger Jahre weite Teile der Republik mit asphaltierten Straßen verbunden. Gewaltige Investitionen
bei der Energieversorgung (Paute u.a.) sollen in den nächsten Jahren einen
der störendsten Engpässe für die industrielle Entwicklung beseitigen. So wurden 63% der Bauinvestitionen vom öffentlichen Sektor vorgenommen (CHAMORRO
1977, S. 113).
Es wurden viele staatliche Behörden, die infrastrukturelle Aufgaben übernehmen sollen, gegründet bzw. bestehende besser ausgestattet (1). Bei all den
Organisationen mangelt es am Vermögen, den Aufgaben adäquat und ohne größeren bürokratischen Aufwand zu entsprechen. Koordinationsschwierigkeiten und
die mangelnde Fähigkeit, den Fortgang der Maßnahmen zu kontrollieren, lassen
Projekte oft scheitern. Auch die Vorbereitung der Planung ist mangelhaft.

---

(1) Zu nennen sind hier für die Landwirtschaft das Instituto Nacional de
    Investigaciones (INIAP), Instituto Ecuatoriano de Recursos Hidraulicos
    (INERHI), Instituto Ecuatoriano de Reforma Agraria y Colonización (IERAC),
    Instituto Nacional de Colonización de la Region Amazonica (INCREA),
    Instituto Ecuatoriano de Telecomunicaciones (IETEL), Instituto Ecuatoria-
    no de Electrificación (INECEL), Instituto Ecuatoriano de Obras Sanitarias
    (IEOS).

In dem Zeitraum von 1972 - 1977 wurden von staatlicher Seite 12,3 Mrd. Sucres in Transportwesen und Kommunikationsnetze investiert (WELTBANK 1979, S. 17), in den Rohstoff- und Energiebereich im selben Zeitraum 17,2 Mrd. Sucres. 1976 waren 89% der städtischen und 14% der ländlichen Bevölkerung mit Strom versorgt. An das Abwasserkanalsystem angeschlossen waren in den Städten 54,5% und auf dem Land 8,1%. Die Trinkwasserversorgung ist dagegen mit 69,4% zumindest in den Städten besser geregelt. Auf dem Land jedoch beträgt dieser Anteil nur 8%.

Das Straßennetz wies 1976 eine Länge von 28 182 km auf, wobei 57% Allwetterstraßen sind. Im Oriente gibt es auf 1000 km^2 durchschnittlich 8 km Straßen. In der Sierra beträgt die Vergleichszahl 190 km. Den Umstand, daß an der Costa mit 186 km Straßen auf 1000 km^2 Fläche ebenfalls ein enges Straßennetz angelegt wurde, führt RUMP (1968, S. 10) auf den Bananenanbau und -export zurück. Die Frucht benötigt wegen des raschen Reifungsprozesses ein dichtes und gut ausgebautes Straßensystem, damit sie umgehend und ohne Beschädigung zu den Exporthäfen gebracht werden kann.

1977 waren 183 000 Telefone installiert. Das Fernsprechnetz zwischen den Städten ist überlastet, im ländlichen Raum dagegen ist das Telefon kaum verbreitet (SENDIP 1979, Band 2, S. 507). Für Transport-, Straßenbau- und Kommunikationsaufgaben wurde verstärkt die Armee eingesetzt. Betrachtet man die öffentlichen Investitionen in den einzelnen Provinzen (Abb. 14), so müssen die beiden Provinzen Napo und Esmeraldas wegen der Vorleistungen für die Erdölförderung bzw. -verarbeitung als Sonderfälle angesehen werden. Die Provinz Pichincha mit der Landeshauptstadt Quito, die Provinzen Tungurahua und El Oro sind bei den Infrastrukturleistungen pro Kopf weit überdurchschnittlich berücksichtigt worden. Ganz im Gegensatz hierzu die beiden Sierraprovinzen Cañar und Cotopaxi, die nach Regierungsplänen als Problemgebiete mehr Berücksichtigung finden sollen. Auch Guayas ist im Gegensatz zu Pichincha stark benachteiligt, ebenso wie die beiden unter der Trockenheit leidenden Provinzen Loja und Manabí. Diese Verteilungsdiskrepanzen erklären sich aus dem zentralistischen Ausbau des Staates, die einzelnen Provinzen haben wenig politisches Gewicht. Man bemüht sich jedoch, einige Institutionen, die für die Industrieentwicklung von Belang sind, wie MICEI, CENDES, CENAPIA, die Banco de Fomento, die Zentralbank durch Außenstellen für den ländlichen Raum wirksamer werden zu lassen. Wie zu erkennen ist, spiegeln die Infrastrukturinvestitionen nicht den Industrialisierungsgrad der einzelnen Provinzen wider.

Wert der öffentlichen Jnfrastrukturinvestitionen und Standorte der Jndustrieparks (Stand 1977)

Abbildung 14

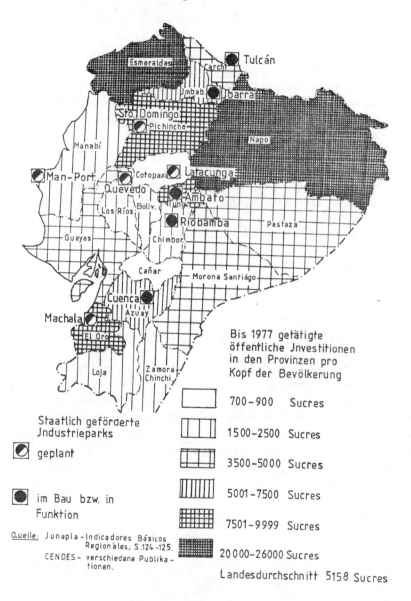

Bis 1977 getätigte
öffentliche Jnvestitionen
in den Provinzen pro
Kopf der Bevölkerung

700-900	Sucres
1500-2500	Sucres
3500-5000	Sucres
5001-7500	Sucres
7501-9999	Sucres
20000-26000	Sucres

Staatlich geförderte
Jndustrieparks

geplant

im Bau bzw. in
Funktion

Landesdurchschnitt 5158 Sucres

Quelle: Junapla - Indicadores Básicos
Regionàles, S.124 -125.
CENDES - verschiedene Publika -
tionen.

3.6 Planung von Industrieparks

Auffälligstes Beispiel der relevanten Infrastrukturleistungen des Staates
zugunsten einer Industrialisierung sind die Industrieparks. Ihnen sollte in
Ecuador die Funktion zukommen, dezentralisierend auf die Industrieverteilung
zu wirken. Das 1975 erlassene Gesetz zur Gründung von Industrieparks defi-
niert diese als "eine sinnvolle Anordnung von Industrien, die auf geeignetem Gelände angesiedelt sind und über Basisinfrastruktur verfügen". Darunter
wird verstanden: Abwasserentsorgung, Wasserversorgung für den industriellen
Gebrauch, Elektroenergie, Telefonanschlüsse, Straßen und Zufahrtstraßen, Bür-
gersteige, Gebäude oder Industriehallen für die Produktion und weitere Gebäude für Dienstleistungen wie Werkstätten, Laboratorien, Verwaltung.
Neben dem Dezentralisierungseffekt erhofft man von den Industrieparks eine
stimulierende Wirkung auf Industriegründungen, Verlagerungen, Modernisierun-
gen und Erweiterungen. Das Angebot von geeignetem, preisgünstigem und Erweiterungsmöglichkeiten bietendem Gelände sowie von kostengünstigen Fabrikhallen soll Unternehmer anziehen.
Die Anfangsinvestitionen für Gelände und Gebäude sollen sich so auf 40% ver-
mindern. 1979 lagen die Erschließungskosten für einen Hektar Industriepark
laut CENDES durchschnittlich bei 1,5 Mio. Sucres.
Generell werden die Industrieparks von CENDES geplant und von einer eigens
geschaffenen Administration verwaltet. Sehr oft werden in Quito und Guayaquil
unter der werbewirksamen Bezeichnung "Industrieparks" erschlossen, wobei allerdings nur Gelände ohne nennenswerte Basisinfrastrukturleistungen angeboten
wird.
Seit 1963 beschäftigt sich JUNAPLA mit der Industrieparkplanung. 1973 wollte
man mit diesem Konzept die Gründung von Kleinindustrie und Handwerk animieren (1). Mit Unterstützung der Vereinten Nationen wurde als Pilotprojekt der
Industriepark in Cuenca von dem Centro de Reconversión Económica del Austro
(CREA) angelegt. Des weiteren wurde von der UNIDO ein Nationalplan für die
Erstellung von zunächst zwei Industrieparks entworfen, die dann als Erfah-
rungsgrundlage für zwei weitere Projekte dienen sollten. Die Verantwortung
wurde CENDES übertragen.

---

(1) Von dieser konzeptionellen Vorstellung ist man unter dem Einfluß der
    UNIDO abgerückt.

Der Überblick über die verschiedenen Industrieparks in Ecuador wird die
Problematik der Planungen verdeutlichen. Die beiden fortgeschrittensten Projekte in Riobamba und Cuenca werden genauer beschrieben.

3.6.1 Die einzelnen Industrieparks

Der Industriepark von Tulcán: Der in der Hauptstadt der nördlichsten Provinz Ecuadors 1966 begonnene Industriepark ist mit Abstand der kleinste des
Landes. Er befindet sich südwestlich der Stadt Tulcán. Die Provinz selbst gehört zu den weniger entwickelten und zählte 1976 nur zehn Industriebetriebe
mit 197 Beschäftigten.
Es werden nur 2 ha des 7,5 ha großen Grundstückes genutzt. Ob die restlichen
5,5 ha überhaupt noch in Anspruch genommen werden, ist ungewiß, da schon Pläne existieren, den ganzen Park zu verlegen. CENDES brachte 92% des gezeichneten Kapitals von 1 Million Sucres ein. Von den 21 vorgesehenen Grundstücken
waren 1979 nur fünf mit jeweils 450 m^2 Fläche für Industriezwecke genutzt.
Die Straßen des Parks sind bei schlechtem Wetter kaum passierbar.

Der Industriepark von Ibarra: Trotz langer Vorbereitungszeit steht dieser
Industriepark noch weitgehend leer. Mit 40 ha und für 114 Industrieunternehmen
geplant ist er wesentlich größer dimensioniert als in Tulcán. Bis 1977 waren
drei Betriebe mit jeweils 520 m^2 Fläche (Nahrungsmittel, Holzverarbeitung) mit
insgesamt 60 Beschäftigten angesiedelt. In der Zwischenzeit hat sich die
Stadt Ibarra so weit ausgedehnt, daß der Industriepark von der Stadt umschlos-
sen ist und somit keinerlei Erweiterungsmöglichkeiten gegeben sind. Hauptkapi-
talgeber ist auch bei diesem Park CENDES mit 64% der bisher gezeichneten
8,2 Mio. Sucres (1).

Der Industriepark von Ambato: Dieses Projekt dürfte wohl den größten Problem-
fall unter den Industrieparks Ecuadors darstellen. Obwohl er, schon 1966 in
Angriff genommen, zu den ältesten gehört, ist er am weitesten zurückgeblieben,
denn bis 1980 konnte sich keine Industrie ansiedeln. Offizielle Stellen machten

---

(1) Im Bericht der Vereinten Nationen über die Situation der Industrieparks
     in Ecuador "The effectiveness of Industrial Estates in Developing Coun-
     tries", 1978, S. 54 heißt es zu diesem Industriepark knapp: "It is under-
     stood that CENDES is attempting to sell the estate".

für die Verzögerungen die komplizierten Grundstücksverhandlungen mit Minifundistas verantwortlich, was die Erschließung lange Zeit verhindert habe. Jedoch ist der Hauptgrund in der mangelnden Planung zu suchen. Es zeugen heute nur grobtrassierte Straßen von dem Projekt. Die Wasserversorgung kann nicht gesichert werden. Von den geforderten 15 l pro Sekunde kann die Stadt nur ein Zehntel liefern. Verzweifelt wird nun nach anderen Quellen gesucht. So gibt es Überlegungen, eine eigene Leitung zum 35 km entfernten Vulkan Tungurahua zu legen. Solange das Problem der Wasserversorgung nicht gelöst ist, dürfte der weitere Ausbau stagnieren.

Die Panamericana verläuft durch den 8 km außerhalb von Ambato liegenden Park; dies bringt eine Zweiteilung der Anlage und Verteuerung der Erschließung mit sich. Insgesamt sind 251 Parzellen vorgesehen. Zur Zeit werden 46 Grundstücke angeboten, damit sich laut CENDES die Unternehmen einrichten können, während die Infrastruktur vollends erstellt wird. Es ist anzunehmen, daß die Käufer unter diesen Umständen auf sich warten lassen werden. Bisher soll es zehn Interessenten geben. Es werden Grundstücke mit einer Größe von 1300 m^2 (vorgesehene Bebauung: 540 m^2) bis zu 3900 m^2 (vorgesehene Bebauung: 1950 m^2) angeboten. Ein Eisenbahnanschluß ist geplant. Die einzelnen Branchen sollen, um die ökologischen Auswirkungen zu minimieren, räumlich zugeordnet werden. Der Käufer hat die Wahl zwischen bebauten und unbebauten Grundstücken. Als infrastrukturelles Serviceangebot sind Bank, Post, Kopierzentrum, Beratung, Qualitätskontrolle, Ausbildungszentrum, Laboratorien, Ausstellungs- und Verkaufsräume und Wachdienste vorgesehen. Lagerräume, ein medizinisches Versorgungszentrum, Kantinen und Erholungseinrichtungen sollen die Ausstattung ergänzen.

Für die Industrie von Ambato wäre ein funktionierender Industriepark eine große Verbesserung. Viele der kleinstrukturierten Betriebe müssen aus der Enge der Stadt verlagert werden, sei es wegen der verkehrstechnisch schlechten Erschließung, sei es wegen fehlender Erweiterungsmöglichkeiten. Eine weitere dynamische Industrieentwicklung könnte bei der großen Diversifizierung der 64 Betriebe in Ambato mit ihren 1623 Beschäftigten erwartet werden. Der Park könnte zum Teil rasch belegt werden. So kann man beobachten, daß eine Reihe von Unternehmen sich an den Ausfallstraßen von Ambato niedergelassen hat, obwohl sie von ihrer Betriebsstruktur her für einen Industriepark bestens geeignet wären.

Der Industriepark von Riobamba: (1) Der Industriepark von Riobamba wird von
den Industrieunternehmen der Provinz Chimborazo akzeptiert. Dies mag daran
liegen, daß für die vorbereitete Planung eine Marktstudie durchgeführt wurde.
Die in Frage kommenden Firmen Riobambas wurden nach Grundstücksbedarf, Stand-
ortbedürfnissen, Interesse an infrastrukturellen Einrichtungen und Erweiterungsabsichten befragt. 26 der 36 Firmen antworteten, davon 20 im positiven
Sinn, wobei allerdings 16 Betriebe weniger als zehn Beschäftigte hatten. Die
übrigen zehn Unternehmen wiesen elf bis 20 Arbeitnehmer auf. Die meisten Betriebe waren in Riobamba in alten Häusern oder Schuppen untergebracht, wo
fehlende Ausdehnungsmöglichkeiten und Arbeitsbehinderungen für die Unternehmen von Nachteil, Lärm- und Geruchsbelästigung für die Umwelt belastend waren.
Vorteilhaft war der niedrige Mietpreis von 4,5 Sucres pro m^2.
Aufgrund der Aussagen der Betriebe wurde der Bedarf an Grundstücksgrößen ermittelt. Die errechneten optimalen Gebäudegrößen lagen für 50% der Unternehmen bei über 1000 m^2, bei 40% zwischen 500 - 1000 m^2 und bei 10% bei nur
250 m^2. Bei der Planung wurde berücksichtigt, welche zusätzlichen Industrien
Realisierungschancen in Riobamba haben, wobei die "Lista de Inversiones Dirigidas" von JUNAPLA herangezogen wurde. Nach dieser Zusammenstellung soll
Riobamba Standort für Konserven- und Fruchtsaftindustrien, Landwirtschafts-
und Werkzeugmaschinenindustrie, Asbeströhrenfabrikation, Ziegeleien und Elek-
troindustrie werden. Eine Reduktion der ermittelten Bedarfsfläche wurde vorgenommen, weil Erfahrungen von anderen Industrieparks lehrten, daß diese
überdimensioniert waren. Man errechnete einen Bedarf von zunächst 52 Grundstücken und 10,4 ha Fläche, wovon 4,16 ha überbaut werden sollen.
Das Gesellschaftskapital beträgt 12 880 000 Sucres, verteilt auf 12 800 Aktien mit einem Nominalwert von je 1000 Sucres. An der gemischten Gesellschaft
hält die Stadt Riobamba zwei Drittel der Aktien. Der Rest verteilt sich auf
CENDES, Comisiõn de Valores, auf die Provinz Chimborazo, die Elektrizitätsge-
sellschaft, die Camára de Comercio sowie auf eine Reihe von Privatpersonen
und Betrieben.
Der Industriepark befindet sich im Südosten der Stadt auf dem Gelände einer
ehemaligen Hacienda. Leider wurde dadurch der Landwirtschaft fruchtbarer Boden entzogen. Die Grundstückskosten waren mit 2 - 10 Sucres pro m^2 sehr gün-

---

(1) Die hier verwendeten Angaben entstammen in erster Linie dem von CENDES erstellten Werk: "Parque Industrial Riobamba. Plan Maestro". Nov. 1977 und
einem Gespräch mit anschließender Besichtigung mit dem Geschäftsführer der
Industrieparkgesellschaft Dr. Guerrero G.

stig. Nach Geländeabtretung an das Colegio Técnico verbleibt dem Industriepark eine Fläche von 53,03 ha.

Der Ausbau ist in zwei Abschnitten geplant. In der momentan sich realisieren-
den ersten Etappe sind 11,10 ha für die Industriegrundstücke, 2,26 ha für
Straßen und Fußwege und 4,92 ha für gemeinsame Einrichtungen vorgesehen.
Dies entspricht 34,5% der Gesamtfläche. Die Grundstücksgrößen schwanken von
450 m^2 bis 18 152 m^2, wobei die Hälfte der 52 Grundstücke 1550 m^2 aufweisen
sollen. Bei der zweiten Ausbaustufe mit 78 Grundstücken zwischen 450 m^2 und
24 780 m^2 ist die Grundstücksvielfalt noch größer. Die Bebauung soll archi-
tektonisch einheitlich erfolgen, wobei Hallen in Stahlbauausführungen zwischen 214 m^2 und 1800 m^2 angeboten werden. Den Unternehmern werden Metall-
konstruktionen zur Verfügung gestellt. Sie sollen mit entsprechenden Auflagen den Ausbau selbst vornehmen, was den Vorteil hat, daß sie die eigenen
Wünsche und Vorstellungen realisieren können. Die Kosten pro m^2 bebauter
Grundfläche liegen bei durchschnittlich 14 160 Sucres.

Die Wasserversorgung erfolgt über eine Leitung von 150 mm Durchmesser. Die
Elektrizitätsversorgung ist mit einem Hauptnetz von 13,8 kW garantiert, das
Zweitnetz hat eine Spannung von 220 Volt. 200 Telefonleitungen werden installiert. Die Anlage von Grünfläche (9% des Gesamtareals) und die teilweise
schon vorgenommene Bepflanzung mit Bäumen (insgesamt sind 40 000 Bäume vorgesehen) soll als grüne Lunge zur Erholung, Luftreinigung und Abschirmung zur
Stadt dienen.

Der Dienstleistungsbereich des Parks umfaßt neben Reparaturwerkstätten und
Ersatzteillagern das eigentliche 3000 m^2 große Servicezentrum, das die Verwaltung des Parks, einen Lehrsaal, einen Ausstellungsraum, die Qualitätskontrolle, Kopierstelle, Beratungsfirmen, Speiseraum und Arbeitervertretung beherbergen soll. Erste Hilfe-Raum, Post, Kaufladen, Restaurant, Kindergarten,
Banken, Wach- und Schließgesellschaft, Apotheke und Reisebüro sind ebenfalls
in Planung. Es stellt sich die Frage, ob diese Einrichtungen später überhaupt ausgelastet werden können. Die Kosten für die erste Ausbauetappe werden
auf 34,3 Mio. Sucres geschätzt.

Man erhofft folgende Arbeitsplatzeffekte: In der ersten Ausbauphase sollen
1850 direkte und die gleiche Anzahl indirekte Arbeitsplätze geschaffen werden, was einem direkten Arbeitsplatz auf 30 m^2 bebautem Grundstück entspricht. Optimistisch erwartet man nach der Endausbauphase 4845 direkte Ar-

beitsplätze. Eine Nutzungsverpflichtung innerhalb von drei Jahren oder alternativ 18 Monaten nach Fertigstellung der Gebäude soll die rasche Produktionsaufnahme auf den Grundstücken gewährleisten. Eine Weiterverpachtung ist ebensowenig möglich wie der Verkauf ohne Erlaubnis der Industrieparkverwaltung. So soll die Spekulation mit den Grundstücken unterbunden werden. Die verkehrsmäßige Erschließung des abseits liegenden Parks ist bis heute noch nicht zufriedenstellend geregelt. Eine Umgehungsstraße soll ihn mit der Panamericana verbinden. Interessanterweise ist ein Eisenbahnanschluß nicht vorgesehen, obwohl die Eisenbahnlinie Quito - Guayaquil über Riobamba führt, was belegt, wie wenig zukunftsträchtig die Chancen der Eisenbahn als Verkehrsträger eingeschätzt werden. Beim Besuch des Verfassers 1979 hatten acht Firmen die Produktion aufgenommen, während sich 24 Industriegebäude im Bau befanden. Angeblich sollen alle Grundstücke der ersten Erschließungsetappe verkauft sein. Vorwiegend hat sich die Nahrungsmittelindustrie angesiedelt. Man erwartete damals, daß sich im Industriepark auch die Zulieferfirmen von Volkswagen niederlassen würden, da in unmittelbarer Nähe ein 30 ha großes Gelände für Volkswagen ausgewiesen ist, wobei die notwendigen Rodungsarbeiten lange vor Vertragsabschluß erledigt wurden (1). In unmittelbarer Nähe des Industrieparks waren die ersten, einen soliden Eindruck erweckenden Arbeiterwohnungen der geplanten Siedlung bezugsfertig. Der Industriepark von Riobamba dürfte der bestgeplante und erfolgreichste in Ecuador sein, zumal noch zu berücksichtigen ist, daß er im Gegensatz zu den anderen Projekten erst seit wenigen Jahren besteht.

Der Industriepark von Cuenca: Der im Nordwesten auf zwei Flußterrassen des Río Machángara angesiedelte Industriepark soll in der Endphase 72,8 ha umfassen und 191 Industriebetriebe beherbergen. 1975 waren 17 ha erschlossen und 1979 bei meinem Besuch schien man noch nicht weitergekommen zu sein. Einige Firmen haben sich am Rande angesiedelt, wo noch keinerlei Erschließungsmaßnahmen erfolgt sind. 1985 soll der Park laut Plan voll besetzt sein. Im Jahre 1979 waren erst 24 Firmen bereit, sich im Park niederzulassen (2). Hier sollen verschiedenen, nach Branchengruppen ausgewiesenen Zonen unter-

---

(1) Zum Projekt "Volkswagen" siehe Kap. 3.7 und 6.
(2) Nach Informationen von Anfang 1981 sind nun alle Grundstücke der ersten Erschließungsphase verkauft oder stehen zumindest kurz vor dem Abschluß.

schiedlich große Grundstücke von 1500 m^2 bis 1 ha zugeordnet werden (Plan
Maestro de ordenación urbanística. Estudio Integral del Parque Industrial de
Cuenca (Ecuador). Revision Mayo 1979). Zum Planungsverlauf sei erwähnt, daß
nach der Investition von 12 000 000 Sucres die Unmöglichkeit erkannt wurde,
das Projekt zu einem erfolgreichen Abschluß zu bringen, ohne die notwendigen
Untersuchungen und Projektstudien durchzuführen. 1977 wurden deshalb drei
Consultingfirmen hinzugezogen, um die auftretenden Schwierigkeiten zu mei-
stern, die einesteils aus der Größe des Projektes, andererseits auch aus
der Unerfahrenheit bei der Industrieparkplanung resultieren.
Die Industrieparkgesellschaft verfügt über ein Kapital von 41,3 Mio. Sucres.
Die infrastrukturelle Ausstattung mit Dienstleistungen ist mit Riobamba vergleichbar. Trink- und Brauchwasserbelieferung erfolgen getrennt. Üblicherweise geht man von einem Verbrauch von 0,56 l/sec pro Betrieb aus. Stark
wasserverbrauchende Firmen können bis zu 3,8 l pro Sekunde beziehen. Das Ab-
wassersystem ist nach Schmutz- und Regenwasser getrennt, wobei ersteres in
einer eigens erstellten Kläranlage gereinigt werden soll. Die Stromversorgung erfolgt über ein Netz mit einer durchschnittlichen Spannung von 23 Kv.
Beim Kauf von Grundstücken müssen als Mindestanlage 20% angezahlt werden, wobei für die Restsumme sieben Jahre Kredit gewährt wird. In diesem Industriepark können Grundstücke samt Hallen bei einer Mindestlaufzeit von drei Jahren
gemietet werden. Die Monatspacht beträgt 1% des Grundstückswertes (entnommen
aus den "Aufnahmebedingungen für den Industriepark Cuenca"). Die Stadt Cuenca
weist eine breite Branchenpalette auf. Auch hier müssen viele Betriebe aus
dem Stadtinnern verlegt werden. Da der Standort Cuenca nicht verkehrsgünstig
liegt, war es bis 1979 nicht gelungen, Industriebetriebe aus Guayaquil oder
Quito zur Ansiedlung zu bewegen. Der Industriepark selbst hat sich inzwischen konsolidiert.

In Guayaquil, wo Industrieparks von privaten Unternehmen gemanagt werden,
wurde bisher nur der Park "Los Sauces" von staatlicher Seite als solcher an-
erkannt.

Zusammenfassend kann festgestellt werden, daß bei der Industrieparkplanung
in Ecuador Fehler in der Gesamtkonzeption gemacht wurden. Gegen die Standortwahl Cuenca, Riobamba und Ambato ist nichts einzuwenden, da nur diese Städte
zusammen mit Manta, Esmeraldas und Machala eine Möglichkeit haben, sich gegenüber den beiden industriellen Zentren zu behaupten. Ansätze für eine in-

dustrielle Entwicklung, die durch die Einrichtung von Industrieparks verstärkt werden können, liegen zur Genüge vor. Es besteht allerdings durch Fehlplanungen, wie in Ambato, die Gefahr, daß das ganze Konzept in Verruf gerät und darunter die beabsichtigte Attraktivität auf Unternehmen leidet. Tulcán und Ibarra sind als Städte zu klein und zu wenig entwickelt, als daß sie für die Industrie als Standort interessant sein könnten. So spielte die mangelnde Ausstattung und die schlechte Konzeption der Industrieparks in diesen Städten für das Mißlingen nur eine untergeordnete Rolle. Diese Fehler erklären sich durch den Vorstellungswandel über die Funktion eines Industrieparks. Ursprünglich sollten diese für die Förderung des Handwerks eingesetzt werden, in der Erwartung, daß sich hieraus Kleinindustrie entwickelt (UNIDO, The effectiveness..., 1978).

Inzwischen sieht die längerfristige Planung von CENDES weitere Industrieparks in Latacunga, Santo Domingo, Manta, Portoviejo, Loja, Esmeraldas, Quevedo und Puyo vor. Dies bedeutet eine Verzettelung der finanziellen und planerischen Kräfte. Es ist auch unwahrscheinlich, daß in Puyo, Loja und Quevedo genügend Interessenten gefunden werden. Die zwei in Manabí, also auf kürzester Distanz projektierten Industrieparks belegen die Unfähigkeit zur koordinierenden Planung. Es scheint sich hier um eine Konzessionsentscheidung an die beiden etwa gleich großen Städte Manta und Portoviejo zu handeln.

Obwohl schon mehrfach diskutiert, gibt es in Ecuador im Gegensatz zu Kolumbien (Santa Marta, Cartagena, Barranquilla, Buenaventura, Cali, Cúcuta) keine Industriefreizonen. Die Effekte sind in Ecuador umstritten. Vertrat der ehemalige Industrieminister Montaño hierzu eine positive Meinung, wird dieses Konzept von der derzeitigen Regierung reserviert aufgenommen.

3.6.2 Die Einstellung der Unternehmen zu den Industrieparks. Ergebnisse der Befragung.

34,1% aller Firmen, die diese Frage beantworteten, würden einen Industriepark grundsätzlich vorziehen, 63,6% lehnten den Standort Industriepark ab und 2,3% haben ihre Meinungsbildung hierzu noch nicht abgeschlossen. Die Bereitschaft der quiteñer und guayaquileñer Firmen, in einem Industriepark zu produzieren, ist mit 36% respektive 37% höher als bei den anderen Betrieben. Ein Widerspruch, weil sich in den ländlichen Provinzen die Infrastrukturprobleme verstärkt ergeben, weshalb Industrieparks laut Konzept gerade in den schwächer industrialisierten Provinzen angelegt werden sollen. An Ambato mit 42% und in Manta mit 43% (bei allerdings nur 12 bzw. 7 Betrieben, die diese Fragen beantworteten), wurde die größte Zustimmung zu den Industrieparks erreicht. Betriebe mit 50 und weniger Beschäftigten (37%) und mit 101 - 200 Beschäftigten (sogar 54%) waren am Industrieparkkonzept am stärksten interessiert. Nur wenig Interesse zeigten die Firmen mit mehr als 200 Beschäftigten (12%). Bei den positiven Argumenten wurden mit 67% Infrastrukturleistungen hervorgehoben, an zweiter Stelle mit 15% stand die Vereinfachung von Zuliefer- und Abnehmerbeziehungen, 12% nannten Umweltschutz- und Raumordnungsüberlegungen und 8% führten allgemeine Fühlungsvorteile an. Finanzielle Erleichterungen oder die Verfügbarkeit von geeignetem Gelände blieben überraschenderweise ohne Resonanz.

Teilweise sehr allgemein sind die Ablehnungsgründe. Man kann diese aufteilen nach Kritik am Industrieparkkonzept und firmenspezifischen Argumenten. Zur ersten Gruppe gehören die Unternehmen (30%), die Arbeitskonflikte befürchten, da sich im Industriepark die Arbeiterschaft leichter mobilisieren lasse, 13% kritisierten mangelnde Erweiterungsmöglichkeiten, 9% die mangelhafte Ausstattung bestehender Industrieparks. Zu den neutralen oder firmenspezifischen Gründen seien gezählt: Eigener Betrieb ist mit dem Notwendigen gut ausgestattet, so daß man eines Industrieparks nicht bedürfe (24%), der Industrietypus ist für den Industriepark nicht geeignet (17%), ein Industriepark existiere am eigenen Standort nicht (nur 4%) und schließlich das Nichtvorhandensein von Zulieferer- und Abnehmerbeziehungen (4%).

Zusammenfassend kann festgehalten werden, daß eine beachtliche Minderheit der ecuadorianischen Unternehmen dem Industrieparkkonzept positiv gegenübersteht. Es müßte CENDES gelingen, Vorurteile (Arbeitskampfprobleme) abzubauen. Würde eine fundierte Planung, sowohl was die Standorte als auch was die Ausführung der Industrieparks betrifft, geleistet werden, könnten die Industrieparks für die große Mehrheit der Unternehmen eine Alternative darstellen. Nicht erfaßt werden konnten mit dieser Befragung Unternehmer, die Betriebsneugründungen beabsichtigen.

3.7 Der Andenmarkt und seine Bedeutung für die ecuadorianische Industrie

Ecuador, das zweitkleinste Mitgliedsland des Andenpaktes, verfügt nach Bolivien auch über die am wenigsten entwickelte Industrie. Man ist in Ecuador an diesem Wirtschaftspakt besonders interessiert, weil man mit ihm die enge Begrenzung des Marktes zu überwinden hofft. Verbunden mit den Zielen des Andenmarktes ist eine teilweise Abwendung von der Philosophie der Importsubstituierung, deren Ausschließlichkeit als schädlich erkannt wurde, weil sie die Schaffung einer konkurrenzfähigen Industrie behindert. Zwar wird diese optimistische Einschätzung der Wirtschaftsplaner nicht von allen Teilen der Industrie geteilt, fürchtet man doch, ähnlich wie auch in den anderen Staaten, die zusätzliche Konkurrenz. Jedoch wurde durch Sonderbestimmungen in den verschiedenen Verträgen der geringen Wettbewerbsfähigkeit der Länder Bolivien und Ecuador Rechnung getragen.

Die Bedeutung des A b k o m m e n s v o n C a r t a g e n a (1969) für die ecuadorianische Industrie ist hauptsächlich in folgenden Punkten zu sehen:

1. In den Handelserleichterungen durch den Zollabbau.
2. In der Harmonisierung der Entwicklungspolitik.
3. In den sektoralen Industrieentwicklungsprogrammen.

Bei den Handelserleichterungen wurden zwei Produktgruppen gebildet, die erstere mit 4000 Zollgütern, die automatisch den Zollnachlässen unterliegen, während die zweite Gruppe mit 2000 Gütern eine Art Reserveliste für die Ausweitung der Industrieproduktion darstellt. Es handelt sich hierbei um höherwertige Industrieerzeugnisse, die bis zum 31.12.1970 in den Andenländern noch nicht hergestellt wurden und von deren zusätzlicher Produktion man dynamische Impulse für die Industrialisierung erwartet. Nach den Bestimmungen des Artikels 28 sind einige dieser Güter ausschließlich für die Produktion in Bolivien und Ecuador reserviert. Die Bestimmung Nr. 29 nennt Produkte der Länder Bolivien und Ecuador, für die sich der Markt der Partnerländer sofort öffnen sollte. Damit sollten die schwächeren Industrien dieser beiden Länder teilweise in die Lage versetzt werden, ihre mangelnde Wettbewerbsfähigkeit zu kompensieren.

Nach Angaben von JUNAPLA wurden bis 1978 in Ecuador 18 Firmen neu gerüindet, die sich gezielt an den Bestimmungen im Andenpakt orientierten. Das entsprach nur 4% der Neugründungen des entsprechenden Zeitraums mit 817 Arbeitsplätzen.

Diese Werte relativieren die Erwartungen an eine rasche Industrialisierung
durch den Andenpakt drastisch!

Trotzdem kommt der Industrie im Abkommen von Cartagena eine Schlüsselposition
zu, weil kein anderer Sektor mehr geeignet ist, eine Initialfunktion zu übernehmen. Die Strukturen und Produkte von Landwirtschaft und Bergbau der Mitgliedsländer sind sich zu ähnlich, als daß von ihnen eine Dynamik ausgehen
könnte. Der tertiäre Sektor bietet sich noch weniger an. Die Industrie kann
mit unterschiedlichen komparativen Kostenvorteilen, modernen Produktionstechniken und vielfältigen Verflechtungen viel besser die Möglichkeiten eines
solchen Zusammenschlusses nutzen. Der erweiterte Markt soll höhere Produktivität ermöglichen, die Spezialisierung fördern und schließlich die Konkurrenzfähigkeit auf anderen Märkten garantieren. Devisenersparnisse und die Schaffung einer Kapitalgüterindustrie waren die anderen erhofften Effekte.

An der Krisenanfälligkeit des Paktes wird sich nichts ändern. In der Zwischenzeit wurde dem Abkommen durch den Austritt Chiles (1976) der erste die
Euphorie dämpfende Schlag versetzt, der nur schwer überwunden wurde. Nationale Egoismen sind der latente Sprengsatz für das Bündnis (1). Am Beispiel
der Automobilindustrie läßt sich dies verdeutlichen: Im Spezialabkommen für
das "Automobilprogramm" wurde Ecuador neben der Produktion von Lastwagen mit
einem Gesamtgewicht von 3-4 Tonnen auch der Bau von Personenwagen mit einem
Hubraum zwischen 1050 - 1500 ccm^3 zugestanden. Am 18.12.1978 wurde ein Ver-
trag zwischen der ecuadorianischen Regierung und Volkswagen unterzeichnet
und im August 1979 eine Deutsch-Ecuadorianische Automobilgesellschaft gegründet mit Beteiligung von Volkswagen (26% Aktienanteil) und der DEG (25%).
Im Januar 1981 erklärte sich Volkswagen außerstande, die Produktion aufzunehmen, weil Venezuela die Fertigung von Wagentypen dieser Größe nicht aufgeben
möchte (2).

Erfolgreicher scheint zur Zeit der "Programa Metalmecânico" zu funktionieren.
Hier wurden Ecuador elf Produktionseinheiten zugeordnet (u. a. Molkereimaschi-

(1) MONTANO u. WYGARD (1975, S. 46) wiesen schon früh auf diese Gefahr hin.
Neben der Befürchtung, daß nationale Planungsziele sich nicht mit den Bestimmungen des Abkommens in Übereinstimmung bringen lassen, hielten sie es
zu Recht für möglich, daß einige Länder ihre unterzeichneten Verpflichtungen nicht erfüllen.

(2) Es darf spekuliert werden, daß man wegen der veränderten Energiesituation
in Venezuela erkannt hat, daß diese Hubraumklasse den größten wirtschaftlichen Erfolg verspricht. Venezuela war nach der "Decisión 120" der Bau
von PKWs der Hubraumklasse über 2000 ccm zugestanden worden.

nen, hydraulische Pressen, Meß- und Kontrollapparate, Spinnereimaschinen).
Zusammen mit Bolivien sollten unter anderem Schneideapparate hergestellt wer-
den und mit Kolumbien Nähmaschinen. Einige Vorhaben wurden sofort nach der
Beschlußfassung realisiert wie die Produktion von Armbanduhren, Weckern,
Werkzeugen, elektromechanischen Maschinen, Ventilen, Lampen und Schweißge-
räten. Bei der Chemieproduktion und der Herstellung von Spezialpapieren wurden Ecuador ebenfalls Konzessionen gemacht.
Die Integration erzielte zumindest beim Außenhandel mit den Andenländern
Fortschritte. Kolumbien entwickelte sich innerhalb des Andenpaktes zum wichtigsten Handelspartner. Bis 1972 hatte Chile diese Position inne. Die Handelsbilanz wies von 1972 bis 1978 einen positiven Saldo auf, allerdings relativiert sich der Erfolg, wenn man berücksichtigt, daß diese Überschüsse nur
auf die Petroleumexporte zurückzuführen sind. Insofern sind diese Ergebnisse
unbefriedigend. Vermutlich wird sich die Handelsbilanz verschlechtern, denn
bis 1980 war Ecuador von der Pflicht befreit, die Zollschranken gegenüber
den Mitgliedsländern des Paktes abzubauen. Nun muß das Land sich dieser Konkurrenz stellen. Berücksichtigt man die hohen Erwartungen, die in das Abkommen von Cartagena gesetzt waren, sind die Resultate immer noch unbefriedigend,
denn der Außenhandel mit den Industrieländern hat einen weit bedeutenderen

TABELLE 23: EXPORTE IN DIE ANDENPAKTLÄNDER, HANDELSBILANZ (in 1000 US$)

Jahr	Exporte mit Erdöl	ohne Erdöl	Importe aus den Mitglieds- staaten des Andenpaktes	Saldo
1972	30 281	24 620	27 257	3 024
1973	76 893	30 978	36 710	40 183
1974	171 169	41 797	61 128	110 041
1975	209 285	47 797	68 479	140 806
1976	306 744	55 611	73 366	233 378
1977	178 478	61 375	75 045	103 433
1978*	111 381	75 930	95 431	15 950

* Provisorische Daten

Quelle: Aus verschiedenen Tabellen von MICEI 1979

Stellenwert. Die USA zum Beispiel hatten 1978 mit 45% einen fünfmal höheren Anteil am Handelsvolumen als die Andenländer zusammen. 1978 haben 128 Firmen Industriegüter in die Andenländer ausgeführt. Die meisten davon gehören zur traditionellen Exportbranche, der Nahrungsmittelindustrie (MICEI 1979, S. 290-294) und nicht zu den modernen Industriezweigen, die durch den Andenpakt stimuliert werden sollten.

Die Furcht vor Konkurrenz, verbunden mit grundsätzlichen Zweifeln am Funktionieren des Andenmarktes erklärt die eher negative Einschätzung der Unternehmer bei der Beurteilung ihrer individuellen Möglichkeiten. Absolut überraschend ist deshalb bei den zum Ausdruck gebrachten Erwartungen die Hoffnung auf Verbesserung der Absatzchancen in die Nachbarländer (Tab. 24). Mehr als jeder fünfte Betrieb verspricht sich vom Andenmarkt positive Impulse. 41,5% der Betriebe stehen dem Wirtschaftsabkommen indifferent gegenüber oder messen ihm

TABELLE 24: DIE EINSCHÄTZUNG DER BEDEUTUNG DES ANDENMARKTES UND DIE DAMIT VERBUNDENEN ERWARTUNGEN DER ECUADORIANISCHEN INDUSTRIE (Ergebnisse der Befragung durch den Verfasser)

	Große Bedeutung	Geringe Bedeutung	Keine Bedeutung
Von 236 Betrieben	21,6%	41,5%	36,9%
Erwartungen* nannten:	51 Firmen	83 Firmen	40 Firmen
Keine Erwartungen nannten:	0 Firmen	15 Firmen	47 Firmen
Erwartungen an den Materialbezug	17 Firmen 33,3%	24 Firmen 28,9%	12 Firmen 30,0%
Kauf von Produktionsanlagen	7 Firmen 19,6%	18 Firmen 21,6%	6 Firmen 15,0%
Absatzchancen im Andenmarkt	44 Firmen 86,3%	57 Firmen 70,3%	31 Firmen 77,5%
Andere Gründe	4 Firmen 7,8%	3 Firmen 3,6%	2 Firmen 5,0%

* Es kam zu Mehrfachnennungen; acht Firmen nannten drei Gründe, 38 Firmen gaben zwei Erwartungen an.

keinerlei Bedeutung bei, für mehr als ein Drittel hatte der Andenmarkt keinerlei Relevanz. Daß einige dieser Unternehmen trotzdem noch Erwartungen aus-
sprechen, läßt sich schwer interpretieren. Vermutlich wollten sie damit zum
Ausdruck bringen, daß sie wenig Hoffnungen mit dem Andenmarkt verbinden, wenn
sie jedoch Effekte erwarten, dann am ehesten in dem angegebenen Bereich.
Es fällt bei allen drei Teilgruppen auf, daß die Erwartungen doch sehr ähnlich sind. Im Vordergrund steht die Hoffnung (76% aller Betriebe, die sich
äußerten) auf eine Verbesserung der Absatzchancen im Andenmarkt. Die Betriebe,
die sich eindeutig zum Andenmarkt bekannten, führten zu 86,3% dieses Argument
auf. Das Ergebnis ist umso erstaunlicher, als 1979 nur eine kleine Minderheit
der ecuadorianischen Unternehmen in den Andenmarkt exportierte. Der Verdacht
liegt nahe, daß sich bis dato nur eine Minderheit mit den Chancen und Risiken
des Andenmarktes auseinandergesetzt hat und den meisten bei der Konfrontation
mit dieser Frage nur die Exportmöglichkeiten einfielen.
Das zweitwichtigste Argument (30,4%) war die Erwartung, daß sich der Materialbezug aus den Mitgliedsländern verbessern oder vereinfachen wird. Was den Bezug von Produktionsanlagen betrifft, sind die Erwartungen am niedrigsten, insbesondere bei der pessimistischen Gruppe. Diese Einschätzung ist durchaus rea-
listisch. Obwohl das Industrialisierungsniveau Perus, Kolumbiens und Venezuelas weiter fortgeschritten ist, sind Investitionsgüterindustrien nur in Ansätzen vorhanden. Bei den "anderen Gründen" wurden Hoffnungen auf einen Tech-
nologieaustausch und Kooperation geäußert oder sehr vereinzelt die Befürchtung der zunehmenden Konkurrenz genannt.
Aus den Ergebnissen kann nicht der Schluß gezogen werden, daß sich die ecuadorianische Industrie in der Lage sieht, größere Exportoffensiven zu starten.
Vielmehr läßt sich aus dem geringen Prozentsatz der Zustimmung schließen, daß
die Haltung der Unternehmen zum Andenpakt sehr reserviert ist. Dies läßt sich
einesteils auf die realistische Einschätzung der eigenen Chancen, andererseits auch auf die Zweifel über das Funktionieren des Andenpaktes zurückführen. Schließlich trugen auch die Restriktionen, denen die ecuadorianische Industrie teilweise bei ihren Exportversuchen unterlag, dazu bei. So z.B. fühlt
sich paradoxerweise eine Uhrenfabrik, die gezielt aufgrund des Andenabkommens
gegründet wurde, bei der Ausfuhr in die Mitgliedsländer behindert (Aussagen
eines Mitglieds der Geschäftsleitung). Verstärkt wird diese Haltung durch die
negativen Erfahrungen mit dem anderen Wirtschaftsabkommen ALALC (Asociación

Latinoamericana de Libre Comercio) und die bisherigen Krisen im Andenpakt.
Regional gesehen sind die Erwartungen der Unternehmer in Guayaquil am höchsten. Dort lehnten nur 32% den Andenpakt ab. In Guayaquil hat die exportorientierte Industrie ihren Schwerpunkt. Diese Industriegruppe äußerte sich
mit 42% positiv und nur mit 22% ablehnend. Die Branchen nichtmetallische Mineralien (7%), Druck- und Papier (12%) sowie Nahrungsmittel, Getränke und
Tabak (15%) waren nur wenig am Andenmarkt interessiert. Bei der Nahrungsmittelindustrie überrascht dies insofern, als diese Gruppe den größten Anteil
der Exportbetriebe für die Andenregion stellte. Die Holz- und Möbelindustrie
(27%) und die metallverarbeitende Industrie (37%) zeigten dagegen für den
Andenmarkt überdurchschnittlich großes Interesse.

3.8 Die Stellung der Industrie in der ecuadorianischen Gesellschaft

Die Auseinandersetzung zwischen Kapital und Arbeit wurde in Ecuador - von Ausnahmen abgesehen - nicht so hart geführt wie man es von anderen lateinamerikanischen Ländern gewohnt ist. Es gab zwar 1979 vor allen Dingen in Guayaquil
größere Streiks, vorwiegend deshalb, weil einige Unternehmen aufgrund der von
der Regierung Roldos initiierten Verpflichtungen (Verdoppelung des Mindest-
lohns von 2000 Sucres auf 4000 Sucres für die Industriearbeiter und Kürzung
der Arbeitszeit von 44 auf 40 Wochenstunden) große Teile der Belegschaft ent-
ließen und das Personal bis auf ein Drittel reduzierten. Blutig endete ein Mi-
litäreinsatz im Jahr 1977, als die damalige Generaljunta auf demonstrierende
Arbeiter der Zuckerfabrik "Aztra" schießen ließ und 22 Arbeiter dabei ums Leben kamen.
Die Gespräche in den verschiedenen Betrieben ergaben, daß die Haltung der Unternehmer zu den Gewerkschaften keinesfalls einheitlich ist. Eine Reihe von
Firmen ist stolz darauf, keinerlei Gewerkschaften im Hause zu haben, andere,
die mit Arbeitnehmerorganisationen zusammenarbeiten müssen, beklagen sich über
deren Vorstellungen und Wünsche. Vereinzelt war auch zu hören, daß das Verhältnis zwischen Betriebsführung und Arbeitnehmern ausgezeichnet sei. Viele
europäische Führungskräfte haben jedoch Schwierigkeiten, sich auf die Mentalität ihrer Arbeiterschaft einzustellen. Sie vermissen die Bereitschaft, sich an
Normen und Verhaltensweisen zu gewöhnen, die eine industrielle Produktionsweise erfordert, des weiteren ein Gespür für das Machbare und ökonomisches

Denken. Umgekehrt beklagen die ecuadorianischen Mitarbeiter das Effizienz-
denken und das fehlende menschliche Verständnis.

3.8.1 Die Unternehmer

Über die soziologische Zusammensetzung der Eigentümer von Industrieunternehmen ist wenig bekannt. Guillermo NAVARRO J. (Quito 1976) versuchte nachzuweisen, daß sich die 1032 Aktiengesellschaften größtenteils in Händen verschiedener Gruppen der ecuadorianischen Oligarchie befinden, die teilweise
ihren Besitz in den verschiedensten wirtschaftlichen Bereichen diversifiziert haben und sowohl vertikale als auch horizontale Beteiligungen in den
verschiedensten Industrien halten. Er schätzt, daß nur 0,2% der ecuadorianischen Bevölkerung am Aktienbesitz beteiligt ist. Diese Zahl reduziert sich
auf 0,05, wenn nur Aktienanteile von mehr als 10% an einem Unternehmen berücksichtigt werden. Nach seinen Berechnungen befanden sich 11,1% des Aktien-
kapitals in ausländischen Händen.
Die einzelnen Familiengruppierungen agieren meist in ihrer Heimatregion. Es
ist also äußerst ungewöhnlich, daß zum Beispiel eine quitener Unternehmensgruppe Eigentum in Guayaquil unterhält. Zu ähnlichen Ergebnissen kam die
SUPERINTENDENCIA DE COMPAÑIAS 1973. Danach verteilt sich der Aktienbesitz bei
der Hälfte der Gesellschaften auf nur fünf Personen, was als Mindestzahl vom
Gesetz vorgeschrieben ist. 1500 Aktionäre kontrollieren 85% aller Aktien, wobei noch zu berücksichtigen ist, daß Aktiengesellschaften mit 26% am Bruttoinlandsprodukt beteiligt sind und 49% der Produktion des sekundären Sektors
aus Aktiengesellschaften entstammen (LANDETA P. 1976). Nach Angaben der Superintendencia de Compañias gab es 1974 621 Industrieunternehmen, die als Aktiengesellschaften organisiert waren, mit einem Kapital von 4,8 Mrd. Sucres.
Nach MONTAÑO WYGARD hatten 78% der Aktiengesellschaften ein geringeres Kapital als drei Millionen Sucres. GOMEZ I. (1974) schreibt, daß es in Kolumbien
729 000 Aktionäre gibt, in Ecuador nur 11 000.
In diesem Zusammenhang sei daran erinnert, daß innerhalb der Wirtschaft Ecuadors die Industrie erst ab 1972 eine gewichtigere Rolle zu spielen begann.
Die wirtschaftliche Macht lag in der Sierra bei den Großgrundbesitzern und
an der Costa bei den Agroexporteuren, die sich die Macht lange Zeit teilten.
Beide Gruppen hatten früher keine Motive, in Industrieprojekte zu investie-

ren. Dies wäre ihnen von der Tradition her fremd und mit Risiken behaftet gewesen. Ausnahmen waren an der Costa die Veredelung agrarischer Exportgüter oder teilweise die Textilproduktion in der Sierra. Die Kaufkraftsteigerung der Bevölkerung, die Zunahme des Kapitalumlaufes und der staatlichen Förderpolitik, aber auch die erfolgreichen Industrieaktivitäten einiger Außenseitergruppen veranlaßten nun die traditionelle Oberschicht, neben Investitionen in den Grundstücks- und Häusermarkt auch solche in die Industrie vorzunehmen. Es wurde erkannt, daß Landbesitz allein die alte Vormachtstellung in Staat und Gesellschaft nicht mehr garantieren konnte. Nach BIEBER (in WALDMANN (Hrsg.) 1980, S. 112) verkauften viele Großgrundbesitzer ihre Ländereien, die sie in fruchtbaren verkehrsgünstig gelegenen Tälern besaßen, an die aufstrebende Mittelschicht, für die Landerwerb soziales Prestige bedeutete, oder der Staat benötigte Grund und Boden für die allerdings bescheiden gebliebene Landreform. So wurde aus dem Landverkauf Kapital für Industrieinvestitionen gebildet.

HURTADO (1979) ist ebenfalls der Meinung, daß eine Industriebourgeoisie nicht existierte, obwohl schon 1936 in den wichtigsten Provinzen die ersten Camáras de Industria entstanden. Die Industrie war vielmehr ein Ziehkind von Agrarwirtschaft und Handel, wobei letzterer in Guayaquil wichtiger war als in Quito. Der Industrialisierungsprozeß in Guayaquil wurde durch die zwangsläufig sich anbietende Weiterverarbeitung tropischer Erzeugnisse wesentlich beeinflußt. Die Nahrungsmittelindustrie dieser Stadt läßt sich in ihrer Bedeutung für die autochthone Industrieentwicklung durchaus mit der Textilindustrie von Medellín vergleichen. Die Ansiedlung einer einfachen Konsumgüterindustrie ergab sich durch die Nachfrage des entstandenen Marktes.

Sieht man von der traditionellen Textilindustrie ab, setzte der Industrialisierungsprozeß in Quito erst später und insbesondere in den letzten 15 Jahren ein. Dabei spielte die Hauptstadtfunktion eine wichtige Rolle, denn der staatliche Einfluß bei der Industrieförderung läßt sich kaum unterschätzen. Auch hier sind Parallelen zu Bogotá durchaus erkennbar (vgl. BRÜCHER 1975). Ein fundamentaler Unterschied zwischen der Industrieentwicklung Ecuadors und der industrialisierter Länder liegt im Fehlen eines agressiven Unternehmertyps. Außerdem sind die Investoren hier bereitwilliger, sich unter die Fittiche des Staates nehmen zu lassen, der dafür vielerlei Serviceleistungen organisiert und seine Beteiligung in unterschiedlichster Weise anbietet.

Eine nicht zu unterschätzende Rolle spielten die verschiedenen Migranten-
gruppen des vergangenen und gegenwärtigen Jahrhunderts. Die Brauereien (Kopp-
Unternehmen, Dammer etc.) sind eine Industrie, die durch Migranten initiiert
wurde, wenn auch die Immigration keineswegs die Bedeutung wie in den südlichen Ländern Lateinamerikas erreichte. Jüdische und arabische Zuwanderer, die
ihr Kapital über Importaktivitäten ansammelten, beeinflußten unter anderem
die Textilindustrie entscheidend. In Cuenca zum Beispiel ist der Gründer der
dort bedeutendsten Industriegruppe italienischer Abstammung. Er fing als Gold-
wäscher an und stellte dann auf den Handel um, ähnlich wie ein libanesischer
Einwanderer, ebenfalls in Cuenca, der ein im ganzen Land bekanntes Importun-
ternehmen aufbaute und dann begann, seine Einfuhrgüter selbst montieren zu
lassen (Fernseher, Kühlschränke, Motorräder) und Kosmetika herzustellen.
Auch Lateinamerikaner der Nachbarländer (Kolumbianer, Chilenen, Peruaner) investierten, wenn auch bescheiden, in die ecuadorianische Industrie.

Unbedeutend blieb der von den Regierungsplanern erhoffte Wandel vom Handwerk
zur Industrie. Dafür fehlen dem Handwerker meist die notwendigen Kenntnisse,
die Vorbildung und das Kapital. Kleinindustrie scheint eher dadurch zu entstehen, daß sich gut ausgebildete, mit etwas Eigenkapital und Erfahrung ver-
sehene junge Fachleute aus der Mittelschicht als Unternehmer versuchen. Diese
These wird durch die Befragung von ANDE/DIE (vgl. Tab. 1, S.64 in KAMPFFMEYER,
1981) unterstützt. Die vorherige Tätigkeit der Kleinunternehmer (einschl. Geschäftsführer bei Kapitalgesellschaften) war bei 21,9% Industrieller, bei
18,1% höherer Angestellter oder Facharbeiter, bei 17,1% Kaufmann, bei 12,7%
Angestellter, bei 9,2% nur Handwerker, bei 5,7% Beamter, 4,4% Arbeiter, 1,3%
Landwirt und 9,6% Sonstige. Erfolgversprechend ist dieser Weg nur dann, wenn
notwendige Beziehungen zu Abnehmern bestehen, die sich sehr oft weniger über
die Qualität der Ware als über Familienverbindungen und Clubbeziehungen herstellen lassen.

Es läßt sich eine Vermischung von traditioneller Oberschicht und neuen Auf-
steigern aus der Industrie feststellen. Erstere beteiligen sich an den Aktivitäten der letzteren und teilweise umgekehrt. Heirat zwischen den Gruppen, wobei selbst die bisher wenig angesehenen Libanesen (Turcos) miteinbezogen werden, dokumentiert dies.

Die reichsten Männer Ecuadors, Luis Noboa Naranjo und Antonio Grando Centeno,
die sich in erster Linie der Industrie, dem Handel, aber auch dem Bankwesen,

der Bauwirtschaft und der Landwirtschaft widmeten, entstammen bezeichnenderweise nicht den alten Familien des Landes.
Bei der Unternehmensführung herrschen traditionelle Organisationsformen und
Verwaltungsstrukturen vor. Selbst bei relativ unbedeutenden Entscheidungen
sehen sich die Geschäftsführer gezwungen, beim Eigentümer rückzufragen. Dem
Verfasser sind Fälle bekannt, in denen fähige Direktoren ihren Posten wegen
des eingeengten Handlungsspielraumes aufgaben. Oft wird nur der kurzfristige
finanzielle Erfolg gesucht, langfristige Planung und Strategie fehlen.
So wurde bei Pelileo eine mit modernsten·Anlagen ausgestattete Fruchtkonservenfabrik errichtet und sogar mit LKWs ausgestattet. Allerdings wurde in diesem Unternehmen aus nicht ersichtlichen Gründen nie produziert. Die Fabrik
ist seit Jahren einschließlich installiertem Gerät dem Verfall preisgegeben.

3.8.2 Die Gewerkschaften

Der Organisationsgrad der Arbeiter in den Gewerkschaften ist sehr unterschiedlich. Nach Angaben von ABAD GONZALEZ (1975) soll er bei der Textilindustrie am geringsten sein. Hier sind 44% der Männer und 20% der Frauen in gewerkschaftlichen Bewegungen organisiert.
Insgesamt gibt es in Ecuador drei Gewerkschaftsdachverbände, die ideologisch
unterschiedlich fixiert sind und dementsprechend in ihrem Grundverhalten
differieren. Die CTE (Confederación Nacional de Trabajadores del Ecuador)
gilt als die erste Kraft und war bis in die sechziger Jahre die einzige
bedeutende Arbeiterbewegung in Ecuador. Die Industriearbeiter als wesentliche Gruppe sind für einen erheblichen Teil der Militanz dieser Gewerkschaft verantwortlich. Die Gewerkschaft versteht sich als politische Kraft
und steht Sozialisten und Kommunisten nahe. Sie erlitt aber einen Bedeutungsverlust durch den Austritt ganzer Teilgruppen wie der Erdölarbeiter
(eine privilegierte Gruppe, die durch die hohen Gewinnbeteiligungen (Utilidades) zweifelsohne zur sogenannten "Arbeiteraristokratie" gezählt werden dürfte) und der Chauffeure und die Entstehung anderer Gewerkschaftsorganisationen.
Die CEDOC (Confederación Ecuatoriana de Obreros Clasitas) war ursprünglich
aus dem katholisch-konservativen Lager entstanden und deshalb für die Industriearbeiterschaft wenig attraktiv. Sie verstand sich streng antikommunistisch und sollte ein Gegengewicht zur CTE darstellen. Die Handwerker bildeten die wichtigste Gruppe. Jedoch änderte sich diese Grundhaltung, als sie

sich den anderen christlichen Gewerkschaften Lateinamerikas annäherte und
durch diesen Wandel auch die Industriearbeiterschaft teilweise für sich gewinnen konnte. Es sind jedoch die Landarbeiter, die nun die wichtigste Mit-
gliedsgruppe darstellen.

Die CEOSL (Confederación Ecuatoriana de Organizaciónes Sindicales Libres)
wurde 1962 gegründet und wollte die Arbeiterschaft um sich sammeln, die sich
weder konfessionell noch politisch ausrichten wollte. Der nordamerikanische
Einfluß war unverkennbar, man verstand unter Gewerkschaftsarbeit lediglich
vordergründige Interessenvertretung, ohne sich um die weiteren Fragestellungen des politischen Lebens zu kümmern. Trotzdem gelang es dieser Organisation,
große Teile der städtischen Lohnabhängigen vor allem vom Handels- und Dienstleistungssektor zu gewinnen.

Insgesamt sind nach HURTADO nur 5% der wirtschaftlich aktiven Bevölkerung in
Gewerkschaften organisiert. Auseinandersetzungen und gegenseitige Beschimpfun-
gen haben ihre Attraktivität nicht erhöht. Inzwischen haben die Streitereien
nachgelassen, und es gibt Befürworter eines Zusammenschlusses. Eine Art Ko-
ordinierungsausschuß wurde schon gegründet. Nach einer Untersuchung (BERNAL,
zit. nach HURTADO 1979, S. 240) gibt es oft große Diskrepanzen zwischen den
ideologischen Vorstellungen der Gewerkschaftsführungen und ihrer Mitglieder.

Über das Selbstverständnis ecuadorianischer Arbeiter gibt es nur wenig An-
haltspunkte. Eine einheitliche Arbeiterschaft gibt es weder im soziologischen
Sinn noch als politische Kraft. So sind, um ein Beispiel zu nennen, die Verhaltensweisen der aus dem indianischen kleinbäuerlichen Milieu stammenden
Textilarbeiterinnen in Cuenca kaum zu vergleichen mit denen der Arbeiterschaft der Chemie- oder Papierindustrie in Guayaquil (vgl. SALZ 1965). Zwischen der ersten Gruppe und der Industriearbeiterschaft in entwickelten Ländern lassen sich kaum Gemeinsamkeiten feststellen. Die Gewerkschaftsführer
selbst haben sehr oft ein Jurastudium absolviert und gehen bestens vorbereitet in die Tarifverhandlungen. Von der Unternehmerseite wird ihnen der Vorwurf gemacht, daß sie nicht aus dem Betrieb, den sie bei Lohnverhandlungen
vertreten, entstammen, ja überhaupt nicht aus der Arbeiterbewegung hervorge-
gangen sind.

Die Arbeitsgesetzgebung (Código de Trabajo) sieht die Betriebsgewerkschaften,
darüber "Federaciones", nach Sektoren und Provinzen gruppiert, und dann erst
den landesweiten Zusammenschluß vor. Da die Zahlungsmoral der Mitglieder

schlecht ist, sind die Gewerkschaften von ausländischen Finanzgebern abhängig, was ihrem Ruf nicht unbedingt förderlich ist. Das geringe politische
Gewicht der Gewerkschaften resultiert neben den oben genannten Gründen auch
aus der Agrarstruktur und der späten Industrialisierung des Landes. Die Tätigkeit der Gewerkschaften wird auch durch die Bestimmung des Arbeitsgesetzes
behindert, die Kleinunternehmern mit weniger als 15 Beschäftigten das Recht
gibt, die Bildung von Betriebsgewerkschaften zu verbieten.

Die Arbeitsgesetzgebung selbst ist in Ecuador, wie in vielen anderen lateinamerikanischen Ländern, fortschrittlich. Die Vierzig-Stunden-Woche wurde 1980
per Gesetz eingeführt. Zwar sind 13, 14 und 15 Monatsgehälter durchgesetzt
und der Kündigungsschutz weitgehend erreicht, aber trotz gesetzlicher Vorschriften steht der größte Teil der Lohnempfänger außerhalb dieser Vergünstigungen. So ist lediglich jeder fünfte Erwerbstätige nach der Statistik der
IESS (Sozialversicherungsinstitution) in die Sozialversicherung aufgenommen.
Der Anteil der Industriearbeiter in der Sozialversicherung liegt jedoch bei
fast 100%. BROCHER (1975, S. 112) weist auf den Zusammenhang zwischen Arbeitsgesetzgebung, Kapitalintensivierung und Stagnation der Beschäftigtenzahlen in Kolumbien hin. So stellen die Arbeitgeber möglichst wenig Personal
ein und ziehen arbeitssparende Technologien vor, um Entschädigungszahlungen im
Falle von Kündigungen zu umgehen und um die Abgaben für die Berufsausbildungs-
institution SENA und die Sozialversicherung ICSS zu vermeiden. In Ecuador
wird, wenn sich die Alternative stellt, aus denselben Gründen die kapitalin-
tensivere Produktionsweise vorgezogen. Dennoch stellt sich die Problematik in
diesem Land aus zwei Gründen nicht so drastisch. Zum einen expandierte die
Industrie bisher, so daß Entlassungen eher die Ausnahme waren und zum anderen
sind die Kündigungsgesetze in Ecuador nicht so weitgehend wie in Kolumbien.

3.8.3 Ausländische Industrieinvestitionen

Ausländische Investoren sind in Ecuador von offizieller Seite willkommen.
In der Publikation der BANCO CENTRAL (Quito 1979) wurden 120 konkrete Industrieprojekte benannt, in denen die Beteiligung ausländischen Kapitals ge-
wünscht wurde, obwohl nur die wenigsten Projekte komplizierte Technologien
voraussetzten. Dem ausländischen Kapital werden grundsätzlich keinerlei Be-
schränkungen bei Industrieprojekten auferlegt, sieht man von Vorhaben ab, die

eine Relevanz für die Ausfuhr in die Andenländer haben. Voraussetzung ist
die Registrierung bei Institutionen wie der BANCO CENTRAL und MICEI. Die Gewinne sind bis zu 7% des Investitionswertes frei konvertierbar (mit staatlicher Genehmigung bis zu 20%), die Rückführung des investierten Kapitals ist
möglich. Es besteht allerdings die Verpflichtung, daß sich Unternehmen, die
einen ausländischen Kapitalanteil von mehr als 51% aufweisen, in einem Zeitraum von 20 Jahren in ein gemischtes Unternehmen umwandeln, bei dem der ecuadorianische Kapitalanteil dann über 51% liegen muß. Eine Mindestbeteiligung
des ecuadorianischen Kapitals von 5% ist von vornherein bindend vorgeschrieben.

Nach der BANCO CENTRAL (Memoria 1977, S. 141) sind ausländische Investitionen
fast ausschließlich Direktinvestitionen. Damit beeinflußt der Investor das
ökonomische Geschehen. Es wurde ein beachtlicher Zuwachs bei den ausländischen
Investitionen im Industriesektor registriert. Noch im Jahr 1961 stellte JUNA-
PLA fest, daß diese Investitionen hier unbedeutend seien. Bis 1959 existier-
ten in Ecuador nur 17 Niederlassungen von ausländischen Firmen sämtlicher
Wirtschaftszweige. Zwischen 1960 - 1975 installierten sich nach MONCADA (1978,
S. 63) mindestens 134 neue Niederlassungen. Nach Angaben des U.S. Department
of Comerce, Zensus 1966 waren von den 2054 Auslandsindustrieunternehmen der
USA nur 30 in Ecuador registriert worden (nach HEYDENREICH 1974, S. 127).
Höhere Zahlen nennt die BANCO CENTRAL für das Jahr 1975, wonach von 398 Unternehmen, die auf ausländischen Investitionen beruhen, 153 Industriebetriebe
sind (hiervon 55 US-amerikanisch, 28 aus den Mitgliedsländern des Andenpaktes
und nur fünf deutsch). I n s g e s a m t   b l i e b   d i e   I n v e s t i -
t i o n s n e i g u n g   d e s   a u s l ä n d i s c h e n   K a p i t a l s
a u f f a l l e n d   g e r i n g , w a s   p r i m ä r   a u f   d i e   B e -
g r e n z t h e i t   d e s   M a r k t e s   z u r ü c k z u f ü h r e n   i s t.
So weist HASTEDT (1970, S. 140 ff.) nach, daß zumindest die deutschen Auslandsinvestitionen nach dem Kriege mit der Marktgröße korrelierten und beide
wiederum in unmittelbarem Zusammenhang zum Industrialisierungsgrad standen.
Der Gedanke, daß sich andere ausländische Investoren entsprechend verhalten,
liegt auf der Hand.

Von 276 Millionen US$ im Jahr 1970 steigerten sich die ausländischen Investi-
tionen im Jahr 1976 auf 723,4 Millionen US$. Während in den ersten Jahren
dieses Zeitraumes Investitionen im Erdölsektor dominierten, wandelte sich die

Struktur hin zu Industriebeteiligungen. Investitionen im Agrarsektor blieben dagegen unbedeutend. So engagierten sich die US-Bananengesellschaften nicht in der Plantagenwirtschaft. Ein nordamerikanischer Reifenkonzern möchte jedoch in größerem Umfange Kautschukpflanzungen anlegen. Das ausländische Investitionsvolumen für die Industrie stieg von 30,2 Mio. US$ 1975 auf 52,0 Mio. US$ 1978 pro Jahr, was einem Anteil von 63,4% der gesamten ausländischen Investitionen entspricht (MICEI, 1979). WITZENHAUSEN u. ROMMEL (1980, S. 50) zweifeln an der Zuverlässigkeit dieser von der BANCO CENTRAL und MICEI veröffentlichten Größenangaben. So sollen die nicht registrierten deutschen Direktinvestitionen etwa 50% der registrierten deutschen Investitionen entsprechen. Ecuador steht in der Rangliste der deutschen Direktinvestitionen an 11. Stelle von 19 lateinamerikanischen Ländern mit 24,7 Mio. DM (Stand 31.12.1978).nach Guayana und vor Paraguay (ebenda, Tab. 19), 81,4% hiervon wurden in die verarbeitende Industrie investiert.

Tabelle 25 führt die wichtigsten Branchen und ihre Anteile bei den ausländischen Industrieinvestitionen prozentual auf. Sieht man von den Beteiligungen am Nahrungsmittelsektor ab, wo Ecuador aufgrund der naturräumlichen Ausstattung ausgezeichnete Voraussetzungen besitzt, so wurden vor allem Investitionen in den nichttraditionellen Industriezweigen vorgenommen, die bisher im Lande schwach entwickelt waren. Das Auslandskapital hat also besonders zur Diversifizierung der industriellen Branchenstruktur beigetragen. Die Rendite der I n d u s t r i e investitionen für das ausländische Kapital lag im Zeitraum 1963 - 1975 durchschnittlich bei 13,8%, etwas höher als die durchschnittliche Rendite aller Auslandsinvestitionen, die mit 12,9% errechnet wurde (INSTITUTO DE INVESTIGACIONES ECONOMICAS, 1978, S. 102). Das ausländische Kapital für diese Gesamtinvestitionen entstammte 1975 zu 27,65% den USA, zu 12,1% Panama und zu 6,1% Kolumbien. An vierter Stelle standen deutsche Investitionen mit 5,2% gefolgt von Kanada mit 4,5% (MICEI 1979, S. 299-301). Nach den von MICEI genannten Angaben läßt sich ein Anteil des ausländischen Kapitals am Gesamtinvestitionsaufwand der ecuadorianischen Industrie von 23,9% für 1975 und 25,4% für 1976 ermitteln. Für 1977 und 1978 liegen Schätzungen des Investitionsaufwandes vor. Es kann jedoch für 1977 eine ausländische Beteiligung von 15% (das ausländische Kapital hielt sich in diesem Jahr stark zurück) und für 1978 von 16,8% angenommen werden.

Die ausländischen multinationalen Unternehmen investieren vorwiegend in die

TABELLE 25: DIE BEVORZUGTEN BRANCHEN DER AUSLÄNDISCHEN INDUSTRIEINVESTI-
TIONEN (Anteile in % seit 1975 bis 1978)

Branche	1975	1976	1977	1978
Nahrungsmittel	10,2	26,5	29,6	15,8
Chemie	36,5	26,2	22,2	41,2
Nichtmetallische Mineralien	21,6	1,7	11,5	17,3
Metallverarbeitung	17,7	21,3	24,8	13,3
Andere Branchen	14,0	24,3	11,9	12,4

Quelle: MICEI, Informe de Labores 1979

Chemiebranche (Tab. 25) und in die Metallverarbeitung. Nestlé hat sich in der
Nahrungsmittelbranche stark engagiert und beabsichtigt, Milchprodukte künf-
tig auch für den nationalen Markt herzustellen. Einige US-amerikanische und
europäische Firmen gingen Joint-Ventures bei der Produktion von Küchengeräten,
Autozubehör, Telefonanlagen, Glühbirnenproduktion ein. Sonst engagieren sich
die multinationalen Konzerne in Ecuador wenig, weil der Markt zu klein und
die industriellen Verflechtungen zu schwach sind (1). Selbst die im Vergleich
zu anderen lateinamerikanischen Ländern relativ hohe politische Stabilität
macht das Land kaum attraktiver. WITZENHAUSEN u. ROMMEL konnten für den Umfang und die Wirksamkeit der deutschen Direktinvestitionen folgende Aussagen
treffen: K e i n e   d e r   d e u t s c h e n   D i r e k t i n v e s t i t i o -
n e n   (22 befragte Unternehmen, wovon 16 Produktionsbetriebe waren) w u r -
d e n   a u f g r u n d   v o n   G e s e t z e s v e r g ü n s t i g u n g e n
o d e r   K o s t e n v o r t e i l e n   d u r c h   n i e d r i g e   L ö h n e
o d e r   b e i m   T r a n s p o r t   v o r g e n o m m e n, dies waren sekundäre Entscheidungsmomente. Vielmehr sollten auf diesem Weg Importrestrik-

(1) CARNOY, M (1972) publizierte für 14 Produkte Standortuntersuchungen in
verschiedenen Ländern Lateinamerikas. Für keines dieser Erzeugnisse wurde Ecuador als optimaler Standort empfohlen. Nur für Hartpapier wurde es
neben vier anderen Ländern als Alternative geführt. Chile z.B. wurde
sechsmal und Venezuela fünfmal als geeignetes Investitionsland genannt.

tionen, insbesondere im Pharmabereich, umgangen werden (ähnlich wie in Kolumbien, vgl. BRÜCHER 1975, S. 95). Marktnähe und dadurch gesicherte Vermarktung standen an erster Stelle. Von untergeordneter Bedeutung war der Bezug von Rohstoffen für den deutschen Markt. Die deutschen Direktinvestitionen ergaben nur wenige Multiplikatoreffekte für die einheimischen Zulieferer, weil das geringe Industrialisierungsniveau die Firmen zum Import ihrer Grundstoffe zwang.

Als gravierendste Probleme wurden in dieser Reihenfolge genannt: Fehlen von qualifizierten Arbeitskräften, Schwierigkeiten mit der nationalen Administration, unzureichende Infrastruktur. Nach WITZENHAUSEN u. ROMMEL gibt es in Ecuador 20 Produktionsbetriebe mit deutschem Kapital, die mit einer Größenordnung von mehr als einer Million Sucres arbeiten.

Ecuador hat sich für ausländische Direktinvestitionen entschieden, weil es sich Technologietransfer, Ausweitung der industriellen Aktivitäten und, damit verbunden, die Schaffung von Arbeitsplätzen, Einkommenserhöhung, Verbesserung der Zahlungsbilanz durch geringere Einfuhren und vermehrte Exporte verspricht. Diese Erwartungen wurden nur teilweise erfüllt, da das Ausland wegen des niedrigen Entwicklungsstandes relativ zurückhaltend investierte. So schätzt HEIDENREICH (1974, S. 61) die Auswirkungen der ausländischen Investitionen für die Zahlungsbilanz nicht so positiv ein: "Im Industriebereich geht von der Investitionstätigkeit der US-Unternehmen ein negativer Zahlungsbilanzsaldo von jährlich durchschnittlich ca. 300 Mio. Dollar aus". Diese Berechnung bezieht sich auf den Untersuchungszeitraum 1950 - 1970 und auf ganz Lateinamerika.

Die ausländischen Investitionen in der Sierra dienen vorwiegend der Deckung der nationalen Nachfrage, insbesondere in den Bereichen Pharmaindustrie, Elektrotechnik und Maschinenbau, sieht man von einigen Ausnahmen in Guayaquil ab (Glühbirnenproduktion, Küchengerätebau). Dagegen spielt der Naturraum Costa eine Rolle bei den ausländischen Beteiligungen in der Nahrungsmittelindustrie. So stehen also bei den Investitionen in der Sierra die Eroberung des ecuadorianischen Marktes, an der Costa der Export und die Verarbeitung von Naturrohstoffen im Vordergrund. Hier sind die Auswirkungen auf die Zahlungsbilanz unbestritten positiv, die Produktionsbetriebe der Sierra sind hingegen fast ausschließlich auf den Import ihrer Halbfabrikate angewiesen, da der schon mehrmals genannte niedrige Entwicklungsstand der ecuadorianischen Industrie kaum "linkages" zuläßt. Die Zahlungsbilanz muß durch solche Investitionen nicht negativ beeinflußtwerden, wenn Güter hergestellt werden, die Importe substituieren und der Gewinntransfer nicht allzu hoch ist. Nach WITZENHAUSEN u. ROMMEL (1980, S. 73) sind die Reinvestitionen bei deutschen Beteiligungen hoch.

Da von ecuadorianischer Seite Know-how und Engagement fehlten, darf vermutet werden, daß viele Industrien ohne ausländische Investitionen nicht entstanden wären. Eine Fremdbestimmung der ecuadorianischen Wirtschaft ist bei dem Grad der ausländischen Investitionen nicht zu befürchten. Die erwähnten Regelungen des Andenpaktes (Decisión Nr. 24) verhindern eine Situation wie in Brasilien Anfang 1970, als sich große Teile der nationalen Industrie gegenüber der ausländischen Konkurrenz nicht behaupten konnten. So dürfte der Vorwurf von ABAD FRANCO (1974), die ausländischen und gemischten Firmen seien schuld am niedrigen Entwicklungsstand der heimischen Industrie, da sie mit ihrer überlegenen Technologie eine Entfaltung der kleinen und mittleren Unternehmen in Ecuador verhindert hätten, überzogen sein. STANZICK (1972, S. 39) stellt allerdings fest, daß die ausländischen Unternehmen über einen größeren finanziellen Rückhalt, bessere Organisationsunterstützung durch die Marketingsysteme und ein besseres Schulungssystem verfügen, und daß sie schließlich auf den Technologievorteil des Stammhauses zurückgreifen können. Aus all diesem resultieren beachtliche komparative Vorteile, durch die sie den nationalen Unternehmen überlegen sind. Dies erleichtert auch die Kreditaufnahme auf dem nationalen Markt. Hinzu kommt, daß sie bei der Bezahlung von einheimischen Fachkräften die nationale Konkurrenz überbieten können und bei Verhandlungen mit der Regierung über Importerleichterungen einen besseren Stand haben. Diese hier aufgeführten Faktoren dürften aufgrund der labilen nationalen Konkurrenz in Ecuador noch größere Relevanz haben.

4. DIE STANDORTVORAUSSETZUNGEN DER INDUSTRIE UND IHRE WECHSELWIRKUNGEN

Da Ecuador, wie verschiedentlich schon dargelegt, selbst im lateinamerikanischen Vergleich über nur bescheidene industrielle Ansätze verfügt, sind die von der Industrie ausgehenden Effekte relativ gering. Physionomisch tritt die Industrie in Ecuador nur vereinzelt in den Vordergrund. "Industrielandschaften" im Sinne einer Prägung größerer Gebiete durch die Industrie gibt es in Ecuador nicht, sieht man vielleicht ab von den Ausfallstraßen von Quito und Guayaquil (vgl. Abb. 21,22,23), den wenigen Industrieparks oder der Raffinerie in Esmeraldas, deren Fläche jedoch unter einem km^2 Größe bleibt. Durch das gänzliche Fehlen von Stahlerzeugung und Grundstoffindustrien (außer der Raffinerie in Esmeraldas und den Zementfabriken) oder einer nennenswerten Automobilproduktion wird jedem Beobachter, ohne daß er Statistiken oder Publikationen bemüht, deutlich, daß sich Ecuador auf einem niedrigen Industrialisierungsniveau befindet. Dennoch sind einige Auswirkungen der vorhandenen Industrie auf andere Sektoren und Bereiche untersuchenswert, wobei die Wechselwirkungen mehr funktionaler Natur sind.

4.1 Landwirtschaft und Industrie

Seit 1977 befindet sich die landwirtschaftliche Produktion Ecuadors in einer schwierigen Lage, denn die Wachstumsraten betrugen 1977 nur 1,4% und 1978 2,8%. Die vorläufigen Produktionszahlen für 1979 lassen keine Wende zum Besseren erkennen. D i e W a c h s t u m s r a t e n s i n d n i e d r i g e r a l s d e r B e v ö l k e r u n g s z u w a c h s. Die ungünstigen Witterungsverhältnisse (Trockenheit in den Provinzen Manabí, Loja und einigen anderen Sierraregionen) und die damit verbundene Insektenplage erklären dies teilweise. Die Schwierigkeiten im Ackerbau waren schon Jahre zuvor offenkundig, denn zwischen 1970 - 1977 nahm die Produktion um nur 2,9% durchschnittlich zu, allerdings wurden die mageren Resultate durch beachtliche Wachstumsraten bei der Viehzucht etwas kompensiert.

Die Vorwürfe richten sich nun gegen die staatliche Führung, die es, bedingt durch die Konzentration auf die Industrieförderung, versäumt habe, durch technische Maßnahmen und finanzielle Unterstützung die Landwirtschaft zu aktivieren. So ist Ecuador seit Jahren immer mehr gezwungen, Weizen, Gerste, Mais, Milch und selbst Reis einzuführen. Der Weizenimport verfünffachte sich von 1970 bis 1975. Reis wurde noch vor einigen Jahren exportiert. Die Nahrungsmitteleinfuhr verdoppelte sich von 1975 auf 1979. Schuld an dieser Entwicklung hat die nicht funktionierende Preispolitik der Regierung. Erzeuger und Zwischenhandel halten sich zurück, weil sie die Verkaufspreisbindung der Regierung verunsichert. Anders dagegen ist die Situation bei Kakao und Kaffee, hier wurden in den letzten Jahren Zuwächse erreicht (1). Die Schwankungen der Weltmarktpreise für die agrarischen Exportgüter sind jedoch für ein von diesen Erlösen abhängiges Land seit jeher ein Problem. Der Versuch, dem durch die Weiterverarbeitung der Rohprodukte entgegenzuwirken, gelingt allerdings nur teilweise. 1975 wurden immer noch 95% der Ernte als Rohkaffee exportiert, während aufbereiteter Kaffee nur eine untergeordnete Rolle spielte. Umgekehrt sind die Verhältnisse beim Kakao. Die Weiterverarbeitung von Kakao wird durch die Steuergesetzgebung begünstigt, so daß der Anteil des "cacao en grano" nur 16-18% des Kakaoexportes beträgt. Allerdings soll diese Steuererleichterung wieder abgeschafft werden. Die Entwicklung beim Bananenexport ist trotz günstiger Weltmarktpreise und der Erhöhung der Anbauflächen ungewiß, da die mittelamerikanische Konkurrenz durch die zentralere Verkehrslage und größere eigene Transportkapazitäten im Vorteil ist (2).

Ungelöst blieben die alten Strukturprobleme der Landwirtschaft. Fehlende Infrastruktur, mangelnde Ausbildung der Betriebsleiter und des technischen Personals, Preisschwankungen bei Agrarerzeugnissen und Unsicherheit im Hinblick auf die Fortsetzung der Agrarreform hemmen nach Ansicht der WELTBANK (1979) die Investitionsbereitschaft der Großgrundbesitzer. Sie bewertet die mangelnde Effizienz höher als die Verteilungsprobleme. Ferner kritisiert sie die mangelnde politische und planerische Führung und die Undurchsichtigkeit der Kreditverteilung an die landwirtschaftlichen Unternehmen. Auf alle Fälle wurden die notwendigen Anstrengungen zur Nutzung des agrarischen Potentials

(1) Dennoch sind die ha-Erträge gering. Beim Kakao sollen diese bei 276 kg pro ha liegen, was an Pilzerkrankungen liegen soll. Die Kaffee-Erträge pro ha betragen nur 320 kg. Dies entspricht 60% der Ergebnisse in Kolumbien und etwa der Hälfte von El Salvador (siehe WELTBANK 1979, S.149,150)

(2) Die ecuadorianischen Pflanzer sind insofern begünstigt, als sie nicht wie ihre kolumbianischen und mittelamerikanischen Konkurrenten befürchten müssen, daß ihre Ernte von Stürmen vernichtet wird.

des Landes nicht unternommen. Mit einem besseren und intensiveren Anbau der
geeigneten Flächen, mit dem verstärkten Ausbau von Bewässerungssystemen
hätte man die Produktivität erheblich steigern können.
350 000 Betriebe (66,8%) sind kleiner als 5 ha. Sie sind weder als Konsumenten noch als Produzenten für den Markt ein Faktor. Daß Produktionseinheiten
dieser Größenordnung nur als Subsistenzbetriebe überleben können, beweisen
die Einkommensverhältnisse (siehe Kap. 2.3.2.4).
Nach Schätzungen waren 1977 nur 6000 Traktoren in der Landwirtschaft eingesetzt, was 0,1 Traktorenpferdestärke pro ha kultiviertem Land entspricht. Die
Regierung Roldos versprach in einem 60 Punkte-Programm, der Landwirtschaft
besonderes Augenmerk entgegenzubringen. Man will die Erzeugung der Grundnah-
rungsmittel (Mais, Weizen, Gerste, Reis, Kartoffel und Hülsenfrüchte) fördern.
Die Verfügbarkeit von Dünger und Saatgut soll erweitert, die Infrastruktur
auf dem Lande ausgebaut, die Absatz- und Vermarktungssituation verbessert
werden. Dazu gehören die Stabilisierung des Preisgefüges für Nahrungsmittel
auf der Grundlage von realistischen Erzeugerpreisen, der Bau von Lagerhallen
und Silos und die Ausweitung des Kreditwesens für landwirtschaftliche Produzenten.
Die Bewässerungsproblematik verschärft sich zusehends von Jahr zu Jahr. Der
Staat wird nicht umhin können, erhebliche Leistungen zu erbringen, um der Bodenerosion entgegenzuwirken. Letzteres gilt für sämtliche Regionen des Landes.
Überweidung, Abbrennen von Weideflächen, falsche Bewässerung und Straßenbau-
maßnahmen erleichtern die Winderosion. An der Costa sind Überschwemmungen der
Hauptgrund für die zunehmenden Bodenabtragungen.
Das zur Verfügung stehende öffentliche und private Kapital wird zu Lasten
der Landwirtschaft in die Industrie investiert. Modernisierung und Ausbau
der ländlichen Infrastruktur unterbleiben. Traditionell alimentiert in Lateinamerika der ländliche Raum die Stadt. Im Zusammenhang mit dem nationalen Entwicklungsplan 1980 - 1984 wurde diskutiert, inwieweit die Industrialisierung
durch niedrigere Agrarpreise finanziert werden könnte. Die Abb. 13 über die
Kreditverteilung belegt sowohl die Bevorzugung der beiden industriellen Provinzen Guayas und Pichincha als auch die Benachteiligung der Landwirtschaft im
allgemeinen. Es gilt dabei zu berücksichtigen, daß 1974 45,2% der Erwerbstätigen in der Landwirtschaft beschäftigt waren (CONADE 1980).
Die Unterbeschäftigung im primären Sektor wird auf etwa 40% geschätzt. Wenn

Arbeitskräfte abwandern, hat dies für die Landwirtschaft keinerlei negative
Konsequenzen, vorausgesetzt, daß es nicht die tüchtigsten und qualifizierte-
sten sind. Nur die allerwenigsten Landarbeiter haben, wie im Kapitel 5.6 belegt wird, reelle Chancen, einen Arbeitsplatz in der Industrie zu erhalten.
Die Landwirtschaft stellt der Industrie Gelände für ihre Ansiedlungen zur Verfügung. Dies bedeutet insbesondere dann einen Substanzverlust für den primären
Sektor, wenn es sich um wertvolles Agrarland handelt, wie es beim Industriepark in Riobamba oder bei den Hazienden im Süden Quitos der Fall ist.
Die für beide Sektoren fruchtbarste Wechselbeziehung liegt in der gegenseiti-
gen Versorgung mit Gütern. Die Landwirtschaft liefert wichtige Rohstoffe für
die Produktion, insbesondere an die Nahrungsmittelindustrie. Es handelt sich
um Fleisch, Milch, pflanzliche und tierische Fette, Reis, Korn, Kakao, Früchte, Zucker, Kaffee, Bananen etc. Die Textilindustrie bezieht Schafwolle sowie Industriepflanzen wie Sisal, Jute, Hanf und vor allem Baumwolle, die Lederindustrie Häute. Auch die Pharmaindustrie läßt einige Pflanzungen anlegen.
Es wird angestrebt, den Verbrauch an landwirtschaftlichen Erzeugnissen nationaler Provenienz zu steigern, denn der ecuadorianische Anteil an den organi-
schen Rohstoffen lag 1976 erst bei 76%. Er könnte, wenn man die vorzüglichen
Voraussetzungen Ecuadors berücksichtigt, weit höher sein. Der Import von Agrarprodukten betrug 1976 147,5 Mio. US$, wovon 86% für die Weiterverarbeitung
in der Nahrungsmittelindustrie bestimmt waren. Weizen, Hafer, Tabak wie auch
Baumwolle und Leder lassen sich im Lande gut selbst produzieren.
Es mangelt an Silo- und Lagerhaltungsmöglichkeiten, um das jahreszeitlich bedingte Angebotsgefälle auszugleichen. Eine Qualitätsminderung ergibt sich
aus den langen und schlechten Transportwegen. Außerdem erschweren unterschiedliche Qualitätsniveaus die Vermarktung. Eine noch stärkere Rohstofforientierung der Standorte der Nahrungsmittelindustrie würde die Situation
verbessern. 1976 befanden sich 53% der Arbeitsplätze der Nahrungsmittelindustrie in Guayas und weitere 18,5% in Pichincha. Größere Erzeugernähe würde
die Landwirtschaft stimulieren. Die Industrie könnte Abnahmegarantien übernehn-
men und die Qualität der Produkte stärker beeinflussen. Ein Rückkoppelungs-
effekt ergäbe sich durch den erhöhten Bedarf der modernisierten Landwirtschaft an Maschinen, Dünger etc. Es stellt sich allerdings die Frage, ob die
industrielle Verarbeitung aller Produkte für die kaufkraftschwächeren Verbraucher von Vorteil wäre, denn industrielle Aufbereitung bedeutet zwangs-

läufig eine Verteuerung. Nach einer Untersuchung, die 1974 in Guayaquil durchgeführt wurde, konnten sich nur rund 30% der Haushalte Konserven (einschließlich Fisch) leisten.

Die Binnennachfrage nach industriell veredelten Agrarprodukten bleibt aufgrund des kleinen Marktes schwach. So besteht nur der Ausweg über die Intensivierung des Exportes. Mit industriell aufbereiteten Agrarerzeugnissen wird eine günstigere Wertschöpfung und durch den Gewichtsverlust eine Reduzierung der Transportkosten erreicht. Eine industrielle Weiterverarbeitung bzw. Veredelung der agrarischen Exportgüter ist also zweifelsohne wünschenswert. Daß dies in den letzten Jahren geschehen ist, belegt die Tabelle 26. Der Agrarsektor als ein wichtiger Devisenbringer hatte am Export einen Anteil von 31% (ohne industriell veredelte Agrarerzeugnisse).

TABELLE 26: DER EXPORT AGRARISCHER PRODUKTE IN MIO. US$

Gut	ohne Veredelung			industriell aufbereitet		
	1972	1975	1978	1972	1975	1978
Zucker	-	-	-	13,2	23,6	7,1
Kakao	23,6	42,1	50,6	6,5	29,8	200,8
Kaffee	47,0	63,5	156,6	0,6	1,1	3,5
Bananen	131,0	138,7	171,9	-	-	-
Meeresprodukte	15,4	24,5	35,4	3,1	6,9	46,8
Sonstiges	30,1	41,9	69,5	-	-	-

Quelle: Erarbeitet von Div. Invest. Economicas CENDES, publ. in INFORMES DE LABORES, MICEI, S. 169, ergänzt durch Angaben der Weltbankstudie S. 490

Die Aufbereitung agrarischer Produkte vor dem Export hat eine Reihe positiver Auswirkungen aufzuweisen. Neben den erhöhten Devisenerlösen und dem Zuwachs an Arbeitsplätzen kann durch eine Verarbeitung im Erzeugerland den Schwankungen der Weltmarktpreise eher entgegengewirkt werden. Die Terms of trade sind bei industriell verarbeiteten Produkten günstiger als bei reinen Rohprodukten. Nun eignen sich einige Produkte, wie z.B. die Banane, wenig zur Weiterverarbeitung, wenn dies auch, wie schon dargelegt, versucht wird. Beim Kaffee, der in erster Linie in der Provinz Manabí angebaut wird, ist die Verarbeitung noch in den Anfängen, aber ausbaufähig! Der Zuckerrohr verlor an Bedeutung, da der nationale Konsum erheblich zugenommen hat. Die Funktionsteilung der Landwirtschaft, in der die Sierra 66% der Agrarproduktion für den nationalen Markt abdeckt, die Costa hingegen 81% ihrer Produktion exportiert, hat dementsprechend Auswirkungen auf die Standortverteilung der Nahrungsmittelindustrie. Die großen Unternehmen produzieren an der Costa, wobei ihr geschätzter Exportanteil bei 65% des Produktionswertes liegt (wegen der Details vgl. Tab. 16).

Die Zulieferfunktion der Industrie für die Landwirtschaft ist weit weniger bedeutend als umgekehrt. Verantwortlich hierfür ist der niedrige Entwicklungsstand auf beiden Seiten. Das geringe Niveau der Industrie läßt die Produktion von Gütern für die Landwirtschaft nicht zu. Es fehlt an den technischen Möglichkeiten und an entsprechenden Zulieferern. So gibt es, abgesehen von einem kleinen Traktormontagebetrieb und einer Melkmaschinenproduktion, nur unbedeutende Landmaschinen herstellende Betriebe. 1976 arbeiteten 167 Personen in dieser Branche.

Die aus der Schwäche der Landwirtschaft resultierende relativ niedrige Kaufkraft hat zur Folge, daß für anspruchsvolle landwirtschaftliche Maschinen kein Markt besteht, sieht man von importierten Spezialanlagen für die Plantagen an der Costa ab. Verschärft wird diese Situation durch den kleinen Binnenmarkt. So gehen von den beiden unterentwickelten Sektoren keinerlei befruchtende Impulse aus. Für eine Wirtschaftsplanung ist es schwierig, diesen Teufelskreis zu durchbrechen.

Die Belieferung mit Dünger und Phosphaten - drei staatliche Unternehmen und mehrere private sind in Quito und Guayaquil ansässig - wird in erster Linie über die Kooperativen organisiert. Die Hauptverbraucher sind die Bananenpflanzer. Eine größere Düngerfabrik soll in Puerto Bolívar auf Ammoniak- und Harnstoffbasis unter Nutzung des Erdgases aus dem Golf von Guayaquil produzieren, wodurch der Engpaß bei Dünger teilweise behoben werden könnte. Pestizide wurden 1976 fast ausschließlich importiert, nur Insektizide im bescheidenen Umfang in Ecuador hergestellt (etwa 820 t).

Der private Verbrauch von industriellen Konsumgütern ist wegen der ungleichen

Einkommensverteilung und der geringen Kaufkraft der großen Mehrheit der Landbevölkerung von untergeordneter Bedeutung. Nur wenige Massengüter (Coca Cola,
Plastikschüsseln etc.) werden von den in Subsistenzwirtschaft lebenden Kleinbauern (Minifundistas) gelegentlich gekauft. Bekleidung und Schuhe werden oft
noch selbst hergestellt. Von dauerhaften Massengütern werden vereinzelt Tran-
sistorradios, Macheten oder sonstige einfache Werkzeuge erworben.
Inzwischen treten einige Industrieunternehmen selbst als landwirtschaftliche
Erzeuger auf. Pharmakonzerne kultivieren ihre Heilkräuter in eigenen Pflanzungen. Einige Unternehmer investieren in den Anbau von Ölpalmen. Zuckerfabriken (Aztra) unterhalten ihre eigenen Zuckerplantagen oder kaufen von örtlichen Produzenten zu. Die nordamerikanische Reifenfirma "General Tire" will
Naturkautschuk nicht nur für die ecuadorianische Produktion anbauen, sondern
auch exportieren. Nestlés Niederlassung in Ecuador "INEDECA S.A." beabsichtigt, in der Nähe von Baeza die Milchwirtschaft zu intensivieren. Schließlich
stimuliert und organisiert die Zigarettenfabrik "Tanasa" den Tabakanbau durch
heimische Pflanzer. All diese Aktivitäten werden zum großen Teil von ausländischen Unternehmen oder gemischten Firmen initiiert, die das agrarische Potential nutzen und ihre Rohstoffbasis sichern wollen. Solche Aktivitäten sind
jedoch Ausnahmen und gesamtwirtschaftlich betrachtet bescheiden.

4.2 Industrie und Bergbau

4.2.1 Die bergbaulichen Aktivitäten

Anders als in den übrigen Andenstaaten s p i e l t d e r B e r g b a u
i n E c u a d o r e i n e u n t e r g e o r d n e t e R o l l e ,
s i e h t m a n v o n d e n E r d ö l - u n d E r d g a s v o r k o m -
m e n a b. Überdies sind die Beschäftigtenzahlen im Bergbau in Ecuador seit
1965 rückläufig. Waren es damals etwa 9400, so verringerte sich die Zahl bis
Ende 1977 auf 2262 Personen (errechnet aus Angaben von INEC 1979 und CONADE
1980). Laut Encuesta Anual de Manufactura y Minería 1976 waren damals 1445
Personen in Bergbauunternehmen mit mehr als sechs Beschäftigten oder mehr
als 180 000 Sucres jährlichem Förderungswert tätig. Dies bedeutet, daß fast
1000 Erwerbstätige in kleinen Betrieben, die wohl Steinbrüche sein dürften,
arbeiten, um vermutlich Baumaterial zu brechen, wenn sie nicht zu den Gold-
wäschern der Orienteflüsse gehören (Tab. 27).

Tabelle 27: Vergleich der Bergbauförderung der Staaten des Andenpaktes 1979
(wenn nicht anders vermerkt: in Tonnen

Bergbauprodukt	Bolivien	Ecuador	Kolumbien	Peru	Venezuela
Organische Brennstoffe:					
Erdöl (Mill brl.)	10,17	78,17	45,30	69,95	860,07
Erdgas (Mrd. m³)	1,98	0,04	3,06	0.6	16,30
Steinkohle (1000 t)	-	-	5390	49	70
Metalle					
Antimon	13.019	-	-	762	-
Silber	178,6	1,37	3,09	1350,4	-
Kupfer	1.797	1200	84	401.780	-
Aluminium	-	-	-	-	227.444
Cadmium	128	0,48	-	424	-
Gold (in kg)	943	100	9261,5	4406	466,2
Zinn	27.648	-	-	929	-
Eisen (in 1000 t)	25	-	397	5444	15.260
Blei	15.359	220	226	174.000	10.000
Mangan	10.500	-	21.453	-	-
Zink	51.621	1600	-	432.000	-
Platin (kg)	-	-	402,7	-	-
Molybdän	-	-	-	1086	-
Wolfram	3.114	-	-	599	-
Arsen	-	-	-	3222	-
Nichtmetallische Mineralien					
Diamanten (Karat)	-	-	-	-	802.972
Feldspat	-	-	29.200	2176	88.902
Kaolin	-	4000	819.150	4052	21.528
Salz	10.000	-	634.000	398.820	155.000
Schwefel	15.000	14.500	18.312	65.098	85.201

x zweite Verhüttung. Teilweise noch provisorische Zahlen
Quelle: MINERALS YEARBOOK, VOLUME III, 1982

Wert der Produktion mineralischer Rohstoffe 1973

in Mio US $	292,8	306,5	357,5	788,4	5023,1
(ohne Erdöl und Erdgas)	201,5	2,2	42,2	685,7	214,5
Wert je km² in US$	266	1079	314	614	5508
(ohne Erdöl und Erdgas)	183	8	37	534	235
Wert in US $ pro Kopf der Bevölk.	69	49	17	57	443
Wert pro Kopf der Bevölk. ohne Erdöl und Erdgas	47	0,35	2	49	19

Zusammengestellt nach CALLOT (1976)

Während zum Beispiel Peru und Venezuela für die eigene Verhüttung genügend Eisenerz abbauen und darüberhinaus noch exportieren, Kolumbien seinen eigenen Bedarf decken kann und Bolivien genügend bisher nicht in Anspruch genommene Eisenerzreserven hat, sind in Ecuador keine abbauwürdigen Lager bekannt, ebensowenig Kohlevorkommen. Nur in El Oro gab es 1978 ein Unternehmen mit ca. 500 Beschäftigten, das 507 t Kupfer, 1340 t Zink, 29 000 Unzen Silber und 2700 Unzen Gold förderte (Portovelo und Zaruma). Die bergbaulichen Aktivitäten der zehn 1976 existierenden Betriebe, die nichtmetallische Mineralien abbauen, erstrecken sich auf die Provinzen Chimborazo, Guayas (sieben Betriebe), Manabî und Pichincha. Abbauprodukte sind Schwefel und verschiedene Baustoffe. Von einer gewissen industriellen Bedeutung sind die erwähnten Mineralquellen von Machachî.

Trotz vielfacher Beteuerung der verschiedenen Regierungen, man wolle den Bergbau stärken, um vom Import unabhängiger zu werden, blieben alle Bemühungen bisher ohne Erfolg. Zwar konnte die Dirección Nacional de Geología Minas y Petroleo bei Prospektionsprojekten in den Provinzen Loja, Azuay, Bolívar und Imbabura Kupfer, Molybdän, Blei, Zink und Silber nachweisen, aber die meisten Lagerstätten scheinen einen wirtschaftlichen Abbau nicht zuzulassen (SENDIP, 2. Band 1979, S. 591-594). Dem Fünfjahresplan der Regierung Roldos kann nur entnommen werden, daß man den Abbau von Kalk, Gips, Kaolin, Quarz, Schwefel und Marmor beabsichtige. Dies erscheint als eine realistische Einschätzung, denn aufgrund der geologischen Strukturen mit der Dominanz des Vulkanismus in den Anden, der die älteren Ablagerungen überdeckt, ist zumindest nach heutigem Stand des Wissens nicht mehr zu erwarten.

Aus diesem Überblick läßt sich leicht erkennen, daß von diesem bescheidenen Bergbau keinerlei nennenswerte Impulse für die Industrialisierung ausgehen konnten, wie dies in den Nachbarländern der Fall war (vgl. im Fall Kolumbien BRÜCHER 1975, S. 55-61). So engagierten sich ausländische Investoren 1976 mit lediglich 1,5 Mio. US$ im Bergbau, was nur 2,04% des Gesamtvolumens des ausländischen Kapitals in Ecuador entspricht (MICEI 1979, Tab. C 14). Argentinische, chilenische und spanische Experten wurden ins Land gerufen, um bei der Suche nach Uran zu helfen. Geologen sind zuversichtlich, in Napo und Morona Santiago fündig zu werden(LATIN AMERICA WEEKLY REPORT, Mai 1980). Generell darf aber behauptet werden, daß in den Abbau mineralischer Lagerstätten und in davon ausgehende Industrialisierungsimpulse auch in Zukunft keine nennenswerten Hoffnungen gesetzt werden dürfen.

4.2.2 Die besondere Rolle des Erdöls

Grundverschieden ist die Lage bei der Förderung von Erdöl und Erdgas. Auf die Bedeutung für die wirtschaftliche Entwicklung, besonders für die Kapital-gewährung an die Industrie und für den Ausbau der Infrastruktur wurde mehr-fach hingewiesen. 1979 erreichte die Erdölförderung 78,2 Mio. Barrels (BFAI-Marktinformation: Ecuador, Wirtschaftsdaten und Wirtschaftsinformationen, 1980), die höchste Förderungsrate überhaupt. Zurückzuführen ist dies auf ver-besserte Förderungsbedingungen und neue Bohrungen. Diese Rekordförderung war erforderlich, um einerseits die gestiegene interne Nachfrage zu befriedigen, andererseits aber, um die notwendigen Exporterlöse zu erzielen. Erdöl hatte am Export wertmäßig einen Anteil zwischen 60,6% (1975) und 35% (1977), wobei aber 1979 mit einem Exportanteil von 45,6% und dem Wert von 905 Mio. US$ das beste absolute Exportergebnis erzielt wurde.

Ob dies allerdings noch lange Zeit möglich sein wird, bleibt fraglich. Die ausbeutbaren Petroleumreserven werden sich zwischen 1981 und 1984 von ver-mutlich 1 400 Mio. brl auf die Größenordnung von 900 Mio. reduzieren (SOHNS, R. 1980, S. 12), wenn auch CEPE, die staatliche Petroleumgesellschaft, opti-mistischere Zahlen bis 3200 Mio. Faß benennt. Auf alle Fälle wird die Förde-rung schwieriger und teurer, da die Brunnen, die sich zu günstigen Kosten ausbeuten ließen, versiegen. Nach Angaben des ehemaligen Direktors von CEPE, José Carvajal, wurden 3000 km Seismikprofile im Küstengewässer gelegt und im Oriente ähnlich umfangreiche seismische Untersuchungen durchgeführt. Besorgniserregend sind die hohen Zuwachsraten des nationalen Verbrauchs von 16% in den Jahren 1976 - 1978, ein Ergebnis der verstärkten Motorisierung. E s   i s t   z u   b e f ü r c h t e n , d a ß   s i c h   d a s   O P E C - L a n d   E c u a d o r   1 9 8 6   v o m   E x p o r t e u r   z u m   E r d - ö l i m p o r t e u r   w a n d e l n   w i r d . Diese Steigerungsraten dürfen bei dem lächerlichen Benzinpreis von 4,65 Sucres für eine amerikanische Gal-lone (= 3,785 l) nicht verwundern (1). So begünstigt der Staat über den niedrigen Preis den leichtfertigen Konsum eines Gutes, für das auf dem Welt-markt ein mindest viermal so hoher Preis erzielt werden kann. Der dadurch

---

(1) Dies entsprach 1980 einem Literpreis von ca. 10 Pfg. Zum selben Zeit-punkt kostete das Benzin in der Bundesrepublik Deutschland etwa das Zwölffache.

entstandene Verlust wird 1979 für die Volkswirtschaft auf 13 Milliarden
Sucres gerechnet. SOHNS (1980) sieht in dieser Politik eine Subventionierung
der Industrie und der Kraftfahrzeughalter (1).

Unter diesen Gesichtspunkten stellt sich die Frage, inwieweit die Erdölwirtschaft weiterhin Motor der ökonomischen und vorwiegend industriellen Entwicklung bleiben kann. Vieles hängt davon ab, ob es gelingt, weitere Erdöl-
quellen zu erschließen (2).

Wie VON GRÄVENITZ (1975) feststellte, liegt die Bedeutung der Erdöleinnahmen
in der Stärkung des Staates, der über seine Ausgabenpolitik entscheidenden
Einfluß auf die Wirtschaftsentwicklung nehmen kann. Da diese Einnahmen ohne
Faktorleistungen erzielt werden, sei es richtig, bei erdölexportierenden
Ländern von Rentierwirtschaften (3) zu sprechen. Wenn auch die Einnahmen
teilweise für Prestigeobjekte verwendet werden, darf man den ecuadorianischen Regierungen bei aller gerechtfertigten Kritik bestätigen, diese Einnahmen gezielter eingesetzt zu haben als das um vieles reichere Venezuela, wo
die Korrumpierung der öffentlichen Institutionen noch weit mehr fortgeschritten ist.

Die Erdölförderung begann nach dem ersten Weltkrieg auf der Halbinsel Santa
Elena (Guayas). Später wurden die Lagerstätten im Oriente wichtiger. Erste
Funde datieren aus dem Jahr 1921. Ein Rückschlag erfolgte 1948, als Shell
einen Teil der 1937 erhaltenen Konzessionen mit der Feststellung zurückgab,
daß kein Erdöl zu finden sei (4). Präsident Galo Plaza erklärte 1952: "Der
Oriente ist ein Mythos. Das Schicksal hat gewollt, daß wir kein Erdöl-, sondern ein Agrarland sind." Während "Anglo-Saxo-Petroleum" 1967 feststellte,

---

(1) Man versuchte inzwischen, durch das Anbieten von höherwertigem Benzin (92
    Oktan) diesem Dilemma zu entgehen. Der Preis wurde hierfür auf 18,20 Sucres
    festgesetzt. Das bisherige billige Benzin mit einer Oktanzahl von 80 schä-
    digte die Motoren. Ein Direktor von CEPE erklärte dem Verfasser, daß in
    der Benzinpreiserhöhung in erster Linie ein soziales Problem zu sehen sei,
    denn die ärmere Bevölkerung benützt Benzin zum Kochen.

(2) Daß Ecuador alles versucht, um diese Politik zu verfolgen, bewiesen die
    Kooperationsangebote der Regierung an internationale Ölmultis, eine Abkehr
    der nationalen Politik der Generäle sowie die Suche nach ausländischen Pro-
    spektionsfachleuten für CEPE und auch der Schießkrieg mit Peru in der Cor-
    dillera del Condór, wo die Garnisonen Paquisha und Mayacu in vermutlich
    erdölhaltiger Region umkämpft wurden.

(3) Damit meint VON GRÄVENITZ, daß Erdöl exportierende Länder ohne entsprechen-
    de Faktorleistungen regelmäßig größere Einnahmen aus dem Ausland beziehen.

(4) Der geäußerte Verdacht, daß die Erdölvorkommen im Oriente lange Zeit schon
    bekannt gewesen wären, jedoch interessierte Kreise aus preisstrategischen
    Gründen eine Erschließung verhindert hätten, scheint mir unglaubwürdig,
    denn Shell hätte dann niemals die Konzession zurückgegeben.

daß die Erschöpfung der Lagerstätten auf Santa Elena kurz bevorstünden, verkündete das Konsortium "Texaco-Gulf" die Entdeckung förderungswürdiger Vorkommen bei Lago Agrio. Unter Velasco Ibarra wurde ein Gesetzentwurf zur Gründung der CEPE ausgearbeitet, die allerdings erst unter den Militärregierungen zu ihrer heutigen Bedeutung gelangte.

CEPE ist mit 62,5% Eigentümerin des Konsortiums, das 99% des ecuadorianischen Erdöls fördert. Ihr gehören auch die Raffinerie in Esmeraldas sowie 50% der Pipeline und der Exportanlagen für die Verschiffung von Erdöl (Hafen Balao). Dort wurden 1977 35 000 Barrel pro Tag verarbeitet. Dieselbe Menge wurde zur Raffinierung nach La Libertad auf Santa Elena verfrachtet (siehe Kap. 2.5.7).

TABELLE 28: DAS PRODUKTIONSVOLUMEN DER WICHTIGSTEN ERDÖLPRODUKTE (in 1000 t)

	1976	1977	1978
Schweres Heizöl	572	751	1972
Motorenbenzin	715	581	857
Leichtes Heizöl	401	287	627
Leuchtöl	245	243	348

Quelle: BFAI Wirtschaftsdaten und Wirtschaftsdokumentation, Ausgabe 1980

Noch 1977 gab es bei Benzin ein Defizit von 1,4 Mio. brl, bei Diesel von 1,1 Mio. brl und bei Asphalt von 0,3 Mio. brl. Jedoch konnten diese Importe leicht aus den Exportüberschüssen von Rohöl bezahlt werden.

Wichtigste Konsumenten von Erdölprodukten waren 1977 (WELTBANK 1977):

Landtransport	57,4%
Elektrizitätserzeugung	16,4%
Industrie, Handwerk	11,0%
Private Haushalte	9,8%
Schiffahrt	3,1%
Landwirtschaft	1,4%
Fischerei	0,5%
Luftfahrt	0,4%
	100 %

Es kann davon ausgegangen werden, daß nach dem Individualverkehr die Industrie der größte Konsument von Erdölprodukten ist, weil sie bei den Verbrauchergruppen Landtransport und Elektrizitätserzeugung mitbeteiligt ist (1).
Wegen des niedrigen Ölpreises hat die ecuadorianische Industrie einen Kostenvorteil, der fast beispiellos in der Welt sein dürfte. Ein Ölpreis, der dem Weltmarkt angepaßt wäre, würde zu Substitution oder sparsamerem Verbrauch animieren.

Im Raum dokumentiert sich die Erdölwirtschaft neben den Anlagen im Oriente (Lago Agrio, Sacha, Shushufindi und Auca) und den Raffinerien besonders durch die Pipelines. Die Rohöl-Pipeline Lago Agrio-Esmeraldas wurde mit ausländischem Kapital gebaut und im Mai 1972 fertiggestellt. Nach den Kosten-Nutzen-Rechnungen hat sie sich im Jahre 1982 amortisiert. Sie soll dann in Staatseigentum übergehen. Ihre Länge beträgt 503 km, ihr Durchmesser 66 cm, bei den 71 km unterirdisch verlegter Strecke beträgt der Rohdurchmesser nur 51 cm. Die Transport-Kapazität liegt bei 250 000 brl täglich. Für den Druckausgleich sorgen fünf Druck- und vier Druckreduzierungsstationen. Die Pipeline Quito-Durán weist eine Gesamtlänge von 415 km und einen Durchmesser von nur 15 cm auf. Das Teilstück Bucay-Palmira mit 74 km wurde schon 1954 in Betrieb genommen. In den Terminals von Ambato bzw. der Südeinfahrt Quito können die Erdölderivate der Raffinerien auf Santa Elena entnommen werden. Die Transportkapazität liegt bei 18,4 Mio. Gallonen monatlich.
Zwar ist der Ausbau weiterer Pipelines geplant, es bleibt aber fraglich, ob alle Pläne realisiert werden können. Neben der Ölpipeline Lago Agrio-Esmeraldas wurde eine Gasleitung vollendet, die seit 1980 das Naturgas, das bisher in Shushufindi abgefackelt wurde, nach Quito transportiert. Eine weitere soll die Raffinerien Santa Elena mit Guayas und Durán verbinden, eine zweite Quito mit Durán und schließlich soll eine dritte Linie hiervon abzweigen und Cuenca versorgen. Nach dem Entwicklungsplan soll eine weitere Raffinerie mit einer Tagesleistung von 70 000 Barrels gebaut werden.
Den Ecuadorianern wurde der Oriente erst durch die Tätigkeit der Erdölgesellschaften ins Bewußtsein gerückt und ihre Prospektion wurde zur Grundlage der

---

(1) Die Motorisierung bezogen auf 1000 Einwohner betrug 1962 6,84 Fahrzeuge, 1970 10,46, 1975 18,30 und wird 1979 auf 23,39 Fahrzeuge geschätzt. 62% der registrierten PKWs, LKWs etc. sind in Pichincha oder Guayas registriert (MOP 1979).

infrastrukturellen Erschließung des Oriente (hierzu vgl. BROMLEY, 1972).
Der Bau von Straßen nach Coca und Lago Agrio hat den Oriente geöffnet und
weiteren wirtschaftlichen Aktivitäten Raum gegeben. Neben der Holzwirtschaft
und den Teeplantagen (Puyo) wurde die Kolonisation durch IERAC als möglicher
Substitut einer echten Landreform ins Auge gefaßt (1). Ein landwirtschaft-
liches Großprojekt ist eine geplante Plantage mit 10 000 ha Ölpalme bei Shushufindi. Diesem staatlichen Vorhaben folgen viele private Investoren. Große
Straßenbauprojekte sind teils verwirklicht, teils geplant. Über Baños, Mera,
Puyo, Tena wird die Marginale bis Zamora weitergeführt werden. Die meisten
Provinzen der Sierra haben nun eine direkte Verbindung in den Oriente. Scha-
den nahmen die ansässigen Indiostämme wie die Aucas, Jumbos, Cofanes und
Alamas. Eine neue staatliche Behörde, INCREA, soll die Erschließung unter Berücksichtigung ökologischer und ethnologischer Gesichtspunkte gewährleisten (2).
Große Erwartungen sind an die Gasvorkommen im Golf von Guayaquil geknüpft.
Sie sollen die Energiegrundlage für die Projekte bei Puerto Bolívar bilden
(integriertes Hüttenwerk, Düngerproduktion und weitere Chemievorhaben). Die
Rechte für die Naturgasvorkommen liegen im off-shore Bereich bei einer nordamerikanischen Firma. Die Schätzungen des Volumens schwanken zwischen
28,3 Mrd. - 32,0 Mrd. m^3, was einem Heizwert von 0,3 - 2 Mrd. brl Öl entsprechen würde. Die komplizierte geologische Struktur läßt noch keine genaue-
ren Schätzungen zu, die Zahl der Bohrlöcher ist zu gering, um auf die Felder
schließen zu können. Eine 75 km lange Unterwasserpipeline wird erforderlich
sein, um das Vorkommen erschließen zu können. Dem amerikanischen Prospektions-
unternehmen wird der Vorwurf gemacht, daß es die Erschließung bewußt verzöge-
re, weil es lieber die Energie in Strom umwandeln möchte, anstelle damit die
petrochemische Industrie zu beliefern, wie es die Regierung verlangt.

---

(1) Von verschiedenen Beobachtern wird das Scheitern der Kolonisationspoli-
    tik auf die unzulängliche Selektion der Kolonisatoren zurückgeführt. Sie
    hatten kaum Erfahrungen in der tropischen Landwirtschaft und somit Schwie-
    rigkeiten mit der rasch sinkenden Bodenproduktivität, verbunden mit der
    schnell eintretenden Bodenerosion. Die Vermarktungsprobleme waren Folge
    der Marktferne und der Verkehrsverhältnisse. Auch Kapitalmangel erklärt,
    weshalb viele Kolonisatoren über das Niveau der Subsistenzwirtschaft nicht
    hinauskamen. Oft erfolgte die Besiedlung illegal.

(2) Bei meinem Besuch 1978 bei dieser Institution berichtete der Direktor,
    daß er keinerlei Mittel habe, um die Behörde effizient (auch mit Perso-
    nal) auszustatten.

4.3 Die Infrastruktur und ihre Bedeutung für die Industrie

Aus den verfügbaren Daten über die Versorgung mit Wasser, Abwasseranschlüs-
sen, über Energieverbrauch und Straßenlänge (ohne saisonal befahrbare Stras-
sen) wurde in bezug auf die Bevölkerung bzw. die Fläche der Provinzen eine
Hierarchisierung der Ausstattung vorgenommen. Die ersten drei Platzziffern
wurden aufaddiert und mit der Rangfolge des Industrialisierungsgrades (hier
Industriebesatz und industrielle Wertschöpfung pro Kopf der Provinzbevölke-
rung) verglichen (Tabelle 29).
Es läßt sich beim Vergleich zwischen Industrialisierungsgrad und Straßendichte feststellen, daß ein engmaschiges Straßennetz wenig Einfluß auf die
Industrialisierung zu haben scheint. Vielmehr hängt die Straßendichte davon
ab, ob eine Provinz mehr im Zentrum des Staatsgebietes oder peripher gelegen
ist. Eine Ausnahme ist die Provinz Pichincha, die - obwohl dort die Hauptstadt liegt - im Vergleich zu den anderen Sierraprovinzen schlechter ausgestattet ist. Die Provinzen der Costa sind außer den beiden Bananenprovinzen
Los Rios und El Oro nicht besonders gut mit Straßen versehen. Dies liegt vor
allen Dingen daran, daß beide Landesteile mit fast 14 000 km (Sierra) bzw.
13 000 km (Costa) fast gleich viele Straßen aufweisen, jedoch sind in der
Sierra 74% davon Allwetterstraßen, an der Costa dagegen nur 43%. Provinzen
mit hohem Verstädterungsgrad weisen deshalb nicht zwingend ein dichtes Straßennetz auf. Gebirgiges Gelände erfordert eine engmaschige Straßenerschließung,
falls der ganze Raum in Wert gesetzt werden soll. An der Küste können die
Flüsse teilweise die Funktion der Straße übernehmen. Betrachtet man die anderen Versorgungsleistungen wie Kanalisation, Trinkwasserversorgung und den
Energieverbrauch, so läßt sich hier eher eine Übereinstimmung mit dem Industrialisierungsgrad feststellen. Weitere Indikatoren für die infrastrukturelle
Ausstattung der Provinzen standen nicht zur Verfügung.
Nur zwei Provinzen, Manabí und Cañar, weichen besonders stark ab. Manta, als
einziger bedeutender Industriestandort einer großen und relativ rückständigen
Provinz, fällt quantitativ nicht ins Gewicht. Cañar, eine kleine Provinz, wird
statistisch gesehen, aber täuschend allein durch den zuckerrohrverarbeitenden
Betrieb "Aztra" als industriell entwickelt herausgestellt. Der Schluß, daß
Industrialisierung eine moderne Infrastruktur mitschaffen würde, ist falsch.
Die bescheidene Industrie stellt in den meisten Provinzen eine Art Insel dar

Tabelle 29: Industriebesatz, Wertschöpfung, Verstädterungsgrad, infrastrukturelle Ausstattung der Provinzen (unter Berücksichtigung der Größe derselben) im Vergleich

Provinz	Industrie-besatz Spalte 1	Wertschöpfung pro Kopf der Bevölkerung 2	Rang Industrie 3	Verstädt. Rang 4	Straßenkm km² der Provinz 5	Rang	Kanali-sation Entsorg. 6	Wasser-versorg. 7	Energie-verbrauch 8	Rangplatz bei der Infrastruktur (Summe Spalte 6,7,8 dividiert durch drei)
Pichincha	1	1	1	1	0,123	(10)	1	1	1,5	1
Guayas	2	2	2	2	0,700	(13)	2	2	1,5	2
Azuay	4	3	3-4	6	0,086	(12)	9	13	3	9
Cañar	3	4	3-4	16	0,125	(8)	15	15	16	16
Manabí	8	5	5-6	9	0,047	(14)	12	10	9	10
Esmeraldas	7	6	5-6	4	0,018	(15)	4	7	10	8
Tungurahua	6	8	7	5	0,314	(1)	6	6	4,5	4
Imbabura	5	10	8	7	0,165	(5)	5	3	7	3
Chimborazo	9	7	9	12	0,155	(6)	7	8	4,5	7
Pastaza	10	9	10	10	-----	(19)x	19	9	12,5	14
Cotopaxi	11	11	11	15	0,263	(2)	11	18	11	13
El Oro	13	12	12	3	0,137	(7)	10	4	4,5	6
Carchi	13	13	13	8	0,124	(8)	3	5	10	5
Los Rios	14	14	14	11	0,167	(4)	13	11,5	12,5	12
Loja	15	15	15	13	0,089	(11)	8	11,5	12,5	11
Morona Sant.	16	16	16	14	-----	(18)x	18	19	17	19
Bolivar	-	-	18	17	0,177	(3)	14	16	15	15
Napo	-	-	18	19	-----	(17)x	16	14	18	17
Zamora Chin.	-	-	18	18	-----	(16)x	17	17	19	18

x In diesen Provinzen gibt es keine Allwetterstraßen. Die Reihenfolge wurde nach den km der saisonalen Straßen errechnet.
Quelle: Errechnet aus den Angaben Indicadores Basicos Regionales, JUNAPLA, Quito 1979, S.128-133 und S. 440 der Weltbankstudie. Industriezensus 1976

oder ist aufgrund der Kleinstrukturierung so unbedeutend, daß von ihr kaum
Impulse ausgehen und besondere Infrastrukturleistungen nicht benötigt werden.
Es läßt sich vielmehr eine dichte Beziehung von Verstädterungsgrad und fort-
geschrittener infrastruktureller Ausstattung erkennen.
Infrastruktur und Industrie sind gekoppelt, wobei sich beide gegenseitig bedingen. Eindeutig ist, daß die Abhängigkeit von der Infrastruktur den Zwang
zur Konzentration erhöht. Die Dezentralisierung der Industrie ist ohne entsprechende begleitende Maßnahmen wie der Schaffung eines leistungsfähigen Ver-
kehrs- und Kommunikationsnetzes sowie von Versorgungs- und Entsorgungseinrich-
tungen und einem effizienten Banken- und Dienstleistungssystem nicht realisierbar. D. h. eine flächendeckende Industrialisierung der ländlichen Räume
stellt eine Utopie dar.

4.3.1 Verkehrsnetz und Verkehrseinrichtungen

Das Verkehrsnetz in Ecuador ist für lateinamerikanische Verhältnisse dicht.
Die Gesamtlänge der Straßen betrug 1976 28 182 km, davon waren 16 181 km
Allwetterstraßen und davon wiederum 3784 km asphaltiert (JUNAPLA 1979, S.138-
139). In den letzten Jahren wurde das Verkehrsnetz erheblich verbessert, zwischen 1960 - 1976 genähert verdoppelt. Ein eindrucksvolles Straßenbauwerk ist
die 2 km lange Brücke über den Río Guayas, die 1971 vollendet wurde. 6000 Ver-
kehrsbewegungen werden täglich registriert. Vor der Fertigstellung dieser
Brücke mußte eine Fähre oder die Straße über Daule - Quevedo - Santo Domingo
benutzt werden, um von Guayaquil in die Sierra zu gelangen, was ein zusätzlich trennendes Element bedeutete.
Im Straßennetz dominieren naturgemäß die Nord - Südverbindungen (Panamericana).
Die meisten Fernstraßen, zumindest in der Sierra, folgen in ihrer Trassenführung den alten "caminos de herradura" (spanische Reitwege). Fast alle Sierra-
Provinzen sind per Straße direkt mit der Costa verbunden. Dem Land fehlt allerdings noch eine Küstenstraße von Atacames (Esmeraldas) nach Manta. Für die
Erschließung des Oriente hat auch der Straßenbau einen hohen Stellenwert. Die
bedeutendste Straßenverbindung im Oriente führt über Baeza nach Coca (Puerto
Francisco de Orellana), in deren unmittelbarer Nähe die wichtigsten Ölcamps
liegen. Die Carretera de la Selva Marginal (Kordillerenrandstraße) ist entgegen der Planung noch lange nicht vollendet.

Die Landesnatur erweist sich für den Straßenbau, besonders in der Sierra, als
Hemmnis. Umfangreiche Sprengungen, Abtragungen und Aufschüttungen verhindern
nicht, daß wichtige Verbindungsstraßen durch Bergstürze unpassierbar werden
oder am Abhang abrutschen. Dies ist allerdings eine Folge der hier bevorzugten
Bauweise: Wo man in Europa längst Tunnels bohren würde, zieht man, wie fast
überall in Lateinamerika, umfangreiche Erdbewegungen vor, wobei die ohnehin
tiefgründig verwitterten Böschungen nicht ausreichend gesichert werden. Stein-
schlag ist oft die Folge. Die weichen Formen der Kordilleren mit Mittelgebirgs-
charakter kommen dem Straßenbau zwar entgegen, aber ein weiteres Problem sind
die Flüsse mit ihren unregelmäßigen Wasserführungen, gegen die selbst auf-
wendige Brückenkonstruktionen keinen dauerhaften Erfolg garantieren.
Städte an Verkehrsknotenpunkten - dies gilt vor allen Dingen für die Städte
an der Costa - weisen ein rasches Bevölkerungswachstum auf. Genannt seien
Santo Domingo, Quevedo, Babahoyo und Daule, Mittelpunkte einer florierenden
Agrarregion. Die Industrie selbst gab wegen ihres geringen lokal-regionalen
Gewichts nie größere Impulse für Verkehrsentwicklungsmaßnahmen. Vielmehr
orientieren sich Industriebetriebe gerne außerhalb der Städte an neuen, gut
ausgebauten Straßen, so zum Beispiel an der Straße Sangolquí - Tambillo oder
Quito - San Antonio. Die 15 701 Nutzfahrzeuge (Omnibusse nicht eingeschlossen) sind fast ausschließlich im Besitz von kleinen Unternehmern, 52% der
Fahrzeuge gehören zu Kooperativen. Nur vereinzelt wird der Transport auf fir-
meneigenen Fahrzeugen vorgenommen. Das durchschnittliche Alter der Lastwagen
wird mit 7,9 Jahren angegeben, sie sind also stark überaltert (MOP 1979).
Es wird geschätzt, daß 80% des Transportvolumens auf der Straße bewältigt
wird.
Die Eisenbahn hat in Ecuador nie die Bedeutung erlangt wie in anderen lateinamerikanischen Ländern. Der Grund ist in der geringen Bedeutung des Außen-
handels in der ecuadorianischen Geschichte zu suchen. Ecuador hatte keine
Bodenschätze zu exportieren, die Agrarprodukte wurden aus dem küstennahen
Tiefland meist auf den Flüssen an die Seehäfen gebracht. Die Zurückhaltung
des ausländischen Kapitals im Bergbau, in der Plantagenwirtschaft oder in der
Viehzucht ist eine weitere Erklärung. So ist die Eisenbahnlinie Quito - Guayaquil in Lateinamerika eine interessante Ausnahme, da sie ihre Entstehung allein dem Ziel der nationalen Versorgung verdankt. Ihre Hauptfunktion liegt im
Austausch von Agrargütern zwischen Costa und Sierra und der Erleichterung des

Transportes von importierten Gütern. Sie wurde auf Betreiben der interessierten Kreise Ecuadors gebaut, wenn auch ausländisches Kapital und Ingenieur-
kunst hierfür eingesetzt wurden. Obwohl die Eisenbahn in ihrer Trassenführung
optimal geplant war (SOFRERAIL Quito, Band 2, 1975), verliert sie an Bedeutung. Sie hat in der Sierra 72% der Bevölkerung (87% davon städtische Bevölkerung) in ihrem Einzugsbereich, an der Costa sind es noch 32% (61% davon
städtische Bevölkerung). Daraus erklärt sich auch, daß 60 - 70% des ecuadorianischen Verkehrsaufkommens auf der Achse Guayaquil - Ibarra abgewickelt
werden. Die Konkurrenzsituation zwischen Bahn und Straßen läßt sich daran verdeutlichen, daß der Straßenbau parallel zu den Gleisen besonders intensiviert
wurde, wodurch sich die Chancen der Bahn verschlechterten. Selbst konnte sie
keine nennenswerten Investitionen mehr vornehmen, sieht man vom Bau der Linie
Ibarra - San Lorenzo ab. Hier ist die Bahn konkurrenzlos, da sich die Straße
erst im Bau befindet. Da das rollende Material schon fast historisch ist, übt
es einen besonderen Reiz auf Touristen aus, die sich in die Pionierzeit des
Eisenbahnbaues versetzt fühlen.
Drei Eisenbahnlinien haben eine gewisse Bedeutung. Die älteste, Durân - Quito
mit einer Länge von 446 km, ist etwa 20-30 km länger als die entsprechende
Straßenverbindung. Beim Nariz del Diablo ("Teufelsnase") war die ganze damals
verfügbare Eisenbahnbaukunst notwendig, um den Aufstieg in die Westkordilleren zu ermöglichen. In Sibambe zweigt von dieser Linie eine 146 km lange Bahn
nach Cuenca ab. Die Strecke Quito - San Lorenzo schließlich hat eine Länge von
373 km. Insgesamt ergibt dies eine Länge des ecuadorianischen Eisenbahnnetzes
von 965 km. Kleinere Stichbahnen an der Küste spielten nur eine vorübergehen-
de Rolle.
Ob sich die Bahn wieder zu einem konkurrenzfähigen Verkehrsträger entwickeln
kann, muß trotz aller Modernisierungsabsichten bezweifelt werden. Drei Güter-
züge verkehren täglich von Guayaquil nach Quito, in umgekehrter Richtung nur
einer. Zugleich verdeutlicht dies den Transportfluß innerhalb Ecuadors. Ein
Kostenvergleich zwischen Bahn und Straße ergibt aber, daß 1973 auf der Straße
der Transport eines Quintals (etwa 1 ztr.) von Guayaquil nach Quito 16 - 17
Sucres, bei der Bahn (1975) nur 10 Sucres kostete (SOFRERAIL 1975, S. 158)
(Tab. 30). Da nun der Straßentransport den Vorteil des Transportes von Haus
zu Haus bietet, während bei der Bahn zusätzliche Kosten entstehen, geht dieser Preisvorteil teilweise verloren, aber selbst dann wären die Transport-

TABELLE 30: PREISVERGLEICH FÜR DIE TRANSPORTTARIFE (in US$ für eine Tonne)

Strecke	Straßentransport	Schienentransport	Lufttransport
Quito - Guayaquil	14,10	4,40	104,00
Quito - Cuenca	17,60	7,32	152,00
Quito - Manta	14,10	--	140,00
Quito - Esmeraldas	16,00	--	--

Quelle: CENDES, nach Datos Basicos para Inversiones Industriales en el ..
(1979)

kosten der Bahn noch attraktiv genug.
Die Eisenbahn hat jedoch entscheidende Nachteile: Sie beansprucht entschieden
längere Transportzeiten, und die Zuverlässigkeit läßt zu wünschen übrig. So
ging das Transportvolumen der Eisenbahn von 1965 bis 1974 um 45,5% zurück,
vor allem bei Erdölprodukten(wegen der Pipelines), bei Zwischengütern (Verlagerung auf die Straße) und bei agrarischen Produkten. Abbildung 15 belegt
den Transportfluß auf den Eisenbahnstrecken in beiden Richtungen. Durch den
Bedeutungsverlust der Bahn gegenüber der Straße verlor auch die Stadt Riobamba,
die an der Südstrecke wichtigster Verkehrsknotenpunkt war, als Handelsmittelpunkt an Zentralität.
Der Lufttransport spielt naturgemäß eine geringere Rolle. 1977 wurden ganze
8982 Tonnen Güter im Inland befördert, noch weniger ins Ausland.
Die beiden internationalen Flughäfen Quito und Guayaquil werden durch Flug-
plätze mit provinzieller Bedeutung ergänzt.
Große Investitionen wurden in den Ausbau der Häfen vorgenommen. Neue Häfen
in Manta, Esmeraldas und Puerto Bolívar (Machala) entstanden neben dem neuen
Hafen von Guayaquil, der etwa 11 km flußabwärts verlegt wurde. Er blieb der
wichtigste Importhafen, wenn er auch gegenüber den drei anderen wichtigen
Häfen etwas an Bedeutung eingebüßt hat; VON GRÄVENITZ nennt als Gründe die
dortigen hohen Hafengebühren und die Umstellung von der Bananensorte Gros
Michel auf Cavendish (1), die vorwiegend in El Oro angebaut werden.
(1) Die Cavendish-Bananen sind resistenter gegenüber der Panamakrankheit.

Volumen des Gütertransportes der Eisenbahn im Jahr 1973

Abbildung 15

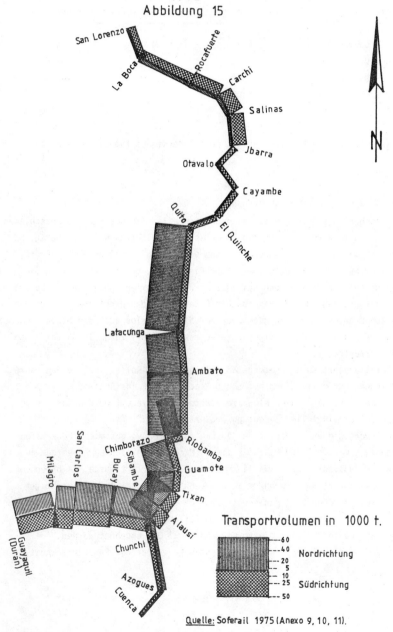

Transportvolumen in 1000 t.

Nordrichtung

Südrichtung

60
40
20
5
10
25
50

Quelle: Soferail 1975 (Anexo 9, 10, 11).

Der Hafen von Esmeraldas - von Quito aus günstiger zu erreichen - soll
in Zukunft eine größere Bedeutung für den Export und Import der für Quito bestimmten Güter erlangen. Der Ölhafen Balao ist etwa 4 km südlich des Fracht-
hafens gelegen. Manta dient als ein wichtiger Exporthafen für Agrarprodukte.
Puerto Bolívar ist neben Guayaquil der Umschlagplatz für Bananen. 1978 wurden
2,1 Mio. t Güter über die Häfen importiert. Davon entfielen 6,2% auf Esmeraldas, 10,7% auf Manta, 76,6% auf Guayaquil und 6,4% auf Puerto Bolívar. Es darf
vermutet werden, daß der nun fertiggestellte Hafen von Esmeraldas mehr Gewicht
erhält. Abbildung 16 gibt Auskunft über die Verteilung der importierten Güter
auf die Empfängerprovinzen.

Die Küstenschiffahrt spielt für den Personentransport besonders dort eine
Rolle, wo Küstenstraßen fehlen. Der Austausch von Gütern auf diese Weise ist
bescheiden.

Die Flußschiffahrt war in der Vergangenheit in den Provinzen Guayas und Los
Ríos die Grundlage der wirtschaftlichen Entwicklung, besonders für den Export
von Kakao in den Jahren 1913 - 1925. Mit dem Straßenbau ging zwangsläufig
die Bedeutung zurück, zumal die Flüsse wegen der Fließrichtung und der Oro-
graphie erst im Unterlauf schiffbar sind. Große Wirtschaftszentren werden
durch die Flüsse nicht miteinander verbunden. Die wichtigsten Schiffahrts-
straßen sind Guayaquil - Daule - Balzar, Guayaquil - Baba - Vinces - Palenque-
Quevedo, Guayaquil - Babahoyo - Ventanas sowie Esmeraldas - Majua - Quininde.
Im Oriente spielt sich ein Teil der Handelsbeziehungen auf kleinen Booten ab.
Größere Bedeutung kann auch dort die Flußschiffahrt nicht erlangen, weil das
Amazonasvorland Ecuadors durch das Protokoll von Rio de Janeiro (1942) stark
beschnitten ist und das Hinterland ohnehin nahezu menschenleer ist (1).

Der Vorteil der Industriekonzentration liegt in der Reduzierung des Trans-
portaufkommens durch die Verkürzung der Wege. Die Unternehmensbefragung spiegelt die Verkehrssituation des Landes wider. Die Tabelle 31 gibt die wichtigsten Ergebnisse, unterschieden nach Verkehrsträgern und nach Bezug und Absatz von Materialien und Gütern wider.

---

(1) Das Transportsystem Pipeline wurde im Kap. 4.3.2 beschrieben.

Das Jmportvolumen der vier Jmporthäfen 1978 und die Verteilung dieser Güter auf die Provinzen.

(Abbildung 16)

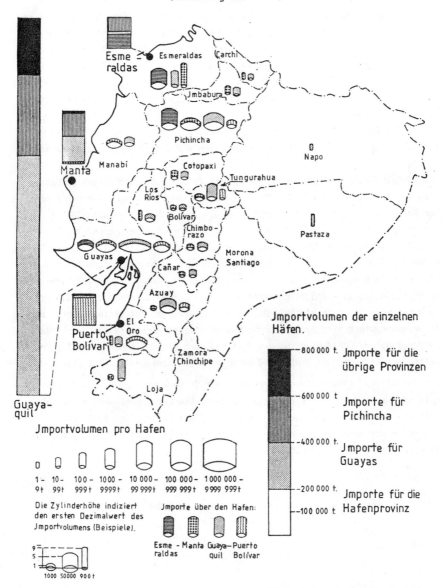

Quelle: Systema Portuario Ecuatoriano
S.XXVII u.10, 21,33,44

Tabelle 31: Die Bedeutung der verschiedenen Verkehrsmittel für den Transport von Gütern (Bezug und Absatz), Angaben in % (Ergebnisse der Befragung durch den Verfasser).

	Schiff						Lastwagen						Flugzeug						Bahn						Zahl der ausgewert. Firmen
	viel		wenig		gar nicht		viel		wenig		gar nicht		viel		wenig		gar nicht		viel		wenig		gar nicht		
	Mat.	Prod.	Mat.	Prod.	Mat.	Prod.	Mat.	Prod.	Mat.	Prod.	Mat.	Prod.	Mat.	Prod.	Mat.	Prod.	Mat.	Prod.	Mat.	Prod.	Mat.	Prod.	Mat.	Prod.	
Gesamt	40	9	15	10	45	81	74	89	16	6	10	5	9	5	35	14	56	81	2	1	8	13	90	86	233
Costa	48	17	13	13	40	71	63	87	21	6	16	6	6	5	27	14	66	81	4	1	2	14	94	85	80
Sierra	35	5	16	7	48	88	81	89	13	7	6	5	11	5	39	13	50	82	1	1	11	12	88	87	153
Quito	42	4	17	3	43	93	81	94	13	5	5	1	10	2	39	15	50	83	1	1	9	11	90	88	95
Guayaquil	46	12	11	17	43	71	57	85	25	7	18	8	7	7	30	14	64	80	5	2	3	15	92	83	62
Provinzen	28	12	17	13	45	75	80	84	9	7	12	9	12	7	26	10	62	83	1	1	12	8	87	87	66
Betr.bis 50 Beschäft.	28	6	16	10	56	84	74	87	15	10	12	3	7	5	29	9	64	86	2	2	9	10	90	88	119
Betr. von 50-100 "	38	9	15	7	48	85	79	87	10	2	10	11	15	3	33	20	52	74	4	2	13	11	83	87	46
Betr. von100 Beschäft.	53	16	19	9	28	75	63	91	28	6	9	6	3	3	53	16	44	81	–	–	6	29	94	71	32
Betr. von200 "	69	15	11	12	20	73	80	94	14	–	6	6	17	3	40	21	43	76	–	2	3	21	94	76	36
Rohstoffimp. Betriebe	48	6	19	9	33	85	69	92	19	4	13	4	11	5	44	14	44	82	2	2	7	14	91	85	133
Exportierende Betriebe	51	38	6	24	38	38	69	78	19	6	22	17	11	11	17	14	66	74	3	–	3	11	94	81	35
Nahrungsmittel Betr.	37	20	13	8	50	72	90	93	27	3	6	3	3	3	29	12	68	85	2	2	6	13	92	85	61
Textil, Bekleidung	33	10	21	3	45	87	67	77	20	16	6	6	12	10	39	19	48	71	–	–	9	20	91	80	30
Holz, Möbel	33	7	7	20	60	80	80	93	12	7	24	–	18	–	47	13	53	87	–	7	13	7	87	86	15
Druck und Papier	41	6	18	13	41	81	65	92	9	12	19	12	11	6	18	19	65	75	–	–	6	6	94	94	16
Chemie	70	3	8	14	22	84	89	92	–	5	–	3	7	–	57	16	67	84	5	3	5	11	89	86	37
Nichtmetall. Industr.	20	7	13	13	67	80	68	92	24	7	–	7	7	–	27	13	67	87	–	–	11	13	100	87	15
Metallverarbeitung	35	6	20	8	45	85	68	90	24	4	8	5	10	6	29	10	61	83	4	–	14	15	82	85	48

4.3.2 Die Energieversorgung

Ecuadors Energiesituation entsprach lange Zeit dem niedrigen Entwicklungsstand des Landes. Im Jahre 1951 betrug die Kapazität der Kraftwerke 35 MW
und war damit die niedrigste in Südamerika (SALGADO 1978, S. 46).(Zum Vergleich: Heute gelten 200 MW-Kraftwerke in der Bundesrepublik als ausgespro-
chen klein.) Zwar wurden inzwischen beachtliche Anstrengungen unternommen,
es kommt aber immer noch zu Versorgungsengpässen. Ende der Sechziger Jahre
wurden über 1200 kleine unökonomische Dieselgeneratoren registriert (ONUDI,
1969). 1971 betrug die installierte MW-Leistung 328, 1978 stieg sie auf
765 MW. Dies entspricht einer pro Kopf-Ziffer von 110 W, womit Ecuador noch
erheblich unter dem lateinamerikanischen Durchschnitt von 229 W pro Einwohner
liegt. In dem Zeitraum 1972 - 1977 wurden 9 655 Mio. Sucres in Energievorha-
ben investiert. Erstaunlicherweise dominiert noch die thermische Stromerzeugung, die 1978 bei 1,5 Mio. Megawattstunden lag, gegenüber dem aus Wasserkraft gewonnenen Strom mit 0,5 Mio. Megawattstunden (siehe Tab. 32). Erst
1% der potentiellen Wasserkraft wurde genutzt (BFAI, Ecuador-Energiewirtschaft, 1980)! Diesem Potential wird in jüngster Zeit mit dem Wasserkraftwerk Paute, das vor der Vollendung steht, Rechnung getragen. Die geplante
Leistung liegt für die beiden ersten Bauabschnitte bei 500 MW und übertrifft
damit die bisher größte Anlage Pisayambo um das siebenfache. In einigen Jahren folgt die dritte Baustufe mit derselben Kapazität, ebenfalls am Río Paute.

TABELLE 32: ELEKTRIZITÄTSERZEUGUNG FÜR DAS ÖFFENTLICHE STROMNETZ (MWh) 1977

	insgesamt absolut	relativ	Wasserkraft absolut	relativ	Wärmekraft absolut	relativ
Costa	1 091 400	53,35	12 193	2,24	1 079 207	71,93
Sierra	950 278	46,46	532 684	97,71	417 594	27,83
Oriente	3 722	0,18	262	0,05	3 460	0,23
Galápagos	200	0,01	-	-	200	0,01
Ecuador	2 045 600	100,00	545 139	100,00	1 500 461	100,00

Quelle: Errechnet nach Angaben von Boletin Estad. 2 JNECEL
        Entnommen: JUNAPLA 1979

Die Talsperre dieses in der Provinz Azuay gelegenen Projektes ist 170 m
hoch und wird 120 Mio. m³ Wasser stauen. Ein Anschluß soll über die Überland-
leitung Quito und Guayaquil versorgen. In diesen Jahren soll auch der Ausbau
eines Verbundnetzes in Angriff genommen werden (Abb. 17). Bisher existieren
erst neun regionale Versorgungssysteme.

Neben der geringen Stromproduktion ist das Fehlen eines Verbundnetzes ein weiteres charakteristisches Merkmal der unzureichenden Versorgung, denn die regionalen Netze sind, da meist von einem Kraftwerk abhängig, gegen Stromaus-
fälle nicht genügend abgesichert.

Die staatliche Elektrifizierungsgesellschaft INECEL plant eine Reihe von weiteren Kraftwerken, so das Stauprojekt Toachi-Pilaton (300 MW), Río Coca mit
560 MW und Guayallabamba, die sich alle in der Vorbereitungsphase befinden.
So wird, sieht man von den geplanten zwei thermischen Kraftwerken in Guayas
(46 MW und 29 MW) und einem in Esmeraldas (125 MW) ab, dem Wasserreichtum und
dem Gefälle der Andenflüsse Rechnung getragen. Das Land verfügt außerdem über
günstige Voraussetzungen für eine Reihe alternativer Energiequellen. So möchte
man neben der Wind- und Sonnenenergie auch die geothermische Tiefenwärme nutzen, eine Strategie also, das teuer werdende Öl, das bisher wichtigste Grundlage der Stromerzeugung war, zu sparen. Bei diesem Energiepotential besteht in
Zukunft für die Industrie ein nicht zu unterschätzender Kostenvorteil. Abbildung 18 zeigt die ungleiche Verteilung des Stromverbrauchs pro Kopf in den
verschiedenen Provinzen. Darin spiegelt sich die Situation, daß stärker industrialisierte Provinzen sowohl einen größeren Strom- als auch Ölverbrauch haben. Die privaten Haushalte sind jedoch, im Gegensatz zu den industrialisierten Ländern, die größten Konsumenten. Das produzierende Gewerbe hat nur
einen unwesentlich höheren Verbrauch als der Tertiäre Sektor. Dies ist eine
ungewöhnliche Verbraucherstruktur, die wiederum den geringen Entwicklungsstand der Industrie verdeutlicht. In diesem Zusammenhang stellt sich die Frage, wozu die ehrgeizigen Elektrifizierungsvorhaben nützen sollen, wenn der
industrielle Konsum so niedrig ist, denn ein explosives industrielles Wachstum ist nicht zu erwarten.

Die Bemühungen des Staates, die Elektrifizierung voranzutreiben, haben Erfolge
gezeigt. 43% der Bevölkerung waren 1978 an das Stromnetz angeschlossen. Vom
Volumen her gesehen, ist Öl nach wie vor zusammen mit Erdgas, das im Oriente
(317 Mio. m³)und in Santa Elena (34 Mio. m³) gefördert wird, mit 56% die wich-

Das geplante ecuadorianische Elektrizitätsverbundsystem
Abbildung 17

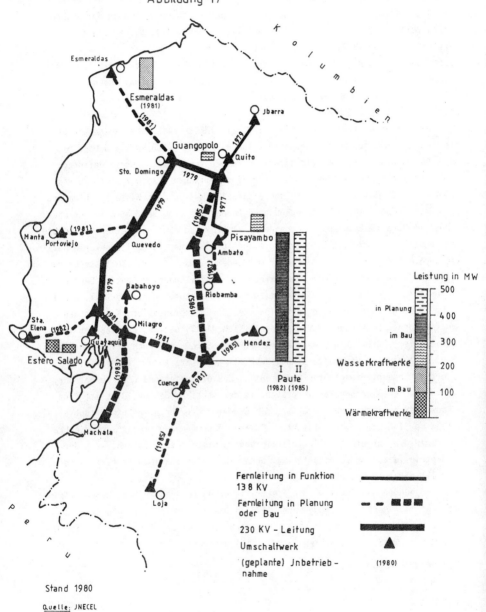

Stand 1980

Quelle: JNECEL

Vergleich des Erdöl- und Elektrizitätsverbrauchs in den Provinzen (Abbildung 18).

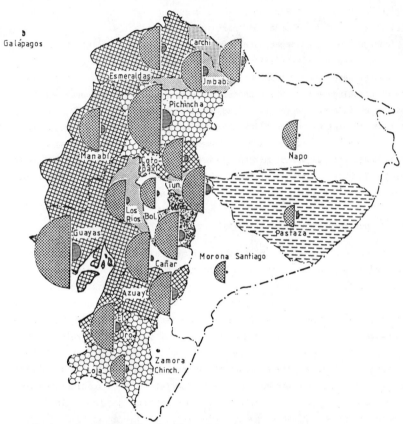

Verbrauch pro Kopf der Bevölkerung in kgSKE = 7000 kcal.

Der Anteil von Jndustrie und Handwerk am Elektrizitätsverbrauch.

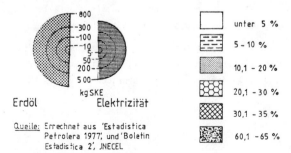

unter 5 %	
5 – 10 %	
10,1 – 20 %	
20,1 – 30 %	
30,1 – 35 %	
60,1 – 65 %	

Erdöl   kgSKE   Elektrizität

Queile: Errechnet aus 'Estadistica
Petrolera 1977', und 'Boletin
Estadistica 2', JNECEL

tigste Energiequelle (BFAI Ecuador-Energiewirtschaft 1978/1979 (1980).
Brennholz (28%) ist immer noch für mehr als die Hälfte der Bevölkerung die
einzige Energiequelle mit allen damit verbundenen negativen Folgen (zum Beispiel Versteppung der Sierra, Bodenerosion).
Die Industriebefragung ergab auch Informationen über den Stellenwert und den
Versorgungsgrad von Elektrizität, Öl, Gas und Wasser. Letztere Frage konnte
mit "ausreichend" oder mit "knapp" beantwortet werden. Da sich sowohl regionale Unterschiede als auch branchenspezifische Differenzen ergaben, wurden
diese Ergebnisse in der Tabelle 34 ausführlich dargestellt.
Abbildung 19 gibt einen Überblick über den relativen Verbrauch. Abweichungen,
hervorgerufen durch Branchen wie die Zementindustrie in Cañar und Chimborazo,
werden deutlich. Tungurahua mit seinen arbeitsintensiven Industrien hat einen
geringen Verbrauch von Hilfsstoffen und Energien im Gegensatz zu Guayaquil,
wo diese Werte die anderen Industrieindikatoren weit übersteigen.

4.3.2.1 Der Verbrauch an Elektrizität

90% der Betriebe bezeichnen ihren Stromverbrauch als groß. Nach dieser Befragung wird am meisten Strom in Quito benötigt, am wenigsten in den schwach industrialisierten Provinzen und dort vor allem in Cuenca. Diese regionalen Unterschiede sind eher auf die Zusammensetzung der Industriebranchen in den verschiedenen Standorten zurückzuführen als auf regionale Gegebenheiten. Ausgenommen sind einige Standorte in den Provinzen mit schwach entwickelter Industrie, wo die Belieferung mit Strom sehr zu wünschen übrig läßt. Es ist durchaus wahrscheinlich, daß stark stromverbrauchende Industrien (falls sie diesen
nicht selbst herstellen können) bei der Standortwahl als Entscheidungskrite-
rium das Energiepotential der einzelnen Städte herangezogen haben. In Manta
zum Beispiel ist die Mangelversorgung ein Produktionshindernis. Das Problem
der Hauptstadt liegt in der Unregelmäßigkeit der Versorgung. Während einiger
trockener Monate des Jahres mußten sich die Betriebe damit abfinden, daß es
nach Stadtgebieten zu (vorher angemeldeten) stundenlangen Stromausfällen infolge unzureichender Füllung des Stausees des Wasserkraftwerkes Pisayambo kam.

Berechnet man den Stromverbrauch nach Angaben des Industriezensus von 1976,
so ist, bezogen auf die Wertschöpfung von 1000 Sucres, die nichtmetallische
Mineralien verarbeitende Industrie der größte Stromverbraucher mit 115 KWh.

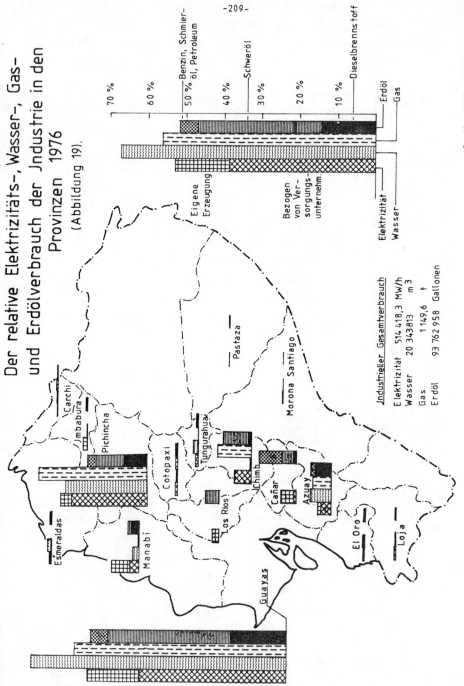

-209-

Der relative Elektrizitäts-, Wasser-, Gas- und Erdölverbrauch der Industrie in den Provinzen 1976 (Abbildung 19).

Quelle: JNEC, Jndustriecensus

Industrieller Gesamtverbrauch

Elektrizität 514 418,3 MW/h
Wasser   20 343813.   m 3
Gas   1 149,6   t
Erdöl   93 762 958   Gallonen

- 210 -

Tabelle 33: Der Bedarf an Elektrizität, Öl, Gas und Wasser in der Industrie und der Versorgungsgrad mit denselben in %

Bedarf	Elektrizität groß (ausr.-knapp)	gering (ausr.-knapp)	keiner	Öl groß (ausr.-knapp)	gering (ausr.-knapp)	keiner	Gas groß (ausr.-knapp)	gering (ausr.-knapp)	keiner	Wasser groß (ausr.-knapp)	gering (ausr.-knapp)	keiner
Gesamtindustrie	90,0 (61-39)	7,4 (87-12)	2,6	27,4 (92-8)	44,3 (87-13)	28,3	10,4 (83-17)	46,8 (87-13)	42,8	60,2 (71-29)	34,2 (71-29)	5,6
Quito	95,0 (39-61)	3 (100)	2	26 (87-13)	45 (85-15)	28	9 (67-33)	52 (89-11)	39	60 (70-30)	34 (67-33)	6
Guayaquil	88 (92-8)	8 (100)	3	25 (100-0)	49 (60-20)	25	15 (100-0)	45 (79-21)	40	52 (83-17)	42 (74-26)	4
übrige Provinzen	85 (66-34)	12 (87-13)	3	34 (93-7)	34 (100-0)	32	6 (100-0)	42 (88-12)	52	68 (58-42)	28 (82-18)	5
Cuenca	81 (60-40)	13 (50-50)	6	25 (100-0)	31 (100-0)	44	6x (100-0)	38 (100-0)	56	81 (82-18)	19 (67-33)	0
Ambato	92 (78-22)	8 (100-0)	0	23 (k.Ant.)	38 (100-0)	38	8x (100-0)	38 (100-0)	54	54 (60-40)	38 (100-0)	8
Manta	88 (43-57)	12x (100-0)	0	50 (100-0)	38 (100-0)	12	0 (100-0)	50 (100-0)	50	75 (0-100)	25 (50-50)	0
Betriebe bis 50 Beschäftigte	84 (73-27)	12 (93-7)	5	20 (100-0)	42 (89-11)	38	9 (80-20)	40 (87-13)	51	51 (68-32)	41 (77-23)	8
Betriebe 51-100 Beschäftigte	96 (54-46)	4 (100-0)	0	28 (67-33)	43 (75-25)	30	9 (100-0)	47 (80-20)	45	68 (71-29)	28 (50-50)	4
Betriebe 101-200 Beschäftigte	97 (59-41)	3 (0-100)	0	31 (100-0)	53 (87-13)	16	16 (80-20)	53 (80-20)	31	72 (86-14)	25 (87-13)	3

VERSORGUNGSGRAD

Betriebe mit über 200 Beschäftigten	97 (41-59)	3 (k.Ant.)	0	47 (93-7)	47 (92-8)	6	11 (75-25)	64 (100-0)	25	69 (63-37)	28 (56-44)	3
Betriebe vor 1940 gegründet	87 (46-54)	7 (100-0)	7	33 (67-33)	40 (75-25)	27	7ˣ (100-0)	47 (75-25)	47	60 (100-0)	40 (75-25)	0
Betriebe zwischen 1940-60 gegründet	90 (58-42)	10 (100-0)	0	41 (100-0)	48 (88-12)	11	0	52 (88-12)	48	69 (72-28)	31 (56-44)	0
Betriebe zwischen 1960-72 gegründet	91 (61-39)	5 (100-0)	5	23 (92-8)	47 (97-4)	30	18 (75-25)	39 (100-0)	42	68 (70-30)	26 (71-29)	6
Betriebe nach 1972 gegründet	89 (64-36)	10 (80-20)	2	26 (92-8)	44	30	10 (90-10)	48 (83-17)	42	56 (66-34)	38 (72-28)	6
Nahrungsmittel-industrie	85 (53-47)	13 (80-20)	2	37 (94-6)	47 (95-5)	17	7 (75-25)	52 (100-0)	42	85 (67-33)	13 (75-25)	2
Textil und Bekleidung	82 (50-50)	12 (75-25)	6	24 (86-14)	39 (89-11)	36	3 (0-100)	52 (92-8)	45	52 (75-25)	39 (65-35)	13
Holzverarbeitung und Möbelherstell	100 (46-54)	0	0	15 (100-0)	62 (100-0)	23	0	54 (86-14)	46	62 (63-37)	38 (100-0)	0
Druck und Papier	88 (75-25)	0	12	6ˣ (100-0)	47 (80-20)	47	12ˣ (100-0)	41 (75-25)	47	29 (75-25)	59 (75-25)	12
Chemie	87 (63-37)	13 (100-0)	0	34 (91-9)	39 (93-7)	26	13 (75-25)	34 (73-27)	53	71 (69-31)	29 (70-30)	0
Nichtmetall.Miner. verarb. Industrie	100 (57-43)	0	0	53 (100-0)	20 (100-0)	27	7ˣ (0-100)	27 (100-0)	67	60 (87-13)	40 (83-17)	0
Metallverarbeit. Industrie	96 (70-30)	4 (100-0)	0	13 (83-17)	51 (71-29)	36	17 (100-0)	53 (83-17)	30	67 (81-19)	33 (57-43)	0

Die Zahlen in der Klammer bedeuten den Versorgungsgrad. Die erste Zahl steht für die Prozentzahl der Betriebe, die die Belieferung für ausreichend einschätzen, die zweite Zahl gibt die prozentuale Größenordnung der Betriebe an, die die Belieferung als nicht ausreichend ansehen. Bei kleinen Teilgruppen, wo zum Beispiel der Konsum von einem Energieträger (meist Gas) nur gering ist, kann es aufgrund der kleinen Zahl zu Verzerrungen über den Grad der Belieferung kommen. Diese Werte sind mit ˣ gekennzeichnet.

Einen großen Stromkonsum hat die Papierindustrie mit 54 KWh wie auch die
Textilindustrie, die mit 48 KWh erheblich über dem Gesamtdurchschnitt der
ecuadorianischen Industrie mit 35 KWh liegt. Weniger Strom als der erwähnte
Durchschnitt benötigen die Nahrungsmittel-, Getränke- und Tabakindustrie mit
32 KWh, die Chemische Industrie mit 30 KWh, die holzverarbeitende Industrie
mit 21 KWh, die metallverarbeitende Industrie mit 14 KWh, die Druckereiindu-
strie mit 11 KWh und schließlich die Bekleidungsindustrie mit 7,7 KWh.
Strom ist mit Abstand der überragende Energieträger, Öl hat eine gewisse Relevanz, Gas fast eine marginale Bedeutung. Was den Versorgungsgrad betrifft,
so stellt dieser mehr eine variable Größe in Abhängigkeit von den verschiedenen Standorten dar und dürfte weniger von den branchenspezifischen Bedürfnissen abhängen.

Erhebliche regionale Unterschiede des industriellen Stromverbrauchs (Bezugs-
einheit 1000 Sucres Wertschöpfung) lassen sich belegen. Besonders die schwach
industrialisierten Provinzen mit einigen großen Stromverbrauchern wie Zement-
und Papierindustrie heben sich deutlich ab. In Chimborazo wird mit 150 KWh
der höchste Wert erreicht, gefolgt von Los Ríos (97 KWh), Cañar (84 KWh),
Manabí benötigt 38,3 KWh, etwas mehr als Guayas mit 36,6 KWh, die beiden stärker industrialisierten Provinzen der Sierra, Azuay (26,1 KWh) und Pichincha
(24 KWh), sind verhaltene Stromkonsumenten. Während die großen Betriebe der
schwach industrialisierten Provinzen vorwiegend auf eigene Elektrizitätserzeugung angewiesen sind, beziehen umgekehrt die kleinstrukturierten Betriebe
der Provinz Tungurahua zu 99,9% Strom aus dem öffentlichen Versorgungsnetz.

Der Strompreis ist in der Sierra um die Hälfte niedriger als an der Costa.
Die KWh kostete in Esmeraldas 1,20 Sucres, in Cotopaxi nur 0,48, in Pichincha 0,58, in Guayas 0,90. Der Strompreis wird nicht als Steuerungsinstrument
zur Dezentralisierung benutzt.

4.3.2.2 Der Verbrauch von Öl und Gas

Erdöl wird in geringerem Umfang industriell als Energiespender genutzt als
man dies in einem Land mit niedrigem Ölpreis erwarten würde. Nur 27,4% der
Betriebe verbrauchen es in größerem Maße. Keinerlei Nutzung melden 28,3% der
Unternehmen. Das Versorgungsproblem stellt sich bei Erdöl nicht so gravierend
wie bei der Elektrizität. Unternehmen in schwächer industrialisierten Stand-

orten verwenden Öl häufiger, ebenso Großbetriebe wegen der vielschichtigeren Produktionsabläufe. Beide Teilgruppen stellen vorwiegend Strom in ihren thermischen Kleinkraftwerken selbst her. Die nichtmetallische Mineralien verarbeitende Industrie, die bekanntlich viel Strom verbraucht, die Nahrungsmittelindustrie und die Chemische Industrie benannten einen hohen Verbrauch (letztere natürlich auch als Rohstoff). Sieht man von der Textil- und Bekleidungsindustrie ab, so wird in den anderen Industriezweigen erheblich weniger Öl konsumiert. In Guayaquil bemängelt kein einziger Betrieb, der Öl in größerem Umfang bezieht, die Belieferung, in Quito sind dies immerhin vier Unternehmen, was sich vielleicht ändert, wenn die Produktenleitung Esmeraldas - Quito in Funktion ist. Etwas unverständlich erscheint, daß Betriebe mit 51-100 Beschäftigten, wenn sie in großem Maßstab Öl verbrauchen, nur zu zwei Dritteln mit der Belieferung zufrieden sind.

Der Gasverbrauch ist fast unbedeutend (10% der Betriebe sind Konsumenten). Die Gründe liegen auf der Hand: Gas wird noch unzureichend angeboten und ist als Rohstoff nur für wenige Industrien (vor allem für die Chemische Industrie) von Relevanz. Gas spielt in Guayaquil eine wichtigere Rolle als in Quito und erst recht in den schwächer industrialisierten Provinzen. Die größeren Unternehmen sind zugleich auch die größeren Konsumenten. Besonders in der Teilgruppe 101 - 200 Beschäftigte, in der Chemischen Industrie und in der Metallverarbeitung (Schweißen) kommt dem Gas eine wichtigere Funktion zu. Die Belieferung ist noch problematischer als bei Öl, wobei wieder in Quito größere Versorgungsengpässe auftreten. Verbessern wird sich die Situation für Quito, wenn die Gaspipeline aus Shushufindi fertiggestellt ist. Wenn das Erdgas im Golf von Guayaquil gefördert wird, kann die dortige Industrie in weit größerem Umfang diese günstige Energiequelle nutzen.

4.3.3 Der Wasserverbrauch

Eine weit wichtigere Rolle spielt der Wasserverbrauch. 60,2% der Unternehmen sind große Wasserkonsumenten, nur 5,6% der Betriebe haben nach eigenen Angaben keinen Bedarf an Wasser. Sie lassen sich in erster Linie der Bekleidungsindustrie und dem Druckereigewerbe zuordnen. Die ecuadorianische Industrie benötigte durchschnittlich für die Wertschöpfung von 1000 Sucres 1,38 m^3 Wasser. Zu den starken Verbrauchern zählt die Nahrungsmittel-, Getränke- und

Tabakindustrie mit 2,02 m^3 Wasser (Reinigung, Getränkeherstellung etc.). Die
Chemische Industrie benötigt 1,30 m^3 Wasser (71% der Firmen zählen sich zu
den Großverbrauchern), die Textilherstellung 1,20 m^3 (in der Befragung rech-
neten sich 55% zu den Großverbrauchern), die Bekleidungsindustrie 0,37 m^3
(laut Befragung 46% Großverbraucher), die Lederindustrie verbraucht die Re-
kordmenge von 7,26 m^3, um 1000 Sucres Wertschöpfung zu erzielen. Dies dürfte
sicherlich Auswirkungen für die Standortentscheidung haben, gibt es doch erhebliche Preisdifferenzen. Ein Wasserpreis von 2,49 Sucres pro m^3 (1976) im
nationalen Durchschnitt erscheint günstig. Er ist jedoch gerade an der Costa
hoch, wo die wasserverbrauchende Nahrungsmittelindustrie vorwiegend ansässig
ist. Insbesondere in Manabí, der Provinz mit aktueller Wassernot, kostete
ein Kubikmeter 4,04 Sucres, in Guayas 3,23 Sucres, in El Oro 2,96 Sucres.
Selbst im wasserreichen Esmeraldas ist mit 0,99 Sucres Wasser noch teurer als
in Quito (1976: 0,85 Sucres). Insgesamt haben die Sierraprovinzen mit ihrem
niedrigen Wasserpreis einen Kostenvorteil (Industriezensus 1976). Der Wasserpreis kann natürlich die Standortentscheidung nur relativieren, kaum wesentlich verändern, wie es bei der Nahrungsmittelindustrie der Costa wohl deutlich werden dürfte, wo der günstige Transportkostenfaktor entgegenwirkt.

Zieht man ein Fazit für die Energie- und Wasserversorgung, so zeigt sich,
daß die Unternehmen in Guayaquil und sogar die Betriebe in der Provinz (sieht
man vom Wasser ab) eindeutig zufriedener sind als die quiteñer Firmen. Mangelhaft ist die Belieferung mit diesen Stoffen noch in Manta, wo bei Wasser
und Strom ein erhebliches Defizit vorhanden ist, ein Nachteil, der durch den
Hafen und die Nähe der agrarischen Produktion teilweise wettgemacht wird.
Nur für die geplanten Neuansiedlungen, wie zum Beispiel General Motors, ge-
nügt der vorhandene Standard nicht.

4.4 Die Industrie und ihre städtischen Standorte

4.4.1 Die Verstädterung in Ecuador

Die Frage lautet, inwieweit die Industrialisierung Verstädterung und Migration in Ecuador beeinflußt oder auslöst. Bisher blieb der Verstädterungsgrad
noch hinter der Entwicklung der meisten lateinamerikanischen Länder zurück,
trotz überdurchschnittlicher Bevölkerungszuwachsraten. SANDNER-STEGER (1973,
S. 69) weisen darauf hin, daß die Massenwanderung aktiviert wurde "durch die

beginnende Modernisierung der großen Städte und durch ein Zusammenfallen
und Zusammenwirken von einsetzender Industrialisierung, raschem Anstieg der
Geburtenüberschüsse, verbesserter Kommunikation durch Massenmedien und Mobi-
lisierung der Bevölkerung". Die geringere Verstädterung in Ecuador ist wohl
nur als eine zeitliche Verschiebung der Entwicklung zu verstehen, da dieses
agrarisch strukturierte Land mit einem bis vor dem Erdölboom geringem Einkommen und schwacher Industrie erst seit den letzten Jahren eine Modernisierung erfährt. So wird Ecuador aller Voraussicht nach die Phasen der Verstädterung sehr ähnlich durchlaufen wie andere lateinamerikanische Länder.
Als Indiz dafür, daß Ecuador sich inmitten des Verstädterungsprozesses befindet, kann die Zahl der Städte mit mehr als 20 000 Einwohnern herangezogen
werden. 1950 gab es hiervon nur 5, 1980 waren es schätzungsweise 21, wovon
5 über 100 000 Einwohner haben (INEC, 1979).

4.4.1.1 Bevölkerungswachstum

Die Zuwachsraten bei der Bevölkerungsentwicklung und ihre Verteilung auf die
Städte und den ländlichen Raum belegt die Tabelle 34. Es wird geschätzt, daß
die Bevölkerung heute achtmal größer ist als zu Beginn dieses Jahrhunderts.
Die Wachstumsrate der Bevölkerung Ecuadors ist mit 3,3% auch für lateinamerikanische Verhältnisse überdurchschnittlich hoch (nur 2,9% in den Jahren 1960-
1970). Ecuadorianische Planer rechnen entgegen dem Trend anderer lateinamerikanischer Länder, die sich bereits im Übergang zur spättransformativen Phase
befinden (vgl. HAUSER, 1974, S. 133), noch mit gleichbleibend hohen Zuwachsraten.
INEC (1979) korrigierte die bei dem Zensus 1974 ermittelte Bevölkerungszahl
um 310 000 nach oben, ohne die Gründe zu nennen. Nach Auskunft von INEC gab
es einige Kantone in den Provinzen Bolivar, Chimborazo und Tungurahua, wo es
ratsam schien, die Zählung nicht durchzuführen, da beim vorletzten Zensus
einige Beamte von der Bevölkerung, die hierin nur einen Vorwand für Steuerer-
hebung sah, getötet wurden. Durch die dadurch notwendigen Schätzungen sind
Ungenauigkeiten zu erwarten.

TABELLE 34: BEVÖLKERUNGSENTWICKLUNG IN ECUADOR

Jahr	Bevölkerung	Wachstums-rate %	Bevölkerung i.d.Städten absolut	Wachstums-rate % in %	Wachstums-rate %	Bevölkerung a.d.Lande absolut	Wachstums-rate % in %	Wachstums-rate %
1950	3 202 757	2,8	913 932	28,5	4,8	2 288 825	71,5	1,9
1962	4 476 007	3,3	1 612 346	36,0	4,6	2 863 661	64,0	2,5
1972	6 571 710		2 698 722	41,4		3 822 988	58,6	
1980	8 354 000		3 640 000	(43,6)		4 710 000	(56,4)	

Quelle: INEC, Censo de Población 1950, 1962, 1974. Die Zahlen für 1980 wurden entnommen aus: INEC, Proyección de la población del Ecuador por areas urbana y rural provincias y cantones 1974 - 1994, Quito 1979

4.4.1.2 Städtewachstum

Auch in Ecuador ist, wie in allen lateinamerikanischen Ländern außer Kuba und Costa Rica, die Wachstumsrate der Städte überdurchschnittlich hoch. Unter Stadt oder städtischer Bevölkerung versteht man in Ecuador die Bewohner der Cabecera Cantonal, selbst wenn diese unter 1000 Einwohner hat. Würde man nur die Bevölkerung in Ortschaften mit mehr als 10 000 Einwohner berücksichtigen, läge der Verstädterungsanteil 1974 bei 37,1% und 1962 bei 32% (unter Berücksichtigung auch derselben Städte, die erst in diesem 12-Jahres-Zeitraum die Grenze von 10 000 Einwohnern erreicht haben). Die Zuwachsrate würde dann 4,66% pro Jahr betragen.

Nach Tabelle 35 geht das Städtewachstum an der Costa rascher vonstatten als in der Sierra. Dies gilt insbesondere für den Zeitraum 1950 - 1962. Diese Diskrepanz läßt sich noch mehr verdeutlichen, wenn man Quito und Guayaquil bei diesen Berechnungen ausklammert. Beide Städte haben auf ihre Regionen einen nivellierenden Einfluß. Quito, das überdurchschnittlich wächst, verhindert somit als Anziehungspol eine noch deutlichere regionale Unausgewogenheit des Städtewachstums zwischen den beiden Großregionen des Landes. Guayaquil hingegen wächst prozentual nicht so rasch wie die übrigen Städte an der Costa.

TABELLE 35: WACHSTUM DER STÄDTE MIT MEHR ALS 10 000 EINWOHNERN

Region	Absolut 1974	Absolut 1962	Absolut 1950	Wachstum in Prozent u.Jahr 1962-74	1950-62
Ecuador	2 419 546	1 433 444	787 776*	4,66	5,04
Sierra	1 043 412	641 079	393 339	4,33	4,15
Costa	1 376 164	792 365	394 437*	4,92	5,86
Sierra (ohne Quito)	443 584	286 333	183 407	3,88	3,78
Costa (ohne Guayaquil)	552 945	281 561	135 471*	6,04	5,92

* 1950 waren Santo Domingo und El Empalme (Velasco Ibarra) noch keine Kantone. Deshalb lagen für diese Städte 1950 keine ausgewiesenen Einwohnerzahlen vor. Santo Domingo wurde aus naturräumlichen Gründen der Costa zugerechnet.

Quelle: Errechnet aus den Bevölkerungszählungen 1950, 1962 und 1974

Die Tabelle 36 stellt die Entwicklung der Einwohnerzahlen der wichtigsten Städte des Landes sowie die Bedeutung als Industriestandort dar. Eine interessante Umkehrung der Zuwachsraten läßt sich in den drei größten Städten konstatieren. Im Zeitraum 1950 - 1962 wuchs Guayaquil rascher als Quito, Quito rascher als Cuenca. Im letzten Zensuszeitraum war die Reihenfolge genau umgekehrt. Darin spiegelt sich der relative wirtschaftliche Bedeutungsverlust Guayaquils. Sekundär dürften Erscheinungen wie Elendsviertel und hohe Mieten in Guayaquil sein.

Quito profitierte von der Ausweitung des Staatsapparates. Die Städte Quito und Cuenca liegen günstig für die migrationswillige Bevölkerung, die ihre Minifundien ganz oder teilweise aufgeben muß. Die Bemühungen von CREA, Cuenca unter anderem durch zusätzliche Aktivierung von Industrie und Handwerk in der Zentralität zu stärken, waren erfolgreich, so daß die Migration intraprovinziell verlief. Azuay hatte im Zeitraum 1950 - 1962 einen Bevölkerungszuwachs von nur 0,75%. Danach, von 1962 - 1974, war der Zuwachs mit 2,56% immer noch unterdurchschnittlich, aber nicht mehr so extrem gering. Hier liegt die gelungene Aufwertung eines zentralen Ortes durch planerisches Handeln vor.

Tabelle 36: Entwicklung der Einwohnerzahlen, die Zuwachsraten der Bevölkerung bei den wichtigsten Städten des Landes, sowie deren Bedeutung als Industriestandorte (Quelle: INEC und eigene Berechnungen)

Stadt	Provinz	Rolle als Industriestandort	Bevölkerung 8.Juni 1974	Bevölkerung 25.Nov.1962	Wachstumsrate 1962-1974	Bevölkerung 1950	Wachstumsrate 1950-1962	Schätzung 1979
Guayaquil	Guayas	dominierend	823 219	510 804	4,24	258 966	5,82	1 067 014
Quito	Pichincha	dominierend	599 828	354 746	4,67	209 932	4,47	773 789
Cuenca	Azuay	wichtig	104 470	60 402	4,88	39 983	3,50	133 770
Ambato	Tungurahua	wichtig	77 955	53 372	3,35	31 312	4,54	96 508
Machala	El Oro	wenig Indust.	69 170	29 036	7,84	7 549	11,88	100 429
Manta	Manabí	wichtig	64 519	33 622	5,83	19 028	4,86	85 060
Esmeraldas	Esmeraldas	wichtig	60 364	33 403	5,28	13 169	8,07	82 887
Portoviejo	Manabí	keine	59 550	32 228	5,48	16 330	5,83	80 271
Riobamba	Chimborazo	wenig wichtig	58 097	41 625	2,94	29 830	2,81	69 332
Loja	Loja	wenig Indust.	47 697	26 785	5,14	15 399	4,72	59 413
Ibarra	Imbabura	wenig Indust.	41 335	25 835	4,17	14 031	5,22	52 106
Santo Domingo	Pichincha	wenig Indust.	30 523	6 951	13,73	fehlt		47 597
Quevedo	Los Ríos	wenig Indust.	43 101	20 602	6,62	4 168	14,24	63 777
Milagro	Guayas	wichtig	53 106	28 148	5,67	13 736	6,16	72 845
Tulcán	Carchi	wenig wichtig	24 398	16 448	3,49	10 623	3,71	29 789
Babahoyo	Los Ríos	wenig wichtig	28 914	16 444	5,03	9 181	4,98	36 349
Latacunga	Cotopaxi	wenig wichtig	21 921	14 856	3,44	10 389	3,03	26 782
Chone	Manabí	keine	23 627	12 832	5,45	8 046	3,97	31 096
Jipijapa	Manabí	keine	19 996	13 367	3,56	7 759	4,63	24 646
Pasaje	El Oro	keine	20 790	13 215	4,02	5 021	8,40	26 969
Santa Rosa	El Oro	keine	19 696	8 935	7,12	4 776	5,36	25 236
Otavalo	Imbabura	wenig wichtig	13 605	8 630	4,04	8 425	0,20	16 448
Cayambe	Pichincha	wenig Indust.	11 199	8 101	2,86	7 409	0,75	12 621
Guaranda	Bolívar	keine	11 364	9 900	1,21	7 299	2,57	13 105
Azogues	Cañar	wenig Indust.	10 953	8 078	2,69	6 558	1,75	12 716
Sucre	Manabí	keine	11 258	8 845	2,12	9 316	-0,43	12 551
Salinas	Guayas	keine	12 409	5 460	7,40	2 672	6,14	17 407
Montúfar	Carchi	keine	10 036	6 803	3,44	6 263	0,68	11 744
Sangolquí	Pichincha	wenig wichtig	10 554	5 501	5,82	3 179	4,68	14 237
Balzar	Guayas	keine	10 924	6 588	4,50	2 950	7,02	15 092
Daule	Guayas	wenig wichtig	13 170	7 428	5,11	4 501	4,26	17 336
El Empalme	Guayas	keine	11 828	4 457	8,86	fehlt		17 628
Puyo	Pastaza	wenig Indust.	4 730	2 290	6,51	1 092	6,37	6 668
Zamora	Zam. Chin.	wenig Indust.	2 667	1 030	8,62	458	6,99	3 768
Tena	Napo	keine	2 106	1 029	6,43	351	9,38	2 975
Macas	Morona San	keine	1 934	1 355	5,14	976	2,78	2 732
Puerto Baquerizo	Galápagos	keine	1 311	-	-	-		-

Wichtigstes Merkmal des ecuadorianischen Städtenetzes ist die B i p o l a -
r i t ä t u n d d i e F u n k t i o n s t e i l u n g v o n Q u i t o
u n d G u a y a q u i l, was die Nachteile der Überurbanisierung, ein Kennzeichen der lateinamerikanischen Bevölkerungsverteilung, verringert. So ist
in Chile Santiago zwölfmal größer als Valparaiso und in Peru Lima etwa zehn-
mal so groß als Callao, die nächstgrößte Stadt, wobei in beiden Fällen die
Hafenstädte kein eigenständiges Zentrum darstellen. Von den Andenstaaten hat
lediglich Kolumbien mit seinen vier Zentren Bogotá, Medellin, Cali und Barranquilla eine günstigere Verteilung als Ecuador.
Quito und Guayaquil haben tatsächlich eine weit höhere Bevölkerungszahl,
denn viele Zuwanderer haben die Gewohnheit, sich bei Zählungen trotz nur
sporadischer Kontakte am Geburtsort registrieren zu lassen.
In den von INEC veröffentlichten Bevölkerungsschätzungen wurde mit einem
städtischen Wachstum von gleichbleibend nur 4,4% p.a. gerechnet. Ob diese Zuwachsraten tatsächlich so niedrig bleiben werden, erscheint zweifelhaft.
Erstens sind immer mehr Campesinos gezwungen, ihre landwirtschaftlichen Tätigkeiten wegen Trockenheit und schlechter Ertragslage aufzugeben, zweitens
hat die Regierung durch die drastische Erhöhung der Mindestlöhne die Migra-
tionsanreize verstärkt (1). Schließlich führt das vermehrte Bildungsinteresse
bei der jungen Bevölkerung dazu, daß der ländliche Raum für diesen Personenkreis immer unattraktiver wird, nicht nur wegen der schlechten Beschäfti-
gungsaussichten (2).
Wie sich diese Bevölkerungsgewinne auf die einzelnen Städte verteilen werden, hängt neben dem Ausbau der Infrastruktur in den mittleren Städten von
den Beschäftigungsmöglichkeiten ab.
In der Vergangenheit haben zwar die schlechter ausgestatteten Städte der
Costa und nicht die industrialisierteren Provinzhauptorte der Sierra von diesen Bevölkerungsverschiebungen profitiert. Es waren dies die vor zwanzig Jahren fast unbekannten Orte der Costa wie Santo Domingo de los Colorados, Salinas, Quevedo, Santa Rosa und Milagro. Alle diese Orte, bis auf Milagro, dem

---

(1) Diese Maßnahme wird durch die Lohnerhöhung für Landarbeiter von 1500 auf
    3000 Sucres nicht kompensiert, weil solche gesetzgeberischen Maßnahmen
    erfahrungsgemäß im ländlichen Bereich ohne Wirkung bleiben, da die Ab-
    hängigkeitsverhältnisse direkter sind. So sind z.B. Sozialversicherungen
    für Landarbeiter eine Seltenheit.

(2) So wurde 1978 die extreme Zahl von über 200 000 Universitätsstudenten
    registriert!

Zentrum der Zuckerfabrikation, sind fast ohne Industrie. Sie sind alle Mittelpunkte landwirtschaftlicher Räume, sieht man von dem Badeort Salinas ab, der in erster Linie vom nationalen Tourismus profitiert. Entscheidend für die Erklärung des Städtewachstums ist der Bananenboom. Dieser lockte neben den bisherigen traditionellen Landbesitzern vielfach mittelständische Investoren an, die bisher kaum Berührung mit der Landwirtschaft hatten und aus allen Berufen kamen (RUMP 1968, S. 84-85). Begünstigt wurde diese Entwicklung durch den Gesetzgeber, der 1938 durch die Limitierung der Anbaufläche auf 80 000 ha pro Pflanzer verhinderte, daß sich große Fruchtgesellschaften in Ecuador niederließen. So entstand eine ländliche, mittelständische Unternehmerschicht mit einer gewissen Kaufkraft und dem Bedürfnis, mit Gütern und Dienstleistungen versorgt zu werden, was den Tertiären Sektor beflügelte. Die "Banco Central" schätzte, daß 1966 rund 120 000 Personen als Plantagenarbeiter, Verpacker, Verladearbeiter und Qualitätsinspektoren in der Bananenwirtschaft tätig waren (RUMP 1968, S. 84-85). Ähnliche Beobachtungen wurden von BARAONA gemacht (zit. nach PEARSE 1970, S. 26), der in der Provinz El Oro feststellte, daß diese neuen Unternehmer sowohl dem ländlichen als auch dem städtischen Umfeld entstammen und sich als Pflanzer folgendermaßen verhielten: " He is as likely to be a renter as a proprietor. He probably concentrates on a single market product, appreciates the necessity for investment, uses modern technical methods as far as possible, and pays his labor forces in cash. He is not likely to establish himself on his farm as a permanent rural resident. It is suggested that he makes his appearance in answer to favourable market conditions for a particular product, and the economic and land tenure structures to which his forms of exploitation give rise do not outlast the boom. In the case of El Oro, the lands now occupied by small- and medium-sized commercial producers belong to large estates, formerly traditional cacao producers. The estate economy has been replaced by the commercial farms and their proprietors are rentiers. A fall in the market price for bananas or their destruction by disease, could produce either a reversion to subsistence small holding or traditional estate relations."

Diese rasch wachsenden Städte, Mittelpunkte einer sich verändernden Agrarregion, bemühen sich teilweise um Modernisierung, falls sie eine entsprechende Größenordnung erreicht haben. Sie versuchen, wie im Falle Machala, sich einen neuen Ortskern zu schaffen, was wiederum einen Bauboom auslöst. Bisher

fehlen ihnen die einfachen Einrichtungen wie Mittelklassehotels, Bustermi-
nals usw.

Vergleicht man diese Städte mit Industrieorten, die oft eine historische
Vergangenheit haben, organisch gewachsen sind und sich aus alten spanischen
Kolonialstädten weiterentwickelt haben, so ist die Diskrepanz bei der Bevöl-
kerungsentwicklung erstaunlich. Als Beispiel für diese Stadttypen seien Ambato, Riobamba, Ibarra, Latacunga, Otavalo, Tulcán aufgeführt. Loja nimmt eine
Sonderstellung ein, weil diese schwach industrialisierte Stadt Mittelpunkt
einer unter Trockenheit leidenden Agrarregion und deswegen Durchgangsstation
für viele Minifundistas ist, die sich später in Santo Domingo, El Oro und im
Oriente ansiedeln (TEMME 1972, S. 353 ff.).
Noch weniger Bevölkerungszunahme haben die kleinen Provinzstädte der Sierra
zu verzeichnen. Fast bar jeder Industrie verfügen sie über geringe Attraktivität (Guaranda, Azogues, Montúfar). Nur Sangolquí, ein Entlastungsort für
Quito, stellt eine Ausnahme dar. Die Städte der Provinz Manabí scheinen eine
ähnliche Funktion wie Loja zu haben. Wichtig und interessant ist zur Beurteilung der Rolle der Industrie im Verstädterungsprozeß in Ecuador, daß Manta
mit relativ hohem Industrialisierungsgrad etwa denselben Bevölkerungszuwachs
hat wie die alte Stadt Portoviejo, wo sich nur vereinzelt kleinindustrielle
Unternehmen angesiedelt haben. Chone scheint mehr als Jipijapa die ländliche
Bevölkerung anzuziehen, die wegen ausgebliebener agrarstruktureller Maßnahmen
die Landwirtschaft aufgegeben hat (1).

Eine Mittelstellung nimmt Esmeraldas ein, das durch Raffinerie, Holzindustrie
und Hafen einen Aufschwung und somit innerhalb der ecuadorianischen Wirtschaft
einen Bedeutungsgewinn erfahren hat. Die zuziehende Bevölkerung rekrutiert
sich in erster Linie aus der ethnischen Minderheit Ecuadors, den Schwarzen,
die zugleich die Mehrheit in der Provinz stellen. Sonst gilt auch für Esmeraldas, was für die meisten Städte der Costa zutrifft: Die Städte wachsen
ohne größere Planungsanstrengungen von staatlicher Seite. Es entsteht sogar
eine neue Siedlungsstruktur als Folge der Notwendigkeit, ein Versorgungsde-
fizit an Dienstleistungen und Gütern zu beheben. Es liegt auf der Hand, daß
diese Orte an verkehrsgünstigen Punkten (Kreuzungen von Fernstraßen) entstanden oder sich rasch weiter vergrößerten.

---

(1) Dieser Sachverhalt wird im Kap. 5.6.5 verdeutlicht.

In welchem Ausmaß diese Städte von Zuwanderern aus der Sierra profitierten, die dann im Tertiären Sektor tätig wurden, wird in einer von MOLINA zitierten Studie von JUNAPLA deutlich (1). Danach ließen sich von etwa 14 670 untersuchten Migranten 8745 in städtischen Bereichen nieder (die Untersuchung bezog sich auf die Provinzen Guayas, Esmeraldas, Los Rios). 50% aller Migranten betätigen sich danach im Handel, nur 25% in der Landwirtschaft. Neben dem Bananenboom als Pulleffekt wurde die Zunahme der Migration auch durch die Schwächung des Haciendasystems begünstigt, eine Folge der Agrarreform und der damit verbundenen Abschaffung von Abhängigkeitsverhältnissen. Von dem Wanderungsgewinn konnten die Siedlungen unter 10 000 Einwohnern nicht profitieren. Im Gegenteil: Wuchs die Costabevölkerung im Zeitraum 1962 - 1974 um 3,56%, so nahm die Bevölkerung der Städte über 10 000 Einwohner um 4,7% zu. Die Zuwachsrate (pro Jahr) der Siedlungen unter 10 000 Einwohner betrug nur 2,6%, war also niedriger als die durchschnittliche jährliche Wachstumsrate der ecuadorianischen Bevölkerung von 3,3%. Daraus kann der Schluß gezogen werden, daß der ländliche Raum der Costa ebenfalls einen Wanderungsverlust erlitt, demnach auch nicht von dem Bevölkerungsreservoir der Sierra profitierte.

4.4.1.3 Der Einfluß der Industrie auf die Verstädterung

Wie die Tabelle 36 belegt, erfolgte das Städtewachstum unabhängig vom Grad der Industrialisierung. Nicht die Städte mit einem hohen Anteil an Industrie weisen die höchsten Wachstumsraten auf, sondern meistens mittlere Städte fast ohne Industrieansiedlungen. E s g i b t i n E c u a d o r s e c h s S t ä d t e m i t m e h r a l s 1 0 0 0 0 E i n w o h n e r n u n d e i n e m W a c h s t u m ü b e r s e c h s P r o z e n t , a b e r k e i n e d i e s e r s e c h s S t ä d t e d a r f a l s i n d u - s t r i a l i s i e r t b e z e i c h n e t w e r d e n . Von den neun Städten mit einem Wachstum von 5-6%, also immer noch über dem Durchschnitt liegend, spielt die Industrie nur in drei Städten eine Rolle. Umgekehrt gibt es eine Reihe von Städten, die als Industriestandort eine nationale Bedeutung haben, aber unterdurchschnittliche städtische Wachstumsraten aufweisen. Genannt seien Guayaquil (4,2% Bevölkerungswachstum), Ambato (3,4%), Riobamba (2,9%), Latacunga (3,4%) und Otavalo (4,0%). Es sind bis auf Guayaquil alles

---

(1) MOLINA zit. die Studie von COSTALES 1957 "Migraciones", die von JUNAPLA veröffentlicht wurde.

Städte der Sierra. Aber selbst an der Costa spielt der Industrialisierungsgrad für die Zuwachsrate keine Rolle, wie sich am Städtepaar Manta-Portoviejo,
das nur 35 km auseinanderliegt, belegen läßt. Manta (siehe Kap. 4.4.2.4) verfügt neben einer beachtlichen Industrie über den Exporthafen und Fischerei-
aktivitäten, Portoviejo hat seine Funktion im Tertiären Sektor, vorwiegend
in der Verwaltung. Beide Städte wachsen überdurchschnittlich, Manta aber nur
0,35% pro Jahr rascher.

Die Frage stellt sich, wie sich eine stärkere Industrialisierung auf das
Wanderungsverhalten auswirken würde, zum Beispiel bei der Realisierung bedeutsamer Projekte mit großem Arbeitsplatzeffekt. Dies könnte am Beispiel Riobamba überprüft werden, falls Volkswagen sich dort engagieren würde, oder in
Machala, wenn in unmittelbarer Nähe das Hüttenwerk und die Chemischen Industrien errichtet werden.

In wenigen Fällen, wo von der Industrie positive Rückwirkungen auf die Stadtentwicklung und die Zentralität ausgehen könnten, wird dies durch die Schaffung von Enklaven verhindert. Anstatt zum Beispiel die Mitarbeiter der Raffinerie in Esmeraldas in das wirtschaftliche und soziale Gefüge der Stadt zu integrieren, wurde für diese getrennt eine eigene Siedlung mit 198 Häusern und
allen Versorgungseinrichtungen vom Kindergarten bis zum Supermarkt, Sport-
plätzen und Mehrzweckhalle errichtet. Sicherlich sind dies Zugeständnisse an
Teile der leitenden Angestellten, die die Wohnbedingungen in Esmeraldas als
unzumutbar zurückweisen, und sich bei jeder sich bietenden Gelegenheit nach
Quito orientieren. Mit einer durchdachten Planung jedoch wäre es zum Vorteil
der Stadt Esmeraldas beim gleichen Kostenaufwand gelungen, alle diese Einrichtungen in die Stadt zu integrieren.

Genausowenig wie die Industrialisierung das Wachstum der Städte in Ecuador
beeinflußt hat, konnte die Industrialisierung städtebildend wirken. Sie hat
die Stadtentwicklung in weit geringerem Umfang beeinflußt als Handel, Dienst-
leistung, Verwaltung und Agrarwirtschaft, die die Städtebildung an der Costa
förmlich mitinitiierten, da die Agrarregionen einen Mittelpunkt für die Tertiären Dienstleistungen benötigten. Eine gewisse Ausnahme stellt Milagro mit
seinen Zuckerfabriken dar, wobei diese ja nur die konsequente Weiterverarbeitung der Agrarproduktion darstellen. Auch die Pionierstadt San Lorenzo erhielt wichtige Impulse durch die Holzindustrie.

Ob die Ursache im Fehlen von größeren Industrieprojekten liegt, sei es die Schwerindustrie, sei es die Grundstoffindustrie oder der Automobilbau, die mit dem entsprechenden Gewicht einen Raum überformen, sei dahingestellt. Erfahrungen in Kolumbien mit dem integrierten Hüttenwerk Paz del Río (vgl. BRÜCHER 1975, S. 68 u. 69) sprechen dagegen. Das Städtenetz ist schon soweit angelegt, daß solche Großprojekte nichts Wesentliches mehr daran ändern.

Die Industrie als "Pull-Faktor" wird überschätzt. Konnten schon in Kolumbien, einem Land, dessen Industrie weit mehr entwickelt war, keine eigentlichen "Industriestädte" entstehen, so ist dies im Falle Ecuador noch weit einleuchtender. Die Industrie ist in ihrem Volumen viel zu unbedeutend und schwach. Es gab keine Kristallisationspunkte, wie Bergbau, um die sich zum Beispiel eine rohstofforientierte Industrie hätte ansiedeln und damit städtebildend wirken können. Nur die Erdölsuche löste im Oriente kleinere Siedlungsgründungen aus, wie Mera und Lago Agrio, klassische Pionierorte wie alle Siedlungen dort. Die Industrie war nie ein eigenständiger Faktor mit entsprechendem Gewicht, wie es die Landwirtschaft war. Sie konnte sich dementsprechend nicht eigenständig entfalten, sondern mußte sich nach den durch die anderen Sektoren vorgegebenen Strukturen ausrichten. Dafür gewann sie viel zu spät an Relevanz und konnte sich meist nur an den Märkten orientieren.

Selbstverständlich spielt die Präferenz der Unternehmer für Quito und Guayaquil ebenso eine Rolle, wie anderswo die fehlende Infrastruktur. Daß Industriearbeiter lieber über weite Strecken pendeln (zum Beispiel die Belegschaft der Zuckerfabrik Aztra) als sich in der Provinz niederzulassen, ist ein weiteres Indiz dafür, daß Großprojekte in Puerto Bolívar in absehbarer Zeit vermutlich kein Städtewachstum auslösen werden. Abbildung 20 belegt das Gesagte nochmals auf Provinzebene. Nicht die Provinzen mit einer hohen industriellen Wertschöpfung pro Kopf der Bevölkerung haben eine hohe Bevölkerungszuwachsrate, sondern d i e B e v ö l k e r u n g s e n t w i c k l u n g e r f o l g t u n a b h ä n g i g v o m I n d u s t r i a l i s i e r u n g s g r a d.

4.4.1.4 Die Wechselbeziehungen zwischen Stadt und Industrie

Die rasche Bevölkerungszunahme im allgemeinen und die Verstädterung im besonderen werden den Markt für Industrieprodukte erheblich erweitern. Selbst wenn das Einkommen der Bevölkerung relativ niedrig bleibt, sind die städti-

Gegegenüberstellung der industriellen Wertschöpfung pro Kopf der Bevölkerung und der Bevölkerungsentwicklung der verschiedenen Provinzen. (Abbildung 20).

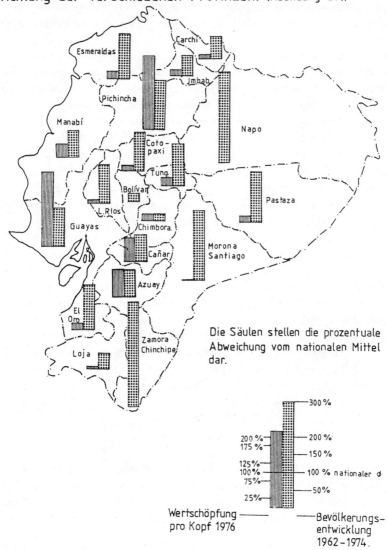

Die Säulen stellen die prozentuale Abweichung vom nationalen Mittel dar.

Wertschöpfung pro Kopf 1976 ——— ———Bevölkerungsentwicklung 1962-1974.

Quelle: Errechnet aus dem Jndustriecensus 1976 und den Volkszählungen 1962 u.1974.

schen Bewohner in einem bestimmten Umfang auf industrielle Produkte angewiesen, da sie der ländlichen Subsistenzwirtschaft entzogen sind und das
städtische Einkommen im Durchschnitt erheblich über dem der Landbevölkerung
liegt. Die Nachfrageerweiterung müßte Kostenvorteile bei der Produktion mitbringen und weitere Industrieprojekte, insbesondere zur Konsumgüterproduktion,
realisierbar werden lassen.
Die Industrie wird es noch einfacher haben, ihren Arbeitskräftebedarf quantitativ und qualitativ zu befriedigen. Sie wird aber nicht das Beschäftigungs-
problem lösen können, wie vielerseits erwartet, sondern eher zur Vernichtung
von Handwerksbetrieben (Schneidereien, Schuhmachereien, Schreinereien etc.)
beitragen und damit das Problem verschärfen. Durch die Bevölkerungszunahme
werden besonders jüngere Jahrgänge beschäftigungslos bleiben, denn zwischen
1980 - 1985 müßten jährlich etwa 80 000 Arbeitsplätze neu geschaffen werden
(Arbeitsmarktprognose von CIME). Die Industrie wird nicht ein Zehntel dieser
Plätze anbieten können, da die Investitionskosten für einen Arbeitsplatz in
der Industrie 1975 in Ecuador bei 18 000 US$ lagen und somit das Investitions-
vermögen überschritten würde. In vielen Städten mangelt es, trotz der besseren Lage als in den ruralen Gebieten, noch an vielen Grundversorgungsein-
richtungen wie Trinkwasser, Abwasserentsorgung und ausreichender Energieversorgung. Dadurch scheiden diese Städte von vornherein als mögliche Industriestandorte aus, wenn nicht gewichtigere Standortfaktoren dafür sprechen. Sicherlich hatten die Bemühungen zur Industrieansiedlung gelegentlich auch Verbesse-
rungen bei diesen Versorgungsleistungen zur Folge, von denen dann die Stadt-
bevölkerung ebenso profitierte. Der Vollständigkeit halber sei darauf hingewiesen, daß sich Einkommens- und Beschäftigungseffekte daraus ergeben, daß
die Industrie Tertiäre Dienstleistungen in Anspruch nimmt. Eine Erweiterung
von zentralörtlichen Funktionen durch industrielle Aktivitäten darf nur in
bescheidenem Umfang erwartet werden.

4.4.2 Die wichtigsten Industriestandorte

Die Urbanisierung Ecuadors erscheint in einem ausgewogenen Verhältnis. Zum
einen, weil zwei fast gleichgewichtige Zentren konkurrieren und die Gefahr
einer monozentrischen Übermetropolisierung ("primate city") erheblich mindern,
zum anderen weil der Staat noch in der Lage ist, eine für lateinamerikanische

Länder ausreichende Grundversorgung der Bevölkerung in den Städten aufrecht
zu erhalten. Noch halten sich die Elendsviertel in Grenzen, wenn man die Situation in Peru, Venezuela und Kolumbien zum Vergleich heranzieht.

Aus der Konkurrenzsituation von Costa und Sierra erklärt sich das Entstehen
dieser zwei Zentren, die sich bei doch zunehmender Integration in die nationale Volkswirtschaft komplementieren. Dabei lassen sich die funktionalen Verflechtungsräume eindeutig festlegen. Im Bankwesen zum Beispiel läßt sich in
Latacunga und Ambato ein erheblicher Einfluß der guayaquileñer Banken trotz
der Nähe Quitos feststellen (DALMASSO u. FILLON 1970, S. 216), so daß der
Schluß naheliegt, daß Guayaquil das eindeutige wirtschaftliche Zentrum ist,
zumal durch die Agrarexporte die ökonomische Position eindeutig gestärkt wurde. Andererseits ist Quito als dominierendes politisches Zentrum in der Lage,
Guayaquil administrativ zu bevormunden. Auch die Erdölfunde haben Guayaquil
aus dem Brennpunkt gerückt.

4.4.2.1 Guayaquil

Guayaquil, die größte Stadt Ecuadors, entwickelte sich seit der Jahrhundertwende rasch. Damals bestand die Hafenstadt lediglich aus Holzgebäuden ohne
städtebaulichen Reiz. Immer wieder war sie zuvor in ihrer Entwicklung durch
Brände und Gelbfieberepidemien zurückgeworfen worden (1). Erst nach der Jahrhundertwende entstanden am Malecón repräsentative Gebäude. Inzwischen sind,
wenn auch nicht überall im städtischen Zentrum, Hochhäuser mit bis zu 20 Stock-
werken entstanden. Das Geschäftsleben spielt sich an der Nueve de Octubre
und in einigen Seitenstraßen ab, während sich die alten Importfirmen, wegen
der Hafenverlagerung, vom Malecón weg in die neuen Hochhäuser orientierten.
Generell dominiert in der Stadt noch Holz als Baumaterial.
Abbildung 21 gibt einen Überblick über die sozialräumliche Verteilung der Bevölkerung und der Industriestandorte. Da die Bauweise, sieht man von den von
staatlicher Seite geförderten "Ciudadelas" und den "Urbanizaciones" ab, sehr
bescheiden und mit einfachem Material (Holz, Blech etc.) ausgeführt ist, sehen die Häuser und Hütten der mittleren und unteren Einkommensschichten we-

---

(1) Nach einer Aufstellung gab es im 19. Jahrhundert und zu Beginn des 20.
    Jahrhunderts 23 größere Brände. So verbrannten zum Beispiel 1902 mehr
    als 700 Häuser, 15 000 Bewohner wurden obdachlos und es entstanden Schä-
    den in Höhe von 12 Mio. Sucres (S. Estrada YCAZA, 1977).

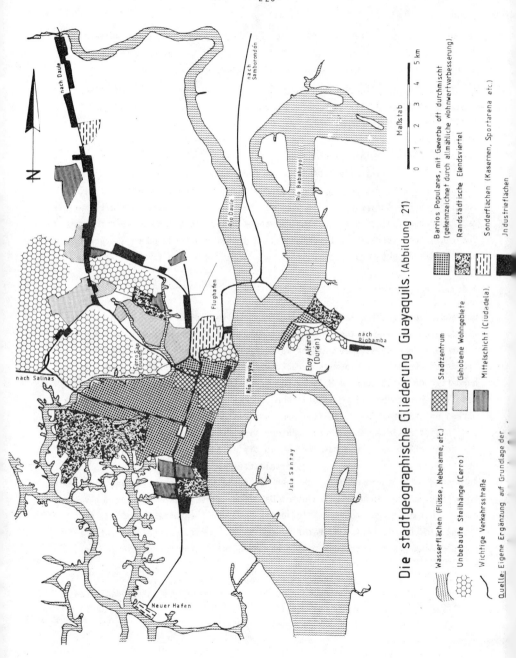

Die stadtgeographische Gliederung Guayaquils. (Abbildung 21)

Wasserflächen (Flüsse, Nebenarme, etc.)

Unbebaute Steilhänge (Cerro)

Wichtige Verkehrsstraße

Quelle: Eigene Ergänzung auf Grundlage der

Stadtzentrum

Gehobene Wohngebiete

Mittelschicht (Ciudadela)

Barrios Populares, mit Gewerbe oft durchmischt
(gekennzeichnet durch allmähliche Wohnwertverbesserung).

Randstädtische Elendsviertel

Sonderflächen (Kasernen, Sportarena etc.)

Industrieflächen

sentlich ärmer aus als in den Städten der Sierra. Die Stadt ist durch die
Mangrovenwälder, die Flußarme des Deltas und teilweise durch die Cerros (Fel-
sen) im Wachstum behindert, große Teile sind aufgeschüttet. In seichten Gewässern wurden deshalb Pfahlbauten angelegt. Probleme gibt es immer wieder mit
der Wasserversorgung, besonders in den letzten Jahren, in denen neben der
Trockenheit auch der steigende Bedarf der Bevölkerung und Industrie die Situation verschärfte. .
In Guayaquil wird, wie in anderen lateinamerikanischen Großstädten, geeignetes Gelände von "empresas invasoràs", die mit der Unterstützung einiger popu-
listischer Politiker rechnen können, illegal besetzt. Sie geben ihren "Socios"
Hilfe beim Bau der Hütten und schützen sie vor polizeilichen Maßnahmen und
gegen Konkurrenten. Auch in Guayaquil geht die Migration nicht direkt vom
Land in diese "Barrios suburbanos" vonstatten, sondern teilweise über die
slumartigen Unterkünfte am Rande der Innenstadt, wobei die "Barrios suburbanos" diesen Behausungen gegenüber eine wesentliche Verbesserung der Lebensum-
stände bedeuten (ESTRADA Y. 1977, S. 230-231). Die Mieten sind überraschend
hoch. 1979 betrugen sie in den Barrios zwischen 1200 - 1500 Sucres, was etwa
dem Mindestlohn eines Handwerkers entsprach. Grundstücksspekulationen sind
auch in Wohngebieten der Mittel- und Oberschicht in großem Umfang üblich. Der
Quadratmeterpreis in den Neubaugebieten lag 1979 bei 3000 Sucres. Eine Verbesserung sowohl der baulichen Substanz als auch der Lebensbedingungen in den
Hütten läßt sich in Guayaquil verfolgen, wenn man die genetische Abfolge dieser Viertel betrachtet. Die Eigentümer bauen ihr Besitztum aus und werden allmählich von der Stadtverwaltung unterstützt, die nach und nach Kanalisation
und Straßen bauen läßt und die Belieferung mit Strom und Wasser vornimmt.
Guayaquil wächst in die Breite, nicht in die Höhe, sieht man von den Hochhäusern des Geschäftsviertels rund um die Nueve de Octubre ab. Lediglich öffentliche Gebäude weisen mehr als zwei Stockwerke auf. Trotz Grundstücksman-
gel wird nicht höher gebaut, da der Untergrund vermutlich nicht stabil genug
ist. Die Stadt behält beim Ausbau viel strenger als zum Beispiel Quito das
Schachbrettmuster bei. Die von öffentlichen Wohnungsbaugesellschaften errich-
teten "Ciudadelas" wirken wie Inseln in den von eigener Hand erbauten und
sukzessiv verbesserten wild wachsenden Siedlungen. Die Verlegung des Flug-
platzes ist für die nächsten Jahre geplant. Neben der Brücke von Guayaquil
nach Durân über die beiden Flüsse Rio Daule und Babahoyo (die sich danach zum

Río Guayas vereinigen) ist die flußabwärtige Verlagerung des Hafens die zweite entscheidende Baumaßnahme Guayaquils gewesen.

Die Zahl der Industriebeschäftigten Guayaquils läßt sich, da der Industriezensus auf Provinzbasis vorgenommen wird, nur abschätzen. 1976 waren überschlagsweise etwa 28 000 Arbeitnehmer in 580 Betrieben in der Stadt Guayaquil beschäftigt. Die Industrie wuchs räumlich mit der Stadt, nicht umgekehrt. Die traditionellen Standorte der älteren Industrie erstrecken sich dem Río Guayas entlang, wobei sich nur die Mühlen und die fischverarbeitenden Betriebe direkt am Ufer angesiedelt haben. Die übrigen Firmen befinden sich längs von zwei parallel laufenden Straßen in einem Abstand von ca. 100 m zum Ufer. Durch die Verlagerung des Hafens entstanden in den letzten 15 Jahren an der Straße zum Puerto Nuevo eine Reihe weiterer Unternehmen, die die Hafennähe wegen ihrer Ein- und Ausfuhren suchten. Es siedelten sich auch Betriebe an, die eher Ergänzungsfunktionen hatten, als daß sie auf die Verlademöglichkeiten und auf Hafennähe angewiesen wären.

Die größten Industriebetriebe von Guayas befinden sich außerhalb der Stadt. Es sind dies die Zuckerfabriken an der Straße nach El Triunfo und bei Milagro und der größte fischverarbeitende Betrieb "Inpeca Monteverde" auf Santa Elena, wo auch die beiden kleineren Raffinerien des Landes ansässig sind.

Die Industrie siedelt sich, sieht man von den über die Mischgebiete verteilten Kleinbetrieben ab, bandförmig an den Ausfallstraßen der Stadt an. Die wichtigste Achse beginnt beim Estero Salado an der Avenida Carlos Julio Arosemena, wo sich über drei Kilometer Länge die Industriebetriebe neben Handels- und Kleingewerbe aneinanderreihen. Sie setzt sich an der Straße nach Daule fort, von der kurze Stichstraßen abzweigen, an denen sich dann meist kleinere Firmen angesiedelt haben. Eine zeitliche Abfolge der Ansiedlung der Betriebe läßt sich an Hand der Kilometrierung nachvollziehen. Die neuesten Gründungen entstanden bei km 16. Dieses Band ist das größte Industriegebiet Ecuadors, das durch den bei km 11 entstehenden Industriepark "El Sauce" erweitert wird.

In diese Straße nach Daule mündet ein zweites wichtiges Industrieband, das sich an der Avenida Juan Tancamarengo orientiert, wo allerdings noch große Lücken und Reserveflächen vorhanden sind. Mit der Avenida América schließt sich nun fast ein Kreis mit der Avenida Carlos Julio Arosemena, so daß man beinahe von einem Industriering sprechen könnte. In dieser Kreisfläche befindet sich das gehobene Wohngebiet Miraflores.

Weitere bedeutende Industrien sind an der Ausfallstraße jenseits des Río
Daule in Durán angesiedelt. Die gut ausgebauten Straßen mit ihren günstigen
Verkehrsanlagen ersetzen als Standorte eine bewußte Industrieplanung. Allerdings mußte man sich bis 1979 bei der Straße nach Daule durch Staubstrecken
quälen, eher der vierspurige Ausbau abgeschlossen war. Vorteile sind die
gute Erschließung auch mit öffentlichen Verkehrsmitteln, das leichte Auffinden für den Fremden, gute Erweiterungsmöglichkeiten und bei entsprechender
Stadtferne die niedrigen Grundstückspreise. Einige Unternehmen unterhalten repräsentative Stadtbüros in der Nähe der Avenida Nuevé de Octubre.

4.4.2.2 Quito

Die am Fuße des Vulkans Pichincha gelegene Hauptstadt Ecuadors ist eine
vorincaische Gründung (Los Shyris) in 2800 m NN und wurde unter dem Konqui-
stador Diego de Almagro 1534 auf den Ruinen von Liribamba wiedergegründet.
Traditionell mehr Verwaltungsstadt als Handelsmittelpunkt, diente sie während
und nach der Kolonialzeit auch für die absentistischen Großgrundbesitzer als
Domizil und galt als eines der religiösen Zentren Lateinamerikas. Die Stadt,
die ursprünglich durch das streng beibehaltene Schachbrettmuster einen fast
quadratischen Grundriß hatte, entwickelte sich dann, als es in der Ost-West-
Richtung wegen des Pichincha und des Río Machángara kaum noch Ausdehnungsmöglichkeiten gab, in Nord-Südrichtung und erhielt so einen fast bandförmigen
Grundriß. Ecuadorianische Planer sprechen, wenn sie den Grundriß meinen, gerne
von einer "Salchicha", einem Würstchen. Verstärkt wurde diese Expansionsrich-
tung vor allen Dingen ab 1958. Wegen der durchgeführten Modernisierung und
Stadterweiterung unterscheidet sich Quito inzwischen erheblich von der Stadt,
wie sie SICK noch 1970 beschrieb. Da der Flugplatz schon längst mitten im
Stadtgebiet eingeschlossen ist, ist eine Verlegung nach Tumbaco vorgesehen.
So umfaßte der eigentliche städtische Bereich 1976 9000 ha. Vierspurige Avenidas erstrecken sich vorwiegend in Nord-Süd-Richtung und bewältigen - allerdings nicht ohne Stauungen - den modernen Verkehr. Die Wohngebiete lassen sich, wie überall in den großen Städten Lateinamerikas, schichtenspezifisch zuordnen (siehe Abb. 22). Die untere Mittelschicht und die Unterschicht wohnen entweder im Stadtzentrum oder in den südlichen Wohnbereichen.
Die Bevölkerungsdichte ist im alten Kern am höchsten und viele mittellose
Zuwanderer nehmen ihren Wohnsitz im Innenstadtbereich. Dieser hat aus der

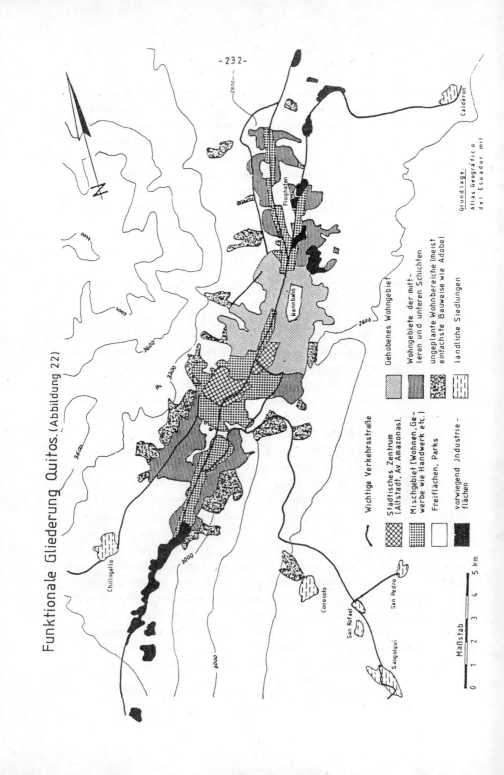

Funktionale Gliederung Quitos. (Abbildung 22)

Grundlage:
Atlas Geográfico
del Ecuador mit

Wichtige Verkehrsstraße

Städtisches Zentrum
(Altstadt, Av. Amazonas).

Mischgebiet (Wohnen, Ge-
werbe wie Handwerk etc.)

Freiflächen, Parks

vorwiegend Industrie-
flächen

Gehobenes Wohngebiet

Wohngebiete der mitt-
leren und unteren Schichten

ungeplante Wohnbereiche (meist
einfachste Bauweise wie Adobe).

ländliche Siedlungen

Maßstab

0   1   2   3   4   5 km

Kolonialzeit sein typisches Aussehen beibehalten, aber sein Slumcharakter wird, gemäß einer Auflage der Stadt, jährlich zu den Gründungsfesttagen von Quito die Häuser neu weiß und die Balkone und Fensterläden blau zu streichen, buchstäblich übertüncht. Diese Entwicklung ist seit den Sechziger Jahren zu beobachten. Die gehobenen Wohngebiete, bevorzugt in Hanglagen, befinden sich in nördlicher Richtung bis kurz vor dem Flughafen, wo wegen des Fluglärms die Wohnqualität wieder sinkt.

Quitos Geschäftsbereich verlagert sich immer mehr aus der Altstadt heraus, wo die Zufahrt für PKWs wegen der Enge der Straßen und des fehlenden Parkraumes sehr erschwert wird. Nur für die dort und im Süden ansässige Bevölkerung hält die Innenstadt die zentralenFunktionen aufrecht, sieht man von einigen für die ganze Stadt wichtigen Ämtern ab. Eine Sonderstellung wird die Altstadt wegen ihrer touristischen Sehenswürdigkeiten behalten. An der Avenida Amazonas, die sich vom Park El Ejido bis zum Flugplatz erstreckt, siedelte sich im oberen Teil, in den Seitenstraßen und an der 10 de Agosto bis zur Avenida Colón das neue Geschäfts- und Einkaufszentrum an. Es existieren Pläne, in Ansätzen sind sie schon realisiert, diese zentralen Funktionen weiter nach Norden zu verlegen. In dem genannten Stadtgebiet müssen immer mehr der um die Jahrhundertwende entstandenen Villen den Hochhäusern weichen.

Es scheint immer noch Bedarf an teuren Büroräumen zu bestehen. Begünstigt wurde diese Verlagerung durch die Bestimmung, daß in der Altstadt am kolonialen Charakter nichts geändert werden darf. Vom Pichincha herab gesehen wirkt das Weichbild der Stadt uneinheitlich. Bauordnungen (1) beschränken den Wildwuchs nicht. Attraktiver werden nun Wohngebiete außerhalb Quitos im Valle de los Chillos und im Valle de Tumbaco. Ersteres läßt sich per Autobahn leicht erreichen. Viele Quiteños haben dort in der Nähe der Thermalbäder Tingo Maria und San Rafael ihre Zweitwohnungen errichtet. Elendshütten wie aus Guayaquil bekannt, sind in Quito nur vereinzelt zu finden. Zwar ziehen sich immer mehr Adobehäuser den Pichincha entlang, erwecken aber beim Beobachter nicht den miserablen Eindruck wie in Guayaquil die Hütten aus Bambus, Blech und Karton(2).

(1) Der 1. Plan Regulador de Quito (1941) war laut N. GOMEZ (o.J.,S.51), von der Gartenstadtidee beeinflußt. 1967 wurde der Plan Directo, eine Art Flächennutzungsplan erarbeitet.
(2) Interessanterweise gibt es in Quito wesentlich weniger Kriminalität als in Guayaquil. Diebstähle und Raubüberfälle auf offener Straße sind selten, was gelegentlich auf die stoische Mentalität der Sierrabewohner zurückgeführt wird. Weshalb die Verhaltensweisen generell zwischen Costa und Sierra so verschieden sind, obwohl ja die überwiegende Bevölkerungsmehrheit der Costa ebenfalls der Sierra entstammt, ist m.E. nicht geklärt.

Nach Berechnungen von INEC (laut Comercio vom 9.12.1979) sind 342 000 oder
43% der Bevölkerung Quitos Zuwanderer, von den 291 000 Erwerbstätigen sogar
61%. Die Zuwanderung von Frauen ist erheblich höher, weil für sie bessere Beschäftigungsmöglichkeiten bestehen, vor allem im Dienstleistungssektor, der
119 000 Erwerbstätige umfaßt. So stehen in Quito 378 000 Männer 427 000 Frauen
gegenüber. In Quito dürften sich 1976 mit 28 000 genausoviel Industriebeschäftigte wie in Guayaquil nachweisen lassen. Allerdings sind die 530 Betriebe
mit durchschnittlich 53 Arbeitskräften etwas größer als in Guayaquil.
Die Industrie in Quito läßt sich nicht so klar und räumlich zuordnen wie in
Guayaquil (Abb. 22). Das Handwerk ist sehr stark im Zentrum und an einigen
Avenidas vertreten, gelegentlich gekoppelt mit Kleinindustrie. Das Hauptindu-
striegebiet liegt an der Ausfallstraße Süd, die mit der Panamericana identisch ist. Dort ist auch der größte Industriebetrieb Ecuadors, die Textilfabrik "La Internacional" lokalisiert. Die Industrie erstreckt sich an dieser
stark befahrenen Straße bis km 14.
Kleinere Stichstraßen, die von der Panamericana abgehen, verbinden die vielen
etwas seitlich versetzten Betriebe mit der wichtigen Verkehrslinie. Die Konsumgüterindustrie versucht, sich hierbei direkt an der Hauptstraße ins Blickfeld
zu setzen, während die Betriebe der Zwischen- und Kapitalgüterindustrie sich
diskreter zurückhalten und einen Standort 100 m abseits akzeptieren. Auch hier
ist eine räumlich-zeitliche Abfolge im Hinblick auf die Entstehung und Ansiedlung der Betriebe zu konstatieren. Bei km 14, wo sich das Tal öffnet, entstand
auf einem größeren Areal ein Industriegebiet. Es handelt sich hier nicht um
einen Industriepark, da nur Gelände zur Verfügung gestellt wird.
Fruchtbares Weideland ging wie in anderen Teilen an dieser Achse verloren.
Mancher Betrieb siedelt auf dem Gelände bekannter Haziendas, von denen heute
nur noch der Name des Stadtsektors zeugt. Die Durchmischung mit anderem Gewerbe ist weit stärker als bei der Straße nach Daule in Guayaquil: Tankstellen,
Reparaturwerkstätten für LKWs, kleinere Geschäfte, Wohngebiete in Adobenbau-
weise, Kirchen und dazwischen die Industrieunternehmen geben dieser Ausfallstraße ein amorphes Erscheinungsbild. Die Abbildung 23 dokumentiert dies.
Die Landwirtschaft kann sich aufgrund von Verordnungen, die ein Nebeneinander
nicht zulassen, in diesem Industrieband nicht mehr halten.
Wie problematisch diese Industrieansiedlung für Betriebe und andere Beteiligte
ist, mag aus einer Aufstellung von Dringlichkeitsmaßnahmen hervorgehen, die

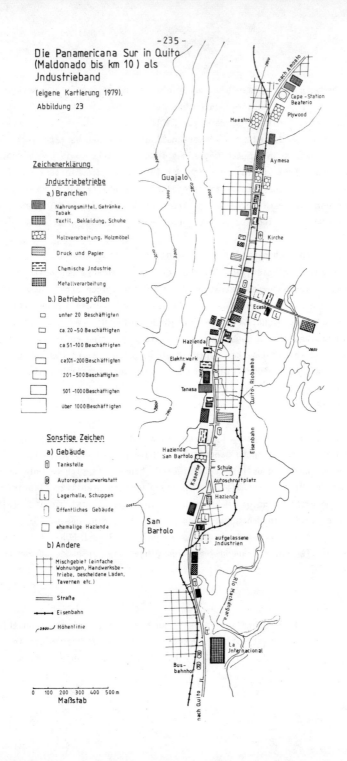

Die Panamericana Sur in Quito
(Maldonado bis km 10) als
Jndustrieband

(eigene Kartierung 1979).

Abbildung 23

Zeichenerklärung

Jndustriebetriebe

a.) Branchen

Nahrungsmittel, Getränke, Tabak
Textil, Bekleidung, Schuhe
Holzverarbeitung, Holzmöbel
Druck und Papier
Chemische Jndustrie
Metallverarbeitung

b.) Betriebsgrößen

☐ unter 20 Beschäftigten
☐ ca. 20 - 50 Beschäftigten
☐ ca 51 - 100 Beschäftigten
☐ ca 101 - 200 Beschäftigten
☐ 201 - 500 Beschäftigten
☐ 501 - 1000 Beschäftigten
☐ über 1000 Beschäftigten

Sonstige Zeichen

a) Gebäude

🛢 Tankstelle
🅱 Autoreparaturwerkstatt
L Lagerhalle, Schuppen
◌ Öffentliches Gebäude
☐ ehemalige Hazienda

b) Andere

Mischgebiet (einfache Wohnungen, Handwerksbetriebe, bescheidene Läden, Tavernen etc.)
═══ Straße
╾┼┼╾ Eisenbahn
╭2900╯ Höhenlinie

0 100 200 300 400 500 m
Maßstab

die dort ansässigen Unternehmen als Forderungskatalog an die Stadtverwaltung zusammenstellten. Sie beinhaltet den Ausbau der Panamericana und die Schaffung einer weiteren Verbindungsstraße zur Entlastung, die Belieferung mit Trinkwasser sowie den Bau einer Abwasserkanalisation, die Erweiterung des Telefon- und Telexnetzes, die Schaffung eines Industrieparks sowie das Verbot von Wohnsiedlungen im Ansiedlungsbereich der Industrie, die Einrichtung einer Feuerwehrstation, eine bessere Verkehrsregelung im Hinblick auf den Durchgangsverkehr und die Beseitigung der zahlreichen Ampeln, die Einrichtung eines Polizeischutzes für den Industriesektor und die Verlagerung gefährlicher Industrien.

Eine ähnliche, wenn auch nicht ganz so umfangreiche Industrieansiedlung findet sich im Norden der Stadt, ebenfalls an der Panamericana. Des weiteren entstand eine Reihe von modernen Betrieben an der vierspurigen Straße nach San Antonio de Pichincha. Eine günstige Verkehrslage bietet diese Straße trotz hervorragendem Ausbau nicht, weil sie lediglich einige unbedeutende Dörfer mit Quito verbindet. Wesentlich günstiger liegen die Industrien außerhalb Quitos in San Rafael und in der Nähe der Kantonstadt Sangolquí, erreichbar über eine Autobahn und von dort aus über eine gut ausgebaute Verkehrsstraße, die Teil einer Umgehungsstraße von Quito werden soll. In Quito selbst ist im nördlichen Teil eine ältere Industrieansiedlung zu nennen, wo 15 Betriebe, vorwiegend der Textilbranche, ansässig sind. Sie entstanden in einer Phase des städtischen Ausbaus an der damals peripheren Lage. Ebenso wie in Guayas befinden sich in der Provinz neben dem erwähnten Sangolquí, in Cayambe, in Aloag, in Tumbaco und Lasso nennenswerte Industriebetriebe. Dabei handelt es sich um Unternehmen auf der Basis der Milchwirtschaft oder in Alaog um eine Stahlträgerfabrik, in Tumbaco um eine große Brauerei. Mehr noch als in Guayaquil ist die Industrie von Quito bereit, sich in den umliegenden Ortschaften anzusiedeln. Für diese Zersiedelung durch die Industrie in Quito und Guayaquil macht MONTAÑO (1976, S. 20) neben der fehlenden Planung vor allen Dingen die fehlende Bodenordnung verantwortlich.

4.4.2.3 Cuenca

Die drittgrößte Stadt Ecuadors ist zugleich auch am drittstärksten industrialisiert. Das indigene Moment ist dort wesentlich stärker vertreten als in Quito bzw. Guayaquil. Städtebaulich ist die Modernisierung lange nicht so

fortgeschritten. Das Schachbrettmuster herrscht als Grundrißform vor. Nur
vereinzelt fallen moderne Gebäude auf. Hingegen weist die Stadt eine Reihe
von alten, um die Jahrhundertwende erbauten repräsentativen Häusern auf.
Cuencas Problem ist die Lage im Verkehrsschatten, denn die direkte Straßenverbindung Quito-Riobamba-Cuenca ist kaum passierbar, so daß der Umweg von 87 km
über El Triunfo (Costa) genommen werden muß. Spektakuläre Flugzeugunglücke
verschlimmerten die Situation, so daß sich viele Geschäftsleute weigern, nach
Cuenca zu fliegen. Der Flugplatz ist stadtnah und muß ebenfalls verlegt werden. Die modernen Außenbezirke mit gehobenen Wohngebieten liegen jenseits des
Flusses Tomebamba.

Die Zahl der Arbeitsplätze in den 68 Industriebetrieben belief sich 1976 auf
etwa 3700. Die Industrie siedelt zum großen Teil an der Straße nach Azogues,
jedoch wird sich der Industriepark zum wichtigsten Standort entwickeln. Der
größte Betrieb befindet sich an einer Querstraße am Rande des organisch ge-
wachsenen Stadtkerns. Entgegengesetzt an der Panamericana Sur liegt der größte
metallverarbeitende Betrieb (Küchengeräte) Cuencas. Weit abseits von der
Stadt, umständlich erreichbar auf drei Kilometer Sandweg, ist ein Kunststoff-
betrieb entstanden, der das Herrengebäude einer Hacienda zum Bürogebäude um-
funktioniert hat. Kleinere Betriebe verteilen sich über die ganze Stadt, vorwiegend jedoch über die Innenstadt, weshalb auch hier dem Industriepark eine
Bedeutung für die Verlagerung dieser Unternehmen zukommt. Es sind dies Betriebe des Druckereigewerbes, Strohhutflechtereien und kleinere chemische Betriebe. 70% der Arbeitsplätze dürften aber im nördlichen Teil der Stadt zu registrieren sein.

4.4.2.4 Manta

Im Gegensatz zu Cuenca ist Manta eine junge Stadt. Dementsprechend fehlt ein
gewachsenes Zentrum, das diesen Namen verdient. Einzelne moderne Betongebäude
sollen den Eindruck eines Stadtzentrums vermitteln, was jedoch nicht gelingt.
Es dominieren Holzbauten. Seine Bedeutung verdankt Manta zwei Faktoren, die
sich teilweise gegenseitig bedingen: dem Hafen und der Industrie. Ein Touri-
stenzentrum kann deshalb diese Stadt trotz gewisser Hoffnungen nicht werden.
Zweifelsohne wäre die Entwicklung Mantas weiter fortgeschritten, wenn nicht
die Trockenheit die Landwirtschaft und die ihre Produkte verarbeitende Industrie behindern würde und der Wassermangel nicht weiterer Industrieansied →

lungsvorhaben im Wege stünde. Mit der Anlage des Stausees Poza Honda, der die Bewässerung von 30 000 ha Land ermöglichen wird, kann sich die Situation verbessern. Der Trockenheit aber "verdankt" Manta das Bevölkerungswachstum, denn immer mehr Kleinbauern müssen deshalb ihren Besitz verlassen und wandern in die Städte der Provinz Manabî, wobei Manta mit der Provinzhauptstadt Portoviejo zu konkurrieren hat. Dementsprechend prekär ist die Wohnungssituation. Meist beginnen die Neusiedler mit einem Bretterverschlag, der sich sukzessiv wandelt bis hin zum Steinhaus, falls der Lebensstandard dies zuläßt. Die Stadterweiterung findet vorherrschend gen Norden Richtung Flugplatz statt. Neben dem Handel, bei dem agrarische Produkte im Vordergrund stehen, und dem teilweise noch mit bescheidenen Mitteln durchgeführten Fischfang, ist die Industrie wichtigster Wirtschaftszweig der Stadt. Die Industriebeschäftigten-zahl betrug 1976 3300, was einer durchschnittlichen Betriebsgröße von 100 Arbeitnehmern entsprach. Die Industriebetriebe siedeln in erster Linie an zwei Orten. Die fischverarbeitende Industrie (neun Betriebe), die bedeutendste Ecuadors, befindet sich am Hafen, eine Ausnahme bildet der Industriebetrieb "Inedaca" in Zentrumsnähe. Die Betriebe stellen Fischkonserven (Thunfisch) her oder exportieren tiefgefrorenen Weißfisch. Ein neuer Fischereihafen befindet sich in Planung. Die übrigen Industrieunternehmen (57), fast ausnahmslos zur Nahrungsmittelbranche gehörig (Kaffeeröstereien und kakaoverarbeitende Betriebe), befinden sich bis auf zwei an der Straße nach Portoviejo bzw. nur wenige Meter abseits davon.

Manta soll wegen des Standortvorteils Hafen, aber auch um der Industriestruktur mehr Ausgewogenheit zu geben, eine Automobilindustrie erhalten. General Motors plant, hier Kleinlastwagen zu bauen. Die Nachbarstadt Portoviejo möchte mit Hilfe eines Industrieparks als Standort attraktiver werden. Die Pläne scheiterten bisher am Finanzmangel der Stadt. So stellt der Tertiäre Sektor fast 80% der Arbeitsplätze.

4.4.2.5 Ambato

Die Hauptstadt der Provinz Tungurahua mit relativ bescheidenem Bevölkerungswachstum weist keinerlei Dominanz einer Industriebranche auf. Vorherrschend sind Mittel- und Kleinbetriebe. Leder-, Kautschuk-, Metallverarbeitung (u.a. Fahrräder, Autoersatzteile, Karosseriebau), Spirituosen- und Textilherstellung und -verarbeitung sind die wichtigsten Produktionszweige. 1976 arbeiteten

1600 Erwerbstätige in 62 Unternehmen. Die Stadt, die 1949 durch ein Erdbeben
zerstört und rasch wieder aufgebaut wurde, ist bekannt als wichtigstes Obst-
und Gemüseanbauzentrum Ecuadors. Leider hat die Zersiedlung fruchtbare Gar-
tenanlagen wie Huachi, Ficoa und Catiglata verschwinden lassen. Auch dem nicht
fertiggestellten Industriepark fiel wertvolles agrarisches Gelände zum Opfer.
Die Industrie verteilte sich bisher im wesentlichen auf die Innenstadt, wo
allerdings sehr beengte Verhältnisse sowohl die Erweiterung als auch den An-
und Abtransport behindern. So siedelten eine Reihe von Betrieben an die Panamericana um. Der seit 1966 in Planung befindliche Industriepark kommt für
viele Betriebe allerdings zu spät. Ambato könnte wie Riobamba auch einen "Ver-
mittlerstandort" zwischen Guayaquil und Quito einnehmen. Die Industrie dieser Stadt ist jedoch autochthon gewachsen.

4.4.3 Die Städte der Costa und Sierra im Vergleich

Die unterschiedliche Funktion und Genese haben sich auch auf die Struktur
der Städte dieser beiden ecuadorianischen Großräume ausgewirkt. Dabei spielen
physisch-geographische Faktoren ebenfalls eine erhebliche Rolle. Die Städte
des Oriente sind den Städten der Costa mehr verwandt als denen der Sierra,
wenn sich auch die Stadtentwicklung dort noch mehr in den Anfängen befindet.
Die Aufstellung soll die Unterschiede, sofern sie sich verallgemeinern lassen, prägnant darstellen. Daß es sich hierbei um Verallgemeinerungen handelt
und Abweichungen vereinzelt möglich sind, ist einsichtig.

UNTERSCHEIDUNGSMERKMALE DER STÄDTE DER COSTA UND SIERRA ECUADORS

	Costa	Sierra
Topographische Lage:	An Flüssen oder Küste	Im innerandinen Becken
Bevölkerung:	Mestizen, Weiße, Schwarze, Mulatten	Mestizen, Indios, Weiße
Bevölkerungswachstum:	rasches Wachstum	bescheiden, außer Quito und Loja
Stadtkerne:	oft nicht dominant aus-gebildet, teilweise Versuche, eine City zu schaffen	historisch gewachsen, kolo-nialer Einfluß unverkennbar (Kirchen, Plaza etc.)

	Costa	Sierra
Entstehung:	vorwiegend als Handels-städte, Aufschwung um die Jahrhundertwende oder später	vorwiegend als Verwaltungs-städte, Gründung vor 1870
Wirtschaft:	meist nur agrarisch orientiert und Dienst-leistungsfunktionen (außer Guayaquil und Manta)	Handwerk stärker vertreten, traditionelle Marktfunktio-nen, meist stärker industria-lisiert
Verkehrserschließung:	Entstehung oft an Ver-kehrsknotenpunkten oder zumindest an der Küste. Einige Städte mit peri-pherer Lage	an der Panamericana mit weni-gen Ausnahmen. Viele mit Eisenbahnanschluß
Wanderungsbewegun-gen:	Zuwachs aus Costa und Sierra (außer Manabí)	teilweise Wanderungsverluste. Wenn Zuwachs, dann meist nur aus eigener Region (Ausnahme Quito, wo Zuwanderung aus der ganzen Sierra und Esmeraldas erfolgt)
Baumaterialien:	repräsentativ: Beton einfach: Holz (Bambus)	repräsentativ: Beton, sonst Ziegel oder Adobe
Ausdehnung:	ungeordnet in die Breite	geordneter
Wohngebiete der ärme-ren Bevölkerung:	randstädtische Elends-viertel	oft im Zentrum, Wohnungsmi-sere fällt nicht so stark ins Auge

4.4.4 Die Zentralität der ecuadorianischen Städte

DELER (1976) unterscheidet im Hinblick auf die Zentralität vier Stufen.
Guayaquil und Quito sind als Metropolen mit höchstem Zentralitätsgrad leicht
zuzuordnen. Sie sind als Verwaltungs-, Finanz-, Handels- und Industriezentren
mit größter Kaufkraft hauptsächlich Konsumorte. Beide Städte bilden ein Bin-
deglied zwischen nationalem und internationalem Markt, wobei sie sich die
Funktionen aufteilen: Quito ist mehr politisch-administratives, Guayaquil
mehr Handels- und Finanzzentrum. Dadurch wird die übliche Kopflastigkeit ge-
mindert.

Als städtische Zwischenzentren mit Bindegliedaufgaben zur nächstunteren Stufe
gelten Städte, deren zentrale Funktionen nicht immer komplett ausgebildet
sind. Sie werden oft mehr durch ihre Lage im ecuadorianischen Städtenetz be-

stimmt, als daß sie durch Eigendynamik in diese Rolle hineingewachsen sind. Beispiel dafür sind Provinzhauptstädte mit einem Umland, von dessen wirtschaftlichen Impulsen sie stark beeinflußt werden. DELER unterscheidet Hafenstädte mit Exportaufgaben, dies sind in Ecuador Esmeraldas, Manta und Machala, und Städte mit Marktfunktionen oder historische Orte mit Verwaltungsfunktionen. In Übereinstimmung mit dem Planungsatlas von JUNAPLA (Planificación Regional 1977) kämen hierfür die Städte Loja, Riobamba, Ambato und eventuell Ibarra in Frage, wozu im Gegensatz zum Planungsatlas auch Cuenca gerechnet werden muß. Diese Stadt wurde im Planungsatlas in die erste Kategorie erhoben. Trotz der darin ausgewiesenen Einflußsphäre ist dies nicht haltbar, weil Cuenca mit seiner geringeren Zentralität nicht mit den beiden anderen Zentren konkurrieren kann. Außerdem ist Cuenca Mittelpunkt einer Region, die durch Abwanderungstendenzen gekennzeichnet ist (nach CREA in 24 Jahren 91 000 Personen). Ein vollfunktionierendes Zentrum erster Kategorie würde diese Emigration verhindern.

Zur dritten Stufe rechnet DELER andere Städte mit einem größeren Bevölkerungsanteil mit administrativen Funktionen, Handel und Dienstleistungen, die die unterschiedliche Dynamik des peripheren Raumes widerspiegeln. Hierzu können meines Erachtens die übrigen Provinzhauptorte (außer den Orientestädten) wie Tulcán, Latacunga, Guaranda, Azogues, Babahoyo, aber auch die sich rasch entwickelnden Orte der Costa mit beachtlicher Eigendynamik, wie Santo Domingo, Quevedo, Milagro und vielleicht Chone gezählt werden. Ihre geringere Zentralität läßt sich am Fehlen von infrastrukturellen Einrichtungen wie gehobenen Hotels (außer Santo Domingo am Rande zweier Naturräume) erkennen. Außer Babahoyo haben alle diese Städte keine Hochschulen.

Zur nächsten Gruppe rechnet DELER sogenannte Pseudostädte wie Bergbaucamps (die es nur im Oriente gibt) oder industrielle Siedlungen (die sich, wie bereits dargestellt, kaum nachweisen lassen). In Abweichung hiervon bietet sich deshalb an, solche Orte zu zählen, die für ihr Umland eine Funktion als Marktort übernehmen oder ihre Bedeutung besonderen Umständen wie dem Tourismus verdanken. Als Beispiele seien Otavalo, Cayambe, Sangolquí, Alausí, Cañar, Gualaceo, Macará, in der Sierra Salinas, Santa Rosa, Quininde, San Lorenzo, Daule, Ventanas, Jipijapa, aufgeführt. Auch die Provinzhauptorte des Oriente können hierzu gerechnet werden,

Wenn diese Zuordnung auch im Einzelfall diskutiert werden kann, und die Abgrenzungskriterien in dieser Darstellung zu kurz gekommen sind, so bietet sich dieses System der vier Kategorien zur Abstufung und Zuordnung sowohl für die geographische Beschreibung als auch für Planungszwecke an. Es muß an dieser Stelle betont werden, daß die Z e n t r a l i t ä t l a t e i n a m e - r i k a n i s c h e r M i t t e l - u n d K l e i n s t ä d t e w e i t - a u s g e r i n g e r i s t a l s i n E u r o p a. Dies gilt besonders für die ecuadorianischen Städte. Die Industrie, die zur Beurteilung der Zentralität kein Kriterium darstellt, konzentriert sich nach Zahl der Beschäftigten zu etwa 75% auf die beiden "Metropolen". In den Städten der zweiten Stufe dürften ca. 15% und etwa weitere 5% in den Orten der dritten Stufe tätig sein, der Rest verteilt sich auf die vierte Stufe und auf die agrarischen Gebiete.

5. LEBENSBEDINGUNGEN, HERKUNFT UND RÄUMLICHE MOBILITÄT DER INDUSTRIE-
   BESCHÄFTIGTEN

Da es zu diesen Fragestellungen in Ecuador kaum Unterlagen gibt, wurden in
Quito und Guayaquil 367 bzw. 491 Industriebeschäftigte interviewt. Als Re-
präsentanten für die Industrie des ländlichen Raumes wurden weitere 448 Personen in Manta (Costa) und Cuenca (Sierra) befragt. Diese Interviews wurden
von zwei zuverlässigen Studenten mit der Unterstützung der Sozialarbeiter der
jeweiligen Betriebe durchgeführt. Letztere hatten eine gewisse Kontrollfunk-
tion, um zu erreichen, daß die Beschäftigten, die sie ja kannten, die Fragebögen wahrheitsgemäß ausfüllten. Mit den insgesamt 1305 Befragten wurden 1,6%
der Industriebeschäftigten Ecuadors (nach Stand 1976) erreicht. Die Betriebe
hatten zwischen 50 und 600 Beschäftigte (also keine Kleinbetriebe) und setzen
sich folgendermaßen zusammen:

ÜBERSICHT INDUSTRIEBESCHÄFTIGTENBEFRAGUNG 1979

Stadt	Branche	Beschäftigtenanzahl des Betriebes (ca.)	Befragte	%-Anteil an der Beschäftigten-zahl
Quito	Papiererzeugung	140	74	53%
	Plastikherstellung	100	33	33%
	Pharmazie	120	95	79%
	Holzverarbeitung	220	165	75%
			367 entspricht 1,21% der Industriebeschäf-tigten der Provinz Pi-chincha von 1976	
Guayaquil	Papierherstellung	50	31	62%
	Textilherstellung	225	159	70%
	Plastikherstellung	450	58	13%
	Chemische Produkte	280	243	87%
			491 entspricht 1,47% der Industriebeschäf-tigten der Provinz Guayas von 1976	

Stadt	Branche	Beschäftigtenanzahl des Betriebes (ca.)	Befragte	%-Anteil an der Beschäftigten- zahl
Cuenca	Textilindustrie	600	246	41%
Manta	Nahrungsmittel	600	202	34%

448 entspricht 2,6% der
Industriebeschäftigten
aller Provinzen außer
Guayas und Pichincha von
1976

Bei der Zusammensetzung wurde versucht, soweit wie möglich in Quito und
Guayaquil ähnlich strukturierte Betriebe zu befragen, um eine Vergleichbarkeit
herzustellen sowie eine Mischung von traditionellen und modernen Betrieben zu
erreichen. Die Unternehmen in Cuenca und Manta repräsentieren die traditionelle Industrie, die bei den schwächer industrialisierten Provinzen dominiert.
799 der 1305 Befragten waren Männer (61,2%) und 506 Frauen (38,8). Was den Anteil der Geschlechter an der Industriebelegschaft Ecuadors betrifft, liegen
von offizieller Seite die Zahlen der Volkszählungen von 1974 für das gesamte
produzierende Gewerbe außer der Bauwirtschaft vor, also einschließlich des
Handwerks. Danach arbeiten 70,4% männliche und 29,6% weibliche Erwerbstätige
im produzierenden Gewerbe. Dabei hatten die Männer mit 76,4% gegenüber 25,4%
in den Städten noch ein erhebliches Übergewicht. Da diese Angaben bezogen auf
die Industrie als sehr vage zu bezeichnen sind, sollen als Anhaltspunkt die
Ergebnisse meiner Firmenbefragung dienen. Danach ist der Männeranteil mit
78,2% noch größer. Es empfiehlt sich deshalb bei der Interpretation der Ergebnisse auch nach den Geschlechtern zu unterteilen, da die Frauen vermutlich überrepräsentiert sind.
Die Industriebeschäftigten wurden bei der Auswertung nochmals in vier Funktionsgruppen untergliedert. Ungelernte Arbeiter (mit 1003 = 76,9%) waren die
größere Gruppe, was in etwa mit der Firmenbefragung übereinstimmt, nach der
etwa 65% zu den Hilfsarbeitern oder Angelernten zu rechnen sind. Denkbar ist,
daß bei dieser Gruppe die Auskunftsbereitschaft höher war.
Maschinisten und Chauffeure (3,5% der Befragten) unterschieden sich, wie die
Auswertung belegen wird, nur unwesentlich von dieser ersten Gruppe. Qualifi-

zierte Kräfte, wie Facharbeiter oder gelernte Bürokräfte, hatten einen Anteil von 16,09% (209 der Befragten). Die kleinste, aber wegen ihrer Abweichungen vom Mittel interessanteste Gruppe waren "Techniker und gehobene Bürokräfte" mit 42 Befragten oder 3,2%. Es war mit Rücksicht auf den Produktionsprozeß in den Betrieben nicht möglich, die Befrager zu beauftragen, die eine
oder andere Gruppe umfangreicher und intensiver zu interviewen. Bei den an-
schließenden Betrachtungen soll diesen Teilgruppen, dem Gegensatz Quito und
Guayaquil, den beiden Betrieben in Cuenca und Manta und dem Kontrast Costa-
Sierra besondere Aufmerksamkeit zuteil werden.
Die regionalen Unterschiede sollen insbesondere deswegen näher betrachtet
werden, weil SALZ (1965) darauf hinweist, daß zumindest die indianische Be-
völkerung·Verhaltensweisen aufweise, die sich von den für eine industrielle
Tätigkeit vorauszusetzenden Normen stark unterscheiden. Davon nimmt sie die
Industriearbeiterschaft Quitos aus, die diese verlangten Normen und Verhaltensweisen zum großen Teil adaptiert habe. Diese These wird sich hier nicht
verifizieren lassen, zumindest müßten sich jedoch einige Unterschiede zwischen Cuenca und Quito herauskristallisieren lassen.

5.1 Die Industriebeschäftigten, Alter und familiäre Situation

Bei den über 1300 Befragten war keiner jünger als 16 Jahre und nur 22 unter
18 Jahre alt. Dies steht in deutlichem Gegensatz zum Handwerk, das ohne Jugendliche kaum konkurrenzfähig wäre. Die Industrie leistet es sich, wähle-
risch zu sein und stellt mit Vorliebe nur Personen ein, die berufliche und
schulische Qualifikationen mitbringen. Der Sachverhalt deckt sich mit der
Firmenbefragung, bei der kein Betrieb Arbeiter unter 14 Jahren auswies und
4,3% der Beschäftigten zwischen 14 und 19 Jahre alt waren. Die Industrie
stellt äußerst ungern Männer ein, die ihren Wehrdienst noch nicht abgeleistet
haben, da die gesetzliche Verpflichtung besteht, den Arbeitsplatz offenzuhal-
ten und zusätzliche soziale Leistungen zu erbringen. Eine weitere gesetzliche
Regelung reduziert die Arbeitszeit der Jugendlichen täglich um eine Stunde.
Beim Handwerk gibt es in Ecuador schon seit Jahrzehnten eine Art Lehrlings-
system, das sich gut bewährt hat (1).
Der Anteil der über 60-jährigen ist mit 1,6% ebenfalls gering. Von ihnen

(1) Aussage des Leiters eines Projektes der deutschen technischen Hilfe im
   Bereich Lehrlingsausbildung in Quito.

steht allerdings noch jeder vierte nach dem 65. Lebensjahr im industriellen
Produktionsprozeß. Nach dieser Befragung sind 74% der Industriebeschäftigten
zwischen 19 und 40 Jahre alt. Die Firmenbefragung ergab für die Altersgruppe
20 bis 40 Jahre sogar 87% (1).
Das relativ niedrige Alter der Beschäftigten erklärt sich aus der Tatsache,
daß die meisten Industrieunternehmen Gründungen der letzten Jahre sind. Des
weiteren selektieren die Firmen bei Einstellungen sehr genau, und der Kündigungsschutz ist nicht immer wirksam. So ergibt sich ein Durchschnittsalter
aller Industriebeschäftigten von 32,8 Jahren, wobei die Männer 33,2 Jahre
alt und die Frauen mit 32,3 Jahren etwas jünger sind.
Nach Angaben der Befragten sind 40,6% ledig, 56,8% verheiratet, 1,4% geschie-
den und 1,1% verwitwet. Unterscheidet man nach Geschlechtern, so sind nur
32% der Männer ledig, hingegen 54% der Frauen. Der Anteil der Frauen unter
24 Jahren liegt bei 29,5%, der der Männer bei nur 25,5%. Aber ähnlich wie in
Europa scheiden viele Frauen nach Heirat und Geburt des ersten Kindes aus dem
Erwerbsleben aus. So bleibt ein proportional höherer Anteil nicht verheirate-
ter Frauen in den Betrieben zurück.
Der Anteil der Verwitweten ist bei den Frauen dreimal so hoch wie bei den
Männern, auch bei den Geschiedenen ist der Anteil der Frauen überproportional. Die persönliche Situation zwingt diese Frauen, in den Produktionsprozeß
zurückzukehren. Nach europäischen Maßstäben sind diese Zahlen nicht besonders
aussagekräftig, da ein hoher Anteil der Befragten in einem eheähnlichen Verhältnis lebt. An der Kinderzahl soll dies belegt werden. In Cuenca haben 23%
der ledigen Frauen Kinder, einige davon bis zu vier. Da die Frauen laut Gesetz nicht verheiratet sind, geben sie an, ledig zu sein, obwohl sich ihre
persönliche Situation nicht von der einer verheirateten Frau unterscheidet.
Ähnlich die ledigen Männer aus Manta: Auch hier waren 20% Väter, einer be-
nannte sogar sechs Kinder. Eine Tolerierung des außerehelichen Zusammenlebens
fällt leicht, da diese Form in Lateinamerika Tradition hat (2) und nicht mit
einer so tiefen sozialen Ächtung verbunden ist, wie es in Europa bis vor einigen Jahren noch der Fall war. Oft ist mit dem Erscheinen vor dem Traualtar

---

(1) Diese Angaben sind nicht sehr exakt, da es sich mehr um Schätzungen der
    Betriebe handelt, die ja in der Regel keine Statistiken über ihre Be-
    schäftigten führen.

(2) BROMLEY (1979, S. 290) belegte, daß zwischen 1795 und 1825 27% der ge-
    tauften Weißen und 15% der Indiokinder unehelich waren.

der Verlust von Vergünstigungen, wie Rentenansprüche, verbunden.
Bei der Kinderzahl treten bemerkenswerte Unterschiede nach Geschlecht, Funktion, Alter und Religion auf, aus denen Schlüsse auf die Bevölkerungsentwicklung in Ecuador gewagt werden können. Wie aus der Abbildung 24 zu entnehmen ist, geht der Anteil der ledigen Männer ab dem 24. Lebensjahr stark zurück, während die Frauen auch bei den späteren Altersgruppen einen hohen Anteil von Ledigen aufweisen. Sehr gering sind ab der Altersgruppe 25-30 die Familien ohne Kinder.

Die Frauen müssen im allgemeinen Rücksicht auf die Kinder nehmen, weshalb sie, falls sie ihre industrielle Tätigkeit beibehalten wollen, deren Zahl so niedrig wie möglich halten. Sie haben im Durchschnitt weniger Kinder als die Männer, abgesehen von der Altersgruppe 19-24, wo die Familie in den Jahren der Existenzgründung auf die Mitarbeit der Frau angewiesen ist.
Der Trend ist denkbar, daß die Frau zugunsten ihrer Arbeit auf eine größere Kinderzahl verzichtet, so daß die Industriearbeiterschaft allgemein weniger Kinder haben möchte, als es bei der Generation vor ihr noch üblich war. Der Wandel der Wertvorstellung der Industriebeschäftigten könnte Ausdruck dafür sein, daß sich die Geburtenrate allgemein zurückentwickeln wird. Dieser Trend zeigt sich an der Costa noch deutlicher als in der Sierra. Verblüffen mag folgende Beobachtung: Die Kinderzahl geht in den beiden kleineren Städten Cuenca und Manta rascher zurück als in Quito und Guayaquil. In den beiden größeren Städten hat dieser Trend früher eingesetzt als in den provinziellen Städten, die nun mit einer Zeitverschiebung nachfolgen. Aber auch in Guayaquil und Quito zeichnet sich ab, daß die Familien kleiner werden, wie anhand der Tabelle 37 nachzuvollziehen ist. Methoden der Geburtenregelung werden allgemein zunehmend wahrgenommen, obwohl bisher von offizieller Seite Familienplanung nicht propagiert wurde.
Anhand der Tabelle 37 fällt auf, daß die Kinderzahl der 61-65-jährigen niedriger ist als die der 40-60-jährigen. Darin dokumentiert sich wohl, daß vor dreißig Jahren die Sterblichkeit im allgemeinen und die Kindersterblichkeit im besonderen in Ecuador noch sehr hoch war. Es spiegelt sich hierin die frühtransformative Phase der Bevölkerungsentwicklung (vgl. HAUSER 1974, S. 130 ff.). Die Industriebeschäftigten mit einem höheren Qualifikationsniveau haben weniger Kinder als der Gesamtdurchschnitt. Gezielte Familienplanung ist in dieser Schicht üblicher, da sich ein Wandel der traditionellen

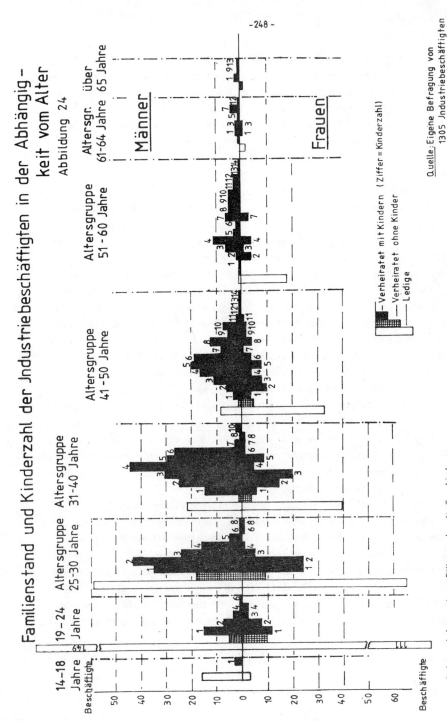

Familienstand und Kinderzahl der Industriebeschäftigten in der Abhängig-keit vom Alter

Abbildung 24

Männer

Frauen

Verheiratet mit Kindern (Ziffer = Kinderzahl)
Verheiratet ohne Kinder
Ledige

Quelle: Eigene Befragung von 1305 Industriebeschäftigten

Aufgrund der wenigen Fälle wurden die Geschiedenen und Verwitweten nicht gesondert ausgewiesen.

Wertvorstellung in diesen besser ausgebildeten und verdienenden Schichten
schon vollzogen hat.

TABELLE 37: DURCHSCHNITTLICHE KINDERZAHL DER VERHEIRATETEN (einschl. geschiedenen und verwitweten) INDUSTRIEBESCHÄFTIGTEN

Gruppe	unter 19 Jahre	19-14 Jahre	25-30 Jahre	31-40 Jahre	41-50 Jahre	51-60 Jahre	61-65 Jahre	über 65 Jahre
Alle Befragten	1	1,4	1,9	3,6	5,2	6,3	4,4	6
männlich	1	1,5	2,1	3,9	5,8	6,7	4,8	6
weiblich		1,4	1,6	2,9	4,1	4,0	2	
Guayaquil	1	1,9	2,3	3,4	4,0	4,0	(4,3)	
Quito	-	1,1	1,7	3,6	4,9	4,9	(4,0)	
Cuenca	-	0,9	1,7	3,3	4,7	6,0	4,0	*
Manta	-	1,0	2,3	4,2	6,4	7,9	5,4	*
höher qualifi-zierte Industrie-beschäftigte	-	0,9	1,4	3,4	4,3	4,6	*	*

- keine Verheirateten mit Kinder
* keine verheirateten Industriebeschäftigten

5.2 Die soziale Herkunft der Industriebeschäftigten

Die Schichtendurchlässigkeit der lateinamerikanischen Gesellschaft gilt als
minimal. Schichtenspezifisch ist die Zuordnung des Industriearbeiters in
Ecuador nicht einfach. Sicherlich genießt er ein höheres Ansehen als die in
Handwerk, Landwirtschaft oder im einfacheren Dienstleistungsbereich abhängig
Beschäftigten, zumal er im modernen Bereich der Wirtschaft tätig ist und eine
Reihe von sozialen Sicherheiten und Vergünstigungen erfährt, von denen die
Beschäftigten anderer Wirtschaftszweige kaum profitieren. Nach den Angaben
des Industriezensus 1975 verdiente ein Arbeiter jährlich 1300 US$, dazu kamen
noch freiwillige Leistungen in einer Größenordnung von 150 US$ und Gewinnbe-
teiligung von 187 US$. Nach Angaben der WELTBANK (1979, S. 17) verdiente im

selben Jahr ein Angehöriger der Mittelschicht rund 1000 US$! Dies würde
bedeuten, daß der Industriearbeiter aufgrund seiner Einkommenssituation zur
Mittelschicht gehört. Nun ist es zweifellos problematisch, in Ecuador die
Mittelschicht abzugrenzen. Bekannterweise ist sie in lateinamerikanischen
Entwicklungsländern nur schwach ausgebildet. So erhielt 1975 die Hälfte der
Erwerbstätigen in den Städten nicht einmal den gesetzlich zugestandenen Mindestlohn. Unter Berücksichtigung dieser Umstände gilt für Ecuador dasselbe
wie für Kolumbien, daß nämlich der einfache ungelernte Industriearbeiter materiell besser und gesicherter lebt als die große Mehrheit der Erwerbstätigen (1), daß aber von einer Zugehörigkeit zur Mittelschicht nicht gesprochen
werden kann (vgl. BRÜCHER, 1975, S. 135). Dies mag bei den qualifizierten
Facharbeitern, die durchschnittlich auch ein höheres Bildungsniveau aufweisen, eher zutreffen.
Die Arbeitsmarktsituation - die Schätzungen für Arbeitslosigkeit lagen bei
5,3% im städtischen Bereich und bei 24% Unterbeschäftigung (CIME, 1979,
S. 18) - läßt den Betrieben bei der Personalrekrutierung die Möglichkeit
zu selektieren.
Um einen Anhaltspunkt für die Beantwortung der Frage zu bekommen, inwieweit
ein sozialer Aufstieg für die Industriebeschäftigten zu konstatieren ist,
wurde die Frage nach dem Beruf des Vaters gestellt (2). Nun ist allerdings
schwierig festzustellen, was sich hinter dem Begriff "Landwirt" verbirgt.
Man kann in der Regel davon ausgehen, daß es sich hier um Nachkommen von Minifundistas aus der Sierra oder von kleinen Pflanzern aus der Costa handelt
und wohl kaum um Kinder von Großgrundbesitzern. Hinter der Bezeichnung "Angestellter" und "Beamter" können sich vom kleinen Schreiber bis hin zum Mili-
tär und zum Bürgermeister verschiedenste Hierarchien verbergen. Üblicherweise
wählen die Befragten die angesehenste Berufsbezeichnung, so daß die Verhältnisse, aus denen die Industriearbeiter stammen, meist bescheidener sind als
die Angaben suggerieren. Händler kann sich zum Beispiel ein Straßenverkäufer
nennen, aber dieser Begriff beinhaltet auch den Exporteur aus Guayaquil. So
darf geschlossen werden, daß in solchen Fällen die Väter in der Regel ein-

---

(1) Verdeutlicht wird dies dadurch, daß die Industrielöhne 1975 4,7mal
    höher waren als die Löhne in der Gesamtwirtschaft (WELTBANK 1979,S.222).

(2) Leider wurde diese Frage oft nur schlecht beantwortet, wie zum Beispiel
    mit "verstorben", "Rentner" oder "no sé", "no conozco".

facheren Funktionsgruppen angehören. In den Fällen, wo die Väter von Hilfsarbeitern Akademiker sind, handelt es sich in der Regel um Studenten, die
während der vorlesungsfreien Zeit in einem Betrieb arbeiten, um ihren Unterhalt zu verdienen. Bei den Vorlesungsplänen der Universitäten wird auf diese
Studenten Rücksicht genommen. Die Lehrveranstaltungen beginnen frühmorgens
und werden abends fortgesetzt.
Die Tabelle 38 soll folgende Überlegungen stützen:

1. Es gibt keinen dominierenden Berufszweig, in dem die Väter der Industriebeschäftigten vorwiegend tätig sind. Sie arbeiten heterogen in den verschiedensten Berufen, die allerdings nicht proportional der Beschäftigtenstruktur Ecuadors entsprechen.
   Daß nur 2,7% der Väter zuvor in der Industrie gearbeitet haben, darf nicht
   überraschen. Die Geschichte der Industrie Ecuadors ist zu unbedeutend, als
   daß sich "Erbfolgen" hätten ausbilden können.
2. Die Handwerker stellen die größte Gruppe. Vermutlich befähigen die von
   kleinauf erlernten handwerklichen Tätigkeiten zu einem baldigen Wechsel in
   die Industrie. Gestärkt wird diese These dadurch, daß der Vater von mehr
   als jedem vierten qualifizierten Industriebeschäftigten Handwerker ist.
3. War der Vater schon einfacher Arbeiter, so werden zu 80% seine Kinder, die
   in der Industrie tätig sind, dieselbe Funktion übernehmen. Auch Söhne und
   Töchter von Landwirten haben wenig Aufstiegschancen. Ein ähnliches Bild
   ergibt sich bei den Tagelöhnerkindern.
4. Hingegen ist ein sozialer Abstieg durchaus denkbar, denn 59%, deren Vater
   einer qualifizierten Industriebeschäftigung nachgegangen ist, verdingen
   sich heute als einfache Industriearbeiter, andererseits steigen viele dieser Gruppe auf.
5. Väter, die Händler sind, entsenden fast gleichmäßig ihre Kinder in die
   verschiedenen Funktionsebenen, was bei der Heterogenität dieses Berufs-
   standes in Ecuador nicht verwundern muß. Nach den Akademikern und Inge-
   nieuren entsenden die Chauffeure den kleinsten Anteil an die Funktionsgruppe "Hilfsarbeiter".

Generell läßt sich eine bescheidene soziale Durchlässigkeit feststellen.
Der Einstieg in eine Industriebeschäftigung stellt für einige dieser Gruppen,
wie Tagelöhner- und Bauernkinder, tatsächlich einen Fortschritt dar.
Um feststellen zu können, welche Berufsgruppen über- bzw. unterrepräsentiert

Tabelle 38: Die Berufe der Väter von Industriebeschäftigten

| | V A T E R B E R U F E | | | | | | | | | |
	Hilfs-arbeiter	Qualifiz. Arbeiter	Hand-werker	Händler	Landwirt	Angestellter Beamter	Chauffeur	Akademiker Ingenieur	Lastträger Tagelöhner	Total
Hilfs-arbeiter	96 11,9 (80,7)9,0	17 2,1 (58,6)1,6	170 21,0 (77,3)16,0	77 9,5 (64,7)7,2	164 20,3 (86,3)15,4	99 12,3 (71,9)9,3	30 3,7 (56,6)2,8	4 0,5 (28,6)0,4	151 18,7 (83,4)14,2	808 76,0
Fahrer	1 8,3 (0,8)0,1	0 0 (0) 0	2 16,7 (0,9)0,2	0 0 (0) 0	3 25,0 (1,6)0,3	0 0 (0) 0	2 16,7 (3,8)0,2	0 0 (0) 0	4 33,3 (2,2)0,4	12 1,1
Maschinist	4 13,3 (3,4)0,4	0 0 (0) 0	6 20,0 (2,7)0,6	6 20,0 (5,0)0,6	6 20,0 (3,2)0,6	2 6,7 (1,4)0,2	5 16,7 (9,4)0,5	0 0 (0) 0	1 3,3 (0,6)0,1	30 2,8
Assistenten	2 10,5 (1,7)0,2	1 5,3 (3,4)0,1	1 5,3 (0,5)0,1	3 15,8 (2,5)0,3	4 21,1 (2,1)0,4	2 10,5 (1,4)0,2	3 15,8 (5,7)0,3	2 10,5 (14,3)0,2	1 5,3 (0,6)0,1	19 1,8
Qualifiz. Arbeiter	13 12,9 (10,9)1,2	4 4,0 (13,8)0,4	27 26,7 (12,3)2,5	13 12,9 (10,9)1,2	8 7,9 (4,2)0,8	19 18,8 (13,8)1,8	4 4,0 (7,5)0,4	0 0 (0) 0	13 12,9 (7,2)1,2	101 9,5
Bürogehilfen	2 3,8 (1,7)0,2	3 5,8 (10,3)0,3	10 19,2 (4,5)0,9	12 23,1 (10,1)1,1	4 7,7 (2,1)0,4	8 15,4 (5,8)0,8	6 11,5 (11,3)0,6	0 0 (0) 0	7 13,5 (3,9)0,7	52 4,9
Gehobene Büroangest.	0 0 (0) 0	1 7,7 (3,4)0,1	3 23,1 (1,4)0,3	2 15,4 (1,7)0,2	0 0 (0) 0	4 30,8 (2,9)0,4	0 0 (0) 0	2 15,4 (14,3)0,2	1 7,7 (0,6)0,1	13 1,2
Techniker Ingenieure	1 3,6 (0,8)0,1	3 10,7 (10,3)0,3	1 3,6 (0,5)0,1	6 21,4 (5,0)0,6	1 3,6 (0,5)0,1	4 14,3 (2,9)0,4	3 10,7 (5,7)0,3	6 21,4 (42,9)0,6	3 10,7 (1,7)0,3	28 2,6
	119 11,2	29 2,7	220 20,7	119 11,2	190 17,9	138 13,0	53 5,0	14 1,3	181 17,0	1063 100

1063 der Befragten nannten den Vaterberuf
Die drei übrigen Ziffern sind Prozentangaben
11,9 ist der Prozentanteil der Vaterberufe bei einer Berufsgruppe
(80,7)ist der Prozentanteil der Berufsgruppe bei dem entsprechenden Vaterberuf
9,0 bezeichnet den Anteil dieser entsprechenden Teilgruppe bezogen auf die
Gesamtgruppe von 1063

Quelle: Arbeiterbefragung 1979

sind, soll der Erwerbstätigenanteil der einzelnen Berufsgruppen den Väter-
berufen gegenübergestellt werden. Genaue Vergleiche sind wegen der in den
letzten Jahren erfolgten Verschiebungen der erwerbstätigen Bevölkerung (z.B.
weg vom Agrarsektor) nicht möglich.

TABELLE 39: VERGLEICH ZWISCHEN DEN BERUFEN DER VÄTER DER INDUSTRIEBESCHÄF-
TIGTEN UND DER AUFTEILUNG DER ERWERBSTÄTIGEN IN DEN VERSCHIEDE-
NEN BERUFSSPARTEN

	Anteil der Erwerbs- tätigen 1974 in %	Berufe der Väter der Industriebe- schäftigten in %
Landwirtschaft (einschl. Forst- wirtschaft, Fischerei)	46,2	17,9
Hilfsarbeiter, Tagelöhner etc.	10,2	17,0
Industrie, Handwerk	11,6	13,9
Handel	9,7	11,2
Sonstige Angestellte	4,8	13,0
Chauffeure	2,5	5,0
Akademiker, freie Berufe	5,2	1,3
Sonstige	9,8	---

Quelle: Zusammengestellt aus Publikationen in INEC, die auf dem Bevölkerungszensus von 1974 beruhen. Keine exakten Größenordnungen, zumal auch
Angaben, die die Landwirtschaft betreffen, von INEC nachträglich geändert wurden.

Es läßt sich hiervon ableiten, daß alle aufgeführten Gruppen überrepräsen-
tiert sind auf Kosten der Landwirtschaft und der freien Berufe.
Die Tabelle 40 zeigt auf, daß der Anteil der Frauen mit einem Vater, der Tage-
löhner, Hilfsarbeiter oder Landwirt ist, wesentlich geringer ist als der der
Männer. Sie stammen somit häufiger aus Familien, in denen der Vater einen in
Ecuador angeseheneren Beruf ausübt. Wie später noch belegt wird, haben die
Frauen, obwohl sie durchschnittlich keine höheren Funktionen ausüben, ein
höheres Bildungsniveau - der Gedanke liegt nahe, daß die Personalchefs bei
Frauen höhere Ansprüche stellen als bei ihren männlichen Kollegen.

TABELLE 40: VATERBERUFE DER BEFRAGTEN INDUSTRIEBESCHÄFTIGTEN (1) NACH REGIONEN UND WANDERUNGSVERHALTEN

Verschiedene Gruppen der Industriebeschäftigten	Hilfsarbeiter	Qualifizierte Industriebesch.	Handwerker	Händler	Landwirte	Angestellte Beamte	Chauffeure	Akademiker Freie Berufe	Lastenträger, Tagelöhner etc.	Gesamt Absolut
Männlich	13,3	2,0	20,7	9,6	20,3	10,1	3,8	1,2	19,1	686
Weiblich	7,4	4,0	20,7	14,1	13,5	18,3	7,2	1,6	13,3	377
Guayaquil	8,8	3,3	19,1	16,3	16,9	16,0	5,7	1,5	12,3	455
Quito	15,8	3,7	22,1	5,9	18,8	9,2	4,4	2,6	17,6	272
Cuenca	5,2	2,2	23,9	8,2	20,9	21,6	6,7	0	11,2	134
Manta	14,4	0,5	20,3	8,9	16,8	5,4	3,0	0	30,7	202
Direktwanderer	9,7	1,7	15,6	13,2	25,2	9,2	3,3	0,7	21,5	424
Etappenwanderer	7	4	19	10	22	1	6	-	30,4	69
Nichtwanderer	12,8	3,3	24,7	9,8	11,9	17,2	6,1	1,9	12,1	570

Eine Analyse der Väterberufe nach den vier verschiedenen Städten spiegelt die Besonderheiten der dortigen Regionen wider: Der Anteil der Landwirte ist an der Costa niedriger. Die kleinen Pflanzungen der Costa sind wirtschaftlich gesünder als die Minifundien der Sierra, die ihren Besitzern die Existenz kaum sichern können. Der Anteil der Handwerker ist in Cuenca am höchsten, was sich aus der dortigen Tradition der Herstellung von Strohhüten, Silberschmuck, Möbeln u.v.a. erklärt. Weiden- und Strohflechtereien gibt es auch in der Nähe von Manta, in Montecristi. Auffallend hoch ist in Guayaquil der

(1) Es muß angemerkt werden, daß bei einigen Berufen die Zuordnung nicht immer eindeutig möglich war. Sicherlich gibt es Überschneidungen bei Hilfsarbeitern und Tagelöhnern. Da vom sozialen und rechtlichen Standpunkt aus gewisse Unterschiede bei diesen Gruppen vorhanden sind, schien es sinnvoll, diese zu trennen. So wurden z.B. "jornaleros" zu den Tagelöhnern gerechnet, "obreros" oder "trabajadores" zu den Hilfsarbeitern. Bei den qualifizierten Berufen wurde dieser von den Befragten genauestens genannt, z.B. "mecánico".

Anteil der Händler und zwar fast doppelt so hoch wie in Manta bzw. Cuenca
und fast dreimal so hoch wie in Quito. Dafür ist der Tagelöhner- und Lasten-
trägerberuf in Manta mit fast einem Drittel auffallend häufig vertreten, denn
landlose Tagelöhner mit nur saisonalen Beschäftigungsmöglichkeiten sind in
dieser Region zahlreich. Sehr selten nur sind in den Betrieben von Cuenca und
Manta die Söhne und Töchter von Berufsangehörigen moderner Wirtschaftssekto-
ren zu finden, wie zum Beispiel Ingenieure, Akademiker, qualifizierte Industriearbeiter. Nur die Angestellten und Beamten sind in Cuenca, im Gegensatz
zu Manta, erstaunlich stark vertreten, ein schwer erklärbarer Sachverhalt,
da die Administration in Cuenca keine überragende Repräsentation hat.

Der Anteil der Industriebeschäftigten mit einem Vater, der schon eine qualifizierte Tätigkeit in der Industrie ausübte, ist in Quito mit 3,7% am höchsten, knapp gefolgt von Guayaquil mit 3,3%. In Cuenca (2,2%) und Manta (0,5%)
ist er dagegen niedrig. In den beiden ersten Städten hat bekanntlich die Industrie eine größere Bedeutung und längere Tradition. Insgesamt läßt sich
feststellen, daß die Zusammensetzung der Industriebelegschaft stark vom sozialen Umfeld des Standortes bestimmt wird.

Die Umfrage läßt erkennen, daß die soziale Mobilität in Manta und Cuenca
wesentlich geringer ist als in Quito und Guayaquil. Die beiden Zentren bieten den Aufstiegswilligen demnach mehr Möglichkeiten als die Provinzstädte -
ein sicherlich wichtiges Migrationsmotiv.
Ein Vergleich mit den Berufen der Väter von Industriearbeitern in Bogotá und
Medellín (vgl. BROCHER 1975, S. 120, bei dessen Befragung wurden 431 Industriearbeiter in Bogotá und 430 in Medellín interviewt) ergibt doch erhebliche Abweichungen. Bauern und Landarbeiter sind in Bogotá mit 43,4% bzw. in
Medellín mit 40% weit stärker vertreten als in Ecuador. Arbeiter zu Vätern
haben 4,9% der Industriearbeiter in Bogotá und 17,0% in Medellín, einer
Stadt mit langer Tradition autochthon gewachsener Industrie. Damit wird
auch für Kolumbien belegt, daß regionale Unterschiede in der Beschäftigtenstruktur von Relevanz sind. Handwerker und kaufmännische Händler erreichen in
der Dimension von 16,5% bzw. 10,9% in Bogotá und 13,5% bzw. 10,5% in Medellín
eine ähnliche Bedeutung wie in Ecuador.

Die Problemstellung, in welchem Wirtschaftssektor die Industriebeschäftigten
vor ihrer heutigen Stellung tätig waren, wurde an die Frage der vorhergehen-

Tabelle 41: Vorherige Tätigkeit der Industriebeschäftigten nach Prozent (wobei die erste Prozentzahl jeder Spalte sich auf das vorhergehende Tätigkeitsfeld bezieht, die zweite Zahl auf die Funktionsgruppe)

		Landwirtschaft	Handwerk	Handel	Baugewerbe	Dienstleistungen	Industrie	Kommune Stadt	Studium	Hauswirtschaft	Keine vorherige Tätigkeit	Total
Hilfsarbeiter		89,8 11,6	80,7 16,0	75,0 3,6	82,9 2,9	76,9 11,1	65,0 19,2	66,7 1,0	59,8 6,1	93,2 12,5	82,0 16,0	994
männlich		89,7 19,6	75,9 18,5	80,0 4,8	82,4 3,6	74,3 13,0	64,5 22,3	66,7 1,4	39,2 3,5	100	80,8 10,9	578
weiblich		100,0 0,5	92,9 12,5	61,5 1,6	100 0,2	83,3 8,4	66,0 14,9	66,7 0,5	80,4 9,9	92,9 28,1	82,8 23,1	416
Fahrer		0,8 7,1	0	2,1 7,1	2,9 7,1	3,5 35,7	1,4 28,6	6,7 7,1	0	0	0,5 7,1	14
	m:	0,8 7,1	0	2,9 7,1	2,9 7,1	5,0 35,7	2,0 28,6	8,3 7,1	0	0	1,3 7,1	14
	w:	0	0	0	0	0	0	0	0	0	0	0
Maschinisten		1,6 6,5	1,5 9,7	4,2 6,5	2,9 3,2	2,1 9,7	4,4 41,9	0	3,9 12,9	0	1,5 9,7	31
	m:	1,6 6,5	2,1 9,7	5,7 6,0	2,9 3,2	3,0 9,7	6,5 41,9	0	7,8 12,9	0	3,8 9,7	31
	w:	0	0	0	0	0	0	0	0	0	0	0
Assistenten		0,8 4,8	1,0 9,5	4,2 9,5	0 0	0,7 4,8	1,7 23,8	6,7 4,8	2,0 9,5	2,3 14,3	2,1 19,0	21
	m:	0,8 8,3	1,4 16,7	0	0 0	0	2,0 33,3	0	3,9 16,7	0	3,8 25,0	12
	w:	0	0	15,4 22,2	0	2,4 11,1	1,1 11,1	33,3 11,1	0	2,4 33,3	0,9 11,1	9
Qualifiz.Kräfte		5,5 5,4	13,2 20,2	6,3 2,3	11,4 3,1	7,7 8,5	18,4 41,9	0	12,7 10,1	1,5 1,6	4,6 7,0	129
	m:	5,6 6,9	17,0 23,8	5,7 2,0	11,8 4,0	5,9 5,9	21,0 41,6	0	23,5 11,9	0	5,1 4,0	101
	w:	0	3,6 7,1	7,7 3,6	0	11,9 17,9	12,8 42,9	0	2,0 3,6	1,6 7,1	4,3 17,9	28
Bürogehilfen		0,8 1,8	2,0 7,0	4,2 3,5	0	3,5 8,8	4,8 24,6	0	13,7 24,6	3,0 7,0	6,7 22,8	57
	m:	0,8 5,3	1,4 10,5	0	0	4,0 21,1	1,0 10,5	0	13,7 36,8	0	3,4 15,8	19
	w:	0	3,6 5,3	15,4 5,3	0	2,4 2,6	12,8 31,6	0	13,7 18,4	3,2 10,5	8,6 26,3	38
Gehob.Angest.		0,8 7,7	0	2,1 7,7	0	4,2 46,2	1,0 23,1	6,7 6,7	1,0 7,7	0	0	13
	m:	0,8 8,3	0	2,9 8,3	0	5,9 50,0	1,0 16,7	8,3 8,3	2,0 8,3	0	0	12
	w:	0	0	0	0	0	1,1 100	0	0	0	0	1
Techn.Ingen.		0	1,5 10,5	2,1 3,1	0	1,4 6,7	3,4 33,3	13,3 6,7	6,9 23,3	0	2,6 16,7	30
	m:	0	2,1 16,7	2,9 5,6	0	2,0 11,1	2,0 22,2	16,7 11,1	9,8 27,8	0	1,3 5,6	18
	w:	0	0	0	0	0	6,4 50,0	0	3,9 16,7	0	3,4 33,3	12
Gesamt		100 128	100 197	100 48	100 35	100 143	100 294	100 15	100 102	100 133	100 194	1289
	m:	(100) 126	(100) 141	(100) 35	(100) 34	(100) 101	(100) 200	(100) 12	(100) 51	(100) 7	(100) 78	785
	w:	(100) 2	(100) 56	(100) 13	(100) 1	(100) 42	(100) 94	(100) 3	(100) 51	(100) 126	(100) 116	504

den Beschäftigung geknüpft. Die wichtigste Gruppe war schon zuvor einer
Industriebeschäftigung nachgegangen (Tab. 41). Diese Gruppe hat zusammen mit
den zuvor Studierenden den kleinsten Hilfsarbeiteranteil. Daraus kann der
Schluß gezogen werden, daß die berufliche Karriere in der Industrie durch
vorher gewonnene Erfahrungen in diesem Wirtschaftszweig begünstigt wird. Die
ehemaligen Beschäftigten des Handwerks haben es hierbei schwerer, obwohl das
Handwerk das zweitwichtigste Rekrutierungsfeld darstellt. Bei ihnen ist der
Anteil der Hilfsarbeiter überdurchschnittlich hoch, und nur jeder siebte von
ihnen übt dann in der Industrie die Funktion eines qualifizierten Arbeiters
aus. Für 15,1% ist die jetzige Industrietätigkeit die erste Beschäftigung.
Dementsprechend hoch ist dieser Personenkreis den Hilfsarbeitern zugeordnet.
Weibliche Arbeitskräfte hatten zu fast einem Viertel zuvor keine Berufserfahrung, bei den Männern nur jeder neunte. Dieser Gruppe sind die zuvor Studierenden aufgrund fehlender Berufserfahrung ähnlich. Zu ihnen rechnen sich
auch die Sekundarschüler, selbst wenn sie die Schule abgebrochen haben. Daraus erklärt sich, weshalb bei der männlichen Teilgruppe 39% , bei den Frauen
sogar 80% Hilfsarbeiterfunktionen innehatten. Viele von ihnen absolvieren
neben ihrer Tätigkeit her ihr Studium. Andererseits stammt jeder fünfte mit
einer gehobenen Funktion (Ingenieur, Techniker, Büroabteilungsleiter etc.)
aus dieser Gruppe und jeder neunte Facharbeiter gab an, zuvor studiert zu
haben. 25% der Frauen arbeiteten zuvor als Hausgehilfinnen, 93% von ihnen
hatten nur die Möglichkeit, als Hilfsarbeiterin zu fungieren.
Im Dienstleistungsbereich war zuvor jeder neunte Industriebeschäftigte tätig,
Männer häufiger als Frauen. Jeder dritte Fahrer arbeitete zuvor in diesem Sektor. Mit 3,6% kommt dem Handel wenig Bedeutung zu als Reservoir für die Industriearbeiterschaft. Vom Handwerk separat wurde das Baugewerbe betrachtet.
Allgemein wird von Landeskennern vermutet, daß die meisten Migranten nach Ankunft in den Städten zunächst einen Hilfsarbeiterjob im Baugewerbe annehmen.
Dies stimmt zweifellos, wie sich in Quito in der Nähe der Rennbahn beobachten
läßt, wo dieser Personenkreis besonders montags auf Arbeitgeber wartet. Danach,
so die Vorstellung, könnten sie nach einiger Zeit eine angenehmere und besser
bezahlte Tätigkeit in der Industrie finden. Die Befragung widerlegt diese Vermutung, da die städtische Bauwirtschaft 6,9% der Arbeitsplätze stellt, aber
nur 2,7% der Befragten zuvor in dieser Branche arbeiteten. Die aus dem Baugewerbe übergewechselten Beschäftigten waren fast ausschließlich Männer,was nicht
unbedingt mit der Realität in Ecuador übereinstimmt, da viele Handlangerdien-
ste von Frauen verrichtet werden.

Unbedeutend ist der Anteil der ehemaligen Bediensteten von Staat und Gemeinden. Viele von ihnen sind aber in gehobeneren Positionen tätig. Bei Bespre-
chungen mit Vertretern staatlicher Institutionen war immer wieder zu hören,
daß der Staat mit den Gehältern der Wirtschaft nicht konkurrieren könne und
gute Kräfte nach der Ausbildung abwanderten.
Der Sonderfall Landwirtschaft verdient noch besondere Beachtung (siehe Kap.
5.7). Jeder sechste der Männer war zuvor in diesem Sektor tätig, während
Frauen mit landwirtschaftlichen Erfahrungen in der Regel keine Chancen auf
einen Arbeitsplatz in der Industrie haben. So ist die Landwirtschaft proportional gesehen bei den Industriebeschäftigten weit unterrepräsentiert.

Zusammenfassend läßt sich feststellen, daß die Industriebeschäftigten unterschiedliche berufliche Voraussetzungen mitbringen, die für ihre Funktion im
Betrieb von Relevanz sind. Sowohl die Anforderungen des Betriebes (Beispiel:
hoher Anteil des Handwerks in dem stark manuell geprägten Betrieb in Cuenca)
als auch die Wirtschaftsstruktur des Standortumlandes bestimmen stark die Zusammensetzung und soziale Herkunft der Industriebeschäftigten.

5.3 Das Bildungsniveau der Industriebeschäftigten

Die Schulbildung der Industriebeschäftigten soll sowohl im Vergleich mit der
gesamten ecuadorianischen Bevölkerung analysiert werden als auch mit den verschiedenen Funktionsgruppen und den vier Befragungsstandorten. Bei den Vergleichszahlen zur Schulbildung der Ecuadorianer mußte auf die Daten von 1974
zurückgegriffen werden. Tabelle 42 verdeutlicht die Unterschiede. In den letzten Jahren hat das Schulwesen in Ecuador quantitativ eine Ausweitung erfahren. Da, wie schon festgestellt, die große Mehrheit der Industriebeschäftigten lange Zeit im Produktionsprozeß tätig ist, hat die befragte Gruppe mit
den genannten Veränderungen wenig Berührung. Insofern ist es gerechtfertigt,
diese Zahlen heranzuziehen.
Sieht man von den Hochschulabsolventen ab, so haben die Industriebeschäftigten ein höheres Bildungsniveau als die Gesamtbevölkerung. Die staatlichen
Statistiken enthalten keine Angaben über die wirklich erreichten Abschlüsse,
was einen Vergleich zwischen Industriebeschäftigten und Gesamtbevölkerung erschwert. Die Abbildung 25 verdeutlicht, daß 80% der Industriebeschäftigten
das Examen des letzten Ausbildungsganges nicht absolviert haben (Männer 83,8%,

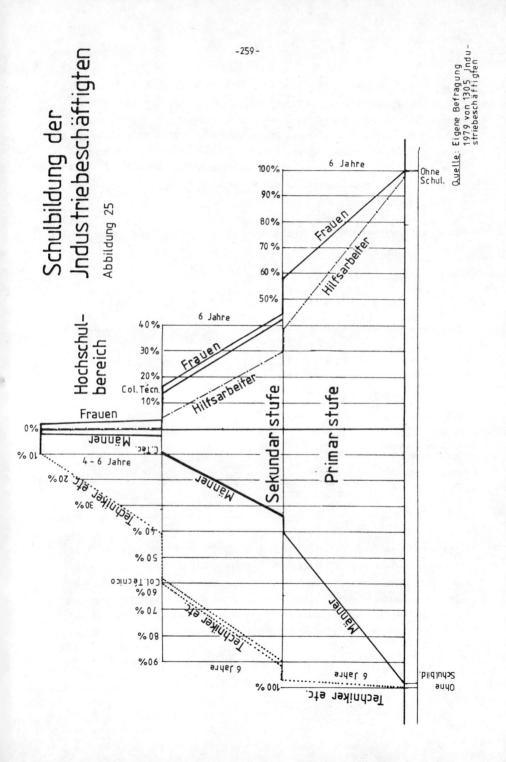

Schulbildung der Industriebeschäftigten

Abbildung 25

Quelle: Eigene Befragung 1979 von 1305 Industriebeschäftigten

Frauen 75%). Diese unglaublich hohe Zahl wird etwas relativiert, da sich
eine Reihe von Beschäftigten der jüngeren Jahrgänge noch um einen Abschluß
bemüht. Es ist jedoch bekannt, daß nur eine Minderheit der immatrikulierten
Studenten an den Hochschulen ihren Studiengang auch wirklich mit einer be-
standenen Prüfung beenden. Teilweise zwingt die materielle Not zur Aufgabe
eines Ausbildungsganges, gerade bei Handwerker- und Bauernkindern, die früh
zur Arbeit herangezogen werden, so daß ein regulärer Schulbesuch nicht mehr
möglich ist.

TABELLE 42: SCHULBILDUNG DER ECUADORIANER AB 14 JAHREN UND DER BEFRAGTEN
INDUSTRIEBESCHÄFTIGTEN IM VERGLEICH (nach INEC)

	Schulbildung der Ecuadorianer in %		Schulbildung der Industriebe- schäftigten laut Befragung in %	
	Männer	Frauen	Männer	Frauen
Keine	21,7	28,6	2,3	0,4
Keine Angaben	1,7	1,7		
Grundschulbesuch bis 6 Jahre und Alphabe- tisierungsversuch	57,0	50,3	64,5	50,3
Sekundarschule be- sucht (einschließ- lich Col.Técnico)	15,9	17,4	30,8	45,9
Hochschulbesuch	4,3	1,9	2,4	3,4
	100	100	100	100

Ingenieurstudiengänge sind nicht besonders populär. Die Bildungsverhältnisse
der Frauen verkehren sich ins Gegenteil. Während bei der Gesamtbevölkerung
die Frauen weitaus schlechtere Bildungschancen haben, liegt das Niveau der
weiblichen Industriebeschäftigten erheblich über dem der männlichen Kollegen.
So ist ihr Anteil bei der Sekundar- und Hochschulbildung um fast 50% höher
als bei den Männern. Wie oben erwähnt, erreichen die Frauen ihre Abschlüsse
häufiger.

Die Aussichten, ohne Schulbildung in der Industrie Arbeit zu bekommen, sind
sehr schlecht. In sieben der zehn Betriebe befand sich kein Analphabet, in
einem weiteren Betrieb nur einer. Etwa 60% der Hilfsarbeiter und Angelernten
sowie 24% der qualifizierten Arbeiter und einfachen Angestellten haben die
Grundschule besucht, aber nicht abgeschlossen. 23% der Hilfsarbeiter, 36% der
qualifizierten Kräfte und ein Drittel der Techniker besuchten noch die Sekun-
darschule ohne Abschluß. Die Universität besuchten noch 40% der gehobenen .
Mitarbeiter (Techniker, leitende Büroangestellte etc.).

TABELLE 43: SCHULBESUCH DER INDUSTRIEBESCHÄFTIGTEN IN %

	Keine Schulbil- dung		Primarschule		Sekundarschule (Colegio Técnicos)		
	a	b	a	b	a	b	(1)
Gesamt	2,2	1,5	79,0	86,6	18,6	11,9	
Quito	1,8	0,3	80,8	86,4	17,4	13,3	
Guayaquil	3,0	2,0	80,2	84,5	16,8	13,5	
Manta	1,1	4,5	56,7	89,6	42,1	5,9	
Cuenca	0,8	0,0	79,2	89,0	20,0	11,0	
Ambato	1,2	-	85,9	-	12,9	-	
Schwachindustria- lisierte Provin- zen	2,1	-	76,2	-	21,7	-	

a = Ergebnisse der Unternehmensbefragung
b = Ergebnisse der Individualbefragung der Industriebeschäftigten
(1) Berücksichtigt wurden nur die Absolventen

5.4 Die Wohnungssituation der Industriebeschäftigten

Zunächst sollen die Eigentumsverhältnisse besprochen werden. Vergleiche sind
insofern etwas schwierig, als die gewaltigen Qualitätsunterschiede, auch regional bedingt, nicht erfaßt werden können. So wohnen in Manabí 80% der
städischen Bevölkerung in eigenen "Häusern", wovon 44% de facto Hütten mit
gestampftem Erdboden sind. Diesen Haustyp, der vielleicht an der Costa noch

eine ausreichende Wohnqualität gewährt, gibt es in der Sierra faktisch
nicht (Pichincha: 0,3%).
Hingegen findet man unter dem Wohnungsbestand in den städtischen Siedlungen
von Pichincha sogenannte "Mediagua", die etwa 10% der Wohnungen stellen (in
Azuay 13%). Sie bestehen aus einem einzigen Zimmer, sind aus Adobe oder Holz
errichtet und mit Ziegeln oder Zinkblech gedeckt. Zwar dürfte, wie sich anhand der Zimmerzahl belegen läßt, nur eine Minderheit der befragten Belegschaft in solchen Behausungen wohnen. Dennoch verdeutlichen diese Beispiele,
daß solche Angaben nicht überbewertet werden dürfen, da mit ihnen über den
Wohnwert wenig ausgesagt ist. Eine zu starke Spezifizierung der Befragung
nach solchen Details wäre von den Befragten als zu kompliziert abgelehnt worden und hätte zur Aufhellung der Wohnverhältnisse nur wenig beigetragen. Anhand der Zimmerzahlen lassen sich einige Schlüsse auf die Wohnsituation ziehen.
Auffallend sind die regionalen Unterschiede. Zum Beispiel haben in Azuay 57,6%
und in Pichincha 47,3% die Wasserversorgung direkt in der Wohnung. In Guayas
sind es noch 46,6%. Hingegen sind diese sanitären Verhältnisse in Manabí mit
37,2% wesentlich schlechter und nur 62,6% der dortigen Wohnungen in den
Städten hatten eine Stromversorgung (II. CENSO DE VIVIENDA, 1974, Resumen
Nacional, Quito 1976).
Die Abbildung 26 schlüsselt die Besitzverhältnisse auf, wobei - wie schon dargelegt - kaum Aufschluß über die Wohnqualität möglich ist. Anhand dieser Darstellung fallen einige Diskrepanzen auf. So spielt die Größe des Wohnortes
eine Rolle. In Quito und Guayaquil ist es schwieriger für einen Industriebeschäftigten, ein eigenes Haus zu erwerben. In der Sierra sind eigene Wohnungen häufiger, während es in Manta und Guayaquil aufgrund der klimatischen
Verhältnisse und der in Manta leichten Verfügbarkeit von Boden einfacher ist,
sich zumindest mit einem Provisorium (Hütte) selbst zu behelfen.
In Guayaquil wird, wie schon dargelegt, von organisierten Gruppen oder Unternehmen die Landnahme systematisch vorbereitet. Es fällt auf, daß sich die
Industriebeschäftigten teilweise doppelt so oft ein Haus mieten wie der ecuadorianische Durchschnitt. Besonders in Pichincha ist diese Form des Wohnens
verbreitet. Die Industriebeschäftigten sind durchschnittlich gesehen häufiger
Eigentümer ihrer Wohnungen oder Häuser als es in den Städten Ecuadors bei der
Gesamtbevölkerung üblich ist. Dabei muß allerdings berücksichtigt werden, daß

Wohnungsverhältnisse in Ecuador
Abbildung 26

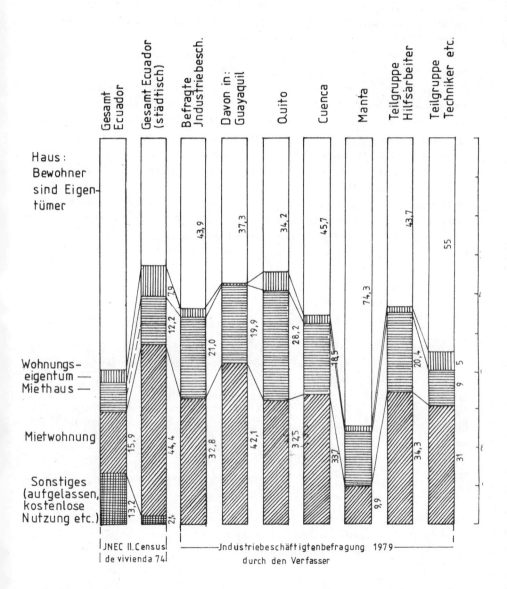

der hohe Anteil in Manta, wo fast drei Viertel der Befragten Eigentümer sind, die Proportionen etwas verschiebt. Zwischen der Gruppe der gehobenen Mitarbeiter (Techniker, leitende Büroangestellte) und den Hilfsarbeitern und Angelernten läßt sich ein quantitativer Unterschied beim Eigentum feststellen. Immerhin nennen 63% dieser Führungskräfte eine Wohnung ihr Eigen, hingegen beträgt diese Zahl bei der zweiten Gruppe 45%, wobei sicherlich auch qualitative Unterschiede bestehen. 63,7% der Industriebeschäftigten gaben an, mit ihrer Familie zusammenzuwohnen. Der Anteil der Verheirateten liegt bei nur 56,9%. Selbst wenn man die Geschiedenen und Verwitweten hinzurechnet, ergibt sich immer noch eine kleine Differenz. So versteht vermutlich ein Teil der Ledigen das Verhältnis zu seinen Kindern und Lebensgefährten als Familie. Die zweitwichtigste Gruppe mit 29,3% der Industriebeschäftigten lebt mit ihren Eltern zusammen. 2,8% nannten andere Personen, ohne diese näher definieren zu wollen. Hierbei handelt es sich wahrscheinlich um eine Art Untermieterverhältnis oder um die berüchtigte Wohnform der slumartigen "Conventillos", wo den Zuwanderern in den Innenstädten nur Schlafstellen vermietet werden und dies in bedrückender Enge. Nur 2,5% wohnen allein (vgl. Tab. 44).

TABELLE 44: MITBEWOHNER IN EINER WOHNUNG. INDUSTRIEBESCHÄFTIGTE UND NATIO-
NALER DURCHSCHNITT IM VERGLEICH
(Quelle: II. Wohnzensus 1974 und Industriebeschäftigtenbefragung)

	II. Wohnzensus 1974 Mitbewohner pro Wohnung		Mitbewohner der Industriebeschäftigten laut Befragung
	Stadt	Land	
Nationaler Durchschnitt	5,44 Pers.	5,36 Pers.	6,16 Pers. (Gesamtbefragung)
Pichincha	4,97 "	5,33 "	5,69 " (vorwiegend Quito)
Guayas	5,73 "	6,08 "	5,93 " (" Guayaquil)
Azuay	5,32 "	4,26 "	6,28 " (" Cuenca)
Manabí	6,39 "	6,59 "	7,37 " (" Manta)

Aus dieser Aufstellung kann der Schluß gezogen werden, daß die Industriebeschäftigten in der Regel mit mehr Personen in einer Wohnung leben als es bei der entsprechenden Bevölkerung üblich ist.

Tabelle 45: Die Zimmerzahl und die Belegung der Wohnungen der Industriebeschäftigten im Vergleich mit der Wohnsituation in den ecuadorianischen Städten (Wohnungszensus 1974) in Prozent

	1 Zimmer		2 Zimmer		3 Zimmer		4 Zimmer		5 Zimmer		6 Zimmer		7 und mehr		Summe	
	In.B.	II.C.	In.B.	II.C.	In.B.	II.C.	In.B.	II.C.	In.B.	II.C.	In.B.	II.C.	In.B.	II.C.	In.B.	II.C.
1 Bewohner	1,2	4,4	0,5	1,5	0,2	0,6	0,1	0,2	0,1	0,2	0,0	0,1	0,2	0,2	2,4	7,2
2 Bewohner	1,6	4,3	1,9	2,8	0,9	1,3	0,6	0,7	0,4	0,4	0,2	0,2	0,0	0,3	5,5	10,0
3 Bewohner	1,6	4,4	3,1	3,5	3,2	1,8	1,7	1,0	1,1	0,6	0,9	0,3	0,2	0,5	11,8	12,2
4 Bewohner	2,2	4,0	3,8	4,0	3,1	2,2	1,7	1,4	1,3	0,8	0,7	0,4	0,7	0,6	13,6	13,4
5 Bewohner	2,2	3,3	2,3	3,7	2,5	2,2	3,1	1,6	2,4	0,9	1,3	0,5	1,0	0,8	14,7	13,1
6 Bewohner	1,3	2,5	3,3	3,3	2,1	2,1	2,1	1,5	2,6	0,9	1,5	0,6	0,8	0,9	13,7	11,9
7 Bewohner	0,9	1,8	2,4	2,6	1,7	1,8	1,3	1,3	2,3	0,8	0,9	0,5	1,1	0,9	10,6	9,7
8 Bewohner	0,7	1,2	1,7	2,0	2,2	1,3	1,3	1,0	1,2	0,6	1,0	0,4	1,4	0,8	9,6	7,5
9 Bewohner	0,2	0,8	0,9	1,5	1,0	1,0	0,7	0,8	0,6	0,5	0,3	0,3	0,5	0,7	4,1	5,9
10 und mehr Bewohner	0,7	0,9	1,8	2,2	1,9	1,9	2,5	1,5	1,9	0,9	1,6	0,6	3,5	1,2	13,9	9,3
	12,6	27,8	21,7	27,2	18,8	16,2	15,3	11,3	13,9	6,6	8,2	4,0	9,4	6,8	100	100

In.B. = befragte Industriebeschäftigte
II.C. = Ergebnisse des "II Censo de vivienda 1974", entnommen aus INEC 1976, S. 21.

Unterscheidet man nach Funktionen, so ergeben sich folgende Abweichungen:
Hilfsarbeiter und Angelernte leben im Schnitt mit 6,28 Bewohnern zusammen.
Nicht wesentlich niedriger ist diese Zahl bei Chauffeuren und Maschinisten
mit 6,13. Qualifizierte Mitarbeiter sind mit 5,93 Personen nicht so dicht
untergebracht. Die Techniker und leitenden Bürokräfte wohnen gar nur mit
4,74 Personen zusammen. Die letzteren beiden Funktionsgruppen haben auch
weniger Kinder.

In Tabelle 45 wird die Zimmerzahl und die Zahl der Mitbewohner in Matrixform
aufgeschlüsselt, so daß die angegebenen Prozentzahlen pro denkbare Konstel-
lation sich in der Summe auf 100% ergänzen. Zum Vergleich wurden die Ergebnisse der Wohnungszählung von 1974 aufgeführt. Es muß dabei berücksichtigt
werden, daß es sich bei dieser Zahl um das Mittel aller Städte handelt einschließlich der kleinen Kantonalstädte. Leider konnte aus dem Wohnzensus 1974
die Belegungsdichte pro Zimmer nicht entnommen werden. Aus den Werten wurden
1,893 Personen pro Zimmer errechnet. Der Vergleichswert bei den Industriebeschäftigten liegt bei 1,69 pro Zimmer. Dies bedeutet, daß die Wohnverhältnisse der Industriebeschäftigten leicht günstiger sind als im nationalen
Durchschnitt. Daraus folgt weiter, daß die Industriebeschäftigten zwar in
größerer Zahl in einer Wohnung leben, diese Wohnungen aber durchschnittlich
größer sind als die der übrigen Bevölkerung.

Relevant sind die regionalen Unterschiede. Am günstigsten gestalten sich
die Wohnverhältnisse in Cuenca, wo ein Zimmer mit nur 1,41 Personen durchschnittlich bewohnt ist. Auch in Quito ist der Durchschnitt mit 1,56 Personen pro Zimmer niedriger als das Mittel. Es fiel auf, daß alle vier quiteñer
Betriebe günstigere Werte aufwiesen als der Betrieb in Guayaquil mit der niedrigsten Belegungsdichte. Selbst in Manta, wo ein Zimmer von 1,66 Personen
geteilt wird, sind die Wohnverhältnisse der Industriebeschäftigten weitaus
angenehmer als in Guayaquil, wo 2,06 Personen ein Zimmer teilen müssen. Die
überdurchschnittlich hohen Mieten in Guayaquil finden hierin ihren Ausdruck.
Die Zimmerzahl pro Wohnung betrug in dieser Hafenstadt 2,879 im Durchschnitt
gegenüber 3,634 im Gesamten.

Die Wohnsituation der Industriebeschäftigten stellt sich insgesamt im Vergleich zum nationalen Durchschnitt günstiger dar, wenn auch die Hilfsarbeiter und die Angelernten knapp unter dem durchschnittlichen Wert für die
städtischen Ecuadorianer bleiben. Die qualitative Komponente,die hier unbe-
rücksichtigt blieb, dürfte die Unterschiede in den Wohnverhältnissen noch

vergrößern. Einige Unternehmen förderten Wohnungsbauprojekte für ihre Mitarbeiter, z.B. CEPE in Esmeraldas, so daß einige Siedlungen nach den Firmen
benannt sind (Ciudadela Plywood). Dennoch sind Werkssiedlungen selten, bei
dem geringen Industrialisierungsgrad des Landes gibt es wenig Großfirmen,
die eine solche Sozialleistung erbringen können.
Im Vergleich zu den Ergebnissen der Befragung von Arbeitern in Medellin und
Bogotá (BRÜCHER 1975, S. 132) wohnen die ecuadorianischen Industriebeschäftigten weniger beengt. Für Bogotá wurde ein Wert für Personen/Wohnräume von 2,9
und in Medellin von 2,1 ermittelt. Lediglich Guayaquil erreicht den Wert
von Medellin.

5.5 Pendler, Entfernung zum Arbeitsplatz, Verkehrsmittel

132 der befragten Arbeitnehmer, also lediglich 10,2%, wohnen nicht am Arbeits-
ort, müssen also pendeln. Allerdings überschreiten beim Pendeln nur 59 Erwerbstätige (4,5%) die Kantonsgrenze. Bei den kantoninternen Pendlern, die
also von einer dörflichen Parroquia (Gemeinde, Pfarrei) zur Arbeit fahren,
wohnen die meisten im ländlichen Umfeld der Kantone Cuenca oder Quito (zum
Beispiel Amaguaña, San Antonio, Calderón). Männer pendeln häufiger als Frauen
(13,4% zu 5,2%). Die meisten Pendler, die die Kantonsgrenze überschreiten,
arbeiten in Manta. Dort benennen 13% der Beschäftigten einen anderen Kanton
als Manta als Wohnkanton. Die entsprechende Zahl betrug in Quito 7,7%, in
Cuenca 1,2% und in Guayaquil schließlich nur 0,4%. Diese Größen werden stark
von der verkehrsgeographischen Lage beeinflußt. So sind die Nachbarkantone
in Manta über eine gut ausgebaute Fernstraße leicht zu erreichen, ohne daß
in größerem Umfange bewohnte Gebiete auf dem Weg zum Arbeitsplatz durchfah-
ren werden müssen. In Guayquil hingegen ist das Einzugsgebiet auf der einen
Seite durch den Rio Guayas begrenzt. Der Fluß kann nur über eine Brücke, wo
hohe Maut erhoben wird, oder mit einer alten zeitraubenden Fähre überquert
werden. Die Stadt selbst ist wegen der Mangrovenwälder und Sümpfe nur über
einige wenige Fernstraßen zu verlassen. Um zu den Arbeitsplätzen zu gelangen, müßte teilweise die ganze Stadt durchquert werden.
In Quito hingegen liegen zwei der befragten Betriebe an der Panamericana Sur
und sind von den ländlichen südlichen Kantonen relativ leicht zu erreichen.
Auch ein dritter Betrieb im Norden liegt für die dortigen ländlichen Kantone

verkehrsgünstig. Die Fahrzeit bleibt in einem vertretbaren Rahmen.
67% aller Pendler wohnen im ruralen Bereich, 4,6% in Ortschaften zwischen
5000 - 9 999 Einwohnern, einer in Portoviejo (ca. 80 000 Einwohner).
Fast alle Frauen pendeln aus dem ländlichen Raum zu. Daß 89,8% der Arbeitnehmer nicht pendeln, liegt sicherlich auch an dem geringen Motorisierungs-
grad und den schlechten Verkehrsverbindungen. Entscheidender aber ist die
scharfe Trennung zwischen Stadt und Land in Lateinamerika. Während in Mittel-
europa der Drang ins Grüne außerhalb der Großstädte trotz hohem Benzinpreis
noch nicht verebbt ist und sich die Wohn- und Lebensformen dadurch kaum verändern, bedeutet ländliches Umfeld hier schlechte infrastrukturelle Versorgung und Dominanz der Landwirtschaft.
Dagegen ist ein Zusammenhang mit der landwirtschaftlichen Bindung in Ecuador
unverkennbar. Während der Anteil der Industriebeschäftigten mit Landwirtschaft bei 18,1% liegt, verfügen die Pendler zu 39,4% über landwirtschaftlich
nutzbaren Grund und Boden (Näheres siehe Kap. 5.7).

5.5.1 Fahrzeiten zum Arbeitsplatz

Nach den Ergebnissen der Individualbefragung schwanken die Fahrzeiten zum Ar-
beitsplatz zwischen zwei Minuten und drei Stunden. Es lassen sich in diesem
Zusammenhang Unterschiede zwischen den einzelnen Gruppen herausstellen.
Die Analyse der Wohnadressen von 243 Beschäftigten eines chemischen Betriebes
in Guayaquil ergab, daß diese über die ganze Stadt verteilt wohnen, mit Aus-
nahme der Wohngebiete der Oberschicht. Vereinzelt konnte jedoch, so auch in
Quito, eine kleinere Massierung in einer Straße konstatiert werden, da die
Rekrutierung der Arbeitskräfte sehr oft über verwandtschaftliche Beziehungen
und Nachbarschaften erfolgt.
Abbildung 27 stellt mit einer Summenkurve den Zeitaufwand der Betriebsange-
hörigen auf dem Weg zur Arbeit dar. 67,8% der Befragten benötigen eine halbe
Stunde oder weniger, um zu ihrem Industriebetrieb zu gelangen, 93% einen
Zeitraum von einer Stunde, nur 1,6% über 90 Minuten, alle im Durchschnitt
32 Minuten.

Wegzeiten der Jndustriebeschäftigten zum Arbeitsplatz (Summenkurve).

Abbildung 27

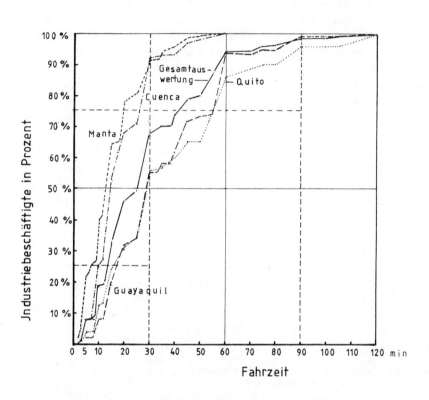

——— Alle Jndustriebeschäftigte (1289)

— — — Befragte Beschäftigte von Guayaquil (486)

·········· Befragte Beschäftigte von Quito (356)

— ·· — Befragte Beschäftigte von Cuenca (245)

— · — · — Befragte Beschäftigte von Manta (202)

Quelle: Eigene Befragung 1979.

5.5.2 Die Transportmittel zum Arbeitsplatz

22% der Beschäftigten gehen zu Fuß zur Arbeit. Das wichtigste Verkehrsmittel
auf dem Weg zum Arbeitsplatz ist der Omnibus. Von 45% der befragten Industriebeschäftigten wird der Linienbus der Verkehrskooperativen benutzt. Dies
wird auch verständlich, wenn man den mit 1.40 Sucres niedrigen Preis dieses
Verkehrsmittels berücksichtigt (1). Das zweitwichtigste Verkehrsmittel ist der
Betriebsbus (32%), der an festgelegten Routen zu fixen Zeiten die Mitarbeiter abholt. Eine Reihe der Befragten muß mit dem Linienbus zu einem Punkt der
Route fahren, um dann in den Firmenbus umzusteigen. Insgesamt gaben 9% der Befragten an, zwei Verkehrsmittel auf dem Weg zur Arbeit zu benutzen. Als weitere Verkehrsmittel werden der eigene PKW (4,5%), die Fahrgemeinschaft mit
Kollegen (2%), das Fahrrad (1,7%) (2), das Motorrad (1,2%) und gar das Taxi
(0.5%) benutzt.

In Quito und Guayaquil müssen die Industriebeschäftigten, was an den Wegzei-
ten schon dargelegt wurde, größere Entfernungen zurücklegen. So erreichen in
Guayaquil nur 5,3% der Beschäftigten, in Quito immerhin 16,9% zu Fuß den Arbeitsplatz. In Manta und Cuenca mit einem überschaubaren Einzugsbereich können 45,3% bzw. 44,3% auf Verkehrsmittel verzichten. Die provinzielle Struktur
spiegelt sich hier deutlich wider. Hingegen kann die Notwendigkeit, in Guayaquil und Quito Verkehrsmittel benutzen zu müssen, durchaus mit den verkehrs-
technischen Problemen industrieller Ballungen in den entwickelten Ländern
verglichen werden. Der geplante U-Bahn-Bau in Quito ist über Vorstudien noch
nicht hinausgekommen.

---

(1) Der Fahrpreis wurde 1978 von einem Sucre auf 1,40 Sucres erhöht. Dabei
    gab es größere Protestaktionen. Inzwischen wurde eine erneute Erhöhung
    vorgenommen. Der Buspreis ist in Ecuador ein politischer Preis, ver-
    gleichbar dem für Grundnahrungsmittel. Die Preise werden von der Regie-
    rung dekretiert, und diese ist sowohl dem Druck der Kooperativen als auch
    dem der Fahrgäste ausgesetzt.

(2) Für die Industriebeschäftigten des nordöstlichen Santa Catarina (Südbra-
    silien) hat das Fahrrad eine weitaus größere Bedeutung. Dort fuhren 1963
    74% der Arbeiter und 53% der Angestellten damit zur Arbeit (KOHLHEPP 1968,
    S. 214). Nicht topographische Gründe sind für den geringen Fahrradge-
    brauch in Ecuador verantwortlich, vielmehr dürften die hohe Verkehrsge-
    fährdung der Radfahrer und emotionale Ablehnung des Verkehrsmittels ent-
    scheidend sein.

Die Hilfsarbeiter, Angelernten und die Mitarbeiter in den gehobenen Positionen unterscheiden sich beim Gebrauch der Verkehrsmittel erheblich. So fährt letztere Gruppe zu 54% mit Individualverkehrsmitteln, vorwiegend mit dem eigenen PKW, nur 23% mit öffentlichen Bussen und 19% mit den Firmenbussen. Rechnet man das Fahrrad bei der Gruppe der Hilfsarbeiter und Angelernten zum Individualverkehr (1,7%), so ergibt dies einen Anteil von 6,9%. Was den Gebrauch von Bussen betrifft, gibt es beim Vergleich mit den qualifizierten Industriearbeitern und den einfachen Bürokräften keinen Unterschied, abgesehen davon, daß letztere Gruppe zu 15% eigene Verkehrsmittel oder Fahrgemeinschaften einsetzt. Während 24% der Hilfsarbeiter einen Teil der Wegstrecke zu Fuß zurücklegen, beträgt dieser Prozentsatz bei den anderen Funktionsgruppen 13-15%. Es lassen sich also bei den Verkehrsmitteln Statusunterschiede zwischen den einzelnen Gruppen feststellen. Der hohe Anteil der Fußgänger bei den schlechter verdienenden Hilfsarbeitern ist wohl auf die erzwungene Sparsamkeit dieser Gruppe zurückzuführen. Generell sind die Industriearbeiter auf dieselben Verkehrsmittel angewiesen wie die große Mehrheit der städtischen Bevölkerung Ecuadors.

5.6 Die Migranten unter den Industriebeschäftigten

In diesem Kapitel soll der Frage nachgegangen werden, in welchem Umfang sich die Industriearbeiterschaft aus Personen zusammensetzt, bei denen der heutige Wohnort nicht mit dem Geburtskanton identisch ist und inwieweit sich dieser Personenkreis von den Nichtwanderern unterscheidet.
Von den 1305 Befragten haben 43,3% ihren Geburtskanton verlassen, sind also migriert. Dabei sind die Männer in einem erheblich größeren Umfange gewandert als die Frauen, erstere zu 47,9%, die Frauen nur zu 36%. Die Vermutung, daß Männer überhaupt in Ecuador häufiger migrieren als Frauen wird von INEC (veröffentlicht im 'El Comercio' am 6.12.74) im Falle Quito zum Beispiel nicht erhärtet, im Gegenteil. Die Tatsache, daß in Quito laut INEC 378 000 Männer, aber 427 000 Frauen registriert sind, läßt sich nur durch die größere Zuwanderung der Frauen erklären. Die Frauen haben es jedoch schwerer als die Männer, in Quito einen Arbeitsplatz in der Industrie zu bekommen. Wie schon andernorts dargelegt, benötigen sie auch eine höhere Schulbildung, um bei der Einstellung berücksichtigt zu werden. Es gibt kein Argument, das dagegen spricht, die quiteñer Verhältnisse (daß allgemein Frauen mehr wandern)

auch auf Cuenca, Guayaquil und Manta zu übertragen, zumal auch bei der
Volkszählung 1974 im gesamten ländlichen Bereich etwa 108 000 mehr Männer
als Frauen gezählt wurden und in den Städten etwa 103 000 mehr Frauen als
Männer (1).
Betrachtet man die unterschiedlichen Zielorte, so stellt sich eindeutig heraus, daß an der Costa häufiger migriert wurde als in der Sierra, denn 60,4%
der Industriebeschäftigten von Manta und 51,2% von Guayaquil sind gewandert.
In Quito waren es hingegen nur 41,7% der Befragten und in Cuenca gar nur
15,8%. Zumindest in Quito haben es die Migranten offenbar schwerer, einen
Arbeitsplatz in der Industrie einzunehmen, da dort laut INEC 178 000 Erwerbstätige Migranten und nur 113 000 Erwerbstätige in Quito geboren sind. Somit
sind die Proportionen in der Industrie fast umgekehrt. Werden in Quito Geborene bei der Vergabe der begehrten Industriearbeitsplätze bewußt oder un-
bewußt bevorzugt? Die Erklärung kann darin liegen, daß sich aufgrund der
Prägung durch das ländliche und in der Sierra sehr oft indianische Milieu
die Verhaltensweisen der Migranten völlig von dem unterscheiden, was von
einem Industriebeschäftigten im Hinblick auf Arbeitsdisziplin (pünktliches
Erscheinen, regelmäßiges Arbeiten zu festgelegten Zeiten etc.) und Lebens-
weise (Gewöhnung an die Geldwirtschaft) erwartet wird. SALZ hat diese Problematik herausgearbeitet (1965). Viele Personalchefs haben demnach gegen die
große Mehrheit der Migranten Vorbehalte. Sie sehen nur eine Minderheit als
geeignet an für eine Industriebeschäftigung. Die Verhältnisse können an der
Costa, wo das indigene Moment bei den Zuwanderern seltener ist, verschieden
sein. Leider liegen für dort keine Vergleichszahlen vor. BRÜCHER (1975,
S. 118 ff.) errechnete für Medellín und Bogotá (2) größere Anteile der Migranten bei den Industriebeschäftigten. Danach waren rund 70% nicht in Bogotá
geboren. Für Medellín, wo die Ergebnisse der beiden Quellen differieren, lag
der Zuwandereranteil zwischen 50% und 63%, also weitaus niedriger als in
Bogotá. Damit ist er in etwa mit den Verhältnissen der ecuadorianischen
Costa vergleichbar. Nun sind die Wachstumsraten Bogotás mit 5,3% zwischen
1964 - 1973 bzw. 7% zwischen 1951 - 1964 etwas höher als in Quito und Guayaquil (4,7% bzw. 4,2% zwischen 1962-74) und in Medellín (4,4% zw. 1964-1973).

---

(1) Daß häufiger Frauen als Männer migrieren, hat in Ecuador eine lange Tra-
    dition. BROMLEY (1979, S.288) wies für den Zeitraum 1778-1841 für die
    Städte Ambato, Latacunga und Riobamba nach, daß der dortige, wesentlich
    höhere Frauenanteil nur mit der Zuwanderung vom Lande zu erklären ist.
(2) Teilweise Befragung, teilweise Auswertung der Karteikarten der kolumbiani-
    schen gesetzlichen Krankenversicherung ICSS.

5.6.1 Direktwanderer - Etappenwanderer

Unter Direktwanderern seien jene verstanden, die vom Geburtsort (Quellort) ohne Zwischenstation direkt zum heutigen Wohnort (Zielort) migriert sind. Zu den Etappenwanderern zählen die Migranten, die neben dem Geburtsort und dem heutigen Wohnort zusätzlich noch über einen längeren Zeitraum an einem dritten oder weiteren Ort gelebt haben (1). Diese beiden Gruppen werden bei den weiteren Überlegungen getrennt analysiert. In Ecuador dominiert bei den Industriebeschäftigten eindeutig die Direktwanderung. 486 Direktwanderern stehen nur 79 Etappenwanderer gegenüber, was einem Anteil von 14% entspricht. In Kolumbien waren die Etappenwanderer zahlreicher, denn 38% der zugewanderten Industriearbeiter Bogotás und 39% Medellíns waren laut BRÜCHER (1975, S. 119) nicht direkt migriert. In einer anderen Untersuchung ermittelten BRÜCHER und MERTINS (1978, S. 26) sogar 49% Etappenwanderer, allerdings handelte es sich hier um die Zuwanderer zu vier Barrios und nicht allein um Industriebeschäftigte. Somit unterscheiden sich die Industriebeschäftigten in ihrem Wanderungsverhalten von den Immigranten der Kolonisationsgebiete von Santo Domingo de los Colorados, wo laut VOLLMAR (1971, S. 215) in der Regel der eigentlichen Ansiedlung eine Etappenwanderung vorausging.

Die Gründe für den geringen Anteil der Etappenwanderer sind:

1. Das relativ kleine Staatsgebiet Ecuadors ist für einen Migranten überschaubarer. Kontakte zu den Zentren gestalten sich dadurch einfacher und somit kann er zielgerichteter wandern.
2. Die Zahl der attraktiven Ziele ist relativ eingeschränkt. Während in Kolumbien 1973 17 Städte mit über 100 000 Einwohnern gezählt wurden, waren es in Ecuador nur drei.
3. Schließlich stellen die Industriebeschäftigten eine spezifische Gruppe dar, die in der Regel schon in jungen Jahren eine relativ gut bezahlte und sichere Anstellung erreicht haben. Es sind also weniger "entwurzelte" Wanderer unter ihnen, die des öfteren ihr Glück an anderem Ort versuchen wollen. Auch in Kolumbien belegen die Befragungen, daß die Industriebeschäftigten weniger in Etappen migrieren als andere.

---

(1) Da die Befragten gehalten waren, neben den Orten auch die Verweildauer zu nennen und dies meist in Jahren erfolgte, dürfte es sich hierbei um Zeiträume von mindestens einem halben Jahr handeln, da vermutlich auf- oder abgerundet wurde.

So ist es nicht verwunderlich, daß die Mehrheit der Etappenwanderer nur eine
Etappe vom Geburts- zum Zielort einlegten (59,5%), weitere 27,8% benötigten
zwei und nur 14% drei Etappen (Näheres im Kap. 5.6.7). Auch bei den Etappenwanderern dominieren wieder die Männer mit 81%. Quantitativ die größte Rolle
spielen die Etappenwanderer in Quito und Manta, wo sie einen Anteil an den
Wanderern von 22,2% bzw. 13,9% erreichen. In Guayaquil sind von den Migranten
nur 9,2% Etappenwanderer. In Cuenca wurden nur 5 Etappenwanderer gezählt. Da
die Zahl der Migranten dort sowieso gering ist, bedeutet dies einen Anteil
von 12,8% (vgl. auch Kap. 5.6.7).

5.6.2 Provinzinterne Wanderung

Darunter fallen Wanderer, bei denen Geburts- und Zielort in einer Provinz
liegen. Dies bedeutet in der Regel eine Kurzwanderung über eine Distanz von
ca. 5-50 km, in Ausnahmefällen auch 100 km. 37,7% aller Wanderer migrierten
nur provinzintern, die Männer zu 41%, die Frauen nur zu 30%. Demnach müßten
sich unter den Fernwanderern überproportional viele Frauen befinden, was noch
zu relativieren ist. Unterscheidet man nach den Zielorten Quito (12%), Guayaquil (28%), Cuenca (41%) und Manta (84%), so fällt auf, daß in den provinzielleren Städten die provinzinterne Wanderung ein größeres Volumen erreicht.
Diese Städte verfügen nicht über genügend Zentralität und damit Attraktivität,
um überregional eine Anziehungskraft auszuüben, sie haben lediglich eine Bedeutung für ihr kleineres Umland, das zumindest in Manta nicht über die Provinzgrenzen hinausreicht. Manta ist, wie mehrfach schon dargelegt, ein Sonderfall. Die Provinz Manabí ist wegen der jahrelangen Dürreperiode eine Ab-
wanderungsregion. Mit einem jährlichen Bevölkerungszuwachs von nur 2,4%, dem
niedrigsten der Costa, bleibt sie weit unter dem nationalen Durchschnitt von
3,3%. In dem in Manta befragten Betrieb waren über 90% Männer beschäftigt,
ihr Anteil bei der provinzinternen Wanderung war dementsprechend hoch. Berücksichtigt man wegen dieser Geschlechterproportion den Betrieb bei der Er-
mittlung der Provinzwanderer nicht, so ergibt sich, daß nur 24% der Männer
und genauso viele Frauen provinzintern gewandert sind. Die These, daß Frauen
häufiger Fernwanderer sind, weil sie öfter über die Provinzgrenzen hinweg migrieren, läßt sich demnach also nicht mehr aufrechterhalten.
Der geringere Anteil Quitos an der provinzinternen Wanderung gegenüber

Guayaquil erklärt sich aus den Bevölkerungsrelationen dieser beiden Städte
zu ihren Provinzen. In Quito beträgt die Relation Quito zum Rest der Provinz
Pichincha 1 : 0,26, bei Guayaquil zu dem übrigen Guayas 1 : 0,67. Guayaquil
hat also in seiner Provinz ein weit größeres Rekrutierungspotential.

5.6.3 Die soziale Situation der Wanderer

Der Anteil der Ledigen bei den Direktwanderern ist mit 48,1% wesentlich höher
als bei den Nichtwanderern mit nur 36%. Nur die Etappenwanderer sind mit
einem Ledigenanteil von 35% in ihrer familiären Situation mit den Nichtwanderern zu vergleichen.
Mit unterschiedlichem Alter lassen sich diese Differenzen nicht erklären,
denn mit durchschnittlich 32,5 Jahren sind die Direktwanderer nur unwesentlich jünger als die Nichtwanderer mit 33 Jahren und die Etappenwanderer mit
32,8 Jahren. Analysiert man nach den Altersgruppen, ergeben sich keine Unterschiede. Nur 58% der männlichen Direktwanderer sind verheiratet, aber 72% der
männlichen Nichtwanderer. Es bleibt der Schluß, daß die Nichtwanderer früher
heiraten als die Direktwanderer. Frauen, die nicht migriert sind, sind zu 48%
verheiratet, die direkt gewanderten Frauen hingegen nur zu 32%. Nicht so gravierend sind die Unterschiede bei der Kinderzahl, denn die Direktwanderer
haben im Schnitt 2,1 Kinder, die Nichtwanderer 2,36 und die Etappenwanderer
2,6 Kinder. Dabei könnte man vermuten, daß die hohe Kinderzahl bei den Etappenwanderern die räumliche Mobilität behindert. Es kann daraus gefolgert werden, daß durch den Wanderungsvorgang eine Zäsur stattfindet, die den üblichen
Gang der Dinge unterbricht. Beziehungen werden abgebrochen, die Integrations-
zeit läßt Heiratspläne hintenanstellen.Der Nichtwanderer erfährt ja keine
Veränderung in seinem gewohnten Milieu, er ist gewissermaßen schon etabliert.
Die frühe Heirat läßt die Zahl der Kinder rascher anwachsen. Was ihre Schulbildung betrifft, unterschieden sich die Direkt- und Nichtwanderer nur unwesentlich (Tab. 46) (1). Die Frage, ob die Tüchtigeren und höher Qualifi-

---

(1) Anders die Situation in Kolumbien. BROCHER (1975, S. 120) stellte für die
einheimischen Industriearbeiter eine Schulzeit von durchschnittlich 5,6
Jahren, für die Zugewanderten von nur 4,6 Jahren fest.
GOMEZ (o.J., S. 70) stellt fest, daß die Zuwanderer nach Quito eine geringere oder keine Schulbildung (der Analphabetenanteil liegt abhängig
von den Provinzen zwischen 19 und 13%) aufweisen und führt dies auf den
hohen Indioanteil unter den Wanderern zurück.

TABELLE 46: SCHULBILDUNG DER GEWANDERTEN UND DER EINHEIMISCHEN INDUSTRIE-
BESCHÄFTIGTEN (jeweils der höchste Ausbildungslevel wird berücksichtigt)

Schulart	Nichtwanderer		Direktwanderer		Etappenwanderer	
	Abschluß	Ohne	Abschluß	Ohne	Abschluß	Ohne
Keine Schulbildung	---	1,6% 12	---	1,5% 7	---	1,3% 1
Grundschule (Primaria)	7,2% 53	51,0% 374	8,9% 43	51,2% 247	1,3% 1	57,7% 45
Sekundarschule (Secundaria)	8,4% 62	27,2% 190	6,6% 32	29,0% 140	14,1% 11	19,2% 15
Techn. Kolleg (Colegio Técnico)	1,5% 11	0,3% 2	0,2% 1	- -	1,3% 1	- -
Universität oder Techn. Hochschule	1,6% 12	1,1%	1,0% 5	1,5% 7	2,6% 2	2,6% 2
Gesamt	18,8% 138	81,2% 596	16,8% 81	83,2% 401	19,2% 15	80,8% 63

zierten migrieren, was allgemein vermutet wird, kann bei dieser Untersuchung
nicht beantwortet werden. Hierzu wären Erhebungen am Quellort notwendig. Es
ist nur schlüssig, daß es keine nennenswerten Unterschiede bei den Funktionsebenen zwischen Nichtwanderern und Wanderern gibt, da sich die Schulbildung
beider Gruppen stark ähnelt. Beide Gruppen stellen mit 79% bzw. 78% den gleichen Anteil an Hilfsarbeitern oder Angelernten. Der Anteil der Nichtwanderer
bei den qualifizierten Kräften ist mit 4% nur unwesentlich höher als bei den
Wanderern, aber dies wird dadurch kompensiert, daß letztere Gruppe einen vergleichbar höheren Anteil bei den gehobenen Funktionsträgern hat. Was die vorhergehende Beschäftigung betrifft, so können kleinere Unterschiede zwischen
Wanderern und Nichtwanderern belegt werden. Eine Ausnahme bildet sowohl die
Landwirtschaft, wo der Anteil der Wanderer mehr als dreimal so hoch war, als
auch die Gruppe der Berufsanfänger, denn nur 9,7% der Wanderer hatten zuvor
keine andere Beschäftigung, im Vergleich zu 19,1% der Nichtwanderer. 16,2%
der Nichtwanderer waren zuvor Handwerker gegenüber 14,0% der Wanderer. Im
Handel hingegen waren zuvor 5,4% der Wanderer tätig, aber nur 2,5% der Nichtwanderer. Im B a u g e w e r b e waren nur 2,0% der Wanderer beschäftigt,
gegenüber 3,3% der Nichtwanderer. Dieses Ergebnis dürfte die Vermutung end-

gültig widerlegen, daß das Baugewerbe für Zuwanderer ein Sprungbrett für eine Tätigkeit in der Industrie darstellt. Dies scheint eher beim Dienstleistungsgewerbe der Fall zu sein, wo 12,7% der Wanderer und nur 9,8% der Nichtwanderer vor ihrer jetzigen Industrietätigkeit beschäftigt waren. 7,0% der Wanderer studierten vor ihrer Industrietätigkeit gegenüber 8,7% der Nichtwanderer. Die Wanderer kompensieren mit der größeren Berufserfahrung die Nachteile gegenüber den Ansässigen, die zum Beispiel über bessere Beziehungen verfügen.

Aus Tabelle 33 im Kapitel 5.2 können die Berufe der Väter entnommen werden. Geht man davon aus, daß Hilfsarbeiter, Landwirt (was in der Regel Minifundista bedeutet) und Tagelöhner die bescheideneren Berufe darstellen, so kämen 59,3% der Etappenwanderer, 56,4% der Direktwanderer, aber nur 36,8% der Nichtwanderer aus diesen einfachen Verhältnissen. Somit kann festgestellt werden, daß die Wanderer im Gegensatz zu den Nichtwanderern zum größeren Teil einen sozialen Aufstieg gegenüber ihren Vätern genommen haben. Nochmals sei daran erinnert, daß die migrierten Industriebeschäftigten eine Sondergruppe der Wanderer darstellen, da sie aller Wahrscheinlichkeit nach eine bessere Ausbildung genossen haben.

Auch beim Wohnverhalten lassen sich zwischen den Gruppen Unterschiede feststellen. Die Nichtwanderer wohnen, was einsichtig ist, doppelt so oft mit ihren Eltern zusammen. Bei den Migranten spielt mit 70% die eigene Familie eine größere Rolle, gegenüber 59% bei den Nichtwanderern. Freundschaftliche Bindungen führten bei den Wanderern fast acht mal häufiger zu Wohngemeinschaften, auch alleine wohnen die Wanderer fast doppelt so oft wie Nichtwanderer.

Ein eigenes Haus bewohnen 46,7% der Nichtwanderer, aber nur 41,3% der Direktwanderer und 34,2% der Etappenwanderer. Dies ist naheliegend, da die erste Gruppe ein Haus durch Erbe oder durch bessere Einkommensverhältnisse rascher in Besitz nehmen konnte, die Migranten hingegen beim Hauskauf in eine Art zeitlichen Verzug zu geraten scheinen.

Die generelle Wohnsituation ist bei den Direktwanderern bei einem durchschnittlichen Zimmerbesatz von 1,73 Personen am schlechtesten. Die Nichtwanderer teilen mit 1,68 Personen einen Raum, die Etappenwanderer sogar nur mit 1,62 Bewohnern. Viele Etappenwanderer befinden sich häufig in qualifizierten Positionen.

5.6.4 Das Migrationsalter

Die Auswertung der Frage, in welchem Alter die Migranten ihren Geburtsort
verlassen haben (Direktwanderer) und an ihrem Zielort angelangt sind (Direktwanderer und Etappenwanderer) wird in Tabelle 47 dargestellt. Etwa jeder
fünfte der Migranten kam im Alter unter zehn Jahren am Zielort an, was bedeutet, daß er selbst keinerlei Einfluß auf die Migrationsentscheidung genommen
haben dürfte (1).

TABELLE 47: MIGRATIONSALTER (Ankunft am Zielort) AUFGESCHLÜSSELT IN %

Altersgruppe	Direktwanderer		Etappenwanderer	
	männlich	weiblich	männlich	weiblich
unter 10 Jahre	18,1	23,6	-	-
10 - 13 Jahre	10,8	13,4	-	-
14 - 18 Jahre	24,4	33,8	-	-
19 - 24 Jahre	26,0	24,2	23	27
25 - 30 Jahre	10,2	3,2	31	46
31 - 40 Jahre	7,3	1,9	22	20
41 - 50 Jahre	3,2	-	13	7
51 - 60 Jahre	-	-	-	-
61 - 65 Jahre	-	-	3	-
über 65 Jahre	-	-	2	-
	100%	100%	100%	100%

Jede dritte gewanderte Frau migrierte im Alter von 14-18 Jahren, vermutlich
traten die meisten von ihnen in diesem Alter ihre erste Stelle an. Eine ähnliche Zäsur findet bei den Männern im Alter von 19-24 Jahren statt, in einem
Lebensabschnitt, wo viele von ihnen den Militärdienst leisten mußten und danach nicht in ihre angestammte Heimat zurückkehrten.

(1) Eine Nichtberücksichtigung dieser Migranten hätte die Unterschiede zwischen Direktwanderern und Nichtwanderern etwas deutlicher werden lassen.
Andererseits stellt sich die Frage, in welchem Alter eine solche Abgrenzung vorgenommen werden soll. Sie zu den Nichtwanderern zu rechnen, ist
nicht zu rechtfertigen, da sie objektiv gewandert sind.

Die Frauen migrierten früher als die Männer. Während sich noch ein Fünftel
der Männer im Alter nach 25 Jahren zur Migration entschließt, gibt es bei
Frauen in diesem Alter fast keine Direktwanderer mehr.
Durchschnittlich waren bei den Direktwanderern die Männer mit 19 Jahren am
Zielort angelangt. Sie befanden sich zum Zeitpunkt der Befragung schon durchschnittlich 14 Jahre dort. Die Frauen erreichten den Zielort im Durchschnitt
mit 16 Jahren, wenn auch in der Regel zunächst eine andere Beschäftigung als
in der Industrie aufgenommen wurde.
Die Etappenwanderer unterscheiden sich völlig von den Direktwanderern. Sie befanden sich zum Zeitpunkt der Befragung durchschnittlich erst seit zehn Jahren am Zielort. Keiner war bei seiner Ankunft jünger als 19 Jahre. Die Männer
verweilten am ersten Etappenort acht Jahre und drei Monate, die Frauen nur
sieben Jahre und elf Monate. Diese Aufenthaltsdauer verkürzt sich bei den
weiteren Etappen, so bei der zweiten für Männer auf vier Jahre und fünf Monate, bei Frauen auf drei Jahre und drei Monate. So waren die Etappenwanderer
durchschnittlich zehn Jahre und drei Monate seit ihrem ersten Aufbruch un-
terwegs, bis sie zu ihrem jetzigen Zielort gelangten. Dieser lange Zeitraum
erklärt das Ankunftsalter der Etappenwanderer.
Diese Altersangaben können nicht repräsentativ für die gesamten Migranten
Ecuadors sein, weil die Industrie vorwiegend Jüngere bei der Einstellung bevorzugt. Etwa 80% der Migranten wandern eigenverantwortlich in einem Alter
zwischen 14-25 Jahren. Die Bevölkerungspyramide des ländlichen Raumes ist bei
dieser Altersstufe besonders deformiert, weil dort die entsprechenden Jahrgänge fehlen.

5.6.5 Die Herkunftsorte der Migranten

Betrachtet man die Herkunftsprovinzen der Wanderer (hier sollen nur die pro-
vinzüberschreitenden Wanderungsvorgänge berücksichtigt werden), so ergibt
sich auch im Vergleich zu dem Bevölkerungsanteil und dem Bevölkerungswachstum
das Bild der Tabelle 48. Bei dieser Zusammenstellung fällt auf, daß die Sierra
weit mehr gewanderte Industriebeschäftigte stellt als die Costa, obwohl 692
Personen in Betrieben der Costa und 613 Beschäftigte in Betrieben der Sierra
befragt wurden. Auf einen Wanderer der Costa kommen 1,5 Wanderer der Sierra
bei annähernd gleicher Bevölkerung. Unterrepräsentiert sind, gemessen an der
Bevölkerungszahl, auch die Provinzen des Oriente. Betrachtet man hingegen die

Tabelle 48: Die Bevölkerungsanteile der Provinzen und die Anteile
an der provinzgrenzenüberschreitenden Wanderung im
Hinblick auf den Geburtsort, sowie die Bevölkerungsentwicklung zwischen dem II. und dem III. Bevölkerungszensus

	Bevölkerungsanteil 1974	Anteil an den gewanderten Industriebeschäftigten	Bevölkerungs- entwickl.62-74
Carchi	1,85 %	3,14 %	2,15 %
Imbabura	3,31 %	5,14 %	1,90 %
Pichincha	15,15 %	1,71 %	4,62 %
Cotopaxi	3,62 %	9,42 %	3,73 %
Tungurahua	4,29 %	7,14 %	3,98 %
Bolivar	2,22 %	2,86 %	0,82 %
Chimborazo	4,67 %	10,00 %	0,83 %
Cañar	2,25 %	5,71 %	2,31 %
Azuay	5,63 %	7,71 %	2,56 %
Loja	5,25 %	6,58 %	1,59 %
Sierraprovinzen	48,25 %	59,41 %	Ø 2,87 %
Esmeraldas	3,11 %	4,86 %	4,32 %
Manabí	12,54 %	16,00 %	2,55 %
Los Rios	5,88 %	12,86 %	3,79 %
Guayas	23,19 %	4,00 %	3,85 %
El Oro	4,03 %	2,28 %	4,36 %
Costa	48,75 %	40,00 %	Ø 3,56 %
Napo	0,95 %	-	8,53 %
Pastaza	0,36 %	-	4,80 %
Morona Santiago	0,82 %	-	6,62 %
Zamora Chinchipe	0,53 %	0,28 %	10,05 %
Galápagos	0,06 %	0,28 %	4,66 %
Von Ecuador bean- spruchte Gebiete	0,28 %		
Oriente Galápagos	3,00 %	0,56 %	Ø 7,52 %
Gesamt	100	100	Ø 3,30 %

Quelle: INEC, Bevölkerungszensus 1962 und 1974, sowie Industriebeschäftigtenbefragung 1979

Costa- und Sierraprovinzen, so haben alle bis auf Pichincha, Guayas und El Oro mehr Migranten gestellt als es ihrer Bevölkerungszahl entsprechen würde. Die schwache Repräsentanz von Guayas und Pichincha liegt daran, daß die provinzinternen Wanderungsvorgänge in diesen Zahlen nicht enthalten sind. El Oro aber scheint, trotz geringen Industrialisierungsgrades, keine Bewohner in größerem Umfang an die Industrien anderer Provinzen zu verlieren. Eine Abwanderung zur Industrie findet teilweise proportional zu den Wachstumsraten der Provinz statt, wie man am Beispiel von Bolivar erkennen kann. Dort wanderten trotz geringer Bevölkerungszuwachsraten relativ wenige in die befragten Industriebetriebe ab. Die Bewohner der schwach entwickelten Provinzen haben als Migranten aufgrund ihres niedrigen Bildungsniveaus und eines hohen Anteils an landwirtschaftlicher Bevölkerung kaum Chancen, einen Arbeitsplatz in der Industrie zu erhalten. Im umgekehrten Fall stellt Los Rios, eine Provinz mit einer überdurchschnittlich hohen natürlichen Zuwachsrate, mehr als das Doppelte an Abwanderern als es seiner Einwohnerzahl entsprechen würde. Da die gewanderten Industriebeschäftigten vorwiegend aus Provinzen mit relativ hoher Bevölkerungszuwachsrate stammen, muß der Schluß gezogen werden, daß sich diese Gruppe von dem Gros der übrigen Wanderer, die aus den strukturschwachen Provinzen migriert sind, unterscheidet. Eine der wenigen Regelmäßigkeiten, die sich aus dieser Zusammenstellung ableiten lassen, ist die Feststellung, daß die Sierra das Hauptreservoir für die Zuwanderung von Industriebeschäftigten darstellt. Der Grund liegt an den schlechten Entwicklungsaussichten dieser Provinzen, aber auch daran, daß viele von ihnen gewisse Qualifikationen als Handwerker oder im Dienstleistungsbereich mitbringen, die sie dann erfolgreich einsetzen können.

Die Abbildung 28 läßt folgendes erkennen: Die provinzielleren Industriestandorte Cuenca und Manta haben einen fast geschlossenen, relativ kleinen Einzugsbereich für ihre zugewanderten Industriebeschäftigten, nämlich ihre eigene Provinz mit Oberlappungen in einige Nachbarprovinzen. Ganz anders Guayaquil und Quito. Ihr Einzugsbereich ist größer, der Anteil an Fernwanderern höher. Dabei ist noch ein erheblicher Unterschied zwischen Quito und Guayaquil zu erwähnen: Die nach Quito zugewanderten Industriebeschäftigten stammen zu 87% aus der Sierra und zu 7% aus der nahegelegenen einzigen Costaprovinz Esmeraldas, die zum allgemeinen Einzugsbereich von Quito gerechnet wird. Nur 4% der Migranten wandern aus dem restlichen Costagebiet zu, sieht man von Guayaquil ab. Anders verhält es sich mit den Industriebetrieben in

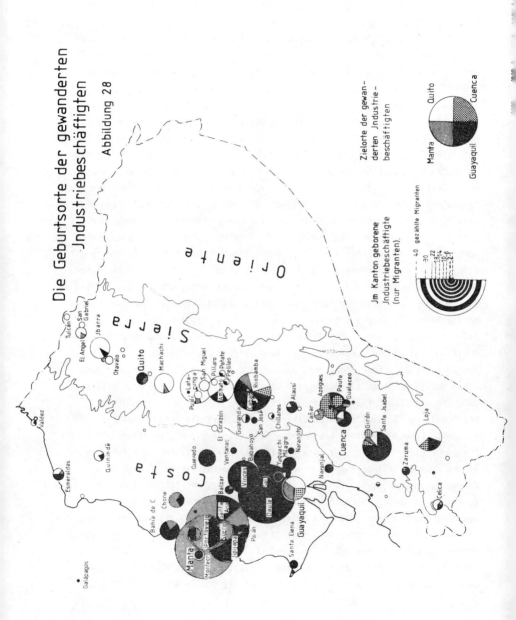

Die Geburtsorte der gewanderten
Industriebeschäftigten

Abbildung 28

Zielorte der gewan-
derten Jndustrie-
beschäftigten

Jm Kanton geborene
Industriebeschäftigte
(nur Migranten).

Guayaquil, die zwar ebenfalls 72% ihrer Migranten und Arbeitskräfte von der
Costa rekrutieren, aber weitere 27% aus der Sierra. Zwar ist ihr Einzugsbereich nicht ganz landesweit, aber in der südlichen Sierra ist die Attraktivität Guayaquils mindestens genau so hoch wie die Quitos. Es drückt sich
hierin die über Jahrhunderte hinwegdauernde Migration der Sierra zur Costa
aus, offenbar gilt dies heute auch für die Industriebeschäftigten.
Die Attraktivität Guayaquils wird durch die dort gewährten höheren Löhne
gesteigert, die teurere Lebenshaltung schreckt kaum ab. Guayaquil selbst
spielt als Geburtsort für Industriebeschäftigte, die andernorts einen Arbeitsplatz fanden, eine größere Rolle als Quito. Die Frage nach der Größe
der Geburtsorte der Migranten wird anhand der Tabelle 49 erörtert.
Vergleicht man die Herkunftsorte der gewanderten Industriebeschäftigten, so
fällt auf, daß die ländlichen Gebiete (rurale Parroquias) bei der Industriebelegschaft eindeutig unterrepräsentiert sind. Der Sprung vom ländlichen Umfeld in die Fabrikhallen scheint demnach doch zu groß zu sein, als daß dies
für viele erreichbar wäre. Die Hälfte der Industriebelegschaft, die nicht in
ihrem heutigen Wohnort geboren ist, rekrutiert sich aus den kleineren Kan-
tonstädten zwischen 1001 und 20 000 Einwohnern, obwohl diese Städtegruppe
nur 17,1% der ecuadorianischen Bevölkerung beherbergt. Zwar sind die Städte
zwischen 20 001 und 100 000 Einwohnern auch noch überdurchschnittlich beteiligt, wenn auch in einem weit bescheideneren Rahmen. Die Etappenwanderer
unterscheiden sich insofern von den Direktwanderern, als daß sie im Schnitt
aus noch kleineren Ortschaften stammen und vermutlich besonders häufig eine
Etappe einlegen müssen, um in die Großstadt zu gelangen.
Bei der provinzinternen Wanderung spielt der ländliche Raum eine noch unbe-
deutendere Rolle. Hier stellen die kleineren Kantonstädte zwischen 2001 -
20 000 Einwohnern mit mehr als zwei Dritteln das Hauptkontingent der Geburtsorte. Bei dieser Nahwanderung rekrutieren sich die Migranten mehr als sonst
aus kleineren Provinzorten. Sie gehen bei ihrem Migrationsvorhaben das kleinste Risiko ein. Zugleich erklärt sich, daß die Migranten, die sich nach
Quito orientieren, kaum aus der Städtegruppe zwischen 5001 und 20 000 Einwohnern stammen, denn diese Städtetypen gibt es in der Sierra relativ selten.

Je höher das Funktionsniveau in den Betrieben, desto größer sind im Schnitt
auch die Geburtsorte der Migranten. Verständlich, wenn man berücksichtigt,
daß die Ausbildungschancen in den kleineren Orten geringer sind. Das Gesagte

Tabelle 49: Prozentanteile der verschiedenen Gemeindegrößenklassen an den Geburtsorten der Wanderer

	ländlich	Kantonhauptort unter 1000 Einw.	Kantonhauptort 1001-2000	Kantonhauptort 2001-5000	Kantonhauptort 5001-10000	Städte 10001-20000	Städte 20000-50000	Städte 50000-100000	Cuenca	Quito oder Guayaquil
Anteil an der Gesamtbevölkerung	44,0	0,5	1,3	6,1	4,7	5,0	7,2	7,2	1,7	22,3
Geburtsorte der Wanderer	23,5	0,4	4,3	13,5	16,6	15,5	10,9	11,4	1,4	2,7
Geburtsorte der Direktwanderer	23,2	0,4	3,7	12,0	17,6	16,2	11,6	11,2	1,5	2,5
Geburtsorte der Etappenwanderer	25	–	8	23	10	11	6	13	–	4,8
Geburtsorte der provinzinternen Wanderer	17	–	3	14	36	18	6	5 (Portov.)	–	–
Geburtsorte der Wanderer nach Quito	33	–	3	19	3	8	17	13	1	3
" Guayaquil	28	1	4	11	6	24	10	12	2	1
Geburtsorte der Wanderer nach Quito und Guayaquil	30	–	4	14	5	18	13	12	1	2
Manta und Cuenca	8	–	5	12	46	9	6	10	1	4
Costa zugewandert	20	1	3	9	23	20	9	12	2	2
Sierra zugewandert	30	–	6	22	3	8	15	11	1	4
Geburtsorte der männlichen Wanderer	23,6	0,3	3,9	13,9	19,7	14,5	8,7	11,3	1,8	2,1
Geburtsorte der weiblichen Wanderer	23,2	0,6	5,0	12,7	9,9	17,7	15,5	11,6	–	3,9
Geburtsorte der Hilfsarbeiter	24,4	0,5	4,8	13,6	17,5	17,5	10,5	8,3	1,5	1,5
Geburtsorte der Qualifizierten	16	–	5	15	13	9	12	26	–	5
Geburtsorte der Techniker	16	–	–	16	16	12	12	16	4	16

ist ein weiterer Hinweis dafür, daß die Personalchefs ihre Selektion gezielt unter den qualifizierteren Kräften der Migranten vornehmen. Schließlich haben die größeren Orte den geringsten Bevölkerungsverlust, die kleineren hingegen verlieren die meiste Bevölkerung durch Wanderung, aber zugleich stellen sie, zumindest bei unter 1000 Einwohnern, den kleineren Anteil an Industriebeschäftigten. Die Landbevölkerung wuchs im Zeitraum 1962 - 1974 um nur 2,5% jährlich, die städtische Bevölkerung um 4,6%. Es stellt sich die Frage, ob die mittleren Städte nur quantitativ wachsen, qualitativ jedoch an die großen Städte wichtige Bevölkerungsteile verlieren.

Bei der Auswertung fiel auf, daß in einzelnen Betrieben einige Orte häufiger genannt, also ganze Gruppen aus einem Ort registriert wurden. Erklärbar wird diese Ballung durch Verwandtschaftsbeziehungen sowie aus dem sozialen Hintergrund vieler Migranten, die es gewohnt waren, in Gruppen (Mingas) zu arbeiten, die sich von jeher kennen. Es wäre ernsthaft zu überlegen, ob die Integration einfacher wäre, wenn jeweils eine ganze größere Gruppe eingestellt würde, die sich von früher durch gemeinsame Arbeit kennt.

Was die Geburtsorte der gewanderten Industriearbeiter Kolumbiens betrifft (BRÜCHER 1975, S. 120), so stammen in Bogotá 67,7% und in Medellín 61,4% aus ländlichen Gebieten bzw. Ortschaften mit weniger als 5000 Einwohnern. In Ecuador hatten nur 43,3% der Hilfsarbeiter und 36% der qualifizierten Kräfte einen Geburtsort dieser Größenordnung.

5.6.6 Migrationsgründe

Ein Migrationsgrund tritt besonders häufig in Erscheinung: 59,2% der Industriebeschäftigten verbanden mit der Wanderung die Hoffnung auf bessere Arbeitsmöglichkeit (männliche Migranten zu 64%, Frauen nur zu 48,5%). Diesem Argument verwandt ist die Aussage der wirtschaftlichen Not, wenn auch beim ersten der Pull-Effekt, beim zweiten mehr der Push-Effekt im Vordergrund steht. Zählt man die Erwartung "höherer Lohn" hinzu, so ergibt sich, daß zu 88% w i r t s c h a f t l i c h e M i g r a t i o n s g r ü n d e genannt wurden (siehe Tabelle 50).

Nur 14,1% der Männer nannten die wirtschaftliche Not als Migrationsgrund, hingegen 26% der Frauen. Anscheinend hat bei den Männern die Faszination des Zielortes eine größere Rolle gespielt, dagegen scheinen die Frauen eher von den schlechten Lebensverhältnissen des Geburtsortes zur Migration sich gezwun-

TABELLE 50: MIGRATIONSGRÜNDE DER WANDERER IN DEN VERSCHIEDENEN ZIELORTEN

IN PROZENT (Mehrfachnennungen)

Stadt	Arbeits-möglichk.	Höherer Lohn	Familien-gründe	Freund Freundin	Neu-gier	wirtschaftl. Not	Stu-dium
Guayaquil	62,6	4,1	8,5	2,4	2,8	14,6	11,0
Quito	59,9	28,6	19,0	2,0	2,7	15,0	4,8
Cuenca	42,0	12	8	-	-	35	4,0
Manta	54,6	4,6	7,4	5,6	1,9	25	0.9
Gesamt Ø	59,2	11,4	11,2	2,8	2,5	27,8	6,8

gen zu·fühlen. Männer nannten insgesamt zu 91,4% wirtschaftliche Motive, Frau-
en nur zu 81,8%. Das nächstwichtigste Migrationsargument waren familiäre Gründe. Genau genommen ist dies nicht immer ein Migrationsgrund, der auf einem
freiwilligen Beschluß beruht, denn oft waren diese Migranten gezwungen, mit
anderen Personen mitzuwandern, sei es als Kinder, sei es, weil der Ehepart-
ner dies verlangte. Auch bei den Industriebeschäftigten, die anderen nach-
folgten, dürften ursächlich wirtschaftliche Motive das auslösende Moment gewesen sein. Ein Freund oder eine Freundin veranlaßten 3,0% der Männer und
2,4% der Frauen, ihren Geburtsort zu verlassen.
Studiengründe spielten bei 10,2% der Frauen fast eine doppelt so große Rolle
wie bei den Männern mit nur 5,2%, was insgesamt 6,8% aller Nennungen ergab.
Es sei daran erinnert, daß die Frauen in der Industrie ein höheres Ausbil-
dungsniveau aufweisen als die Männer. Das Bedürfnis, die fremde Stadt ken-
kenzulernen oder einfache Neugier spielte eine untergeordnete Rolle. Männer
führten dies mit 3%, Frauen nur mit 1,2% an.
Daß 5,4% der befragten Männer und 9,3% der Frauen keinen Migrationsgrund
zu benennen wußten, liegt wohl an der Tatsache, daß 18,1% der Männer und
23,6% der Frauen im Alter von unter zehn Jahren am Zielort angelangt sind.
Am auffälligsten ist beim Argument "höhere Lohnerwartungen" der Gegensatz
zwischen Quito und Guayaquil, da die Industrielöhne in Guayaquil höher als
in Quito sind. Verständlich ist, daß der Migrationsgrund "Familie" in Quito
eine größere Rolle spielt als in Guayaquil, da sich teilweise ganze Familien-

clans aus der Sierra nach Quito begeben haben (1).

TABELLE 51: DIE MIGRATIONSGRÜNDE IN ABHÄNGIGKEIT ZUR GRÖSSE DES GEBURTSORTES

GEBURTSORTE DER MIGRANTEN

Gründe	ländlich unter 2000 E	2001 - 5000 E	5001 - 10000E	10001- 20000E	20001- 50000E	50001- 100000E	Groß- städte
Arbeits- möglichkeit	63,8	68,2	70,3	56,2	65,9	50,9	45,8	37,5
höhere Löhne	16,7	22,7	7,8	6,3	2,4	10,9	18,6	4,2
Familiengründe	19,6	9,1	12,5	6,3	4,9	1,8	13,6	16,7
Freund, Freundin	2,9	0	0	7,5	0	3,6	3,4	4,20
Neugier, Kennen- lernen	2,9	0	0	2,5	3,7	1,8	5,1	0
wirtschaftl. Not	10,1	9,1	10,9	22,5	20,7	27,3	18,6	41,7
Studium	7,2	9,1	7,8	0	8,5	12,7	8,5	-
Summe %	123,2	118,2	109,3	101,3	106,1	109,0	113,6	104,2
Personen	138	22	64	80	81	55	59	24

Tabelle 51 veranschaulicht die Ergebnisse, ausgewertet nach der Größe der Geburtsorte. Damit soll der Frage nachgegangen werden, ob davon die Migrations-
motive abhängen. In den Städten mit 20 000 und mehr Einwohnern läßt das Interesse an besseren Arbeitsmöglichkeiten nach, hingegen gewinnt die Lohnfrage
wieder mehr an Bedeutung, ähnlich wie bei den Migranten aus Orten unter
2000 Einwohnern. Die Familie beeinflußt die Migrationsentscheidung besonders
bei den in kleineren Orten geborenen Migranten und in den Städten ab 50 000
Einwohnern. Weshalb sie bei den in Orten zwischen 5001 und 50 000 Einwohnern
Geborenen eine solch untergeordnete Rolle spielt, erklärt sich nur aus dem
Umstand, daß Ortschaften dieser Größenklasse häufiger an der Costa vertreten
sind und dort die Familienbande laut dieser Umfrage keine solche Bedeutung

(1) Bei Familienfesten in Quito kommt es vor, daß sich fast nur Immigranten
zusammenfinden, teilweise sind fast alle Cousins und Cousinen aus dem Hei-
matort wieder vollständig versammelt. Für Personen mit starker Familien-
bindung mag Quito attraktiver sein als Guayaquil, wo mehr Entfremdung
und Entwurzelung für die Sierrabewohner droht.

haben. "Kennenlernen einer neuen Umgebung" benannten die Bewohner des
ländlichen Raumes, aber überraschenderweise auch die Migranten aus den
Städten mit mehr als 50 000 Einwohnern. Die materielle Not hat für die Migranten der Städte ab 5000 Einwohnern eine größere Bedeutung als für die
aus den kleineren Ortschaften und den ländlichen Gebieten, wo man diese Not
eher vermuten würde. Dem Studienplatzargument kommt durchgehend eine gleich-
bleibende Bedeutung zu, sieht man von den Ortschaften zwischen 5000 und
10 000 Einwohnern ab. Nicht alle Unterschiede dieser Zusammenstellung der
Migrationsgründe lassen sich leicht erklären.

5.6.7 Die Etappenwanderer

Zunächst soll analysiert werden, in welchen Ortsgrößenklassen die Etappenwanderer auf ihrem Weg zum Zielort Station einlegten sowie in welchen
Städten und Ortschaften sie geboren wurden.

TABELLE 52: HÄUFIGKEIT DER NENNUNGEN BEI DER ETAPPENWANDERUNG VON ORTEN
BESTIMMTER GRÖSSENKLASSEN

		O R T S C H A F T E N			S T Ä D T E			
	ländlich	2001 - 5000 E	5001 - 10000E	10001- 20000E	20001- 50000E	50000- 100000E	Cuenca	Quito
Geburtsort	26	18	8	9	5	10	-	3
1. Etappenort	11	7	8	3	13	16	1	20
2. Etappenort	3	3	2	3	7	6	-	5
3. Etappenort	1	-	1	-	2	3	-	1

Wie erwähnt, sind die Etappenwanderer häufiger in kleineren Ortschaften geboren worden als die Direktwanderer. Anhand von Tabelle 52 soll belegt werden,
daß von Etappenort zu Etappenort die Städte zumindest nach ihrer Einwohnerzahl bedeutender werden. Die Abbildung 29 zeigt am Beispiel Quito, daß es zwei
verschiedene Typen von Etappenwanderern gibt. Einige der Etappenwanderer sind
in einer relativ großen Stadt geboren und wandern auf dieser Ebene von Stadt-

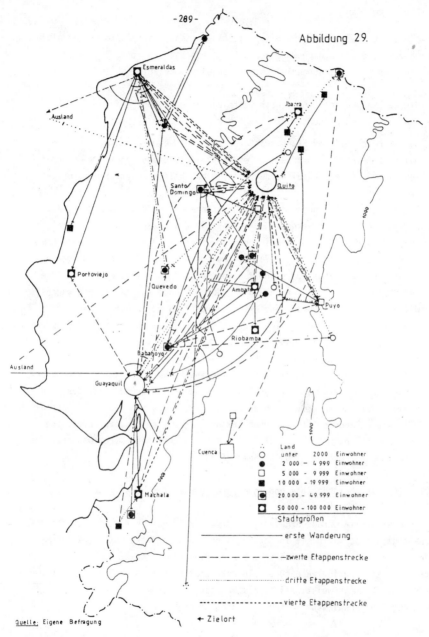

Abbildung 29.

Land
unter 2000 Einwohner
2 000 – 4 999 Einwohner
5 000 – 9 999 Einwohner
10 000 – 19 999 Einwohner
20 000 – 49 999 Einwohner
50 000 – 100 000 Einwohner
Stadtgrößen

——————— erste Wanderung
— — — — — zweite Etappenstrecke
·················· dritte Etappenstrecke
-·-·-·-·-·-·-· vierte Etappenstrecke
← Zielort

Quelle: Eigene Befragung

Darstellung des Wanderungsverlaufes von den in Etappen
nach Quito migrierten Industriebeschäftigten (34 Fälle).

gemeinden, bis sie über eine bis drei Etappenstädten ihren Zielort erreichen.
Der andere Typ von Etappenwanderer gelangt von Etappenort zu Etappenort in
ein hochrangigeres Etappenziel, bis er in diesem Beispiel in Quito angelangt
ist.
An diesen Etappenwanderungen nach Quito können noch zwei weitere Verhaltensweisen beobachtet werden:

1. Der größere Teil der Etappenwanderer sind Fernwanderer, die sich auch
   meist von einem größeren Ort zu einer gleichrangigen oder zu einer größeren Stadt bewegen. Dabei werden relativ beachtliche Distanzen zurückgelegt.
   Provinzinterne Wanderung stellt die Ausnahme dar.
2. Es gibt einige Etappenorte, die öfters genannt und von den Etappenwanderern
   häufig frequentiert werden. Neben den beiden wichtigen Zentren Quito und
   Guayaquil, die 10- bzw. 16mal genannt werden, sind vor allen Dingen Esmeraldas (12), Santo Domingo (7), Portoviejo und Babahoyo (4) häufiger auf-
   gesucht worden. Es sind, sieht man von Quito ab, fast alles Städte, die
   der Costa zugerechnet werden und die durch schnelles, man möchte sagen
   wildes Wachstum gekennzeichnet sind. Vermutlich wurde von den Wanderern
   der Versuch unternommen, sich dort in dieser Boom-Situation eine Existenz
   aufzubauen, wobei dann wohl letztendlich die Erwartungen nicht erfüllt wurden. Da Quito und Guayaquil öfters als Etappenort genannt wurden, stärkt
   dies die Vermutung, daß nicht alle Etappenwanderer sich in das Schema der
   Land-Stadt-Wanderung einordnen lassen, sondern ein großer Teil der Etappenwanderer aus relativ größeren Orten stammt. Es sind wohl dieselben,
   die, wie an anderer Stelle schon erwähnt, erheblich bessere berufliche
   Voraussetzungen mitbringen als die meisten Nicht- oder Direktwanderer und
   sich in entsprechenden Positionen befinden.

5.7 Industriebeschäftigte und ihre Verbindungen zur Landwirtschaft

An anderer Stelle wurde dargelegt, daß zuvor 9,9% der befragten Industriebeschäftigten eine Tätigkeit in der Landwirtschaft ausübten und 17,8% einen
Landwirt zum Vater hatten. Es stellt sich die Frage, inwieweit in einem
agrarisch strukturierten Land die Industriebelegschaft noch Bindungen zu dem
primären Sektor aufweist, sei es als Nebenerwerbslandwirte oder auch als Eigentümer von landwirtschaftlich nutzbarem Grund und Boden.

Die Ausübung landwirtschaftlicher Aktivitäten könnte ein Indiz für die
nicht vollzogene Eingliederung in städtische Lebensweisen sein, dafür, daß
urbane Normen und Verhaltensweisen noch nicht voll akzeptiert werden. Sicherlich können diese Industriebeschäftigten kaum mit den Arbeiter-Bauern Mit-
teleuropas verglichen werden, denen die Anpassung an Lebensformen in der In-
dustriegesellschaft viel leichter fällt. Aber Eigentum an Grund und Boden
bietet Sicherheit, erhöht das Selbstwertgefühl, bedeutet zusätzliches Einkommen, verpflichtet zum Festhalten an traditionellen Werten und verringert
die räumliche Mobilität. Interessant ist in diesem Zusammenhang, ob sich die
Verknüpfung zum Agrarsektor in den beiden Provinzen Manabí und Azuay als
stärker erweist als in den beiden großen Städten. Auf die Auswirkungen des
Agrarsektors auf das Pendlerverhalten wurde bereits hingewiesen (vgl. Kap.
5.5).

18,1% der Befragten verfügen über landwirtschaftlichen Besitz. (Diese Zahl
stimmt überraschend mit den 17,8%, die einen Landwirt zum Vater haben, überein.)

Es treten regionale Unterschiede auf: So haben in der Sierra mehr Industriebeschäftigte Landbesitz (Quito 22,2%, Cuenca ebenfalls 22,2%) als an der
Costa (Guayaquil 13,3%, Manta noch 17,8%). Die Besitzstruktur der kleinpar-
zellierten Minifundien in der Sierra gewährt keine ausreichende Existenz-
grundlage, so daß diese Betriebe nur zum Nebenerwerb fortgeführt werden können oder gar aufgegeben werden müssen. Unter den Migranten hat jeder vierte
landwirtschaftlichen Besitz, unter den Nichtwanderern nur jeder siebte.

Betrachtet man die Eigentumsverhältnisse nach den v i e r F u n k t i o n s -
g r u p p e n, so fällt auf, daß die gehobenen Angestellten mit nur 7% kaum
über landwirtschaftlichen Besitz verfügen, die qualifizierten Arbeiter und
einfachen Angestellten mit 14%, die Hilfsarbeiter und Angelernten mit 20%
und die Maschinisten und Chauffeure sogar mit 23%.

Zu beachten ist jedoch, daß der Anteil derer, die auch noch aktiv Landwirtschaft betreiben, mit 16,1% etwas niedriger ist als derer, die lediglich über
agrarisch nutzbaren Grund und Boden verfügen. Die Viehzucht spielt mit 6,4%
eine sehr untergeordnete Rolle, weil auf den Minifundios die dafür nötigen
Flächen fehlen.

Männern (mit 19,3%) fällt es leichter, Industriearbeit und landwirtschaftlichen Nebenerwerb zu vereinbaren, zumal vermutlich in erster Linie die Ehe-
frau die bäuerliche Arbeit verrichtet. Über die Intensität dieser Tätigkeiten

ist in der Befragung nichts ausgesagt. Es handelt sich mit Sicherheit um
bescheidene Selbstversorgung. So betreibt kein Mitarbeiter in gehobener
Funktion Viehzucht und nur 5% von ihnen betreiben Landwirtschaft.
Das Bild ändert sich, wenn man die Bauernsöhne und -töchter, die nun in der
Industrie arbeiten, nach ihrem Verhältnis zur Landwirtschaft befragt. 70% von
ihnen verfügen über landwirtschaftlichen Besitz und 64% sind noch Nebenerwerbslandwirte, 26% mit Vieh. Geringer sind die Vergleichszahlen bei denjenigen, die zuvor in der Landwirtschaft gearbeitet haben. Sie verfügen nur zu
35% über landwirtschaftlich nutzbaren Boden, nur noch 36% von ihnen betreiben
aktiv Landwirtschaft und 20% halten noch Vieh.
Somit läßt sich abschließend feststellen, daß die Verknüpfung mit der Landwirtschaft besonders deutlich wird, wenn in der Familie auch der Vater in
diesem Sektor tätig war. Eine Beschäftigung in der Landwirtschaft vor der
industriellen Tätigkeit bedeutet nicht zwangsläufig eine enge Verflechtung
zum Agrarsektor, wie die Zahlen belegen, da in Guayaquil nur noch 33% dieser
Gruppe und in Manta nur noch 27% aktiv im Nebenerwerb Landwirtschaft betreiben. Höher sind diese Anteile in der Sierra mit 44%, in Quito sogar mit 70%.
In Cuenca hingegen wurden nur fünf Fälle registriert. Stark bestimmt wird
diese Tätigkeit von der Nähe zum eigenen Grund und Boden. Migranten aus der
Sierra, die an der Costa arbeiten und leben, können aufgrund der räumlichen
Distanz nicht mehr entsprechend aktiv sein.
Generell kann gesagt werden, daß es relativ wenige Verknüpfungen von Industrietätigkeit und landwirtschaftlichem Nebenerwerb gibt, sieht man von den
beiden hier erwähnten Sondergruppen ab, die durch Abstammung oder die vorherige Beschäftigung noch Kontakt zu dieser Tätigkeit haben.

6. ENTWICKLUNGSMÖGLICHKEITEN UND AUSSICHTEN DER ECUADORIANISCHEN
   INDUSTRIE

Die Perspektiven der ecuadorianischen Industrie lassen sich unter Berücksichtigung des vorhandenen Potentials, des Entwicklungsstandes und der Welt-
marktsituation nur grob abschätzen. Imponderabilien wie die zukünftige politische Entwicklung, Veränderungen der internationalen Handelsbeziehungen u.a.
erschweren gerade in einem Land wie Ecuador, das stark vom Weltmarkt abhängig ist, und dessen Terms of Trade sich bei den Agrarprodukten zumindest
nicht wesentlich verbessern, eine eindeutige Prognose.

Generell müssen die Zukunftsaussichten der ecuadorianischen Industrie als
bescheiden beurteilt werden, eine Neuorientierung der Industrialisierungspolitik mag daran allenfalls partiell etwas ändern. Die Gründe für diese pessimi-
stische Einschätzung seien hier aufgeführt.

Einige in der Vergangenheit günstige Entwicklungsfaktoren, die ein d y n a -
m i s c h e s Industriewachstum ermöglichten, werden entfallen. An erster
Stelle sind die Erdöleinkünfte zu nennen: Hoher Eigenverbrauch, Rückgang der
Erlöse aus dem Erdölexport, bisher nur wenige neue erfolgversprechende Bohrungen lassen den Schluß zu, daß die staatlichen und privaten Einnahmen erheblich zurückgehen werden. Dies wird sich auf den Ausbau der Infrastruktur, auf
zusätzliche Industrieförderung, auf den Kapitalmarkt und - nicht weniger
wichtig - auf die Kaufkraft im allgemeinen auswirken. Präsident HURTADO hat
in seiner Rede am 15.6.1981 (CARTA DE NOTICIAS, No. 210, S.8, 1981) sein Volk
darauf hingewiesen, daß es sich wieder mehr an den entbehrungsreichen sechziger Jahren zu orientieren habe und weniger auf eine Fortsetzung der raschen
Einkommenszuwächse der letzten zehn Jahre hoffen dürfe. Neuere Schätzungen
gehen für 1980 und 1981 von einem erheblichen Rückgang der Wachstumsraten
und einer starken Zunahme der Inflation aus.

Der Industrie, die sich nicht aus eigener Kraft entwickelt hat, sondern zum
größten Teil mit Hilfe staatlicher Maßnahmen expandierte, fehlen die Voraussetzungen für ein eigendynamisches Wachstum, da sie zu wenig diversifiziert,
abhängig von Importen und allgemein störanfällig ist. Die strukturellen Probleme, hier nochmals kurz genannt, wurden noch nicht gelöst: Es mangelt an
dynamischem Wirtschaftsgeist, an unternehmerischer Initiative und an einer

qualifizierten Ausbildung für die Industriebeschäftigten auf den verschiedenen Funktionsebenen. Die Abhängigkeit von ausländischer Technologie ist in absehbarer Zeit nicht reduzierbar. Ungebrochen sind die alten Konsumgewohnheiten, denn die ausländischen Produkte haben oft einen unverdienten Vertrauensvorsprung (1). Noch zusätzlich bestärkt wird diese Mentalität durch das Verhalten der Oberschicht, die durch Kapitaltransfer ins Ausland (man glaubt sich des Geldes in der Schweiz und in den USA sicherer) zur Dekapitalisierung beiträgt, anstatt Investitionen im Lande vorzunehmen. Angeblich soll die Beamtenschaft in sämtlichen Hierarchien noch anfälliger für die Korruption geworden sein als unter den Militärdiktaturen.

Man muß befürchten, daß sich die Erdöleinkünfte auf die weitere industrielle Entwicklung langfristig eher negativ auswirken können, da sie bisher viele strukturelle Schwierigkeiten verschleierten. Durch raschen Einkommenszuwachs und allgemein hohe Wachstumsraten konnte sich kein reales Bild der wirtschaftlichen und insbesondere der sozialen Lage abzeichnen, so daß man einschneidende strukturelle Änderungen für nicht notwendig erachtete (zum Beispiel in der aufgeblähten ineffizienten Verwaltung, Agrarreform, Beschäftigungspolitik etc.). Das Hintanstellen dieser Probleme kann die Situation in der Zukunft nur noch verschärfen. Venezuela und Nigeria, wo sich der Niedergang der Agrarwirtschaft eindeutig auf die Erdölexporte zurückführen läßt, seien stellvertretend für die Gefährdung der Volkswirtschaften durch die leichten Einkünfte aus der Erdölwirtschaft genannt.

Am Hauptproblem der ecuadorianischen Industrie, dem kleinen Markt, hat sich insofern etwas geändert, als Ecuador eine beträchtliche Bevölkerungszuwachsrate aufweist und das Wachstum des Pro-Kopf-Einkommens das Konsumvolumen erweitert hat. Aufgrund der allgemeinen Weltwirtschaftslage und insbesondere der spezifischen ecuadorianischen Situation wird jedoch das Pro-Kopf-Einkommen real in absehbarer Zeit nur wenig zunehmen.

Die Wirtschaftsplaner hatten stark auf die Integration im Andenmarkt gesetzt. Wenn die Indikatoren stimmen, werden sich die hohen Erwartungen nicht erfüllen. Schien es noch vor einigen Jahren möglich, das Abkommen von Cartagena nicht nur mit neuem Geist, sondern auch inhaltlich zu beleben, mehren sich

---

(1) Die Produktherkunftsbezeichnung "Nacional" wird in Ecuador gelegentlich zu "Nació mal" = "schlecht geboren" verballhornt.

nun die Anzeichen, daß dieser gemeinsame Markt zumindest in den nächsten
Jahren die nationalen Egoismen nicht überwinden kann. Folgende Krisensymptome
seien genannt: Die Absicht der peruanischen Wirtschaftsplaner, sich vom bisherigen Modell der staatlichen Lenkung und Planung, das dem Andenpakt inhä-
rent ist, abzuwenden und mehr dem Beispiel Chiles mit seiner liberalistisch-
kapitalistischen Wirtschaftspolitik zu folgen. Kolumbien wird sich vermutlich anschließen. Der "Cepalismo" (1), der eine starke Stellung des Staates
in der Planungs- und Wirtschaftspolitik verlangte und als Entwicklungskonzept eine Industrialisierung hinter hohen Zollmauern vorgesehen hat, wird
also immer mehr in Frage gestellt. Die zahlreichen staatlichen Betriebe erzeugen in vielen lateinamerikanischen Ländern (Argentinien, Brasilien, Mexiko,
Peru) als Folge ihrer Schwerfälligkeit im Management und der Oberalterung
der Anlagen und Maschinen erhebliche Verluste, die die Handelsbilanz kaum
entlasten und durch die Staatshaushalte ausgeglichen werden mußten. Infla-
tionäre Tendenzen, zusätzlich genährt durch das Erdöl, waren die Folge. Damit gewannen die Kritiker dieses Konzepts, die liberalen Wirtschaftstheorien
anhängen, wieder an Einfluß.
Politische Spannungen zwischen den Mitgliedsländern nehmen zu. Erinnert sei
an den Krieg zwischen Peru und Ecuador 1981, an die latenten Feindseligkeiten
zwischen Kolumbien und Venezuela, die durch das Problem der Arbeitsemigration
aus Kolumbien und der Behandlung der kolumbianischen "Indocumentados" in Venezuela jederzeit offen ausbrechen können. Bolivien wird seit Mitte 1980 wieder
als einziges Land von einer Militärregierung geführt, obwohl man in den letzten Jahren im Andenpakt der Demokratisierung einen hohen Stellenwert zugebilligt hatte. Für Ecuador ist die Haltung Venezuelas schmerzlich, denn trotz
des Abkommens (Decisión 120) baut das Land den Mittelklassewagen, der Ecuador
zugestanden worden war. Da die Wirtsschaftspolitik Ecuadors und insbesondere
die Industrialisierungsstrategie ganz auf den Andenpakt abgestimmt ist, müssen viele Projekte aufgegeben werden, wenn dieser Markt scheitert. Eine tota-
le Neukonzipierung mit bescheideneren Vorhaben wäre unabdingbar.
Sollte jedoch der Andenmarkt entgegen der geäußerten Besorgnis doch noch

---

(1) CEPAL (Comisión Económica para América Latina), also die UN-Wirtschafts-
    kommission, formulierte die erste allgemeingültige Entwicklungsdoktrin
    für diesen Raum. Ein Konzept, das in den großen Volkswirtschaften Bra-
    siliens und Mexikos, sieht man von der hohen Auslandsverschuldung ab,
    Erfolge zeigte, sich jedoch in den kleineren Ländern nur partiell be-
    währt hat.

funktionsfähig werden, so stellt sich die Frage, welche Chancen durch komparative Kostenvorteile die ecuadorianische Industrie nach dem Abbau der
Zollpräferenzen noch vorzuweisen hat, ob sie sich gegenüber den Konkurrenten
aus Peru, Kolumbien und Venezuela behaupten kann. Es ist zu befürchten, daß
einige Industriezweige, insbesondere die Textil- und Bekleidungsindustrie,
Schwierigkeiten bekommen werden, da Lohnkostennachteile zu kompensieren sind.
Die kleineren Industrieunternehmen produzieren (Kap. 2.5.2) zu unrentabel,
ihre Erzeugnisse entsprechen nicht immer den Anforderungen der Verbraucher.
Ob eine Modernisierung durch den Einsatz kapitalintensiver Produktionsweisen
die Lösung darstellt, bleibt fraglich. Es fehlt das entsprechende Kapital
und das Fachpersonal, das diese Maschinen bedienen kann. Die Beschäftigungs-
lage der Industriearbeiter und Handwerker würde sich verschlechtern. Besonders die Existenz der traditionellen Kleinindustrie, die teilweise nur den
regionalen oder nationalen Markt beliefern kann, dürfte bedroht werden. Vom
Management, der Produktionstechnologie und den Stückkosten her gesehen wird
wohl nur ein kleinerer Teil der Betriebe der Konkurrenz gewachsen sein. Dies
wird durchaus verständlich, wenn man die industriellen Traditionen der Andenländer miteinander vergleicht. Es gilt dabei zu berücksichtigen, daß die
Unterschiede im Güterangebot nur gering sind, oder mit anderen Worten, es
werden in Ecuador nur wenige Produkte hergestellt, die in den anderen Ländern
nicht erzeugt werden, denn die Politik der Importsubstituierung, die auf die
Erzeugung von Konsumgütern abhebt, ergibt dort eine zwangsläufig ähnliche
Produktpalette.
Es ist in Ecuador nicht gelungen, die Strukturprobleme der Landwirtschaft zu
lösen. Obwohl dieser Sektor für die Exportwirtschaft von großer Wichtigkeit
ist, leben die meisten der von ihm Abhängigen in Armut und betreiben nur Subsistenzwirtschaft. Räumlich läßt sich der Dualismus der Landwirtschaft an
den für den Export produzierenden Betrieben der Costa und den Minifundien
der Sierra am eindrucksvollsten belegen. Es gilt jedoch zu berücksichtigen,
daß auch der Großgrundbesitz der Sierra für den Binnenmarkt produziert, wenn
auch die alten Haziendien ihre ökonomische Bedeutung längst eingebüßt haben.
Nur die in größerem Maßstab betriebene Viehwirtschaft, die Fischerei und die
Speiseölproduktion konnten größeres Wachstum erzielen. Die Probleme bei den
übrigen, für den nationalen Markt bestimmten Nahrungsmitteln verschärften sich
dagegen, so daß Engpässe nur über Importe beseitigt werden konnten. Durch die
Bevölkerungszunahme, besonders in den Städten, wuchs die Nachfrage nach den

Grundnahrungsmitteln in den letzten Jahren erheblich. Der Agrarsektor konnte trotz dieser günstigen Marktlage seinen Anteil am Bruttoinlandsprodukt nicht halten. 1973 betrug dieser Anteil 25,4%, 1979 nur noch 18,6%. Kein anderer Wirtschaftssektor erlitt einen solchen Bedeutungsschwund; davon besonders betroffen ist der Ackerbau (BFAI, WELTBANK 1979, S. 464 u. S. 139), der zwischen 1970 - 1977 jährlich um 4,1% schrumpfte.

Jeder dritte Erwerbstätige im städtischen Bereich ist im öffentlichen Dienst tätig, in Industrie und Handwerk hingegen nur etwa jeder sechste. Dieser aufgeblähte Staatsapparat wird nach dem Rückgang der Fiskaleinkünfte nicht mehr finanzierbar sein. Ob sich unter diesen Voraussetzungen die politische Stabilität noch erhalten läßt, scheint fraglich, zumal zu befürchten ist, daß sich die Beschäftigungsprobleme eher verschärfen. Schon 1975 war ein Viertel der Erwerbstätigen in den Städten unterbeschäftigt (INEC 1979), immer mehr Jugendliche drängen auf den Arbeitsmarkt. Die Industrie leistete zur Lösung dieses Problems kaum einen Beitrag, da sie in der Vergangenheit jährlich zwischen 6000 und 8000 Arbeitsplätze durchschnittlich geschaffen hat, jedoch etwa 80 000 bis 100 000 neue Arbeitsplätze benötigt werden. Die Landwirtschaft ist aufgrund der prekären Situation übersetzt und die Land-Stadt-Wanderung hält unvermindert an.

Die gesamte Industrialisierungsstrategie Ecuadors bedarf unter den oben aufgeführten Gesichtspunkten einer gründlichen Revision.

1. Aufgrund der schwachen Einbindung in den Andenmarkt kann die Politik der Importsubstituierung, wie sie de facto für diesen größeren Markt ebenfalls vorgesehen war, in Ecuador nicht mehr aufrecht erhalten werden. Wenn nun der Markt des Andenpaktes nicht mehr offen steht, können viele geplante Projekte nicht mehr durchgeführt werden, da eine wirtschaftliche Produktion erst bei höheren Stückzahlen rentabel ist, die aber auf dem kleinen ecuadorianischen Markt nicht mehr abgesetzt werden können. Volkswirtschaftlich dürften der Investitionsaufwand, die große Belastung der Handelsbilanz durch Importe von Kapital- und Zwischengütern, die nach wie vor noch notwendig sein werden, und die oft noch hohen Endpreise für die Verbraucher nicht mehr zu rechtfertigen sein. Ob dies allerdings als ein Nachteil zu bezeichnen ist, sei dahingestellt, denn die Importsubstitution führte vielfach nur zur Errichtung von reinen Montageindustrien, von denen bekanntlich nur wenig Linkages und positive Effekte für die natio-

nale Volkswirtschaft ausgehen. (Über weitere spezifische Nachteile dieser
Industrialisierungsstrategie der Importsubstitution vergleiche Kapitel
2.3.) So stößt zumindest in Ecuador die Importsubstitutionspolitik an
ihre natürlichen Grenzen, mit ihr allein ist eine weitere Industrialisierung des Landes nicht mehr möglich.

2. Damit verbunden ist die Notwendigkeit, von den geplanten Großvorhaben der
Schwerindustrie und des Automobilbaues Abstand zu nehmen. Dies soll am
geplanten H ü t t e n w e r k am Golf von Guayaquil noch verdeutlicht
werden. Das Hüttenwerk soll eine Jahreskapazität von 400 000 t Stahl aufweisen und 1200 meist höher qualifizierte Arbeitnehmer beschäftigen. Bei
erhofften 70 Mio. US$ Netto-Importkostenersparnis beträgt der Investitions-
aufwand laut Schätzung (WELTBANK 1979) 340 Mio. US$. Als infrastrukturelle
Ergänzungsmaßnahme müßte die Energie- und Wasserversorgung gesichert werden. Das off-shore zu fördernde Erdgas, dessen Verbrauch sich auf 3,5 Milliarden Kubikfuß jährlich belaufen würde, könnte nur mit erheblichen Erschließungskosten in Wert gesetzt werden.

Die ecuadorianische Regierung verspricht sich neben Importersparnis eine
gesicherte Stahlversorgung zu festen Preisen sowie eine sinnvolle Nutzung
der vorhandenen Erdgasvorkommen. Die Bedenken gegen diese Projekte sind
jedoch zahlreich. Zunächst muß gefragt werden, ob sich Ecuador bei der
heutigen Weltmarktlage nicht günstiger auf dem Weltmarkt versorgen könnte,
wenn man den Überhang des Stahlangebotes berücksichtigt, wobei die meisten
Stahlindustrien nur mit Subventionen konkurrenzfähig bleiben. Die Gefahr
einer Abhängigkeit von den Stahlkartellen besteht bei der Vielzahl von An-
bietern auch aus Ländern der Dritten Welt nicht mehr. Die Stahlindustrie
hat insgesamt einen Bedeutungsverlust erlitten, weil Substitutionsgüter
wie Kunststoff und andere Metalle (Aluminium) zur Verfügung stehen und
zunehmend stahlsparende Technologien angewandt werden. Überhaupt erscheint
es geradezu grotesk, für einen derart begrenzten Markt ein integriertes
Hüttenwerk ausgerechnet in einer weltwirtschaftlichen Situation zu planen,
in der selbst die führenden Stahlindustrien Westeuropas und der USA ums
Überleben kämpfen.

Vielleicht noch schwerwiegender sind die Schwächen, die dem konkreten Projekt innewohnen. Ecuador hat als einziges Land der Andenregion keine ver-
wertbaren Eisenerze und bis auf einen kleinen Schrottanteil müßten diese

mit erheblichem Kostennachteil aus Peru oder Ostvenezuela importiert werden. Noch ungewiß ist sowohl die Höhe der Erschließungskosten für die Erdgasversorgung als auch der Investitionsaufwand für das gesamte Projekt. Es darf erwartet werden, daß sich der Produktionsbeginn nicht in den nächsten fünf Jahren realisieren läßt, da sich der Ausbau der Erdgas-, der Wasser- und der Elektrizitätsversorgung noch verzögern wird. Der Strombedarf wird mit 420 GWh etwa einem Fünftel des ecuadorianischen Stromverbrauchs von 1979 entsprechen. Der hohe Investitionsaufwand steht in keinem Verhältnis zu den geschaffenen Arbeitsplätzen, zumal die Finanzierung größtenteils mit ausländischen Krediten zu erfolgen hätte. Auch sind Erfahrungen aus den Nachbarländern mit eigenen intergrierten Hüttenwerken nicht gerade ermutigend. So lehnte ein Unternehmen in unmittelbarer Nähe des Stahlwerkes "Paz del Río" die Verwendung des dort produzierten Stahls zur Herstellung von Motoren ab, weil dieser nicht die erforderliche Qualität besitzt. Generell konnte dieses kolumbianische Hüttenwerk keine Folgeindustrie auslösen (BROCHER, W. u.W. KORBY,1979, S. 89). Es ist zu befürchten, daß ähnliche Schwierigkeiten wie bei "Siderperu" in Chimbote auftreten, deren Kapazität unter 60% ausgelastet ist. Die unzureichende Qualität des erzeugten Stahls wird in erster Linie auf fehlende Fachkräfte zurückgeführt (1). Hochwertige Spezialstähle werden sich bei Guayaquil nicht herstellen lassen. Ob der nationale Stahl qualitativ den Ansprüchen genügen wird, erscheint fraglich.

Mit Sicherheit könnte man das geplante Stahlwerk, wie die meisten anderen in Entwicklungsländern, die sogar unter besseren Voraussetzungen entstanden sind, nur durch staatliche Subventionen am Leben erhalten. Der Stahlpreis würde weit über dem Weltniveau liegen, die eigene Produktion ließe sich nur durch hohe Zollmauern schützen. Die metallverarbeitende Industrie Ecuadors hätte somit weitere Kostennachteile zu verkraften, müßte wohl den geringerwertigen nationalen Stahl abnehmen und würde in ihrer Entwicklung unter Umständen gehemmt werden.

Kein Kritikpunkt ist die Dimension des Hüttenwerks. Mit dem Sauerstoffverfahren können Betriebsgrößen mit 250 000 t Jahresproduktion, falls sie unter kostengünstigen Bedingungen entstanden sind und unter der Leitung eines geschulten Managements stehen, durchaus wirtschaftlich produzieren. Dies war

---

(1) Nach Aussagen des ehemaligen Generaldirektors Novoa in einem Gespräch mit dem Verfasser.

bei den früheren Stahltechnologien (Thomas-, Siemens-Martin- und Elektro-
verfahren) bei einer solchen Größenordnung nicht denkbar (VOIGT 1971,
S. 65 ff.).
Der Stahlindustrie wird allgemein eine Schlüsselrolle für die Industrieentwicklung zugebilligt. Sie hat enorme standortpolitische Bedeutung und
schafft vielerlei "backward- und forward linkages" (1). Bei kleineren Volkswirtschaften mit weniger bedeutenden Industrien wie in Ecuador besteht jedoch die Gefahr, daß sie sich auf Kosten anderer wichtiger Industrien ein-
seitig entwickelt. Im Gegensatz zu Kolumbien, wo bereits vor der Produktionsaufnahme des integrierten Hüttenwerkes "Paz del Río" die regionale
Standortstruktur der metallverarbeitenden Industrie konsolidiert war (BRO-
CHER W. u. W. KORBY, 1979, S. 89), ließe sich mit dieser in Ecuador noch
schwach entwickelten Branche eine Dezentralisierungspolitik betreiben. Offen
bleibt allerdings, ob die Fühlungsvorteile Guayaquils die Rohstoffnähe über-
lagern würden. Alles in allem bleibt die Einschätzung, daß dieses Stahlwerk-
projekt sich weder ökonomisch noch entwicklungsstrategisch rechtfertigen
läßt.
Fraglich erscheinen auch die positiven Effekte der A u t o m o b i l i n-
d u s t r i e, da die zugesicherte Monopolstellung im Andenraum für die Fahr-
zeuggröße zwischen 1050 und 1500 ccm nicht durchgesetzt werden konnte. Der
ecuadorianische Markt ist zu klein und 80% der Autoproduktion müßten exportiert werden. "However, with the very small output size and relatively deep
backward integration as envisaged by the Government, motor vehicle production
in Ecuador is bound to be very inefficient and production costs even higher
than those in other Andean countries where automobile industries already
exist" (WELTBANKSTUDIE 1979, S. 249-250).
Erschwerend kommt hinzu, daß die Montage in der schwach entwickelten Provinz
Chimborazo zu erfolgen hätte, während die LKW-Produktion in Manabí geplant
ist. Da noch beabsichtigt ist, die gesamte Zulieferindustrie über fast alle
Provinzen zu verteilen, dürfte eine rentable Produktion kaum möglich sein,
wenn auch regionalplanerische Überlegungen ein solches Vorgehen rechtfertigen
mögen. Das Problem des Produktionsumfanges stellt sich weniger bei der LKW-
Herstellung, da diese auch in kleineren Stückzahlen gebaut werden können.

---

(1) Nach einer Untersuchung von WOGART (1978, S.73) hat die Grundmetallin-
    dustrie in Kolumbien die meisten linkages aller Branchen aufzuweisen.

Von den gigantischen Plänen für den Bau eines p e t r o c h e m i s c h e n
I n d u s t r i e k o m p l e x e s mit einem Investitionsaufwand von
1,5 Mrd. US$ wird in Ecuador in letzter Zeit immer weniger gesprochen. Die
demokratisch gewählte Regierung nimmt Abstand von diesem Projekt. Finanzmangel und die Ungewißheit über den Umfang der zukünftigen Erdölförderung sind
die wesentlichen Gründe.
Durchaus sinnvoller erscheinen andere Projekte, die mit staatlicher Unterstützung realisiert werden sollen. Die große Nachfrage der Bauwirtschaft
nach Zement rechtfertigt den Bau weiterer Anlagen, zumal dadurch erhebliche
Deviseneinsparungen zu erwarten sind. 1977 mußten 40% des Zementbedarfs importiert werden. Bei diesem Industriezweig können nationale Rohstoffe (Kalk,
Ton, Gips) verarbeitet werden. Positive Rückwirkungen auf den Wohnungsbau
und den Arbeitsmarkt sind zu erwarten. Ein ähnlicher Sachverhalt ergibt sich
bei der Düngemittelindustrie. Aus der mangelhaften Versorgung mit Fertilizern
resultieren die niedrigen ha-Erträge bei fast allen Anbauprodukten. Das Naturgas des Golfes von Guayaquil soll eine kostengünstige Produktion ermöglichen. Man geht von guten Exportchancen für die Andenregion aus.

Wie sollte nun eine erfolgreiche Industrialisierungspolitik gestaltet werden? Komparative Kostenvorteile sind nach WOGART (1978, S. 120) unterteilbar
nach drei Hauptgruppen:

1. Sogenannte Ricardo-Güter (welche auf Vorteile bei der naturräumlichen
   Ausstattung, dem Klima und den Bodenschätzen beruhen).
2. Voll entwickelte Erzeugnisse, die sich allgemein verbreitet haben (die
   Technologie ist weltweit bekannt oder leicht zu erwerben). Diese Gruppe
   läßt sich nach kapitalintensiver oder arbeitsintensiver Produktionsweise
   unterscheiden.
3. Neue Produkte, deren Know-how auf der Grundlage intensiver Forschung und
   Entwicklung entstanden und deren Technologietransfer extrem teuer oder
   schwierig ist.

Da in Ecuador technisch-wissenschaftliche Institutionen fehlen, scheidet die
dritte Gruppe aus, selbst bei der Übernahme von Technologien anderer Länder
fehlt es an Fachkräften, die diese in die Produktion umsetzen, geschweige
denn fortentwickeln könnten. Der teuer eingekaufte Vorsprung gegenüber anderen Ländern ginge so rasch verloren.
Bei der Übernahme von einfacheren Technologien, die allgemein verbreitet

sind, kommt für Ecuador die a r b e i t s i n t e n s i v e Produktionsweise nicht in Frage, weil das Land wegen der relativ hohen Lohnkosten im
internationalen Vergleich nicht konkurrieren kann. Dies ist teilweise eine
Folge der relativ stabilen Wechselkurse, aber auch der mehrfachen Anhebung
der Mindestlöhne. Kolumbien hat bis zu einem gewissen Grad den Weg verfolgt,
arbeitsintensive Güter herzustellen. Das Lohn- und Gehaltsniveau war schon
1975 bei einem durchschnittlichen Jahresgehalt von 1615,4 US$ in Ecuador
erheblich höher als in Kolumbien mit nur 1124 US$ (1). Bei den Sozialleis-
tungen hingegen ist dieser Unterschied nicht so ausgeprägt (605 US$ in
Ecuador pro Jahr, in Kolumbien 593 US$). Dabei muß noch berücksichtigt wer-
den, daß die kolumbianischen Arbeiter aufgrund eines besser funktionierenden
Ausbildungssystems (SENA) und einer längeren Tradition für eine industrielle
Tätigkeit besser qualifiziert sind.
Ecuador eignet sich auch nicht als verlängerte Werkbank, zumal es für die
Industrien entwickelter Länder attraktivere Billiglohnländer gibt, die
transportkostengünstiger liegen und über ebenfalls gute infrastrukturelle
Einrichtungen verfügen, zum Beispiel Mexiko und die Westindischen Inseln
(letztere vgl. HAAS, 1976).
Auch Kolumbien mit seinen Freihandelszonen in Cartagena, Santa Marta, Cúcuta,
Cali, Buenaventura und insbesondere Barranquilla bietet hierfür bessere Voraussetzungen. Dabei sind die Effekte einer solchen Industrialisierungsstrategie sehr umstritten. (Zum Beispiel müßten der gesetzliche Mindestlohn reduziert, die Arbeitsgesetzgebung geändert und die gewerkschaftlichen Aktivitäten begrenzt werden, um für Investoren attraktiv zu sein. Es wird befürch-
tet, daß sich die Abhängigkeit vom Ausland erhöhen und eine Enklavenindus-
strie entstehen würde.)
Daß eine Industrialisierung Ecuadors über die k a p i t a l i n t e n s i v e
Erzeugung von Gütern erfolgen könnte, ist grundsätzlich vorstellbar, zumal
dies teilweise (Kap. 2.1.4) schon geschieht. Allerdings dürfte der hohe Kapi-
talbedarf eine Industrialisierungsstrategie ausschließlich auf diesem Wege
kaum ermöglichen. Es stellt sich zudem die Frage, ob ein Land, das gezwungen

---

(1) Höhere Löhne werden in Venezuela gewährt, wo der Jahreslohn 1974 schon
    durchschnittlich 2200 US$ betrug, mit den Sozialleistungen sogar 4370 US$.
    Diese relativ hohen Löhne werden damit erklärt, daß die Industrie in
    Venezuela gezwungen sei, bei der Lohngestaltung der Erdölwirtschaft zu
    folgen.
    In Bolivien betrug der Nettolohn 1975 im produzierenden Gewerbe pro Monat
    113 US$ (Angaben INEC, BFAI, ESER 1979).

ist, in größerem Umfang Arbeitsplätze zu schaffen, seine bescheidener
werdenden Kapitalreserven nicht sinnvoller dort einsetzen sollte, wo sich
echte komparative Kostenvorteile ergeben, nämlich in Verbindung mit den
Ricardo-Gütern.

Da, wie in Kapitel 4.2 dargelegt wurde, das Land an metallischen Bodenschätzen arm ist und sich die übrigen Mineralien lediglich für eine nationale Bau-
stoff-, Keramik- und Düngemittelindustrie eignen, bleibt noch zu prüfen,
welche Ressourcen für sonstige Industrialisierungsprojekte erschlossen werden könnten. Kostenvorteile könnten sich durch die Inwertsetzung des bedeutenden Energiepotentials ergeben, so daß energieintensive Erzeugnisse durchaus auf dem Weltmarkt konkurrenzfähig sein könnten. Dabei sollten die Erd-
ölreserven des Landes ausgenommen und sinnvoller eingesetzt werden, zumal es
nicht absehbar ist, wie lange sie noch vorhalten. Vielmehr bietet sich die
Wasserkraft und das Erdgas des Golfs von Guayaquil an. Wie in Kapitel 4.3.2
vermerkt wurde, ist erst ein Prozent der potentiellen Wasserkraft in Wert gesetzt. Energieintensive Industriezweige liegen im Bereich der Grundstoffindustrie, vor allem bei der Metallerzeugung. Leider lassen sich diese, wie
am Beispiel des geplanten Hüttenwerkes dargelegt wurde, für Ecuador nicht
empfehlen. Auch für die Aluminiumherstellung ist Ecuador als Standort unge-
eignet. Länder mit Bauxitvorkommen wie Venezuela verfügen ebenfalls über ein
beachtliches Energiepotential. Ecuador liegt zu abseits von Rohstoffen und
Märkten. Ähnlich verhält es sich bei den Erzen, die in den anderen Andenländern abgebaut werden. Der Investitionsaufwand beim Bau der Verstromungsan-
lagen bedeutet für ein Land wie Ecuador eine enorme finanzielle Belastung,
zumal Wasserkraftwerke in den Gestehungskosten die thermischen Kraftwerke
weit übertreffen, auch wenn sie dafür sehr viel langlebiger sind. Einen
hohen Stromverbrauch hat sowohl die nichtmetallische Mineralien verarbeitende als auch die papiererzeugende Industrie. Der von der Regierung geplante
Ausbau der Zementindustrie dürfte ohne Auswirkungen auf den Export bleiben,
hingegen ist die projektierte Spezialpapierproduktion für die Ausfuhr durchaus von Relevanz. Es wäre zu prüfen, ob nicht die Papierindustrie auf der
Grundlage von Energie- und Holzreichtum ausgebaut werden könnte, wie es
schon 1969 ONUDI vorgeschlagen hat. Es ist allerdings zu erwarten, daß bei
einem großdimensionierten Projekt private Investoren aus Ecuador überfordert
sind, so daß der Staat als Kapitalgeber initiierend tätig werden müßte.

Unbestritten verfügt Ecuador mit seiner reichen naturräumlichen Ausstattung

über die Grundlage für eine florierende Verarbeitung landwirtschaftlicher
Produkte. Das Land vereinigt durch seine Höhenstufen innerhalb eines kleinen
Staatsgebietes sämtliche Anbauzonen der tropischen Landwirtschaft. SICK (1963)
hat dieses reiche Potential ausführlich beschrieben. Um hierauf eine Verwer-
tungsindustrie zu gründen, wäre eine Umorientierung der Wirtschaftspolitik
die Voraussetzung. Anstatt industrielle Großprojekte durchzuführen (Automobilindustrie und Hüttenwerk), müßten die dafür vorgesehenen Mittel primär
zur Reorganisierung der Landwirtschaft verwendet werden. Der letzte Fünfjahresplan ist ein erster Schritt in diese Richtung, da der Landwirtschaft mehr
Bedeutung beigemessen wurde. Leider sind die mit der Agrarreform gemachten
Erfahrungen nicht ermutigend, da sich dieses 1964 und 1973 propagierte staatliche Interesse an einer grundsätzlichen Strukturänderung hauptsächlich auf
die Intensivierung der Kolonisation in Esmeraldas und im Oriente beschränkte,
anstatt das Problem der 346 800 Minifundien unter 5 ha (Censo Agropecuario
1974) zu lösen. Eine Ausnahme stellt die Abschaffung des "Huasipungismo"
und anderer vom Großgrundbesitz abhängiger Pachtformen dar. Wie notwendig
eine erfolgreiche Agrarreform wäre, läßt sich an der Besitzstruktur erkennen.
So verfügten 1974 66,8% der Betriebe nur über 6,8% des genutzten Grund und
Bodens. Damit gehört Ecuador zu den lateinamerikanischen Ländern mit den
größten Disparitäten beim Grundbesitz (BLANKENSTEIN u. ZUVEKAS 1974).
Das Scheitern der Agrarreform erklärt sich aus dem mangelnden Interesse der
politisch führenden Schichten und aus dem Ausbleiben der Unterstützungsmaß-
nahmen für die wenigen durchgeführten Bodenreformprojekte. Eine tatsächliche
Reform- und Förderungspolitik würde den 46% der im Agrarsektor Beschäftigten
entgegenkommen und ihre berufliche Existenz sichern. Damit verbunden sein
müßte die Intensivierung des Anbaues; sicherlich läßt sich dies wegen des kar-
gen Bodens und ungünstiger Klimaverhältnisse nicht bei allen Minifundien der
Sierra realisieren. Diese Maßnahmen würden eine Abwendung von der Subsistenz-
und eine Eingliederung in die Volkswirtschaft mit sich bringen. Mit der gewonnenen Kaufkraft gewännen diese Kleinbauern auch als Konsumenten von einfachen industriellen Gütern an Bedeutung. Generell würde die Küstenregion
für den Agrarexport produzieren, wie seit jeher, allerdings mit einigen erheblichen Unterschieden: So darf der alte Fehler einer monostrukturellen
Ausrichtung nicht wiederholt werden, vielmehr muß eine so breit wie möglich
angelegte Diversifizierung hochwertiger Obst- und Gemüsesorten erfolgen,
ergänzt durch weitere Pflanzungen, die auch die traditionellen Produkte

Kaffee, Kakao, Bananen, Zuckerrohr, Reis umfassen können, falls die dafür
vorgesehenen Anbauflächen nicht günstiger in Wert gesetzt werden können
(zum Beispiel bei Verkehrsferne, fehlenden Arbeitskräften oder Vermarktungschancen, ökologische Bedingungen etc.). Das andine Becken hätte vorrangig
für den internen Markt Versorgungsfunktionen, eventuell auch für die Nachbarländer (Rinder für Peru), während der Oriente aufgrund der Verkehrsungunst
für extensive Landwirtschaft (Rinderhaltung), aber auch für hochspeziali-
sierte Dauerkulturen (Pfeffer etc.) geeignet wäre.
Der Staat müßte sich bei der Modernisierung der Landwirtschaft vorwiegend
auf folgende Punkte konzentrieren:

1. Schaffung der Rahmenbedingungen für diese Strukturänderungen. Hierzu gehören Forschungs- und Versuchsanstalten, die sich um den bestmöglichen Anbau von entsprechenden Kulturpflanzen in den verschiedenen Zonen des Landes und um Bereitstellung des Saatgutes bemühen. Diese Aufgabe wurde bisher von INIAP (Instituto Nacional de Investigaciones Agropecuarias) und
   von ENDES (Empresa Nacional de Semen) teilweise übernommen. Ferner wäre
   ein entsprechender Beratungsservice und die Ausbildung und Beratung der
   Bauern durch qualifizierte Promotores erforderlich. Einfache, aber ad-
   äquate Technologien müssen entwickelt werden, die Banco Nacional de Fomento und die entsprechenden Regionalbanken müßten in die Lage versetzt werden, ohne größeren und abschreckenden bürokratischen Aufwand langfristige
   Kredite zu tragbaren Zinsen an die Erzeuger vergeben zu können. Die Vermarktung wäre durch die Schaffung von Lagerkapazitäten (Silos) und durch
   ein Netz von Schlachthöfen zu verbessern. Bisher wurden von staatlicher
   Seite (MAG) die ENAC (Empresa Nacional de Almacenamiento y Comerciali-
   zación de Productores Agropecuarios) und die EMPROVIT (Empresa Nacional de
   Productos Vitales) gegründet sowie in größeren Städten moderne Markthallen
   erstellt. Allerdings fehlt es ENAC (laut WELTBANK 1979, S. 162) an Lager-
   raum und Aufkaufstationen auf dem Lande. Aus dem Dargelegten wird deutlich, daß die Institutionen zwar vorhanden sind, ihnen aber die Voraussetzungen für ein effizientes Handeln fehlen. Was verlangt wird, ist eine
   integrierte Agrarentwicklung, ein Begriff, der in Ecuador auch in Zusammenhang mit der neuen Institution PIDA (Proyectos Integrados de Desarollo
   Agropecuario) gebraucht wird, jedoch auch hier bereitet die Umsetzung in

die Realität Schwierigkeiten (1).

Die Aufgabe einer noch zu schaffenden Organisation sollte die der internationalen Vermarktung und die entsprechende Öffnung weiterer Auslands-
märkte sein. Dies gilt sowohl für landwirtschaftliche Erzeugnisse als auch
für die industriell aufbereiteten Agrarprodukte.

2. Die infrastrukturellen Voraussetzungen müssen verbessert werden. Maßnahmen
   gegen die fortschreitende Bodenerosion und Bewässerungsvorhaben verdienen
   höchste Priorität. Die Regionalentwicklungsorganisationen sind auf diesem
   Felde teilweise erfolgreich tätig. Genannt sei PREDESUR; es plant in El
   Oro die Durchführung des Puyango-Tumbes-Projektes mit 50 000 ha bewässer-
   tem Land, an eine Ausweitung wird gedacht. CRM führt das Poza Honda- und
   Chona-Charrizal-Bewässerungsprojekt durch, das insgesamt 18 000 ha umfassen soll. In Esmeraldas ist beabsichtigt, das Flußbett des gleichnamigen
   Flusses mit 1,5 Mio. ha einer besseren landwirtschaftlichen Nutzung zuzuführen (OIPE). Trotz des feuchten Untergrundes (Niederschläge von bis zu
   3500 mm pro Jahr) könnte dieses Terrain sowohl für den Anbau von Bananen,
   Zitrusfrüchten, Mangos und Ölpalmen als auch für die Weidewirtschaft genutzt werden. Ebenso umfangreich ist das CEDEGE-Projekt für das untere
   Guayas-Becken, hier sind jedoch durch die ausgezeichneten Böden die agrarischen Bedingungen besser. Wenn die dort periodisch auftretenden Überschwemmungen durch Deiche, Drainagen, Kanäle und Schleusen vermieden werden können, läßt sich die landwirtschaftliche Anbaufläche verfünf- bis
   verzehnfachen. In diesem Zusammenhang können über das Daule-Peripa-Projekt
   weitere 50 000 ha der ariden Halbinsel Santa Elena bewässert werden.
   Ecuador verfügt also über gewaltige Bodenreserven. Nach Angaben der WELT-
   BANK (1979, S. 177) sind von den für Ackerbau geeigneten 3 717 000 ha Land
   nur 1 567 000 ha tatsächlich unter Pflug und Hacke, von 6 959 000 ha po-
   tentiellem Weideland 3 191 000 ha entsprechend bewirtschaftet. Diese Land-
   reserven sind vorwiegend, aber nicht ausschließlich an der Costa und im
   Oriente nachgewiesen. Das Instituto Ecuatoriano de Recursos Hidráulicos
   (INERHI) soll sich um die Bodenverbesserungsmaßnahmen bemühen. Bis 1978
   wurden insgesamt 44 700 ha mit Bewässerungsanlagen überzogen. Der land-

---

(1) Eine weitere Institution FODERUMA (Fondo de Desarollo de Sector Rural
    Marginal) soll die ärmsten Campesinos nach dem Selbsthilfeprinzip bei
    der Besserung der Lebensbedingungen unterstützen.

wirtschaftliche Wegebau ist immer noch unzureichend. Er könnte mit einer
Agrarreform zusammen beschleunigt werden. Letztere sollte die Schaffung
von leistungsfähigen Betrieben zum Ziel haben, die neben der Selbstversorgung auch für den Markt produzieren.

Auf der Grundlage einer so konzipierten Landwirtschaft, die neben Ackerbau
und Viehzucht einen intensiven Gartenbau beinhalten würde, ließe sich eine
weiterverarbeitende, arbeitsintensive Industrie aufbauen. Es eignen sich zwar
nicht alle agrarischen Produkte zur Weiterverarbeitung, eine intensivierte
Landwirtschaft würde aber auch indirekt Industrien auslösen können (zum Beispiel Verpackungs-, Dünger-, Schädlingsbekämpfungs-, Traktoren- und Land-
maschinenindustrie). Industrie und Landwirtschaft müßten sich in ihren Bedürfnissen wechselseitig ergänzen und anregen.

In diesem Zusammenhang kann nicht geklärt werden, welche Produkte sich für
eine Vermarktung auf dem Weltmarkt und zuvor für eine eventuelle industrielle
Weiterverarbeitung eignen. Tropische Agrarerzeugnisse haben allgemein bessere
Chancen, da sie nicht mit den landwirtschaftlichen Produkten der industrialisierten Länder in den gemäßigten Breiten konkurrieren und somit weniger
den protektionistischen Importregelungen unterliegen. Unter diesem Aspekt muß
die Frage nach den Anbauprodukten beantwortet werden. Es sind die, die sich
am einfachsten vermarkten lassen. Unter den vorhandenen naturräumlichen Bedingungen kann Ecuador flexibel agieren und sich sämtliche Optionen offen
halten, weil das Land über eine enorme Variationsbreite des Anbaus verfügt.
Ecuador muß also Güter anbieten, die nicht hochkompetiv sind. Diese sollten
so weit wie möglich für den Verbraucher weiterverarbeitet werden (das heißt
gemahlen, versaftet, konserviert, angereichert, verpackt etc.), damit die
Beschäftigungseffekte hoch sind, der bestmögliche Preis erzielt werden kann
und die Güter besser gelagert, transportiert und vermarktet werden können.
Ecuador hätte in Europa vermutlich mit Erzeugern wie Südafrika und Israel zu
konkurrieren, könnte jedoch auch noch weniger bekanntes Obst und Gemüse anbieten (Mango, Papaya, Naranjilla etc.). Da die Jahreszeiten in Ecuador nicht
wirksam sind, könnte das Land insbesondere dann liefern, wenn andere Erzeuger ausfallen. Gute Absatzchancen ergeben sich auf dem wachsenden Markt
der islamischen OPEC-Länder, zu denen Ecuador beste Verbindungen hat. Diese
Länder decken sich heute noch aus anderen Regionen ein. Venezuela mit seiner
desorganisierten Landwirtschaft wäre ebenfalls ein natürlicher Handelspartner.

Bei Verzicht auf eine eigene Grundstoff- und Schwerindustrie könnte die Regierung Handelsabkommen schließen, die den Kauf dieser Güter bei zur Zeit relativ günstigen Weltmarktpreisen von der Abnahme eigener Agrarprodukte abhängig macht. Voraussetzung ist eine gut funktionierende Exportorganisation. Unbestritten läßt sich der internationale Markt leichter und zu günstigeren Terms of trade für hochwertige bzw. veredelte Agrarprodukte öffnen als zum Beispiel für Textilien oder Stahl. Ecuador ist zwar durch seine geographische Lage benachteiligt, andererseits wird aber auch ein geringwertiges Gut wie die Banane nach Europa, USA und Japan verfrachtet. Dieses vorgeschlagene Industrialisierungsmodell, wobei die Möglichkeit der Nutzung der Wälder und die Inwertsetzung von fast brach liegenden Regionen (zum Beispiel könnte in Cañar Flachs angebaut werden, für den sich in Belgien gute Preise erzielen lassen) noch nicht angesprochen sind, bietet folgende Vorteile:

1. Für die durch den Export erwirtschafteten Devisen können Güter erworben werden, die bisher im Lande nur ungünstig zu hohen Preisen hergestellt wurden. Die Importsubstitution mit ihren bekannten Nachteilen wird aufgegeben. So müßten sich die heimischen Unternehmer zugunsten der Verbraucher mehr den Marktbedingungen stellen.
2. Das Modell beinhaltet die größtmöglichen Beschäftigungseffekte. Zugleich wird der Dualismus zwischen Stadt und Land aufgehoben, die Einkommensunterschiede weitgehend nivelliert, der Land-Stadt-Wanderung entgegengewirkt. Landwirtschaft und Industrie sind als gleichberechtigte Sektoren aufeinander angewiesen, während die augenblickliche Industrialisierungsstrategie die Landwirtschaft benachteiligt und nur einer kleinen Minderheit die Chance dauerhafter Beschäftigung und regelmäßigen Einkommens beläßt.
3. Das naturräumliche Potential würde zum ersten Mal einer optimalen Nutzung zugeführt, um weite Bevölkerungsteile am Wohlstand teilhaben zu lassen.
4. Da der Markt wesentlich erweitert wird, könnte sich die Leichtindustrie, insbesondere die Kleinindustrie, besser entfalten als bei dem traditionellen Industrialisierungskonzept.

Es sei in diesem Zusammenhang nochmals an die Rolle des Staates im Industrialisierungsprozeß Ecuadors erinnert (vgl. Kap. 3.). Unbestritten wäre die Industrie ohne staatliche Bemühungen nicht auf dieses Niveau gelangt. Das jetzt erreichte Stadium dürfte das direkte Engagement in Industrieprojekten nicht mehr erfordern. Der Staat sollte die hier dargelegten Rahmenbedingungen schaf-

fen, seine Industrieförderungsmaßnahmen modifizieren und gezielter Industrien unterstützen, die dem dargelegten Konzept der Weiterverarbeitung
agrarischer Produkte entsprechen, nicht jedoch die Priorität auf die Importsubstitution legen bzw. diese sukzessive abbauen. Die neuen Industrien würden in ihrer Struktur in erster Linie mittlere Betriebe sein mit nicht allzu
hohen Anforderungen an das Management. Dennoch wäre auch hier weiterhin Beratung und Unterstützung von staatlichen Institutionen wie CENDES notwendig.
Ein Rückzug des Staates aus dem Wirtschaftsleben im neoliberalistischen Sinne
entspräche nicht den Interessen des Landes, weil sich dieser vorgesehene
Strukturwandel ohne staatliche Unterstützungs- und Lenkungsmaßnahmen nicht
realisieren läßt.

Der Verzicht auf eine Grundstoff- und Schwerindustrie bedeutet also keinesfalls, daß der Anspruch auf die Verbesserung der Lebensbedingungen aufgegeben
würde. Das Beispiel Neuseelands sei hier kurz dargelegt. Zwar sind einige
Grundvoraussetzungen verschieden, die Landwirtschaft prosperiert seit jeher
und weist nicht die Strukturmängel der ecuadorianischen auf. Die Bevölkerung
wurde, sieht man von den Maoris ab, während der jüngeren Geschichte voll in
den Wirtschaftsprozeß integriert, der Agrarexport hat einen Wohlstand geschaffen, den es vergleichsweise in Ecuador nie gegeben hat. Ecuador liegt in den
Tropen, Neuseeland in gemäßigten Breiten. Aber es gibt eine erstaunliche Reihe
gemeinsamer Merkmale: Die späte Industrialisierung, die lange Zeit gültige
protektionistische Industrialisierungspolitik, wichtiger noch der kleine Binnenmarkt, noch stärkere Abgeschiedenheit von den bedeutenden Weltmärkten,
starke Reliefierung des Staatsgebietes, fehlende Rohstoffe, die die Schaffung
einer Schwerindustrie unmöglich machten (sieht man von der Aluminiumindustrie
ab, die in erster Linie wegen der billigen Hydroenergie an der bevölkerungs-
armen Südküste entstand. Vgl. HÜTTERMANN 1974.)

Bei aller relativen Bedeutung der Agrarwirtschaft in Neuseeland waren 1971
nur noch 12,7% der Erwerbstätigen im primären Sektor tätig (gegenüber den
46,2% in Ecuador), weniger als die Hälfte der Industriebeschäftigten. Trotzdem konnten sie die Nahrungsmittelindustrie ausreichend mit Naturrohstoffen
versorgen.

Ob sich Fleisch leichter auf dem Weltmarkt verkaufen läßt als tropische Agrarprodukte, kann nicht mit Sicherheit entschieden werden. Tatsächlich war es
für Neuseeland als Mitglied des Commonwealth einfacher, sich den englischen

Markt zu erschließen und verfügt mit Australien über einen potenten Wirtschaftspartner. Neuseeland kann aber als Beispiel dafür genommen werden, daß sich Wohlstand auch auf der Grundlage der Leichtindustrie und der Landwirtschaft gründen läßt. So erreichte dieses Land 1978 je Einwohner ein Bruttosozialprodukt von 4790 US$ und nahm damit in der Wohlstandshierarchie den 26. Rang aller unabhängigen Staaten ein (FOCHLER-HAUKE 1980, Spalte 401).

Der hier für Ecuador skizzierte Wandel läßt sich nicht leicht verwirklichen, weil vielerlei für ein Entwicklungsland typische Friktionen und Schwierigkeiten entgegenstehen, die in dieser Arbeit zum größten Teil beschrieben wurden. Wäre dies nicht so, müßte dieses Land aufgrund der vorhandenen Möglichkeiten in seiner ökonomischen Entwicklung wesentlich weiter sein.

Ecuador, das in seiner Wirtschaftsgeschichte verschiedene Booms auf Kaffee-, Kakao-, Zuckerrohr- und Bananenbasis und schließlich durch das Erdöl erlebte und jeweils danach eine Krise durchzustehen hatte, muß nun versuchen, mit den verbleibenden Ressourcen die notwendigen strukturellen Veränderungen einzuleiten.

ZUSAMMENFASSUNG

1. Ecuador gehört zu den schwach industrialisierten Ländern Lateinamerikas.
   Die Industrie konnte für die nationale Volkswirtschaft nie eine tragende
   Bedeutung erlangen. Erst in den letzten Jahren entwickelte sich die Indu-
   strie zu einem dynamischeren Wirtschaftszweig. Dies manifestiert sich in
   Wachstumsraten von 14% in den siebziger Jahren. Dennoch waren 1976 mit
   80 804 Industriebeschäftigten nur 3,5% aller Erwerbstätigen in diesem Sek-
   tor registriert. Der Anteil des Bruttoinlandsproduktes betrug 1977 (ohne
   Handwerk und Baugewerbe) 12,3%.

2. Das Handwerk unterscheidet sich von der Industrie in Ecuador vor allem
   durch dreimal höhere Beschäftigtenzahlen, durch eine achtmal niedrigere
   Produktivität pro Beschäftigtem und ein weitaus niedrigeres Wachstum. Eine
   relativ große Bedeutung hat das Handwerk bei Bekleidung und Leder, der
   Holzverarbeitung und Möbelherstellung, Druck und Papier, chemischen Produkten sowie bei "sonstigen Industrien". Das Handwerk ist in einem geringeren Maße importabhängig und wird in der Kreditversorgung stark benachteiligt.

3. Die Dominanz der Konsum- und Gebrauchsgüterindustrie (1977 = 61,1%) ist
   ein überragendes Strukturmerkmal und zugleich Ergebnis der Politik der
   Importsubstitution . Die Zwischengüterindustrie verlor in den siebziger
   Jahren noch mehr an Bedeutung (1977 noch 28,4%), hingegen blieb der Anteil
   der Kapitalgüterindustrie mit 10,5% zwischen 1970 und 1977 gleich groß.
   Die horizontalen und vertikalen Verflechtungen sind gering, der Entwicklungsstand niedrig. Die traditionellen Industrien (Nahrungsmittel, Textil,
   Bekleidung, Leder, Schuhe) boten 1976 57,3% der ecuadorianischen Indu-
   striebeschäftigten Arbeitsplätze.

4. Die Nahrungsmittelindustrie ist nicht nur wegen ihrer Bedeutung für den
   Export die wichtigste Industrie, sie beschäftigt auch die meisten Industriearbeiter und hat die engsten Verflechtungen mit anderen Wirtschafts-
   sektoren. Die Chemische Industrie hat nach Zahl der Betriebe und Wertschöpfung, jedoch nicht nach Beschäftigten die Textilindustrie auf den
   dritten Platz verdrängt. Dies ist nicht nur auf die Erdölraffinerien, son-

dern vielmehr auf die allgemeine breite Diversifizierung der Branche zurückzuführen. Einen erheblichen Bedeutungsgewinn erfuhren, trotz fehlender Grundmetallindustrie, die Metallverarbeitung und der Fahrzeugbau. Nur
die Nahrungsmittel-, Textil-, Bekleidungs-, Leder-, Schuhindustrie, die
holzverarbeitende und Möbelindustrie und die nichtmetallische Mineralien
verarbeitende Industrie greifen vorwiegend auf nationale Rohstoffe zurück.

5. Die ecuadorianischen Industrieunternehmen sind vorwiegend Klein- bzw.
   Mittelbetriebe. Nur 12,8% weisen 100 und mehr Beschäftigte auf. Größere
   Betriebe erreichen pro Beschäftigtem eine erheblich höhere Wertschöpfung
   und bieten höhere Löhne und bessere Sozialleistungen. Dies ist auf die
   rationellere Produktionsweise und den Einsatz moderner Maschinen zurückzuführen. Traditionelle Produktionsweisen (Werkbank, mechanisierte Werkstatt,
   Einzelanfertigung) werden bei jedem dritten Betrieb mit weniger als 50 Beschäftigten eingesetzt.

6. Der kleine Markt, das Fehlen von metallischen Rohstoffen, die periphere
   Lage, die schwache Integration der einzelnen Regionen, die unzureichende
   Infrastruktur und die ineffiziente Organisation des Staates erklären den
   geringen Entwicklungsstand der ecuadorianischen Industrie. Des weiteren
   mangelt es an Unternehmerpersönlichkeiten und an qualifizierten Fachkräften. Die Abhängigkeit von Technologie und Importen von Vorfabrikaten und
   Rohstoffen ist ausgeprägt. Geringe Kapazitätsauslastung und Kapitalmangel
   als betriebswirtschaftliche Hemmnisse ergänzen den Erklärungskatalog.

7. Die Unternehmen selbst benannten ihre betriebsinternen Schwierigkeiten in
   dieser Reihenfolge: Fehlen von qualifizierten Arbeitskräften (56%), Absatzprobleme (32%) (besonders häufig die Betriebe, die nach 1972 entstanden mit 40%), Schwierigkeiten beim Materialbezug (29%), Technologieproble-
   me (23%) (beim Fahrzeugbau sogar 82%). Erst an fünfter Stelle wurde die
   Infrastruktur bemängelt. Die Betriebe aus den schwächer industrialisierten Provinzen weichen dabei kaum vom Durchschnitt ab. Geringeres Gewicht
   hatten Probleme mit den Produktionsanlagen (13%), Konflikte mit der Arbeiterschaft (11%) und Transportschwierigkeiten (10%). Neun Prozent der Betriebe gaben an, keine Probleme zu haben.

8. 1976 waren 79,6% der Industriebetriebe mit 83,2% der Wertschöpfung und
   78,7% der Beschäftigten auf die beiden Provinzen Guayas und Pichincha

konzentriert. Auf Guayas zum Beispiel fallen mehr als die Hälfte der
Sozialleistungen des Landes. Von den 71 registrierten Industriezweigen
wurden 62 in Pichincha und 61 in Guayas nachgewiesen. Seit 1972 konnte
Quito gegenüber Guayaquil als Standort den Rückstand etwas reduzieren.

9. In Bezug auf die Anzahl der Industriebeschäftigten steht die Provinz
Azuay an dritter Stelle, bei der Wertschöpfung hat Manabí (Manta) diesen
Platz inne. Tungurahua mit seiner kleinstrukturierten, aber relativ stark
diversifizierten Industrie nimmt nach Beschäftigten den sechsten Rang ein.
Es liegt damit hinter der strukturschwachen Provinz Cañar mit nur zwei
großen und einem mittleren Industriebetrieb. Die Sierraprovinzen Chimbo-
razo, Cotopaxi und Imbabura haben einen Beschäftigtenanteil von über einem
Prozent und noch einen beachtlichen Diversifizierungsgrad. Carchi, El Oro,
Esmeraldas, Loja und Los Ríos sind nur schwach industrialisiert oder haben
eine kaum diversifizierte Branchenstruktur. Morona Santiago und Pastaza
im Oriente wiesen nur jeweils einen mittleren Nahrungsmittelbetrieb auf.
Gänzlich ohne Industrie waren laut Industriezensus 1976 Bolívar, Napo,
Zamora Chinchipe und die Galápagosinseln.
Die Ansiedlung von Industrie erklärt sich, sieht man von dem größten Teil
der exportorientierten Nahrungsmittelindustrie ab, oft aus der Versorgungsfunktion für eine Provinz oder Region.

10. Die Befragung des Verfassers nach den Standortgründen ergab, daß die Verfügbarkeit von geeignetem Gelände das überragende Argument für die Standortentscheidung war. Marktnähe und Energieversorgung spielten erst in
zweiter Linie eine Rolle, ebenso wie Transporterleichterungen und Wasserversorgung. Von einer gewissen Relevanz war das Vorhandensein eines geeigneten Gebäudes. Rohstoffnähe war nur für eine Minderheit von Betrieben ein
wichtiger Faktor, die Beziehungen zu einer Stadt stellte ein drittklassi-
ges Argument für die meisten Betriebe dar. Sehr geringe Relevanz hatten
Umweltschutzüberlegungen, Nähe zu einem anderen Betrieb und vor allen Dingen Erleichterungen von staatlicher und kommunaler Seite.

11. Laut Befragung haben 26% der Unternehmen eine Standortverlegung durchgeführt (in den schwächer industrialisierten Provinzen sogar 32%), wobei bei
67% als Verlagerungsgrund Erweiterungsabsichten und bei weiteren 30% der
Erwerb von eigenem Grund und Boden angeführt wurden.

12. Widersprüchliche Resultate ergab die Befragung nach Folgeindustrie bzw.
Nähe zu anderen Betrieben. 54% der Unternehmen waren der Ansicht, Folgeindustrie ausgelöst zu haben und nur 13% gaben an, die Nähe zu anderen
Unternehmen gesucht zu haben. Die Auswertung der Typisierung der Folgeindustrie ergab, daß bei nur insgesamt 20% Zuliefer-, Absatz- oder Er-
gänzungsbeziehungen vorlagen.

13. Es herrscht hohe Importabhängigkeit. Nur 34,6% aller Betriebe beziehen
Material aus der Standortprovinz. Guayas hat sowohl als Abnehmer als auch
als Lieferant von Rohstoffen und Vorfabrikaten eine weitaus größere Bedeutung als Pichincha. Quito weist Lieferantenbeziehungen zu der Sierra
und dem Oriente auf, bezieht jedoch selbst mehr Material aus Guayas, als
Guayaquil aus Pichincha. Quito erhält sehr viel Material aus der eigenen
Provinz. Exportorientierte Industrien beziehen ihre Rohstoffe hauptsächlich von der Costa, importorientierte Betriebe, sofern sie auch Material
aus Ecuador verarbeiten, sehr viel mehr aus Pichincha als die Gesamtindustrie. Dominante Handelspartner sind die USA, Japan und die EG-Länder.

14. Sieht man von den ausländischen Konzerntöchtern ab, sind Mehrbetriebsunternehmen aufgrund des geringen Entwicklungsstandes die Ausnahme.

15. Der Staat konnte, bedingt durch die Einkünfte aus der Erdölwirtschaft,
im letzten Jahrzehnt eine dominierende Rolle spielen. Er versucht, die
Industrialisierung durch planerische Maßnahmen, Förderungsanreize (ohne
viel Erfolg) und direktes Engagament zu beschleunigen. Die Kreditbereit-
stellung wird nicht als Lenkungsinstrument für eine Dezentralisierung
benutzt. Auch sonstige Dezentralisierungsmaßnahmen brachten wenig Erfolg.
In der Entwicklungsplanung zeichnet sich inzwischen ab, daß man die Politik der forcierten Industrieförderung teilweise zugunsten anderer Ziele
revidiert.

16. Der Andenpakt, der laut Zielsetzung die Industrialisierung vorantreiben
soll, konnte noch nicht zum Motor der Entwicklung werden. Obwohl sich die
Erwartungen auf eine Verbesserung der Exportchancen richten, wird er von
den Unternehmen mit großer Reserviertheit betrachtet. Die vorherrschenden
Schwierigkeiten dieser Wirtschaftsunion rechtfertigen diese Skepsis.

17. Ein einheitliches Unternehmerbild gibt es in Ecuador nicht. Vielmehr stammen die Arbeitgeber zum Teil aus der alten Oberschicht, zum Teil sind sie

Aufsteiger aus der Mittelschicht und aus Randgruppen (Migranten). Unternehmerisches Denken und Handeln sind unterentwickelt. Die Gewerkschaften, die bisher in drei ideologisch verschiedene Gruppierungen gespalten waren, suchen die Organisationseinheit. Ihr Einfluß ist noch bescheiden.

18. Ecuador öffnet sich dem ausländischen Kapital gemäß dem Beschluß No. 24 des Andenpakt-Abkommens von Cartagena. Ausländische Investitionen sind entsprechend der wirtschaftlichen Bedeutung des kleinen Landes noch bescheiden. Es läßt sich jedoch eine zunehmende Investitionsbereitschaft in der Industrie-(Pharmaindustrie, Nahrungsmittelindustrie, Metallverarbeitung) nachweisen.

19. Von der sich in einer Krise befindenden Landwirtschaft erfährt die Industrie nur wenige Impulse, sieht man von der exportorientierten Nahrungsmittelindustrie der Costa ab. Die Zuckerindustrie ist nach Beschäftigten die wichtigste Subbranche, aufbereiteter Kakao das wichtigste Exportgut. Die Bedeutung der Landwirtschaft liegt in der Zuführung von Kapital. Als Konsument wie auch als Rohstofflieferant spielt sie eine untergeordnete Rolle. Noch ist es nicht gelungen, Industrie und Landwirtschaft zu einem optimalen Bezugs- und Abnehmersystem zu verknüpfen. Ursachen dafür sind beiderseitige Strukturmängel und die Importsubstitution, die in erster Linie die Produktion von Massengebrauchsgütern zum Ziel hat.

20. Sieht man von der Erdölwirtschaft ab, die durch Kapitalzuschuß die Industrialisierung begünstigte,gingen vom Bergbau kaum Impulse für den sekundären Sektor aus. So verhindert das Fehlen von metallischen Rohstoffen die Entstehung einer Grundmetallindustrie. Lediglich die nichtmetallische Mineralien verarbeitende Industrie konnte sich etwas entwickeln (Keramik-, Glas-, Baustoffproduktion).

21. Die Infrastruktur konnte in den letzten zehn Jahren ausgebaut werden, wenn auch noch erhebliche Versorgungsmängel, insbesondere bei Energie (Quito, Manta) die Industrialisierung behindern. Es gibt keine Korrelation zwischen engem Straßennetz und hohem Industrialisierungsgrad. Dagegen läßt sich eine Verbindung von Industrie, guter Trinkwasserversorgung, Kanalisation und Energieverbrauch nachweisen. Verstädterung dürfte jedoch den Ausbau der Infrastruktur mehr fördern als ein hoher Industrialisierungsgrad. Die Eisenbahn hat wenig Relevanz für den Gütertransport. Dominierendes Verkehrsmittel für die Industrie ist der Lastwagen.

Industrialisierung und Verstädterung bedingen sich in Ecuador nicht gegenseitig. Es läßt sich vor allen Dingen dort ein starkes Städtewachstum nachweisen, wo wenig oder keine Industrie vorhanden ist. Selbst in Einzelfällen wirkte die Industrie nicht städtebildend, da sie hierfür zu unbedeutend ist.

22. An ihren Hauptstandorten siedelt sich die Industrie meist bandartig an den wichtigsten Ausfallstraßen an. In Guayaquil sind vor allen Dingen Standorte in Hafennähe gesucht. In einigen Städten der Sierra konnten sich nur einige Betriebe aus der Enge der Innenstädte aussiedeln. Abgesehen von den Industrieparks ist eine gezielte Industrieansiedlungsplanung unbekannt.

23. Von staatlicher Seite wurde das Industrieparkkonzept als Mittel zur Dezentralisierung eingesetzt. Der Erfolg ist unterschiedlich, nur ein Drittel der Unternehmen ist grundsätzlich an einem Standort im Industriepark interessiert.

24. Die Industriebeschäftigten unterscheiden sich in ihrer Gesamtheit von der übrigen Bevölkerung durch ein höheres Bildungsniveau, überdurchschnittliches Einkommen und günstigere Wohnverhältnisse. Sozialer Aufstieg ist nur vereinzelt möglich, falls man nicht schon in der Industriebeschäftigung an sich einen solchen sieht. Unter den Industriebeschäftigten sind Söhne von Handwerkern überrepräsentiert, unterdurchschnittlich sind Landwirtskinder vertreten. Frauen müssen eine höhere Qualifikation nachweisen, um einen Arbeitsplatz in der Industrie zu erhalten. Nur 10,2% der Industriebeschäftigten sind Pendler.

25. Von den befragten 1305 Industriebeschäftigten sind 43,3% zugewandert und zwar die Männer entgegen dem üblichen Trend in Ecuador häufiger als die Frauen. Eine Sondergruppe stellen die Etappenwanderer (14% Anteil aller Wanderer) dar, die sich von den Nichtwanderern und Direktwanderern erheblich unterscheiden. An der Costa wurde häufiger als in der Sierra migriert. Es lassen sich eindeutig Zuwanderungsregionen abgrenzen.
Die meisten Industriebeschäftigten, insbesondere die Frauen, migrierten zwischen dem 14. und 24. Lebensjahr. Nicht die Provinzen mit den größten Wanderungsverlusten stellen die meisten Industriebeschäftigten, sondern Provinzen, die ein höheres Entwicklungsniveau aufweisen, ein Hinweis auf

die selektive Migration unter den Industriebeschäftigten. Je höher das
Funktionsniveau im Betrieb, desto größer sind durchschnittlich die Geburtsorte. Dagegen ist der ländliche Raum bei den Geburtsorten eindeutig
unterrepräsentiert. Bei den Migrationsmotiven stehen wirtschaftliche Motive im Vordergrund.

26. 18% der Industriebeschäftigten (in der Sierra 22%) verfügen noch über
    landwirtschaftlichen Besitz, noch 16% betreiben Landwirtschaft im Neben-
    erwerb.

27. Die weiteren Perspektiven der ecuadorianischen Industrie werden als nicht
    günstig eingeschätzt. Es wird vorgeschlagen, von Großprojekten wie dem
    integrierten Hüttenwerk Abstand zu nehmen und zu versuchen, über die in-
    dustrielle Veredelung landwirtschaftlicher Exportprodukte eine integrier-
    te Agrar- und Industrieentwicklung anzustreben. Der Staat sollte hierfür
    eine steuernde Funktion übernehmen und insbesondere bei der landwirt-
    schaftlichen Entwicklung und Nutzung des großen agrarischen Potentials
    die Voraussetzungen schaffen. Die Politik der Importsubstitution mit all
    ihren dargelegten Nachteilen könnte dann sukzessive aufgegeben werden.

28. Auffallend ist, daß die Industrie kaum naturräumlich verwurzelt und nur
    wenig mit anderen Wirtschaftsbereichen verflochten ist. Vielmehr erscheint
    sie eher inselhaft im Raum, fast losgelöst von den sonst für eine Indu-
    strialisierung wichtigen Geofaktoren. Sie ist - grob vereinfachend ge-
    sagt - entstanden durch die Importsubstitutionspolitik, oft nur als
    Montageindustrie marktnah in den beiden großen Städten gelegen. So ließen
    sich in der Untersuchung wenige Beispiele für die Verknüpfung einer In-
    dustriebranche mit dem Raum finden, was sonst üblicherweise von industrie-
    geographischem Interesse ist. Hierin dokumentiert sich auch der niedri-
    ge Entwicklungsstand der Industrie und die unzureichende Industrieplanung.

L I T E R A T U R

ABAD, FRANCO: Parteiensystem und Oligarchie in Ecuador. Berlin 1974.

ABAD, GONZALO: Los efectos sociales de la industrialización. In: Nueva Sociedad, Heft 19/20, 1975, S. 106-118.

ACOSTA SOLIS, MISAEL: La Selva del Noroccidente Ecuatoriano. In: Revista de la Academia Colombiana de Ciencias Exactas Fisicas y Naturales, 1970, Vol. 13, No. 52, S. 499-533.

ders.: Geografia y ecologia de la tierras áridas del Ecuador. In: Revista Geografica No. 10, Mai 1978, Quito, S. 47-61

ALAC-BID-INTA: La industria naval en la ALAC. Buenos Aires 1971.

ALBA, VICTOR: Die Lateinamerikaner. Ein Kontinent zwischen Stillstand und Revolution. Zürich 1973.

ASOCIACION NACIONAL DE EMPRESARIOS: Encuesta regional de salarios 1977-1978. Quito, 1977.

ders.: Encuentro nacional de empresarios; Informe final, Ibarra (vom 17. bis 19. Nov. 1978), O.J.

ASOCIACION NACIONAL DE EMPRESARIOS und

ASOCIACION DE DIRECTIVOS DE PERSONAL: Las relaciones laborales en el Ecuador, III Encuentro nacional de directores de personal; Informe final. Manta 1977.

ATTESLANDER, PETER: Methoden der empirischen Sozialforschung. Sammlung Göschen, Berlin-New York, 1975.

AVILA OREJUELA, MARCELO: Programación de la industria metal-mecánica en el Acuerdo de Catagena. In: Revista de la Integración No. 13, Mai 1973, S. 193-232.

ders., Los mecanismos de fomento industrial en el Ecuador y algunos lineamientos para su reorientación. In: ILDIS, CENDES. Seminario Internacional: El Ecuador y las políticas de fomento industrial. Quito 1976.

AVILA, M., ESPINOSA, O. u.a.: Fomento industrial en América latina. Bogotá, Caracas 1977.

AYLLON, RODRIGO: Programación y diseño de parques industriales. Seminario Internacional: Los parques industriales como instrumentos de desarrollo socio-económico en América Latina, Quito, vom 16.-19. Oktober 1978, Tagungsbericht.

BACHMANN, H.: Ausländische Direktinvestitionen in den Anden-Staaten. In: Zeitschrift für Lateinamerika, 15, 1978, S. 22-30.

BÄHR, JÜRGEN: Migration im Großen Norden Chiles. Bonner Geographische Abhandlungen, Heft 50, Bonn 1975.

ders.: Neuere Entwicklungstendenzen lateinamerikanischer Großstädte. In: Geographische Rundschau, 28, 1976, S. 125-133.

BÄHR, J.u. G. MERTINS: Idealschema der sozialräumlichen Differenzierung lateinamerikanischer Großstädte. In: Geographische Zeitschrift, 1981, S. 1-33.

BALE, JOHN: The location of manufacturing industry. An introductory approach. Second edition, Hong Kong, 1981.

BANCO CENTRAL DEL ECUADOR: Boletín-anuario 1979, Quito.

dies.: Cincuentenario Banco Central del Ecuador. Memoria 1977, Quito 1979.

dies.: Invierta en el Ecuador. Quito 1979

BANCO NACIONAL DE FOMENTO: Informe de labores 1976, Quito

BARNER, J.: Einführung in die Raumordnung und Landesplanung. Stuttgart, 1975.

BARRIL, A., MENA, O. und A. VALVERDE: Notas para una discusión sobre desarrollo rural, técnologia y diferenciación social. Centro de Planificación y Estudios Sociales, Quito 1979.

BARTELS, DIETRICH (Hrsg.): Wirtschafts- und Sozialgeographie. Neue Wissenschaftliche Bibliothek 35, Köln-Berlin 1975.

BEHRENS, K. CHR.: Allgemeine Standortbestimmungslehre. Köln-Opladen, 1971.

BLANKENSTEIN, CH. und CL. ZUVEKAS: Agrarian reform in Ecuador. In: Economic Development and Cultural Change 22, 1973, S. 73-94.

BOHORQUEZ, ILDEFONSO: Investigación y desarrollo tecnológico regional. Revista de la Universidad de Guayaquil, Dez. 1979, Guayaquil, S.20-30.

BONIFAZ, EMILIO: La población marginada de la Sierra ecuatoriana. In: Ecuador: población y crisis, Biblioteca CICE, Quito, o.J., S.31-48.

BOTTOMLEY, ANTHONY: Imperfect competition in the industrialization of Ecuador. In: Inter-American Economic Affairs (Washington) 1965, S.83-94.

BOUSTEDT, OLAF: Grundriß der empirischen Regionalforschung. 4 Bände, Taschenbücher zur Raumplanung, Hannover 1975.

BROMLEY, R.J.: Agricultural Colonization in the Upper Amazon Basin. The impact of the oil discoveries.In: Tijdschrift voor Econ. en Soc. Geografie. Juli/Aug. 1972.

BROMLEY, ROSEMARY D.F.: Urban-rural demographic contrasts in Highland Ecuador: Town recession in a period of catastrophe 1778-1841. In:
Journal of Historical Geography, 5, 3, 1979, S. 281-295.

BRÜCHER, WOLFGANG: Probleme der Industrialisierung in Kolumbien unter besonderer Berücksichtigung von Bogotá und Medellín. Tübinger Geogr.
Studien Bd.61, Tübingen 1975.

ders.:   Einflüsse räumlicher Strukturen auf den Industrialisierungsprozeß
in Kolumbien. In: Erdkunde, 31, 1977, S. 130-137.

ders.:   Formen und Effizienz staatlicher Agrarkolonisation in den östli-
chen Regenwaldgebieten der tropischen Andenländer. In: Geographische Zeitschrift, Jg. 65, H.1, Wiesbaden 1977, S. 3-22.

ders.:   Industriegeographie. Braunschweig 1982.

BRÜCHER, W. und W. KORBY: Zur Standortfrage von integrierten Hüttenwerken in
außereuropäischen Entwicklungsländern. Die Beispiele Āryāmehr/Iran
und Paz del Río/Kolumbien. In: Geographische Zeitschrift, Jg.67,
H. 1, 1979, S. 77-94.

BRÜCHER, W. und G. MERTINS: Intraurbane Mobilität unterer sozialer Schichten,
randstädtische Elendsviertel und sozialer Wohnungsbau in Bogotá/
Kolumbien. In: Günter Mertins (Hrsg.): Zum Verstädterungsprozeß
im nördlichen Südamerika. Marburger Geographische Schriften, Heft 77.
Marburg 1978.

BRUNKEN, URSULA: Die Bedeutung von nichtstaatlichen Trägern für die sozial-
ökonomische Entwicklung, dargestellt am Beispiel des Hochlandes von
Ecuador, Berlin 1977.

BUNDESMINISTERIUM FÜR WIRTSCHAFTLICHE ZUSAMMENARBEIT: Vierter Bericht zur
Entwicklungspolitik der Bundesregierung. März 1980.

BUNDESSTELLE FÜR AUSSENHANDELSINFORMATION: Ecuador, Energiewirtschaft, 1979.
Köln 1980 a).

dies.:   BFAI Marktinformationen, Ecuador Wirtschaftsdaten und Wirtschaftsdokumentation, Ausgabe 1980. Köln b).

dies.:   Bolivien: Wirtschaftsstruktur 1980. Köln 1980 c).

CALLOT, FRANÇOIS: Die Mineralstoffe der Erde. Produktion und Verbrauch. Berg-
bau-Rohstoffe-Energie, Band 11. Essen 1976.

CAMARA DE INDUSTRIALES DE PICHINCHA: Directorio de las empresas afiliadas
1978. Quito.

CAMARA DE INDUSTRIALES DE GUAYAQUIL: Directorio industrial 1977.

CAMPBELL, PEDRO: La Industrialización de los recursos naturales - el caso del
petróleo. In: Nueva Sociedad, Heft 14,Sept.-Dez. 1974, S. 12-23.

CAMPUZANO, GONZALO: Diagnôstico de las regiones naturales en el Ecuador. In: Planificación, No. 13, Jan. 1979, Quito, S. 79-90.

CARNOY, MARTIN (Hrsg.): Industrialization in a Latin American Common Market. Washington, 1972.

CARRION,GERMAN und MEJIA, LUIS: Nuestro Ecuador. Guayaquil o.J.

CARRON, JUAN M.: Informe sobre el curso: El proceso de urbanización en la actual etapa de desarrollo del Ecuador: El caso de Quito. In: Revista Geografica No. 10, Mai 1978, Quito, S. 19-21.

CASTANEDA PEREZ, C.: Política ecuatoriana de desarrollo industrial, Tesis, Quito 1976 .

CASTRO, GABRIEL: La industrialización en el Ecuador: Ultimos anos. In: Orientación, revista de la Escuela de Estadística y Banca, Universidad Central H. 1, Quito, 1975, S. 61-71.

CEDEGÉ, SECCIÔN PROYECTOS INDUSTRIALES: Area de la Cuenca del Guayas. Posibilidades de industrialización de productos agricolas. Guayaquil 1977.

CENDES: Informe de labores 1977.

dies.: El desarrollo industrial ecuatoriano en el periodo 1972-1977. Quito 1978.

dies.: Datos básicos para inversiones industriales en el Ecuador. Nicht veröffentlichte Studie, 1979.

CENDES-ONUDI: Analisis sectorial industria textil del Ecuador. Primera Parte: Hilanderias y tejedurías planas. Segunda Parte: Tejeduría de punto-texturizadoras, Quito 1976.

CENTRO DE EJECUTIVOS DE MANABÎ: Manabí en el desarrollo nacional. Proyecciones 1979-1983. Portoviejo 1979.

CENTRO DE INVESTIGACIONES Y ESTUDIOS SOCIOECONÔMICOS: Quince años de Reforma Agraria en el Ecuador. Quito 1979.

CEPAL: El impacto del petróleo en la económia ecuatoriana. In: Planificación No. 14, Mai 1979, Quito. S. 1-54.

CEPAL-NACIONES UNIDAS: El Proceso de industrialización en America Latina. New York 1965.

COMITÉ INTERGUBERNAMENTAL PARA LASMIGRACIONES EUROPEAS: El comportamiento de la fuerza laboral del Ecuador durante los proximos anos. In: Separata de la Carta de Noticias No. 187, Ministerio de Relaciones Exteriores, Quito 1979.

COMPAÑIA FINANCIERA ECUATORIANA DE DESARROLLO S.A.: Informe Anual 1978, Quito.

CONSEJO NACIONAL DE DESARROLLO. DIVISION DE DESARROLLO SOCIAL: Plan ecuatoriano para el desarrollo de los recursos humanos. 1. Band 1979,
2. Band 1980, Quito.

CÓRDOVA, ARMANDO und SILVA MICHELENA H.: Die wirtschaftliche Struktur Lateinamerikas. Drei Studien zur politischen Ökonomie der Unterent-
wicklung. Edition Suhrkamp, 4. Aufl., Frankfurt 1974.

CÓRDOVA CORDERO, CHRISTIAN: Comentario sobre los polos de desarrollo, el
proceso de urbanización del Ecuador y el Plan Nacional de Desarrollo. In: Revista Geografica No. 1o, Mai 1978, Quito, S.63-69.

CORPORACIÓN FINANCIERA NACIONAL: Memoria 1978, Quito.

CORREA, ANTONIO: La explosión demográfica. In: Ecuador: población y crisis,
Biblioteca CICE, Quito o.J., S. 49-65.

DAMASO, E. und E. FILLON: Influences comparées de Quito et Guayaquil (Equa-
teur). In: Bulletin de l'Association de Géographes Françaises, Nr.
383, 1970, S. 213-219, 220-221.

DAUS, RONALD: Zorniges Lateinamerika. Selbstdarstellung eines Kontinents.
Köln 1973.

DEL CAMPO, ESTEBAN: Populismus und Velasquismus. In: Zeitschrift für Lateinamerika, Nr.12/13, 1977, S. 114-127.

DELER, JEAN PAUL: El Espacio Nacional Ecuatoriano: Un modelo de estructura
geográfica. Cuenca 1976.

DEMETRIO, REINALDO: Planificación, desarrollo y sector industrial. In:
Economía. Revista del Instituto de Investigaciones econômicas.
Universidad Central del Ecuador, Dez. 1976, Quito, S. 106-128.

DEPARTAMENTO NACIONAL DE PUERTOS: Sistema portuario ecuatoriano, Boletín
estadístico 1978.

DEUTSCHE BANK: Lateinamerika. Wirtschaftliche Daten. Ausgabe 1976.

DIAZ, HUGO L.: Comentarios acerca del transporte carretero en Ecuador. In:
ILDIS -INTAL. Políticas de transporte en esquemas de integración
económica. Buenos Aires, ILDIS, 1975, S. 118-122.

DREKONJA-KORNAT, GERHARD: Ecuador: Die Erfahrungen eines atypischen Erdöl-
staates. In: Zeitschrift für Lateinamerika, Nr.12/13, 1977,
S. 5-25.

ders.: Ecuador: How to Handle the Banana Republic Turned Oil State. In:
Boletín de Estudios Latinoamericanos del Caribe, No.28, 1980.

DREKONJA, G., E. DEL CAMPO, J.M. EGAS u.a.: Ecuador hoy, Bogotá 1978.

DUÑEAS, J., R. VARGAS PACHECO u.a.: Politíca Petrolera ecuatoriana 1972-
1976, Instituto de Investigaciones Económicas Universidad Central,
Quito.

EICHLER, GERT: Struktur und Standortveränderungen der US-amerikanischen Industrie 1960-70. In: Geographische Rundschau, 28, 1976, S.41-49.

EISENLOHR, EDDA: Agrarreform in Ecuador im entwicklungspolitischen Kräfte-
spiel, Diss., Dortmund 1969.

ESSER, KLAUS: Lateinamerika. Industrialisierungsstrategien und Entwicklung.
Edition Suhrkamp, Frankfurt 1979.

ESTRADA YCAZA, JULÍO: Regionalismo y Migración. Publicaciones del Archivo
Histórico del Guayas, Guayaquil 1977.

FELDSIEPER, MANFRED: Zur Problematik der Entwicklung und Förderung des klein-
industriellen Sektors in Entwicklungsländern (Untersuchungen am
Beispiel Indiens), Dissertationsreihe des Südasien-Institutes der
U Heidelberg, Heidelberg 1968.

FOCHLER-HAUKE, GUSTAV: Natürliche Gunst und Ungunst für die wirtschaftliche
Entwicklung Lateinamerikas. In: Entwicklungsprobleme Lateinamerikas
- Wirtschaftsgeographische, währungs- und finanzpolitische, steuer-
politische Aspekte, Bonn 1966, S. 6-29.

FRENCH DAVIS, RICARDO: Política de exportaciones e industrialización. Semi-
nar: El Ecuador y la políticas de fomento industrial, Mai 1976,
Quito.

FRIEDRICH, EBERHARD: Ekuador, barrel of Pandora. Entwicklungsfaktor Erdöl.
Materialien der Dokumentationsstelle. Nr. 16. Forschungsinstitut
der Friedrich-Ebert-Stiftung, März 1974.

FRIEDRICH, RAINER: Ein Verfahren zur ortsunabhängigen Planung und seine An-
wendung bei der Standortvorauswahl für thermische Kraftwerke. Institut für Kernenergetik und Energiesysteme, Stuttgart 1979.

FRÖBEL, F., J. HEINRICHS und O. KREYE: Die neue internationale Arbeitsteilung. Strukturelle Arbeitslosigkeit in den Industrieländern und
die Industrialisierung der Entwicklungsländer, Hamburg 1977.

FURTADO, C.: Probleme der Industrialisierung Lateinamerikas. In: H.A.Steger
(Hrsg.). Die aktuelle Situation Lateinamerikas, Frankfurt 1971,
S. 286-290.

GAEBE, W. und K.-H. HOTTES (Hrsg.): Methoden und Feldforschung in der Industriegeographie. Mannheimer Geogr. Arbeiten, H.7, Mannheim
1980.

GALARZA, JAIME: Erdöl und Armut. In: Zeitschrift für Lateinamerika, Nr.12/13
1977, S. 46-52.

GARAY HERNANDEZ, HECTOR: Antecedentes de los problemas del desarrollo
ecuatoriano, Quito 1969.

GARCÍA N., JORGE: La colonización de la región oriental ecuatoriana. In:
Revista Geografica No. 10, Mai 1978, Quito,S. 31-46.

GILBERT, ALAN: Latin American development. A Geographical Perspective.
Dritte Auflage, Suffolk 1977.

GIRAL-BOSCA, J.: Allocation of Resources through Planning: The Ecuadorian
Experience, Ann Arbor, Michigan 1973.

GÓMEZ E., NELSON: Quito y su desarrollo urbano, Quito o.J.

GÓMEZ IZQUIERDO, STANZIK, K.-H. (Hrsg.): Contribución del Empresario Nacional al Desarrollo Socio-económico de América Latina, ILDIS,
Quito 1974.

GRUBB, P.J. et al.: A comparison of montane and lowland rain forest in
Ecuador. Journal of Ecology, 1966, S. 303-333.

GUERRERO, ANDRÉS: Los obrajes en la Real Audiencia de Quito en el siglo XVII
y su relación con el Estado Colonial. In: Revista Ciencias Sociales, Vol. 1, Nr.2, 1977, Quito, S. 65-89.

GUERRERO, A. und R. QUINTERO: La transición colonial y el rol del Estado
en la Real Audiencia de Quito: Elementos para su análisis. In:
Revista Ciencias Sociales, Vol. 1, No.2, 1977, S. 13-57, Quito.

GRAEVENITZ VON, DIETRICH: Rohstoffexporte als Basis der Entwicklung. Ecuador
im Übergang von der Bananen- zur Erdölexportwirtschaft. Diss.,
München 1975.

GUTH, WILFRIED (Hrsg.): Die Stellung von Landwirtschaft und Industrie im
Wachstumsprozeß der Entwicklungsländer. Schriften des Vereins für
Socialpolitik. Neue Folge Band 43, Berlin 1965.

HAAS, HANS-DIETER: Die Industrialisierungsbestrebungen auf den Westindischen Inseln unter besonderer Berücksichtigung von Jamaika und
Trinidad, Tübinger Geogr. Studien, Heft 68 (Sonderband 11), Tübingen 1976.

ders.: The spatial effect of Industrial Estates in the industrialization
process in the countries of the Caribbean. Geographica Slovenica
10/1980, S. 267-274.

HACHMANN, CLAUS JÜRGEN: Kolumbien. Aspekte der Wirtschafts- und Sozialpo-
litik. Arbeiten aus der Abteilung Entwicklungsländerforschung des
Forschungsinstituts der Friedrich-Ebert-Stiftung, Nr.63, Bonn 1978.

HALLER, F. und TRUPP, F.: Tieflandindianer in der "Erdölkultur". In: Zeitschrift für Lateinamerika 12, 1977, Wien, S. 126-148.

HARD, GERHARD: Die Geographie. Eine wissenschaftstheoretische Einführung. Berlin-New York 1973.

HASTEDT, PEDRO G.: Deutsche Direktinvestitionen in Lateinamerika. Arbeitsberichte des Ibero-Amerika-Instituts für Wirtschaftsforschung an der Universität Göttingen, Heft 11, Göttingen 1970.

HAUSER, JÖRG A.: Bevölkerungsprobleme der Dritten Welt, Bern und Stuttgart 1974.

HEYDENREICH, HORST DIETER: Problembereiche ausländischer Direktinvestitionen in Lateinamerika. Arbeitsberichte des Ibero-Amerika-Instituts für Wirtschaftsforschung an der Universität Göttingen, Heft 15, Göttingen 1974.

HIEMENZ, U.: Industrialisierung und Unterbeschäftigung in den Entwicklungsländern. In: Die Weltwirtschaft, Inst. f. Weltwirtschaft Kiel, Tübingen 1974, H.1, S. 144-166.

HUERTA, M., FRANCISCO: Notas sobre planificación y desarrollo. In: Ecuador: población y crisis; Biblioteca CICE, Quito o.J., S. 67-77.

HUMBOLDT VON, ALEXANDER: Südamerikanische Reise. Auswahl aus Alexander von Humboldts Reisewerk "Voyage aux régions equinoxiales du Nouveau Continent", von Reinhard Jaspert, 1979, Berlin.

HURTADO, OSVALDO: Dos mundos superpuestos. Ensayo de diagnóstico de la realidad ecuatoriana. Instituto Ecuatoriano para el Desarrollo Social, 3. Auflage, Quito 1973.

ders.: Entwicklungsperspektiven. In: Zeitschrift für Lateinamerika, Nr. 12/13, 1977, S. 109-113.

ders.: El poder político en el Ecuador. 3. Auflage, Quito 1979.

HÖTTERMANN, ARMIN: Untersuchungen zur Industriegeographie Neuseelands. Tübinger Geographische Studien, Heft 57, Tübingen 1974.

ders.: Grundlagen und Einfluß der Aluminiumverhüttung in Neuseeland, In: Geographische Zeitschrift, Jg. 63, H.4, Wiesbaden 1975, S. 276-290.

ders.: Der Treforest-Industriepark in Südwales. Ein Beispiel für die Überalterung geplanter Industrieanlagen. In: Geographische Zeitschrift, Jg. 66, H.1, Wiesbaden 1978, S. 24-37.

INEC: III. Censos de Población 1974. Resultados definitivos. Resumen nacional. Quito 1974.

dass.: II. Censos de vivienda 1974. Resultados definitivos. Resumen nacional. Quito 1976.

dass.: División Política-Territorial de la República del Ecuador. Quito 1979.

- 326 -

INEC: Encuesta anual de manufactura y minería 1973.

dass.: Encuesta anual de manufactura y minería 1974. Quito.

dass.: Encuesta anual de manufactura y minería 1975. Quito.

dass.: Encuesta anual de manufactura y minería 1976. Quito 1979.

dass.: Encuesta de edificaciones (Permisos de construcción 1977). Quito 1978.

dass.: Encuesta de hogares 1977. Quito o.J.

dass.: Estadísticas del trabajo. Indices de empleo y remuneraciones 1977. Quito 1979.

dass.: Proyección de la población del Ecuador por areas urbana y rural, provincias y cantones 1974-1994. Quito 1979.

dass.: Proyecciones de la población económicamente activa por areas, grupos de edad, sexo y ramas de actividades 1974-1986. Quito o.J.

INSTITUTO DE INVESTIGACIONES ECONÓMICAS, UNIVERSIDAD CENTRAL: Marco histórico para el estudio de la industrialización en el Ecuador. Quito o.J.

INSTITUTO DE INVESTIGACIONES ECONÓMICAS. FACULTAD DE ECONÓMIA DE LA UNIVERSIDAD CATOLICA DEL ECUADOR: Compendio Estadístico. Quito 1978.

INSTITUTO GEOGRÁFICO MILITAR: Atlas geográfico de la República del Ecuador. Quito.

ISAAC LERER, JOSÉ: La importancia de los parques industriales en el desarrollo regional. Seminario internacional. - Los Parques industriales como instrumentos de desarrollo socio-económico en America Latina. Quito vom 16.-19. Okt. 1978. Tagungsbericht.

IZURIÉTA MERCHAN, SAMUEL ELOY: Die wirtschaftliche Entwicklung Ecuadors von 1900 bis zur Gegenwart. Diss., Hamburg 1939.

JACOME, N. und P. MONCAYO: Partidos políticos y programas de gobierno en el Ecuador. Quito 1979.

JARAMILLO, M. und P: MARANGONI: Elementos para un perfil demográfico del Ecuador. In: Ecuador: población y crisis, Biblioteca CICE,S.5-29, Quito o.J.

JUNAPLA: Segundo Censo de Población y Primer Censo de Viviendas, 25. Nov. 1962.

dass.: Planificación Regional. Estructura del espacio ecuatoriana. Quito 1977.

dass.: Indicadores básicos regionales. Quito 1978.

JUNAPLA: Programa de Encuesta de Coyuntura: Industria Manufactura N. 14. Dez. 1978.

dass.: Ecuador: Estrategia de Desarrollo (Lineamientos). Quito 1979.

dass.: Estrategia de Desarrollo (Manufactura). Quito 1979.

dass.: Estructura espacial de la industria ecuatoriana. Quito 1979.

dass.: Evaluación-políticas, objetivos y metas - Plan integral de transformación y desarrollo 73-77. Quito 1979.

dass.: Indicadores básicos Sierra Central. Cotopaxi, Tungurahua, Bolívar, Chimborazo, Pastaza. División de Estudios Regionales. Quito 1979.

JUNAPLA-MAG: La industria lactea en el Ecuador. Quito 1979.

KAHL, JOSEPH A.: La Industrialización en America Latina. Mexico 1965.

KAMPFFMEYER, TH. u.a.: Finanzierungsstruktur und Finanzierungsengpässe der ecuadorianischen Kleinindustrie. Deutsches Institut für Entwicklungspolitik, Berlin, 1981.

KÖNIG, MECHTILD: Die Rolle der Mittelschichten in der wirtschaftlichen Entwicklung Ecuadors. Arbeitsbericht des Ibero-Amerika-Instituts für Wirtschaftsforschung an der Universität Göttingen. Göttingen 1969.

KÖRNER, HEIKO: Industrie und Landwirtschaft im Prozeß der wirtschaftlichen Entwicklung. In: Fritsch, B. (Hrsg.): Entwicklunsgländer, Neue Wissenschaftliche Bibliothek, 2. Auflage, Köln 1973.

KÜSTER, GERRIT: Santa Cruz de la Sierra (Bolivien). Entwicklung, Struktur und Funktion einer tropischen Tieflandstadt. Aachener Geographische Arbeiten des Geographischen Institutes, Heft 12.

KOHLHEPP, G.: Industriegeographie des nordöstlichen Santa Catarina (Südbrasilien). Ein Beitrag zur Geographie eines deutschbrasilianischen Siedlungsgebietes. Heidelberger Geographische Arbeiten, H. 21, Heidelberg 1968.

ders.: Bevölkerungswachstum und Verstädterung in Lateinamerika. In: Der Bürger im Staat, 32. Jg., Heft 1, 1982, S. 20-32.

KOLB, A.: Die Industrialisierung außereuropäischer Entwicklungsländer. In: Geogr. Rundschau, 9, 1957, S. 451-463.

LANDETA PAZMIÑO, CARLOS: Sociedades anónimas en el Ecuador. Análisis económico-financiero. Quito 1976.

LAUSCHMANN, ELISABETH: Grundlagen einer Theorie der Regionalpolitik. Taschenbücher zur Raumplanung, Band 2, 3. Auflage, Hannover 1976.

LINKE, LILO: Ecuador Country of Contrasts. 3. Aufl., London, New York,
    Toronto 1960.

LINNEMANN, HANS: Regiones Econômicas del Ecuador. Su integración y desar-
    rollo. JUNAPLA, 1965.

MARCHÁN C., CORNELIO: Zonas Francas, inversión extranjera y subdesarrollo.
    Seminario internacional: Los parques industriales como instrumen-
    tos de desarrollo socio-econômico en América Latina. CENDES-ILDIS.
    Quito 1978.

MECKELEIN W. und CHR. BORCHERDT (Hrsg.): Geographische Untersuchungen in
    Venezuela. Stuttgarter Geographische Studien, Bd.85, Stuttgart 1973.

MEJÍA, L., F. VELASCO, J. MONCADA u.a.: Ecuador. Pasado y presente. Instituto
    de Investigaciones Econômicas. Quito 1975.

MENDOZA G., und LUIS ANIBAL: Geografia humana - Econîmica universal y
    del Ecuador. Guayaquil o.J.

MERTINS, GÜNTER: Bevölkerungswachstum, räumliche Mobilität und regionale
    Disparitäten in Lateinamerika. Das Beispiel Kolumbien. In: Geo-
    graphische Rundschau, 29, 1977, S. 66-71.

ders.:   Konventionelle Agrarreformen - Moderner Agrarsektor im andinen Süd-
    amerika. Die Beispiele Ecuador und Kolumbien. In: H. Elsenhans
    (Hrsg.), Agrarreform in der Dritten Welt. Frankfurt, S. 401-431.

MICEI: Dirección de desarrollo industrial. Boletîn informativo Januar- De-
    zember 1973. Quito.

dass.:   Directorio de pequeñas industrias 1965-1978. Dirección General de
    Fomento de la Pequeña Industria y Artesania, o. Ort und Jahr.

dass.:   Informe de Labores. Quito 1979.

MIKUS, W.: Industriegeographie. Themen der allgemeinen Industrieraumlehre.
    Darmstadt 1978.

MIKUS, W. et al.: Industrielle Verbundsysteme. Studien zur räumlichen Orga-
    nisation der Industrie am Beispiel von Mehrwerkunternehmen in
    Süddeutschland, der Schweiz und Oberitalien. Heidelberger Geogr.
    Arbeiten, H. 57, Heidelberg 1979.

MINISTERIO DE ECONÔMIA: Primer Censo de Población del Ecuador 1950.
    Quito 1960.

MINISTERIO DE OBRAS PÚBLICAS Y COMMUNICACIONES. DIRECCIÓN DE PLANIFICACIÓN:
    Parque de vehículos. Plan general de transporte, análisis del
    sector vial. Quito 1979.

MINISTERIO DE RECURSOS NATURALES Y ENERGÉTICOS: Informe de Labores 1975.
    Ohne Jahr, 404 S.

MOLINA S., JUAN: Las Migraciones Internas en el Ecuador. Quito 1965.

MONCADA S., JOSÉ: El desarrollo económico y la distribución del ingreso en el caso ecuatoriano. In: Nueva Sociedad, Heft 15, Nov.-Dez. 1974, S. 11-27.

ders.: El desarrollo económico en el Ecuador. In: Planificación Nr.11, Mai 1978. Quito. S. 63-77.

MONTALDO, MAURICIO M. (Hrsg.): Anuario industrial del Ecuador 1978/1979. Guayaquil.

MONTAÑO, GALO H.: Oportunidades de participación del Ecuador en el proceso de programación sectorial de desarrollo industrial en el Grupo Andino. In: Nueva Sociedad Heft 19/20, 1975, S. 88-105.

ders.: Discurso pronunciado por el Ministro de Industrias, Comercio e Integración, Ing. Galo Montaño en el Seminario sobre "El Ecuador y las políticas de fomento industrial", celebrado en Quito, Mai 1976.

ders.: Informe de Labores 1972-1978, Ministerio de Industria, Comercio e Integración. Quito, 103 S.

MONTAÑO, G. und E. WYGARD: Visión sobre la industria ecuatoriana. Quito 1975.

MORENO, H.: El desarrollo industrial de la provincia. In: Ciencia y Técnica, 1978, H. 3, S. 50, Riobamba.

MORRIS, A.S.: Spatial and sectoral bias in regional development: Ecuador. In: Tijdschrift voor Econ. en Soc. Geografie 72, 1981, Nr.5, S. 279-287.

MOSER, PETER: Die Eisen- und Stahlindustrie in den Entwicklungsländern. Köln, 1968, 448 S.

MÜLLER, HEINZ J.: Methoden zur regionalen Analyse und Prognose. Taschenbücher zur Raumplanung, Band 1, 2. Auflage. Hannover 1976.

MURATORIO, BLANCA: Protestantism and capitalism revisited, in the rural highlands of Ecuador. In: The Journal of Peasants Studies, Vol.8, no. 1 (Oktober 1980), S. 37-60.

NAVARRO ANDRADE, U.: Geografía económica del Ecuador. Primer parte. Quito 1966.

NAVARRO JIMÉNEZ, GUILLERMO: La concentración de capitales en el Ecuador. Zweite Ausgabe. Quito 1976.

NEIRA, HUGO: Ecuador. In: Gott, R. (Hrsg.). Guide to the political parties of South America. Harmondsworth, England 1973, S. 330-368.

NICKEL, HERBERT: Marginalität und Urbanisierung in Lateinamerika. Eine thematische Herausforderung auch an die Politische Geographie. In: Geographische Zeitschrift, Jg. 63, H.1, 1975, S. 13-30.

NOWICKI, A., H. CALIKA u.a.: Ecuador Development Problems and Prospects. A World Bank country study. Washington 1979.

ODELL, P.: Spatial aspects of Latin America's economic development. In: Geografisch Tijdschrift, 7, 1973, S. 182-190.

OHNE VERFASSER: Plan integral de transformación y desarrollo 1973-77. Resumen General. Quito 1972.

OLADE: Ecuador. In: Actualidad energética Latino-americana, No.29, Sep.79.

ONUDI: Informe Final de la mission de evaluación industrial y programación de asistencia técnica a largo plazo. Quito 1969.

OTREMBA, E.: Räumliche Ordnung und zeitliche Folge im industriell gestalteten Raum. In: Geographische Zeitschrift, 51, 1963, S. 30-53.

OTREMBA, E. und R. HILCHENBACH: Standortbedingungen und -verflechtungen der Industrie in der Bundesrepublik Deutschland. Fragenkreise, 5. Aufl. Paderborn, 1976.

PALOMINO ROEDEL, JOSÉ: El transporte en la subregión andina. In: Políticas de Transporte en esquema de integración económica. ILDIS-INTAL, Buenos Aires 1975, S. 162-205.

PEARSE, ANDREW: Agrarian change trends in Latin America. In: Stavenhagen R. (Hrsg.), Agrarian Problems and Peasant Movements in Latin America. New York 1970.

PEREIRA, H., B. CHACON, C. CHAMORRO u.a.: Políticas de empleo en America Latina. Bogotá 1977.

PFALLER, ALFRED: Überlegungen zur Industriepolitik. In: Zeitschrift für Lateinamerika, Nr.12/13, 1977, S. 78-90.

ders.: Análisis comparativos de los esfuerzos realizados para el establecimiento de parques industriales en America Latina. Seminario Internacional: Los parques industriales como instrumento de desarrollo socio-económico en América Latina. Quito vom 16.-19. Oktober 1978. Tagungsbericht.

PFISTER, BERNHARD (Hrsg.): Investitions- und Industrialisierungsprobleme in Entwicklungsländern. Schriften des Vereins für Socialpolitik, N.F. Bd. 60, Berlin 1971, 172 S.

PORTAIS, MICHEL: La organización regional en el Ecuador y el Géografo. In: Revista Geográfica No. 10, Mai 1978, Quito, S. 7-15.

PROAÑO P., FABIAN: Ecuador: Dinámica del sector agrario. Quito 1978.

PRADO S., FERNANDO u. J. VELARDE H.: Los parques industriales como instrumento de ordenamiento urbano. Seminario Internacional: Los parques industriales como instrumento de desarrollo socio-económico en
América Latina. Quito vom 16.-19. Oktober 1979. Tagungsbericht.

PREDESUR: Directorio y tabulado de datos económicos de industria, pequena
industria, artesanía y servicios turisticos de las provincias:
El Oro, Loja y Zamora-Chinchipe. Tomo 2., informe de trabajo,
Publicación No. 60, 1976. Quito.

PRELAC: Sitación y perspectivas del empleo en el Ecuador. Santiago de Chile
1976.

PROCONSULT: Perfiles industriales para las provincias de El Oro, Loja y
Zamora-Chinchipe. Parte 2. Industrias de alimentos. Quito 1976.

REISEWITZ, H.: Analyse der Rolle der Textilindustrie im Industrialisierungsprozeß der Entwicklungsländer. Münster 1968, 209 S.

REYES, OSCAR EFREN: Breve historia general del Ecuador. Bd.II und III.
11. Aufl. Quito 1978.

RIEGEL, KLAUS-GEORG: Politische Soziologie unterindustrialisierter Gesellschaften: Entwicklungsländer. In der Reihe: Systematische Politik-
wissenschaft, Band 13

RITTER, ULRICH PETER: Siedlungsstruktur und wirtschaftliche Entwicklung.
Der Verstädterungsprozeß als entwicklungsrelevantes Problem in den
Ländern der Dritten Welt - vorwiegend exemplifiziert an Latein-
amerika. Volkswirtschaftliche Schriften, Heft 197. Berlin 1972.

ROBALINO BOLLE, ISABEL: El sindicalismo en el Ecuador. Instituto Ecuatoriana para el Desarrollo Social. Quito.

ROBALINO GONZAGA, CÉSAR RAÚL: El desarrollo económico del Ecuador.
Quito o.J.

RODRIGUEZ ROJAS, JOSÉ E.: Jerarquía urbana regional. Centro de Rehabilitación de Manabí. Documento 1. Portoviejo, o.J.

ders.: Manabí. Flujos Regionales. Centro de Rehabilitación de Manabí.
Documento 2. Portoviejo, o.J.

RUMP, KAY: Probleme der Monokultur, dergestellt am Beispiel der Bananenwirtschaft Ecuadors. Arbeitsbericht des Ibero-Amerika-Instituts für
Wirtschaftsforschung an der Universität Göttingen, Heft 4, Göttingen 1968.

SALAZAR, CARLOS: Aspectos socio-económicos de la industrialización en America Latina. Seminario Internacional - Los parques industriales como instrumento de desarrollo en America Latina. Quito vom 16.- 19. Oktober 1978. Tagungsbericht.

SALGADO PENAHERRERA, GERMÁNICO: Crisis y activación en una económia regional: la experiencia de Cuenca y su zona de influencia (1950-1970). Instituto Latinoamericano de Investigaciones Sociales, Materiales de Trabajo Nr. 18. Quito 1978.

SALGADO, GERMANICO (Hrsg.): 25 Anos de planificación. JUNAPLA. Quito 1979.

SALVADOR, GALO: Programación industrial en el Ecuador. Quito 1973.

ders.: Estructura institucional para la industrialización en el Ecuador. Planificación No. 13, Jan. 1979. Quito, S. 127-165.

SALZ, BEATE R.: The human element in industrialization. A hypothetical case study of Ecuadorian indians. American Anthropologist, Heft 57.

SAMPEDRO V., FRANCISCO: Atlas Geográfico del Ecuador. Con las básicas nociones históricas de la Nacionalidad, aktualisierte Auflage, Quito 1979-80.

SANDNER, G. und H.-A. STEGER: Lateinamerika. Fischer-Länderkunde Bd.7, Frankfurt/M. 1973.

SANTOS A., EDUARDO: Inflación e Petróleo: Algunas reflexiones sobre la situación del Ecuador. In: Planificación Nr.12. Quito.

SAUNDERS, J.V.D.: La población del Ecuador. In: analisis del Censo de 1950. Quito 1959.

SCHÄFFLER, MARGIT: Ecuador. In: Nohlen D., F. Nuscheler (Hrsg.), Handbuch der Dritten Welt. Band 3, Hamburg 1976.

SCHAMP, E.W.: Unternehmensinterne Entscheidungsprozesse zur Standortwahl in Übersee am Beispiel eines deutschen chemischen Unternehmens. In: Geographische Zeitschrift, Jg. 66, H.1, Wiesbaden 1978, S.38-60.

SCHÄTZL, LUDWIG: Wirtschaftsgeographie 1 Paderborn 1978.

SCHWARZ, KARL: Methoden der Bevölkerungsvorausschätzung unter Berücksichtigung regionaler Gesichtspunkte. Taschenbücher zur Raumplanung, Bd.3, Hannover 1975.

SECAP: Plan para 1980. Dirección Ejecutiva. Quito 1979.

SECRETARIA GENERAL DE PLANEACIÓN ECONÓMICAS: Programa de artesanía y pequeñas industriales. 1973.

SECRETARIA NACIONAL DE INFORMACIÓN PÚBLICA: Informe a la Nación. Obra del
Gobierno de las Fuerzos Armadas Nacionales del Ecuador. Ejecuta-
das en el Período 1972-1978. 3 Bände. Quito 1979.

SEDLACEK, PETER: Industrialisierung und Raumentwicklung. Raum und Gesellschaft Heft 3, Braunschweig 1976.

SICK, W.D.: Die wirtschaftliche Entwicklung Ecuadors seit der Kolonialzeit.
In: Geographische Rundschau, 11, 1959, S. 189-196.

ders.:   Ecuador, wirtschaftlicher Strukturbericht. In: Geogr. Taschen-
buch 1960/61, S. 388-406.

ders.:   Wirtschaftsgeographie von Ecuador. Stuttgarter Geographische Studien, Band 73. Stuttgart 1963.

ders.:   Tropische Hochländer im Spiegel ihrer Städte. Ein Vergleich zwischen
Quito (Ecuador) und Tananarive (Madagaskar). In: Tübinger Geogra-
phische Studien Heft 34 (Sonderband 3), Festschr.f.H.Wilhelmy,
Tübingen 1970, S. 293-308.

SOCIEDAD FRANCESA DE ESTUDIOS Y REALIZACIONES FERROVIARIOS und INGENIEROS
CONSULTORES CIA, LTDA: Estudio integral de los ferrocarriles Ecuatorianos.
Estudio de Base, Band I und II. Quito-Paris 1975.

SOHNS, REINHOLD: La econômia del Ecuador en la transición a la democracia.
Entre necesidades político-estructurales y expectativas de política
distributiva. Materiales de Trabajo 24, ILDIS. Quito 1980.

STANZICK, K. und R: KEIL ROJAS: El papel de la Banca de Fomento en el desarrollo económico de America Latina. Instituto Latinoamericano de
Investigaciones Sociales, S. 521-627, Tagungsbericht des Internationalen Seminars in Lima vom 9.-13. Juli 1973.

STATISTISCHES BUNDESAMT WIESBADEN: Ecuador, Länderkurzbericht 1977. Statistik des Auslandes. Stuttgart-Mainz.

STORKEBAUM, WERNER: Entwicklungsländer und Entwicklungspolitik. Raum und
Gesellschaft 7, Braunschweig 1973.

SUNKEL, OSVALDO und PEDRO PAZ: El subdesarrollo latinoamericano y la teoría
del desarrollo. 3. Aufl., Mexico 1973.

SUPERINTENDENCÍA DE COMPAÑIAS DEL ECUADOR. INSTITUTO LATINO-AMERICANO DE IN-
VESTIGACIONES SOCIALES: Las sociedades de capital en el área andina.
Quito 1976.

TEMME, MATHILDE: Wirtschaft und Bevölkerung Südecuadors. Diss., Wiesbaden
1972.

TERÁN, FRANCISCO: Geografía del Ecuador. 10. Auflage. Quito 1979.

TERÁN SALAZAR, A.: Proyecciones y perspectivas del desarrollo industrial y papel del CENDES en este contexto; mesa redonda organizada por el decimoquinto aniversario del CENDES. Quito o.J.

ULLOA, J.J. und A.: Noticias secretas de América. Madrid 1918, Band 1.

UNIDO: The effectiveness of industrial estates in developing countries. New York 1978.

dies.: Guidelines for the establishment of industrial estates in developing countries. New York 1978.

UNITED STATES DEPARTMENT OF THE INTERIOR: Minerals Yearbook, Vol. III, Washington 1982.

UNIVERSIDAD CATÓLICA - DEPARTAMENTO DE CIENCIAS SOCIALES Y POLÍTICAS: Propietarios y labradores, tabaco y cacao. Comercio e Industria. Cuadernos 31, November 1975. Quito.

VAREA TERÁN, M. und J. VAREA TERÁN (Hrsg.): Nutricón y desarrollo en los Andes ecuatorianos. Quito 1974.

VEGA MORENO, NESTOR: Panorama de la situación económica del Ecuador en 1976. Quito 1977.

VELASCO ABAD, FERNANDO: La dependencia,el imperialismo y las empresas transnacionales. Quito 1979.

VERDUGA, CÉSAR: Política económica y desarrollo capitalista en el Ecuador contemporaneo: una interpretación. 2. Aufl. Quito 1977.

ders.: Entwicklung im Erdölboom. In: Zeitschrift für Lateinamerika, Nr. 12/13, 1977, S. 53-65.

VOIGT, HANS-GERHARD: Die Rolle der Stahlindustrie im Industrialisierungsprozeß der Entwicklungsländer. In: Pfister, B. (Hrsg.). Investitions- und Industrialisierungsprobleme in Entwicklungsländern. Berlin 1971.

VOLLMAR, R.: Die Entwicklungsregion von Santo Domingo de los Colorados, Ecuador: Geographische Bedingungen, Wanderungsaspekte und sozioökonomische Grundlagen. In: Die Erde, 102 (2/3), 1971. S.208-226.

WALDMANN, PETER (Hrsg.): Politisches Lexikon Lateinamerika. München 1980.

WALLNER, ERNST: Die Entwicklungsländer. Frankfurt 1974.

WANDER, H. und V. ZDENEK: Der Einfluß der Bevölkerungsentwicklung auf das Arbeitskräfteangebot. Die Weltwirtschaft, Institut für Weltwirtschaft Kiel, Tübingen 1974, H. 1, S. 125-143.

WEBER, A: Über den Standort der Industrie, Tübingen 1909.

WEILBAUER, ARTHUT: Die Deutschen in Ekuador. Historische Studie. Los Ale-
manes en el Ecuador. Estudio Historico. Quito 1974.

WILHELMY, HERBERT: Südamerika im Spiegel seiner Städte. Hamburg 1952.

ders.: Lateinamerika: Ein Halbkontinent zwischen Tradition und Fortschritt. In: Der Bürger im Staat, 32. Jg., H 1, S. 3-13.

WITTE, VOLKER: Fremdbestimmte Entwicklung und marginale Industrialisierung
in Ecuador. Magisterarbeit. Münster 1979.

WITZENHAUSEN, J. und G: ROMMEL: Una Visión sobre las Relaciones Económicas
Ecuatoriano-Alemanas. ILDIS, Materiales de Trabajo 25. Quito 1980.

WOGART, JAN PETER: Industrialization in Colombia. Policies, patterns, per-
spectives. Kieler Studien 153. Tübingen 1978.

WOLF, THEODORO: Geografía y Geología del Ecuador. Edit. Casa de la Cultura
Ecuatoriana. Quito 1975.

WOODWORTH, DONALD G. und FRANK L. TURNER: The artisan community in Ecuador's
modernizing economy. Standard Research Institute, Dez. 1963. Cali-
fornia.

ZSILINCSAR, W.: Städtewachstum und unkontrollierte Siedlungen in Lateinamerika. In: Geographische Rundschau, 23. Braunschweig, 1971. S.454-461.

P E R I O D I C A

BFA (BUNDESSTELLE FÜR AUSLANDSINFORMATIONEN), Mitteilungen, Köln, monatlich.

BOLETÍN INDUSTRIAL: (herausgegeben von CENDES). Quito.

CÁMARA DE INDUSTRIAS Y COMERCIO ECUATORIANO-ALEMANA (Deutsch-ecuadorianische
Industrie- und Handelskammer): Boletín, Quito, monatlich.

EL COMERCIO: Quito, täglich.

EL UNIVERSO: Guayaquil, täglich.

FRANKFURTER ALLGEMEINE ZEITUNG: Frankfurt, täglich.

GRUPO ANDINO, CARTA INFORMATIVA DE LA JUNTA DEL ACUERDO DE CARTAGENA:
Lima, monatlich.

LATIN AERMICA WEEKLY REPORT: London, wöchentlich.

MINISTERIO DE RELACIONES EXTERIORES: Carta de Noticias, Quito, wöchentlich.

REVISTA DE LA CÁMARA DE INDUSTRIAS DE GUAYAQUIL, monatlich.

THE ECUADORIAN TIMES: Quito, wöchentlich.

Ing. Stefan Ummenhofer - UNIVERSIDAD DE TUBINGA   (ALEMANIA OCCIDENTAL)

QUESTIONARIO SOBRE LA INDUSTRIALIZACION DEL ECUADOR

1. *Nombre de la Empresa:* . . . .

2. *Año de fundación.* . . . . *3. Razon social:* . . . .

4. *Emplazamiento de la administración:* . . . .

5. *Emplazamiento de la producción:* . . . .

6. *Area total construída:* . . . .$.m^2$

7. *Que productos produce:* . . . .

8. *Es su empresa: Principal* ☐   *Sucursal* ☐   *Nacional* ☐   *Extranjera* ☐   *Mixta* ☐

9. *Qué principio de producción predomina:*

Banco ☐   *Solar* ☐   *Taller mecanizado* ☐   *Producción en seria* ☐

Banda continua ☐   *Producción semiautomatizada* ☐   *Producción automatizada* ☐

10. *Ha tenido la empresa otra ubicación:*   *Si* ☐   *No* ☐

Caso afirmativo, por qué fue traslado? . . . .

. . . .

11. *Cuáles fueron los criterios decisivos y cuáles menos decisivos para elegir la actual ubicación:*

Razones:

	decisivas	menos decisivas	no importantes
Cercanía a recursos naturales			
Cercanía al mercado			
Cercanía a otras empresas			
Disponibilidad de terreno favorable			
Disponibilidad de edificio apropiado			
Beneficio comunal o estatal			
Mano de obra barata			
Energía apropiada			
Agua			
Facilidades de transporte			
Facilidades de impuestos			
Relaciones del proprietario con la ciudad			
Factores ambientales			

Otras razones: Cuáles: . . . .

. . . .

12. *Cuán importante es el uso de*

	grande	menor
Agua		
Gas		
Electricidad		
Petróleo		

12a. *Es suficiente el abastecimiento de*

	Si	No
Agua		
Gas		
Electricidad		
Petróleo		

13. *Es importante el clima en la producción?*   *Si* ☐   *No* ☐

Caso positivo, por qué? . . . .

14. *Que sistéma de transporte usa su empresa?*

	Para sus recursos				Para sus productos		
	Mucho	Poco	Nada		Mucho	Poco	Nada
Barco							
Camión							
Avión							
Ferrocarril							

15. *Cuáles son sus recursos más importantes:* . . . .

16. *De dónde llegan (provincia) ?* . . . . *.En caso de importación:* . . . .

17. *Dónde vende sus productos en primer lugar?Dentro del país.* . . . .   *En el extranjero.* . . . .

18. *Qué importancia tiene para su empresa el Acuerdo de Cartagena?*

grande ☐   *poca* ☐   *ninguna* ☐

Qué espera Ud. del Acuerdo: *Mejor abastecimiento de recursos naturales?*

Mejor compra de equipos?

Mejor mercado para vender?

Otros?

19. *Ha sido su planta motivo de establecimiento de otras?*   *Sí* ☐   *No* ☐

Caso afirmativo, ¿ qué tipo de industrias?. . . . .

20. *Esta planta ha sido establecida por cercanía a otras plantas?*   *Sí* ☐   *No* ☐

Caso positivo, por qué: . . . .

21. *Cuáles son sus problemas más graves:*

Abastecimiento de recursos naturales

Problemas de ventas

Falta de mano de obra calificada

Problemas con la tecnología

Problema de transporte

Abastecimiento de servicios de infraestructura

Problemas de equipo

Problemas laborales

Otros

Ningún problema

22. *Planea la empresa su traslado a otro emplazamiento a corto, mediano o largo plazo:*

Sí ☐   *No* ☐   *Caso afirmativo, dónde y por qué?.* . . . .

23. *Prefiere Ud. un parque industrial?*   *Sí* ☐   *No* ☐   *Por qué?.* . . . .

. . . .

24. *Información respecto a sus empleados:*

	Nacionales			Extranjeros		
	Total	Hombres	Mujeres	Total	Hombres	Mujeres
Ejecutivos						
Empleados						
Obreros						
Trabajadores a domicilio	-					

25. *Qué edad tienen sus trabajadores?*   *Menos de 14 años* . . . . . *por ciento*

de 14–19 años . . . . . *por ciento*

de 20–30 años . . . . . *por ciento*

de 31–40 años . . . . . *por ciento*

de 41–50 años   *por ciento*

Más de 51 años . . . . . *por ciento*

26. *Nivel de instrucción de la mano de obra:*

Obreros muy calificados . . . . *por ciento*

Obreros especializados . . . . . *por ciento*

Obreros auxiliares . . . . . *por ciento*

Aprendices . . . . *por ciento*

27. *Cuántos de sus obreros tienen Primaria completa?* . . . .*por ciento.*

Cuántos Secundaria completa? . . . .*por ciento.*   *Cuántos analfabetos?* . . . . . . *por ciento.*

28. *Dónde reciben enseñanza sus colaboradores?*   *En su empresa* . . *por ciento.*   *Otras empresas.* . .*por ciento.*

Colegio Técnico? . . . .*por ciento.*   *Universidad Técnica?* . . . *por ciento.*   *SECAP?* . . . *por ciento.*

ENCUESTA SOBRE MANO DE OBRA INDUSTRIAL EN EL ECUADOR

Los puntos a tratarse en esta encuesta constituyen un importante aporte a
un estudio geográfico que se publicará en la República Federal de Alemania.
Su respuesta será tratada en forma estrictamente CONFIDENCIAL y anónima.

Permítame agradecerle de antemano por su valiosa colaboración, que estoy
seguro me la dará al responder estas preguntas.

Ing. Stefan Ummenhofer,
Universidad de Tubinga
República Federal de Alemania

----

1. Sexo: Masculino ⬚   Femenino ⬚

2. Estado Civil: Soltero ⬚ Casado ⬚ Viudo ⬚ Divorciado ⬚

3. Número de hijos: _____

4. Fecha de nacimiento: _____

5. Lugar de nacimiento: Ciudad _____ Cantón _____ Provincia_____

6. Domicilio actual: Calle _____ Ciudad_____ Cantón_____ Provincia_____

7. Vive usted en: casa propia ⬚ arrendada ⬚
                  apartamento propio ⬚ arrendado ⬚

8. Vive usted con: sus padres ⬚ familiares ⬚ amigos ⬚ otros ⬚

9. ¿Cuántas personas comparten su vivienda?_____

10. ¿De cuántas habitaciones consta su vivienda? _____

11. ¿Qué medio de transporte utiliza para llegar a su trabajo:
    caminando ⬚ bus público ⬚ bus de la empresa ⬚ bicicleta ⬚
    vehículo propio ⬚ ¿qué tipo? _____
    vehículo de un amigo ⬚ motocicleta ⬚ taxi ⬚

12. ¿Qué tiempo emplea usted para llegar al trabajo? _____

13. ¿Cuál es su nivel de educación? _____ Graduado: SI ⬚ NO ⬚

14. ¿Cuál es su trabajo o profesión?_____

15. ¿Cuál era su ocupación anterior a la actual? _____

16. ¿Cuál es la profesión de su padre?_____

17. ¿Posee alguna propiedad agrícola? SI ⬚ NO ⬚

18. ¿Cultiva usted algún producto? SI ⬚ NO ⬚ ¿Cría ganado? SI ⬚ NO ⬚
    SOLO PARA QUE RESPONDA SI ES QUE NO HA NACIDO EN LA CIUDAD DONDE HOY VIVE:

19. Año en que llegó a esta ciudad: _____

20. ¿Por qué dejó su ciudad natal?:
    ¿mejores posibilidades de trabajo? ⬚ ¿Salario más alto ⬚
    ayuda familiar ⬚ de un amigo ⬚ conocimiento del medio ⬚
    curiosidad ? ⬚ otras razones?, cuáles:

21. Indique los lugares de residencia desde su nacimiento:
    Ciudad   Provincia   Años

    _____   _____   _____
    _____   _____   _____
    _____   _____   _____

Sozialwissenschaftliche Studien zu internationalen Problemen / Social Science Studies on International Problems (ISSN 0584-603 X)

Herausgegeben von / Edited by
Prof. Dr. Diether Breitenbach

Verlag **breitenbach** Publishers
Memeler Straße 50, 6600 Saarbrücken, Germany
P.O.B. 16243 Fort Lauderdale/Plantation, Fla 33318, USA

Sozialwissenschaftliche Studien zu internationalen Problemen / Social Science Studies on International Problems (ISSN 0584-603 X)
Herausgegeben von / Edited by
Prof. Dr. Diether Breitenbach

18 Schulz   Landwirtschaftliche Neuerungsverbreitung an der Elfenbeinküste. 1973. 448 S. DM 49,–. ISBN 3-88156-025-4.

19 Bethke   Bergbau und sozialer Wandel in Indien. 1973. 240 + LXI S. DM 39,–. ISBN 3-88156-026-2.

20 Breitenbach   Auslandsausbildung als Gegenstand sozialwissenschaftlicher Forschung. 1974. 465 S. DM 35,–. ISBN 3-88156-027-0.

21 von Werlhof   Prozesse der Unter-Entwicklung in El Salvador und Costa Rica. 1975. 605 S. DM 45,–. ISBN 3-88156-038-6.

22 Rudersdorf   Das Entwicklungskonzept des Weltkirchenrats. 1975. 355 S. DM 25,–. ISBN 3-88156-039-4.

23 Becker-Pfleiderer   Sozialisationsforschung in der Ethnologie. Eine Analyse der Theorien und Methoden. 1975. 169 + XXXI S. DM 20,–. ISBN 3-88156-040-8.

24 Bodenstedt (Hg.)   Selbsthilfe: Instrument oder Ziel ländlicher Entwicklung. 1975. 106 S. DM 10,–. ISBN 3-88156-041-6.

25 Ehrenberg   Die indische Aufrüstung 1947–1974. 1975. 406 S. DM 27,–. ISBN 3-88156-042-4.

26 Eger   Familienplanungsprogramme oder Änderung der sozio-ökonomischen Verhältnisse? 1975. 360 S. DM 28,–. ISBN 3-88156-043-2.

27 Kordes   Curriculum-Evaluation im Umfeld abhängiger Gesellschaften. Quasi-experimentelle Felduntersuchung eines Schulversuchs zur Ruralisierung der Grunderziehung in Dahome (Westafrika). 1976. 613 S. DM 48,–. ISBN 3-88156-046-7.

28 Schönmeier   Berufliche Orientierung somalischer Jugendlicher. Die Wahrnehmung der beruflichen Umwelt. 1976. 445 S. DM 35,–. ISBN 3-88156-055-6.

29 Löber   Persönlichkeit und Kultur auf Trinidad. Ein Vergleich zwischen Afrikanern und Indern. 1976. 465 S. DM 35,–. ISBN 3-88156-058-0.

30 Göricke   Revolutionäre Agrarpolitik in Äthiopien – Traditionelle Agrarverfassungen und ihre Veränderung durch die Landreformgesetzgebung von 1975. 1977. 291 S. DM 24,–. ISBN 3-88156-073-4.

31 Rhie   Community Development durch Selbsthilfegruppen. 1977. 223 S. DM 22,–. ISBN 3-88156-078-5.

32 Grüner   Zur Kritik der traditionellen Agrarsoziologie in der Bundesrepublik Deutschland. 1977. 196 S. DM 20,–. ISBN 3-88156-080-7.

33 Hundsdörfer   Die politische Aufgabe des Bildungswesens in Tanzania. 1977. 293 S. DM 29,–. ISBN 3-88156-082-3.

34 Steinhoff   Prestige und Gewinn: Die Entwicklung unternehmerischer Fähigkeiten in Taiwan, 1880–1972. 1978. 220 S. DM 22,–. ISBN 3-88156-092-0.

Verlag **breitenbach** Publishers
Memeler Straße 50, 6600 Saarbrücken, Germany
P.O.B. 16243 Fort Lauderdale/Plantation, Fla 33318, USA

Sozialwissenschaftliche Studien zu internationalen Problemen / Social Science Studies on International Problems (ISSN 0584-603 X)

Herausgegeben von / Edited by
Prof. Dr. Diether Breitenbach

Verlag **breitenbach** Publishers
Memeler Straße 50, 6600 Saarbrücken, Germany
P.O.B. 16243 Fort Lauderdale/Plantation, Fla 33318, USA

Sozialwissenschaftliche Studien zu internationalen Problemen / Social Science Studies on International Problems (ISSN 0584-603 X)

Herausgegeben von / Edited by
Prof. Dr. Diether Breitenbach

Verlag **breitenbach** Publishers
Memeler Straße 50, 6600 Saarbrücken, Germany
P.O.B. 16243 Fort Lauderdale/Plantation, Fla 33318, USA

Sozialwissenschaftliche Studien zu internationalen Problemen / Social Science Studies on International Problems (ISSN 0584-603 X)

Herausgegeben von / Edited by
Prof. Dr. Diether Breitenbach

Verlag **breitenbach** Publishers
Memeler Straße 50, 6600 Saarbrücken, Germany
P.O.B. 16243 Fort Lauderdale/Plantation, Fla 33318, USA

Sozialwissenschaftliche Studien zu internationalen Problemen / Social Science Studies on International Problems (ISSN 0584-603 X)

Herausgegeben von / Edited by
Prof. Dr. Diether Breitenbach

75 Fohrbeck   Gewerkschaften und neue internationale Arbeitsteilung. 1982. 334 S. DM 34,–. ISBN 3-88156-229-X.

76 Welzk   Nationalkapitalismus versus Weltmarktintegration? Rumänien 1830 bis 1944. Ein Beitrag zur Theorie eingenständiger Entwicklung. 1982. 199 S. DM 22,–. ISBN 3-88156-231-1.

77 Welzk   Entwicklungskonzept Zentrale Planwirtschaft – Paradigma Rumänien. 1982. X, 519 S. DM 48,–. ISBN 3-88156-232-X.

78 Ummenhofer   Ecuador: Industrialisierungsbestrebungen eines kleinen Agrarstaates. 1983. XI, 336 S. 29 Abb. DM 39,–. ISBN 3-88156-239-7.

Verlag **breitenbach** Publishers
Memeler Straße 50, 6600 Saarbrücken, Germany
P.O.B. 16243 Fort Lauderdale/Plantation, Fla 33318, USA